# Barcelone

ÉDITION ÉCRITE ET ACTUALISÉE PAR

Regis St Louis,
Anna Kaminski, Vesna Maric

# Sommaire

À gauche : **Poisson et fruits de mer p. 131** Le front de mer barcelonais est bordé de restaurants de poisson

Ci-dessus : **Palais de la Musique catalane p. 106**

À droite : **Sardane p. 116** Danse traditionnelle catalane sur le parvis de la cathédrale

Gràcia et le parc Güell (p. 158)

Camp Nou, Pedralbes et La Zona Alta (p. 169)

Barceloneta et le front de mer (p. 118)

La Sagrada Família et L'Eixample (p. 132)

La Ribera (p. 101)

La Rambla et le Barri Gòtic (p. 66)

El Raval (p. 88)

Montjuïc (p. 181)

# Bienvenue à Barcelone

*Cette séduisante ville côtière offre à ses visiteurs une culture d'une infinie richesse, une architecture mythique et une vie nocturne d'exception.*

## Barcelone à travers les âges

Les trésors architecturaux de Barcelone racontent plus de 2 000 ans d'histoire. Vestiges d'un temple romain, murs d'enceinte et couloirs de pierre souterrains offrent un aperçu de ce qu'était Barcino, la Barcelone romaine. Les ruelles du quartier gothique vous plongent mille ans plus tard, au Moyen Âge, à la découverte de placettes et de cathédrales. Partout dans la ville, laissez-vous surprendre par les chefs-d'œuvre du modernisme, créations ingénieuses et fantasques tout droit sorties de l'imagination de l'architecte catalan Gaudí et de ses contemporains. Barcelone a de tout temps inspiré les artistes, notamment Salvador Dalí, Pablo Picasso et Joan Miró, dont les œuvres sont à l'honneur dans les nombreux musées de la ville.

## Un monde de saveurs

Mais la formidable tradition artistique barcelonaise ne s'arrête pas aux toiles de maître. Les experts de la cuisine moléculaire assurent la relève d'une cuisine catalane séculaire réputée. Des aliments simples et savoureux – huile d'olive, jambon, fruits de mer – sont transformés en de succulents mets servis dans des cadres variés : terrasse du bord de mer ou restaurant Art nouveau.

## Sous le soleil d'Espagne

Succombez à l'appel de la Méditerranée ! Les plages de Barcelone sont idéales pour un jogging, une balade à vélo ou une promenade suivie d'une baignade. Vous pouvez aussi profiter de l'eau, sur un kayak ou une planche à voile ou faire un tour en bateau au coucher du soleil. Les collines de Collserola invitent à la randonnée, au VTT ou simplement à admirer le panorama. Près du centre, Montjuïc offre en tous points une vue panoramique sur la ville. Ne manquez pas son jardin botanique, son vieux château et ses excellents musées.

## Une fête perpétuelle

Les nuits barcelonaises offrent une kyrielle de possibilités. Commencez par vous attabler en terrasse au sommet d'une colline ou à un *chiringuito*, un bar de plage sans prétention. À la nuit tombée, des rythmes endiablés de flamenco et des notes jazzy s'échappent des sous-sols, tandis que de vieilles salles de concert s'animent au son de rock indépendant. Les bars se remplissent autour de minuit. Le choix est varié, des adresses *lounge* dans une cave médiévale au bar à *cava* à l'atmosphère festive. Enfin, osez une virée en discothèque et découvrez l'autre visage de Barcelone.

## Pourquoi j'aime Barcelone

Regis St Louis, auteur-coordinateur

Pour moi qui aime la mer, il n'existe rien de tel que de commencer la journée par un jogging matinal le long de la Méditerranée. Passionné d'histoire, j'arpente les ruelles pavées du quartier gothique en pensant avec jubilation à toutes les personnes qui m'y ont précédé à travers les siècles. Et puis il y a la gastronomie : les excellents bars à tapas, les vins nombreux et abordables, les formules du midi, copieuses et bon marché. Ajoutez à cela la créativité catalane (le modernisme, Miró, Dalí), les bars bohèmes et les incroyables possibilités d'escapade qu'offrent les environs, et vous obtiendrez tout simplement l'une des villes les plus captivantes au monde.

**Pour en savoir plus sur les auteurs, voir p. 336.**

Pour en savoir plus sur les auteurs, voir p. 336.

La Casa Batlló d'Antoni Gaudí

# Le **Top 10**
## de Barcelone

## La Rambla *(p. 68)*

**1** Certes, c'est l'endroit le plus touristique de la ville. Mais il n'est pas envisageable de visiter Barcelone sans parcourir les 1,2 km de ce célèbre boulevard piétonnier descendant vers la mer. Tous vos sens seront mis en éveil par le spectacle qu'offrent les promeneurs assis aux terrasses de cafés en plein air, les kiosques à fleurs odorantes, la mosaïque (tristement négligée) de l'artiste Miró et les statues humaines pour le moins surréalistes. Ne manquez pas les prestigieux bâtiments qui bordent La Rambla, notamment l'élégant Gran Teatre del Liceu, l'immense marché de la Boqueria et quelques imposantes galeries.

◉ *La Rambla et le Barri Gòtic*

## La Sagrada Família *(p. 134)*

**2** Plus de 80 ans après la mort de son créateur Antoni Gaudí, les travaux de ce chef-d'œuvre moderniste emblématique de Barcelone se poursuivent. Inspiré par la nature, ce temple dont les accents gothiques peinent à tempérer une débordante extravagance s'élance vers le ciel avec majesté et espièglerie. Franchir ses portes revient à s'embarquer dans un conte de fées : une forêt de colonnes-troncs soutient le plafond et une lumière chatoyante traverse de splendides vitraux. Truffée de symboles et de détails superbement travaillés, la basilique promet de longues heures de contemplation.

◉ *La Sagrada Família et L'Eixample*

JEAN-PIERRE LESCOURRET / LONELY PLANET IMAGES ©

### Le Camp Nou (p. 171)

**3** Assister à un match du FC Barcelona dans ce stade immense est une expérience inégalable. Fort d'une équipe surdouée dont Lionel Messi est l'icône et du soutien loyal de ses supporters, le Camp Nou offre la promesse d'un grand spectacle et mérite d'être visité, même en dehors des matchs. "Camp Nou Experience" est un musée interactif proposant une visite du stade, des vestiaires au terrain, terre sacrée pour de nombreux Catalans.

👁 **Camp Nou, Pedralbes et La Zona Alta**

### Le marché de la Boqueria (p. 90)

**4** Le plus grand marché de fruits et légumes d'Europe est une intarissable source de tentation. Restaurants, chefs, cuistots amateurs, employés de bureau et touristes s'y mélangent parmi d'innombrables étals croulant sous les pyramides de fruits colorés, les poissons chatoyants, les jambons suspendus, les fromages odorants, les tonneaux d'olives et de poivrons marinés, les truffes au chocolat et autres délices sucrés. À l'arrière, quelques bars à tapas servent des portions de choix. Il y a toujours la queue, mais l'expérience vaut l'attente.

👁 **El Raval**

### La Pedrera (p. 139)

**5** Le quartier de L'Eixample ("l'extension" en catalan), regorge de trésors architecturaux. Quelques-uns des plus beaux bâtiments d'Espagne y furent érigés à la fin du XIXᵉ et au début du XXᵉ siècle, sur les terrains alors vierges. L'un des chefs-d'œuvre de Gaudí, La Pedrera, borde le prestigieux Passeig de Gràcia. On y retrouve les ornements caractéristiques de l'architecte : une façade ondulante, d'imposants balcons en fer forgé et des arcs paraboliques aux allures de cavernes. Sur le toit (où des concerts sont parfois donnés l'été) vous pourrez déambuler parmi ses cheminées s'élevant telles des sentinelles au-dessus du paysage urbain barcelonais.

👁 **La Sagrada Família et L'Eixample**

## La fondation Joan Miró *(p. 188)*

**6** Picasso était originaire de Málaga et Dalí de Figueres, mais le visionnaire surréaliste Joan Miró était lui un Barcelonais pur et dur. Artiste révolutionnaire et Catalan patriote, il légua l'essentiel de son œuvre à la ville. La fondation Joan Miró retrace sa longue et prestigieuse carrière au travers de ses splendides créations. Des documentaires consacrés à Miró et au travail de ses contemporains esquissent un portrait instructif de l'artiste et de son époque. Le musée, flanqué de jardins de sculptures, domine la ville depuis Montjuïc.

⊙ *Montjuïc*

## Le musée Picasso *(p. 103)*

**7** Le musée Picasso abrite une collection des œuvres de jeunesse de l'artiste, probablement la plus complète au monde. Picasso vécut à Barcelone de 15 à 23 ans, et certains éléments de la ville ont indéniablement marqué son œuvre, des fresques spectaculaires du musée national d'Art catalan aux mosaïques *trencadís* (pré-cubistes, de l'avis de certains) de Gaudí. L'emplacement du musée – dans cinq bâtisses médiévales contiguës – ne fait qu'ajouter à son attrait.

⊙ *La Ribera*

## L'església de Santa Maria del Mar *(p. 105)*

**8** Consacrée en 1384, l'església de Santa Maria del Mar est un modèle d'architecture gothique catalane, caractérisée par de grands espaces et l'absence d'ornements observés dans les églises gothiques d'autres régions. Elle fut bâtie en un temps record, à peine 59 ans (soit deux fois moins que la durée de construction estimée de la Sagrada Família), avec des blocs de pierre charriés depuis une carrière de Montjuïc. Outre son harmonie architecturale, l'édifice est remarquable pour avoir survécu à 11 jours d'un incendie dévastateur pendant la guerre civile. Des concerts et récitals y sont régulièrement organisés.

⊙ *La Ribera*

## Le musée national d'Art catalan *(p. 183)*

**9** Pour de nombreux Catalans, la Catalogne n'est pas une région d'Espagne mais un pays à part entière, doté d'une histoire propre et singulière. Le musée national d'Art catalan, abrité dans l'imposant Palais national à Montjuïc, en fait la démonstration avec son impressionnante collection explorant les richesses de 1000 ans d'art catalan. Ses fresques, retables et sculptures sur bois datant de l'époque romane – récupérés dans des églises pyrénéennes en ruine – sont proprement fascinants, et la collection d'art gothique enrichira votre visite du Barri Gòtic (quartier gothique).

◉ *Montjuïc*

## La cathédrale *(p. 71)*

**10** Véritable perle de l'architecture gothique catalane, la cathédrale de Barcelone est une étape incontournable de toute visite de la Ciutat Vella (vieille ville). Son intérieur sombre renferme une douzaine de chapelles dissimulées, une crypte étrange et un cloître singulier aux allures de jardin accueillant 13 oies (censées représenter l'âge de sainte Eulalie, patronne de Barcelone, lors de son martyre). Constamment animée, l'esplanade reçoit des danseurs de sardane le week-end, d'occasionnelles processions, des marchés de plein air et des musiciens de rue.

◉ *La Rambla et le Barri Gòtic*

# Quoi de neuf ?

### Tickets – Le dernier-né des frères Adrià

Si vous n'avez pas pu vous rendre chez El Bulli, ne désespérez pas ! Les frères Adrià ont ouvert Tickets, un nouvel établissement fidèle à leur philosophie novatrice qui saura émerveiller vos papilles, si toutefois vous arrivez à obtenir une table. Les réservations se font deux mois à l'avance et en ligne exclusivement. Alors à vos claviers pour avoir une chance de tester l'adresse la plus tendance de Barcelone (p. 193).

### La réouverture du palais Güell

Le Palau Güell a rouvert ses portes en 2011 après une vingtaine d'années de travaux de restauration, et le résultat est spectaculaire. Ce palais, l'une des premières œuvres de Gaudí, montre l'étendue du génie novateur de son auteur (p. 94).

### La Cinémathèque de Catalogne

Ce projet marquera-t-il l'embourgeoisement du Raval ? Inaugurée en février 2012, la Filmoteca de Catalunya a pour ambition de servir de zone de convergence culturelle (p. 93).

### Comme un Barcelonais

**Airbnb** (www.airbnb.com) est un excellent moyen de trouver un hébergement à des prix raisonnables, et de vivre comme les Barcelonais. Vous pouvez, au choix, y louer une chambre dans un appartement partagé ou réserver un appartement entier (p. 212).

### La cuisine nippone à l'honneur

D'excellentes adresses japonaises se multiplient à travers la ville. Laissez-vous tenter par les sushis de Koy Shunka ou ceux de Can Kenji, un fantastique *izakaya* fusion (p. 81, p. 145).

### Las Arenas

Las Arenas (sur la Plaça d'Espanya), les deuxièmes arènes de Barcelone, ont été reconverties en un centre commercial de 5 étages sous la direction de Richard Rogers. Le toit offre un panorama spectaculaire.

### Le Musée maritime

Le splendide Museu Marítim prévoit de rouvrir entièrement en 2013. Ne manquez pas ses superbes galères, ni ses expositions interactives faisant le bonheur tant des adultes que des enfants (p. 120).

### Le MIBA (Museu d'Idees i Invents de Barcelona)

Pédagogique et divertissant, le musée des Idées et des Inventions de Barcelone a ouvert ses portes au cœur du Barri Gòtic en 2011, où il propose des expositions interactives loufoques et originales (p. 75).

### Le Disseny Hub

Leur construction aura pris quelques années, mais l'inauguration des nouveaux bâtiments du Disseny Hub, sur la Plaça de les Glòries, est prévue pour 2013 (p. 107).

### El Paral.lel

Ce quartier, autrefois célèbre pour son animation nocturne olé olé, retrouve son attrait d'antan avec l'apparition de nouveaux clubs burlesques et bars tendance.

### Barcelone pour tous

Barcelone s'enorgueillit des efforts qu'elle déploie en matière d'accessibilité. Ses hôtels, son métro, les plages de La Barceloneta et la plupart de ses musées sont particulièrement bien aménagés pour les personnes à mobilité réduite (p. 274).

# L'essentiel

## Monnaie

Euro (€)

## Langues

Espagnol et catalan

## Visas

Les Canadiens et les Suisses n'ont pas besoin de visa pour un séjour touristique n'excédant pas 90 jours. Les citoyens de l'Union européenne peuvent rester indéfiniment.

## Argent

Il y a des DAB partout. Les cartes de crédit sont acceptées dans la plupart des hôtels, magasins ou restaurants.

## Téléphones portables

Les cartes SIM locales peuvent être utilisées dans les téléphones européens déverrouillés. Autre solution : l'itinérance.

## Heure

GMT/UTC + 1 heure en hiver et GMT/UTC + 2 heures en été

## Office du tourisme

L'Oficina d'Informació de Turisme de Barcelona (📞93 285 38 34 ; www.barcelonaturisme.com, en français ; Plaça de Catalunya 17-S ; ⏰8h30-20h30 ; Ⓜ Catalunya) fournit des cartes, vend des billets pour les circuits organisés, les concerts et les manifestations, et peut dénicher des hébergements de dernière minute.

## Budget quotidien

Ces prix moyens par jour sont donnés à titre indicatif.

### Moins de 50 €

➡ Dortoir 15-25 €

➡ Menu déjeuner à partir de 9 €

➡ Musées gratuits le dimanche

### 50 €-200 €

➡ Chambre double standard 80-120 €

➡ Dîner de deux plats avec vin pour deux 50 €

➡ Circuits à pied et guidés 15-25 €

### Plus de 200 €

➡ Hôtels de charme et de luxe 200 € ou plus

➡ Repas gourmet dans les meilleurs restaurants, par personne 80 €

➡ Billets de concert au palais de la Musique catalane environ 50 €

## À prévoir

**3 mois avant** Réservez une table dans un restaurant haut de gamme. Achetez des places pour les grands matchs de football.

**1 mois avant** Renseignez-vous sur les pièces de théâtre et les concerts, et réservez des places.

**1 semaine avant** Consultez le programme des activités nocturnes, expositions et autres événements à ne pas manquer. Prenez rendez-vous au spa et réservez les visites organisées.

**Quelques jours avant** Consultez la Chaîne météo (europe.lachainemeteo.com).

## Sites web

➡ **Lonely Planet** (www.lonelyplanet.fr). Informations sur la ville, forum des voyageurs et plus encore.

➡ **Barcelona** (www.bcn.cat/en). Site officiel de la municipalité, avec de nombreux liens.

➡ **Barcelona Turisme** (www.barcelonaturisme.com). Le site officiel de la ville pour les informations touristiques. En français.

➡ **Le Cool** (lecool.com). Guide hebdomadaire gratuit sur les festivités de Barcelone (et d'autres villes européennes).

## QUAND PARTIR

L'été marque la haute saison : malgré la chaleur, les touristes affluent en ville et sur les plages. Les températures sont plus agréables fin mai – sauf pour la baignade.

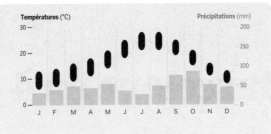

Températures (°C)                    Précipitations (mm)

J F M A M J J A S O N D

## Arriver à Barcelone

**Aéroport d'El Prat** Les *aerobus* relient fréquemment la ville (35 min, 5,65 €) de 6h à 1h. La course en taxi coûte environ 25 €.

**Estació Sants** Les trains longue distance arrivent dans cette immense gare proche du centre-ville, d'où l'on peut rejoindre les autres quartiers en métro.

**Estació del Nord** La gare routière internationale de Barcelone se situe à L'Eixample, environ 1,5 km au nord-est de la Plaça de Catalunya, et à courte distance à pied de plusieurs stations de métro.

Pour en savoir plus sur l'**arrivée**, voir p. 263

## Comment circuler

➡ **Métro** C'est le moyen de transport le plus pratique. Les rames circulent de 5h à 0h du dimanche au jeudi, jusqu'à 2h le vendredi et 24h/24 le samedi. La formule **Targeta T-10** (valable pour 10 trajets), à 9,25 €, est plus économique que les billets à l'unité (2 € par trajet).

➡ **Bus** Le Bus Turístic (p. 31) part de la Plaça de Catalunya. Permettant de monter et descendre librement, il est pratique pour faire le tour des sites touristiques en un ou deux jours.

➡ **À pied** Pour explorer la vieille ville, il vous suffit d'une bonne paire de chaussures de marche.

Voir p. 269 pour plus de détails sur les trajets en ville

## Où se loger

Le choix d'hébergements est très vaste à Barcelone, des auberges de jeunesse à petit prix, dissimulées dans le vieux quartier, aux hôtels de luxe qui dominent le front de mer. De petits appartements avec petit-déjeuner sont proposés à la location dans toute la ville et constituent une solution économique. Pour une chambre double dans un hôtel moyen de gamme, les prix varient généralement de 80 à 120 € par nuit. Quel que soit l'établissement que vous choisirez, mieux vaut réserver bien à l'avance. Pour un séjour à Noël, au Nouvel An, à Pâques ou en été, comptez même trois ou quatre mois avant le départ.

### Sites web

➡ **Airbnb** (www.airbnb.com). Réseau international comptant des centaines de chambres et d'appartements à Barcelone.

➡ **Oh-Barcelona** (www.oh-barcelona.com, en français). Choix d'hôtels, auberges de jeunesse et de locations d'appartement à bon prix.

➡ **Barcelona 30** (www.barcelona30.com, en français). Pour se loger sans se ruiner.

Pour en savoir plus sur l'**hébergement**, voir p. 212

## À EMPORTER

➡ De solides chaussures de marche pour arpenter les ruelles pavées.

➡ Un goût pour les fruits de mer, le *cava* (vin catalan pétillant) et les dîners tardifs.

➡ Des lunettes de soleil, de la crème solaire et un chapeau pour se protéger du soleil de la Méditerranée.

➡ Un roman captivant situé à Barcelone (de Manuel Vázquez Montalbán ou Carlos Ruiz Zafón, par exemple).

➡ Un maillot de bain pour profiter de la mer.

➡ Un imperméable ou un parapluie, surtout pendant les mois pluvieux, en avril et en novembre.

# Barcelone en 4 jours

## Journée 1

### La Rambla et le Barri Gòtic (p. 66)

 Le premier jour, promenez-vous dans les ruelles médiévales du Barri Gòtic. Faites un tour à **la cathédrale**, sans omettre de rendre visite aux oies de son cloître, et arpentez les pittoresques **Plaça de Sant Josep Oriol** et **Plaça Reial**. Découvrez les fascinantes origines de la capitale catalane au **musée d'Histoire de Barcelone**. Avant le déjeuner, descendez La Rambla pour y observer le ballet des promeneurs.

 **Déjeuner** Can Culleretes (p. 81) sert une cuisine catalane traditionnelle depuis 1786.

### La Ribera (p. 101)

L'après-midi, perdez-vous dans La Ribera à la découverte de ses innombrables trésors architecturaux. Jetez un œil à l'intérieur de la majestueuse **Església de Santa Maria del Mar**. Consacrez quelques heures à la visite du **musée Picasso**, admirablement niché au cœur d'un superbe ensemble de demeures médiévales, où sont exposés les premiers travaux de l'un des plus grands artistes du XXe siècle.

**Dîner** Pour un festin de fruits de mer, optez pour El Passadís del Pep (p. 110), caché au fond d'un couloir.

### La Ribera (p. 101)

Avant un dîner tardif (comme c'est la coutume en Espagne), assistez à un concert au **palais de la Musique catalane**, l'un des grands chefs-d'œuvre modernistes de Barcelone. Terminez la journée en beauté en sirotant un verre à **El Xampanyet**.

## Journée 2

### L'Eixample (p. 132)

 Commencez votre deuxième journée par une visite de **la Sagrada Família**, l'extraordinaire chef-d'œuvre de Gaudí encore en construction. Cela vaut la peine de s'offrir une visite guidée (ou un audioguide) pour mieux comprendre le plus célèbre monument de Barcelone.

 **Déjeuner** Tapaç 24 (p. 145) sert des tapas gastronomiques concoctées par le célèbre chef Carles Abellán.

### L'Eixample (p. 132)

Après le déjeuner, descendez le **Passeig de Gràcia** pour en admirer les superbes bâtiments modernistes, dont les trois plus célèbres composent **La Manzana de la Discordia**. Puis visitez l'un des deux immeubles-musées de Gaudí de l'avenue : **Casa Batlló** ou, quelques rues plus haut, **La Pedrera**.

**Dîner** Pour une expérience culinaire hors du commun, optez pour l'Alkímia (p. 145).

### L'Eixample (p. 132)

En matière de gastronomie, L'Eixample concentre bon nombre des tables récompensées de la ville. Pour un dîner inoubliable, réservez à l'Alkímia, le restaurant tant acclamé de Jordi Vilà, où vous savourerez une cuisine catalane inventive accompagnée de grands crus espagnols. Prenez un dernier verre dans le cadre élégant de **Les Gens Que J'Aime** avant de terminer la nuit aux sons électroniques du **City Hall**.

# Journée 3

### La Barceloneta et le front de mer (p. 118)

 Pour votre troisième jour à Barcelone, il est temps de profiter de la Méditerranée ! Commencez par un jogging ou un tour en vélo le long du front de mer, de La Barceloneta au parc del Fòrum. Restaurants et cafés vous attendent en bordure de plage pour une halte rafraîchissante.

> **Déjeuner** En bord de mer, Can Majó (p. 124) sert de savoureux *suquets* (pot-au-feu de la mer).

### La Barceloneta et le front de mer (p. 118)

 Retournez à La Barceloneta pour un déjeuner de poisson. Les adresses ne manquent pas, mais préférez la terrasse du **Can Majó** pour sa vue sur la mer. Une fois repu, embarquez-vous pour un voyage interactif dans le temps au **musée d'Histoire de la Catalogne**.

> **Dîner** Vaso de Oro (p. 126) est l'un des bar à tapas les plus célèbres de La Barceloneta.

### La Barceloneta et le front de mer (p. 118)

Nul besoin de quitter le bord de mer en soirée. Admirez le coucher du soleil depuis un *chiringuito* (bar de plage), avant de déguster quelques tapas au **Vaso de Oro** ou, pour des mets plus sophistiqués, à la **Torre d'Alta Mar**. Terminez la journée en beauté en profitant du splendide panorama sur la mer et sur la ville qu'offre le bar **Eclipse** de l'hôtel W.

# Journée 4

### Montjuïc (p. 181)

 Entamez la journée par un trajet panoramique en funiculaire jusqu'à Montjuïc, puis rejoignez à pied le musée national d'Art de Catalogne en passant devant les jardins botanique et de sculptures. Le musée renferme de splendides fresques romanes, de vives peintures gothiques et des œuvres des plus grands artistes espagnols du XVII$^e$ siècle.

> **Déjeuner** O'Gràcia! (p. 164) est un charmant restaurant de quartier proposant des spécialités catalanes.

### Gràcia (p. 158)

Après cet aperçu de Montjuïc, prenez le métro jusqu'à Gràcia pour en explorer les charmantes ruelles aux allures de village. Les cafés, librairies et boutiques vintage du quartier constituent un excellent terrain d'exploration. Les bars bordant ses nombreuses places s'animent à la tombée de la nuit.

> **Dîner** La Vinateria del Call (p. 81) est nichée dans l'entrelacement de ruelles médiévales d'El Call.

### Camp Nou, Pedralbes et La Zona Alta (p. 169)

 Le soir, assistez à un match au **Camp Nou,** le stade du légendaire FC Barcelona. Entouré d'une foule de supporters, attendez-vous à vivre une expérience riche en adrénaline, tout particulièrement si le Barça rencontre le Real Madrid, son pire rival. Si vous êtes encore d'attaque à l'issue du match, goûtez à l'animation nocturne du Barri Gòtic, du côté de la Plaça Reial et dans les ruelles flanquant la Plaça George Orwell.

# Envie de...

## Marchés

**Marché de la Boqueria** L'un des plus grands marchés alimentaires d'Europe à l'offre aussi variée qu'alléchante, avec quelques bars à tapas à l'arrière (p. 90).

**Marché de Sant Antoni** Vaste marché alimentaire méconnu des touristes, abritant un marché aux puces le dimanche (p. 42).

**Marché de Santa Caterina** Le marché alimentaire de La Ribera, surmonté d'un toit ondulant coloré et renfermant quelques éléments archéologiques du XVᵉ siècle (p. 107).

**Els Encants Vells** Camelote et perles rares s'entremêlent dans cet immense marché aux puces en lisière de L'Eixample (p. 154).

**Mercadillo de la Plaça de Sant Josep** Le week-end, des artistes locaux vendent leurs œuvres sur la Plaça de Sant Josep Oriol (p. 76).

**Port Antic** Ce petit marché d'antiquités se tient le week-end en bord de mer, au pied de La Rambla (p. 128).

**Feria de Artesanía del Palau de Mar** Les stands de ce marché de bord de mer proposent artisanat et souvenirs (p. 128).

## Parcs et jardins

**Parc de la Ciutadella** Superbe jardin paysager abritant une imposante fontaine, de singulières œuvres d'art, les bâtiments du Parlement catalan et un zoo (p. 108).

**Parc Güell** Ce parc féerique, dont l'architecture surréaliste est signée Gaudí, jouit d'une vue panoramique sur la ville (p. 160).

DIEGO LEZAMA / LONELY PLANET IMAGES ©

La discothèque Moog, dans El Raval (p. 99)

**Jardin botanique** L'un des luxuriants jardins de Montjuïc où la flore méditerranéenne, ainsi que des plantes de climats comparables, sont omniprésentes (p. 192).

**Parc de la Creueta del Coll** À proximité du Parc Güell, ce parc avec piscine, snack-bar et sentiers de randonnée est prisé des familles (p. 175).

**Parc de Collserola** Apprécié des vététistes et des joggeurs, ce parc boisé offre une superbe vue depuis ses hauteurs (p. 174).

**Jardins del Laberint d'Horta** À l'écart du centre, ces jardins pittoresques abritent un labyrinthe, ainsi que des chutes d'eau et un lac artificiels (p. 175).

## Musées

**Musée d'Histoire de Catalogne** Ses expositions interactives reviennent sur plus de 2 000 ans d'histoire catalane : époques romaine, maure, féodale, guerre civile espagnole et post-franquisme (p. 121).

**Musée d'Histoire de Barcelone** Arpentez les ruines romaines de Barcino et découvrez de superbes exemples d'architecture gothique catalane dans le cadre d'un ancien palais royal (p. 74).

**Musée d'Art contemporain de Barcelone** Riche collection d'art du XXe siècle abritée dans un bâtiment moderne signé Richard Meier (p. 92).

**Centre de culture contemporaine de Barcelone** Avec ses excellentes expositions d'avant-garde, le CCCB est un lieu incontournable pour les amateurs d'art (p. 93).

**CosmoCaixa** Un musée des sciences ludique faisant la joie des familles, notamment avec sa réplique de forêt amazonienne (p. 176).

**CaixaForum** Ce musée d'art hébergé dans une bâtisse moderniste de l'architecte Puig i Cadafalch propose d'excellentes expositions gratuites (p. 189).

**Dalí** Une collection étrange et passionnante de sculptures et de dessins du fameux artiste surréaliste catalan (p. 79).

**Musée-monastère de Pedralbes** Un paisible couvent doté d'un cloître du XIVe siècle et présentant une collection d'art religieux (p. 172).

**Poble Espanyol** Héritage kitsch de l'Exposition universelle de 1929, ce village en carton-pâte offre un aperçu des diverses cultures que compte l'Espagne (p. 190).

**Musée Bleu** Vaste musée des sciences et d'histoire naturelle proposant des expositions interactives et une riche collection d'animaux, y compris des dinosaures (p. 124).

## Architecture contemporaine

**Torre Agbar** Création de Jean Nouvel, cette tour en forme de concombre est l'emblème de 22@, le quartier high-tech (p. 123).

**Théâtre national de Catalogne** Son architecture mêle inspiration antique et modernité (p. 154).

**El Fòrum** Écolo et futuriste, ce bâtiment bleu et triangulaire est une œuvre des architectes Herzog & de Meuron (p. 123).

**Plaça de les Glories Catalanes** Ce projet prévoit un nouveau musée, un miroir d'eau et des espaces verts (p. 251).

**Las Arenas** D'anciennes arènes admirablement reconverties en un centre commercial dont le toit offre un beau panorama (p. 251).

**Pour d'autres envies, voir les sections :**
➡ À la découverte des édifices modernistes (p. 32)
➡ Où se restaurer (p. 38)
➡ Où prendre un verre et faire la fête (p. 46)
➡ Barcelone gay et lesbien (p. 50)
➡ Où sortir (p. 52)
➡ Shopping (p. 54)
➡ Sports et activités (p. 60)

PRÉPARER SON SÉJOUR ENVIE DE...

## Sortir le soir

**Moog** En centre-ville, ce petit club à l'ambiance décontractée est parfait pour danser (p. 99).

**Dietrich Gay Teatro Café** L'un des meilleurs cabarets de la ville. Spectacles de travestis presque tous les soirs (p. 153).

**Elephant** Cette demeure glamour de La Zona Alta abrite des soirées sélectes (p. 178).

**Tinta Roja** Musique live, théâtre, danse et autres surprises sont au programme de cet espace bohème coloré (p. 196).

**Opium Mar** L'emplacement et la terrasse de ce club de bord de mer en font un éternel incontournable (p. 127).

**Mirablau** Au pied du Tibidabo, le célèbre Mirablau jouit d'un splendide panorama sur la ville (p. 177).

**Harlem Jazz Club** Des concerts live animent cette institution du Gòtic jusqu'au petit matin (p. 84).

**La Confitería** Cette ancienne confiserie abrite désormais un bar aux peintures murales fin-de-siècle (p. 97).

**Marula Cafè** Dans le Barri Gòtic, ce petit club éclectique a un sérieux penchant pour la funk et la soul (p. 83).

# Grande cuisine

**Tickets** Prenez-vous-y bien à l'avance pour obtenir une table au nouveau paradis culinaire de Ferran Adrià (p. 193).

**Cal Pep** Ce bar à tapas, l'un des plus célèbres de la ville, sert une cuisine imaginative et appétissante (p. 110).

**Torre d'Alta Mar** Pour un repas de poisson avec une vue spectaculaire sur le front de mer (p. 124)

**Restaurant 7 Portes** Élégant restaurant Art nouveau réputé pour ses succulentes paellas (p. 126).

**Cinc Sentits** Ses menus expérimentaux élaborés lui ont valu une étoile Michelin (p. 148).

**Pla** L'une des meilleures adresses de Ciutat Vella, dans un cadre médiéval romantique (p. 79).

**La Balsa** Sa cuisine catalane aux accents créatifs mérite le déplacement jusqu'à La Zona Alta (p. 177).

**Alkímia** Établissement design et créatif à tester par les amateurs de bonne chère (p. 145).

**Cafè de l'Acadèmia** Un endroit élégant proposant une délicieuse cuisine catalane ; les formules du midi sont particulièrement intéressantes (p. 81).

**Koy Shunka** Des mets nippons élaborés avec génie (p. 81).

# Mode

**La Manual Alpargatera** Lieu de naissance des espadrilles, cette boutique est le meilleur endroit du monde pour acquérir une paire de ces emblématiques chaussures de toile catalanes (p. 87).

**L'Árca de l'Àvia** Cette boutique unique propose une extraordinaire collection de vêtements vintage haut de gamme des années 1920 (p. 86).

**L'Illa Diagonal** L'un des meilleurs centres commerciaux pour l'achat de vêtements griffés compte aussi de nombreux restaurants (p. 57).

**Antonio Miró** Élégante boutique haute couture de l'un des plus grands créateurs barcelonais (p. 155).

**Regia** Ouverte depuis 1928, cette parfumerie abrite un musée du parfum (p. 157).

**Obach** Dans le Barri Gòtic, cette boutique à l'ancienne vend un vaste choix de chapeaux pour hommes et femmes (p. 87).

**Bagués** Superbe bijouterie artisanale abritée dans la Casa Amatller, à l'architecture remarquable (p. 156).

**FC Botiga** Véritable temple à la gloire du Barça, cette boutique vend la panoplie complète du parfait supporter (p. 180).

# Chocolat

**Musée du Chocolat** Étape incontournable pour tous les amateurs de chocolat, qui trouveront de quoi satisfaire leur gourmandise à la boutique du musée (p. 109).

**Cacao Sampaka** Une boutique entièrement dédiée au chocolat, où vous pourrez déguster un épais *xocolata calenta* (chocolat chaud) (p. 155).

**Escribà** Les deux boutiques de cette pâtisserie emblématique de Barcelone proposent des créations (presque) trop belles pour être mangées (p. 150).

**Xocoa** Adresse moderne du Barri Gòtic, pratique pour combler vos envies de chocolat, gâteaux, café, etc (p. 86).

**Hofmann Pastisseria** Une ribambelle de friandises, gâteaux et autres délices chocolatés vous attendent dans cette attrayante pâtisserie de La Ribera (p. 114).

**Foix de Sarrià** Depuis 1860, cette excellente pâtisserie régale les Barcelonais de tartes au chocolat et autres mets raffinés (p. 177).

**Bubó** Dans La Ribera, cette pâtisserie doublée d'un restaurant propose de fantastiques créations (p. 112).

# Endroits surprenants

**Musée Frederic Marès** Une vaste collection de sculptures religieuses, d'éléments architecturaux et de babioles des XIX$^e$ et XX$^e$ siècles (p. 73).

**Observatoire Fabra** Pour un dîner la tête dans les étoiles, réservez une table à cet observatoire de La Zona Alta (p. 175).

**El Rey de la Magia** Une boutique de magie séculaire (p. 115).

**Transbordador Aeri** Téléphérique à l'ancienne (mais aux câbles modernes nous dit-on) offrant un sublime panorama (p. 190).

**Grande synagogue** L'une des plus anciennes synagogues d'Europe fut tenue secrète durant des siècles (p. 78).

**Bosc de les Fades** Pousser la porte de ce bar du Barri Gòtic et plongez dans un conte de fées (p. 83).

**Herboristeria del Rei** Impressionnant magasin d'herbes et d'épices ouvert depuis 1823 (p. 87).

**Speakeasy** Excellent restaurant de L'Eixample derrière un bar à cocktails (p. 148).

**Barcelona Pipa Club** Dans un appartement de la Plaça Reial, cet établissement a longtemps été le rendez-vous des fumeurs de pipe de la ville (p. 83).

**La Caseta del Migdia** Sur les hauteurs verdoyantes de Montjuïc, un bar d'extérieur avec vue (p. 196).

# Mois par mois

## Janvier

*Les Barcelonins* (habitants de Barcelone en catalan) investissent les pistes de ski des Pyrénées ou profitent du calme après les fêtes (les vacances scolaires s'achèvent le 8 janvier).

### Reis/Reyes (Épiphanie)

Le 5 janvier, la veille de l'Épiphanie (*Epifanía*), la Cavalcada dels Reis Mags (défilé des Rois mages), une procession de chars hauts en couleur défilant en musique, fait les délices des plus jeunes qui se régalent des friandises lancées depuis les chars.

### Festes dels Tres Tombs

Le 17 janvier pour la fête de Sant Antoni, des chars tirés par des chevaux accompagnés de *gegants* (géants de papier mâché que les processionnaires portent sur leurs épaules) parcourent L'Eixample près du marché de Sant Antoni.

## Février

Les visiteurs se font rares en février, le mois le plus froid et qui semble le plus interminable. Pourtant, c'est l'époque des premiers grands festivals, et les manifestations de joie catalanes réchauffent l'atmosphère.

### Carnestoltes/ Carnaval

Célébrée pendant plusieurs jours en février ou en mars, selon le calendrier de l'année, la fête du carnaval se traduit par des défilés costumés et moult fêtes. Elle se termine le Mardi gras, la veille du mercredi des Cendres. La grande parade (Gran Rua) a généralement lieu le samedi à partir de 17h30. Sitges est le théâtre de manifestations plus débridées.

### Festes de Santa Eulàlia

Chaque année autour du 12 février, Barcelone célèbre sainte Eulalie, sa première patronne, avec une semaine de manifestations culturelles, concerts et *castellers* (châteaux humains). Voir aussi www.bcn.cat/santaeulalia

## Avril

L'arrivée du printemps est marqué par le début de la floraison, les fêtes de Pâques et les vacances scolaires, que gâtent régulièrement les averses. Réservez bien à l'avance pour un séjour aux alentours de Pâques.

### Día de Sant Jordi

Le 23 avril, la Catalogne fête son saint patron, Sant Jordi (saint Georges). La tradition veut que les hommes offrent une rose aux femmes qui, en retour, leur font présent d'un livre. Des stands de livres et des fleuristes s'installent sur La Rambla et la Plaça de Sant Jaume.

### Feria de Abril de Catalunya

Fin avril, l'Andalousie s'invite au Parc del Fòrum

pour ce festival d'une semaine mettant le sud à l'honneur. Flamenco, fête foraine et stands de nourriture sont au rendez-vous.

## Mai

**Les cieux azur et ensoleillés font de mai l'une des meilleures périodes de l'année. La ville se prépare à l'été avec l'ouverture des *chiringuitos* (bars de plage).**

### ✩ L'Ou Com Balla

Pour la Fête-Dieu, (fin mai ou début juin), des coquilles d'œuf (Ou Com Balla, "l'œuf dansant") dansent sur le jet des fontaines de la ville fleuries pour l'occasion.

### ✩ Festa de Sant Ponç

Le 11 mai, la Carrer de l'Hospital, dans El Raval, accueille un marché à l'occasion de la fête du saint patron des apiculteurs et des herboristes.

### ✩ Primavera Sound

Pendant trois jours, fin mai ou début juin, l'Auditori Fórum et d'autres salles accueillent DJ et musiciens du monde entier (www.primaverasound.com).

### ✩ Festival de Flamenco de Ciutat Vella

Pendant quatre jours, c'est l'occasion de voir et d'écouter du bon flamenco au Centre de culture contemporaine de Barcelone (CCCB).

## Juin

**Avec l'été, le nombre de touristes explose. Festivals de musique et événements de plein air garantissent une atmosphère festive.**

### ✩ Festival del Grec

Ce programme éclectique de danse, de théâtre et de musique a lieu tout l'été. Des spectacles se tiennent dans toute la ville, y compris à l'amphithéâtre de Montjuïc, le Teatre grec, auquel le festival doit son nom (www.barcelonafestival.com).

### ✩ La Revetlla de Sant Joan/Verbenas de Sant Joan

La veille de la Saint-Jean-Baptiste (24 juin), les Barcelonais descendent dans la rue ou organisent des soirées chez eux pour célébrer la Revetlla de Sant Joan (nuit de la Saint-Jean).

### ✩ Pride Barcelona

Une semaine de réjouissances organisées vers la fin juin, avec un programme culturel et musical chargé, et le traditionnel défilé de la Gay Pride le dernier dimanche du mois (www.pridebarcelona.org).

### ☆ Sónar

Réputé pour être la plus grande manifestation de musique électronique d'Europe, le Sónar est organisé à Barcelone aux alentours de la mi-juin. Les lieux changent chaque année (www.sonar.es).

### ✩ Día de la Música

Le 21 juin, une horde de groupes musicaux déferlent sur Barcelone et d'autres villes pour une nuit de concerts de musique indé, généralement au Maremàgnum (www.diadelamusica.com).

## Août

**Le mercure monte en flèche. Les Barcelonais partent massivement en vacances, cédant la place aux foules de touristes.**

### ✩ Festa Major de Gràcia

À l'occasion de cette fête de quartier, qui dure une semaine vers le 15 août, les habitants de Gràcia concourent pour le prix de la rue la mieux décorée. Des groupes jouent dans les rues et sur les places, et d'innombrables échoppes vendent à boire et à manger.

### ✩ Festa Major de Sants

Emboîtant le pas à Gràcia, le quartier de Sants connaît la même frénésie quelques jours plus tard, aux alentours du 24 août (www.festamajordesants.net).

### ✩ Festes de Sant Roc

Pendant quatre jours mi-août, la Plaça Nova, dans le Barri Gòtic, accueille parades, *correfoc* (spectacles pyrotechniques), marché, musique traditionnelle et spectacles de magie pour enfants.

## Septembre

**Les Barcelonais reprennent le travail après un mois de vacances. Les températures restent suffisamment chaudes pour profiter de la plage jusqu'à la fin du mois.**

### ✩ Diada Nacional de Catalunya

La Journée nationale de la Catalogne commémore le

(En haut) *Castellers* (châteaux humains) sur la Plaça de Sant Jaume à l'occasion des Festes de la Mercè

(En bas) Les Barcelonais allument des bougies pour la Fira de Santa Llúcia, juste avant Noël

11 septembre 1714, jour de la reddition de Barcelone devant les armées de Philippe V à la fin de la guerre de la Succession d'Espagne.

### ✰✰ Festes de la Mercè

Quatre jours durant, la co-sainte patronne de Barcelone est célébrée avec ferveur. Manifestations sportives, concerts gratuits et spectacles de rue investissent la ville (www.bcn.cat/merce).

### ✰✰ Mostra de Vins i Caves de Catalunya

Cette foire aux vins, qui se tient durant quatre jours au Maremàgnum, offre une excellente occasion de goûter aux crus catalans, notamment au *cava*, un vin légèrement champagnisé.

### ✰✰ Festa Major de la Barceloneta

Autre temps fort du mois de septembre, cette fête met Sant Miquel à l'honneur (le 29). Pendant une semaine, on y danse et on y boit beaucoup (notamment sur la plage)

## Décembre

**Avec les fêtes de fin d'année, Barcelone se pare de décorations colorées. Les visiteurs se font rares, du moins jusqu'à Noël.**

### 🔒 Fira de Santa Llúcia

De début décembre jusqu'à Noël, les centaines d'étals de ce vaste marché vendent toutes sortes de cadeaux et de décorations de saison – notamment le *caganer* (le chieur), un étonnant santon traditionnel catalan.

# Avec des enfants

*Barcelone est une destination de choix pour les enfants et les adolescents, et la culture catalane veut qu'ils participent à de nombreuses activités a priori réservées aux adultes, comme veiller tard le soir au restaurant ou en terrasse d'un bar à tapas. Les plus jeunes apprécieront la chaleureuse culture méditerranéenne, et seront couverts d'attentions.*

*El Gat de Raval par Fernando Botero*

KRZYSZTOF DYDYNSKI / LONELY PLANET IMAGES ©

## Dîner à l'extérieur

À Barcelone (et en Espagne de manière générale), les restaurants accueillent les enfants à bras ouverts. Les Espagnols ont l'habitude de les inclure dans leurs sorties sans se préoccuper de les faire veiller tard. Pour dîner dehors ou prendre une bière en terrasse, nul besoin de faire garder les vôtres, qui auront tôt fait de se lier d'amitié avec les enfants des tables voisines ! Bien que les habitudes alimentaires des petits Espagnols ne diffèrent guère de celles de leurs parents, de nombreux restaurants proposent des menus spéciaux avec hamburgers, pizzas et pâtes à la sauce tomate. La *tortilla de patatas* (omelette de pommes de terre) et les *croquetas de jamón* (croquettes au jambon) plairont aux plus jeunes et elles sont à la carte de la majorité des bars à tapas.

## Les meilleurs restaurants

### La Nena (p. 164)
Ce café, parfait pour un chocolat, dispose d'un coin jeux avec livres et jouets.

### Fastvínic (p. 148)
Pour un repas sur le pouce, tandis que les enfants dessineront sur le mur de verre.

### Granja Viader (p. 96)
Tout absorbée à la dégustation d'un épais chocolat chaud, votre progéniture ne pipera mot !

## Les meilleurs parcs

### Parc de la Ciutadella (p. 108)
Le parc abrite un zoo, un petit lac et une aire de jeux où des jouets sont prêtés aux enfants à partir de 16h ; idéal pour rencontrer d'autres parents.

### Parc d'Atraccions (p. 174)
Au sommet du Tibidabo, cette fabuleuse fête foraine ravira les petits amateurs de sensations fortes et leurs parents.

### Parc de la Creueta del Coll (p. 175)
Sa petite piscine, ses balançoires et son snack-bar en font une option de choix.

## Font Màgica (p. 190)
Rien de tel que ce spectacle de lumières pour faire briller les yeux de tous.

## Parc de Collserola (p. 174)
Dans les collines, cet immense parc verdoyant est prisé des familles.

# Les meilleurs musées
## CosmoCaixa (p. 176)
Les expositions interactives de ce fantastique musée des Sciences plairont aux enfants de tous âges.

## MIBA (Museu d'Idees i Invents de Barcelona, p. 75)
Le musée des Idées et des Inventions de Barcelone distraira enfants et adolescents avec ses expositions interactives variées.

## Musée du Chocolat (p. 109)
Un musée entièrement consacré au chocolat, et qui propose un atelier modelage en chocolat, que dire de plus ?.

## Zoo de Barcelone (p. 109)
Hippopotames, éléphants, gorilles, tigres et singes, personne ne manque à l'appel !

## Aquarium (p. 121)
Les bassins de l'un des plus grands aquariums d'Europe regorgent de poissons colorés.

## Poble Espanyol (p. 190)
L'Espagne miniature à découvrir en famille ; activités et jeux de pistes sont proposés aux enfants.

# La meilleure façon d'explorer la ville
## À vélo
De nombreux magasins louent des vélos avec siège enfant à l'avant (p. 270).

## À Segway
Juchés sur ces transporteurs électriques à l'allure futuriste, les grands enfants et leurs parents exploreront la ville à toute allure (p. 31).

## L'ESSENTIEL
➡ Pour faire garder vos enfants : **Serveis** (www.5serveis.com) ou **Tender Loving Canguros** (www.tlcanguros.com).

➡ Couches, tétines ou lotions sont vendues dans les nombreuses pharmacies de la ville. Les couches sont moins chères au supermarché.

➡ Pensez à demander la **carte européenne d'assurance maladie** (CEAM, www.ameli.fr) pour votre enfant avant le départ.

➡ Bien aménagé, le métro barcelonais est adapté aux poussettes. Mais les parents distraits sont la cible rêvée des pickpockets.

➡ Dans la Ciutat Vella, moins praticable en poussette que les autres quartiers, les voitures surgissent sans qu'on s'y attende dans les ruelles étroites constellées de crottes de chien.

## En bus
Les bus touristiques barcelonais plairont aux plus âgés qui pourront profiter de la vue (p. 269).

## En téléphérique
Reliez Montjuïc et La Barceloneta par les airs, à bord du Transbordador Aeri (p. 122).

# Les meilleurs magasins
## Imaginarium
Cette chaîne internationale de jouets et de vêtements pour enfants possède plusieurs boutiques à Barcelone, certaines avec un café pour les plus jeunes (www.imaginarium.es).

## Ivo & Co.
Vêtements vintage de créateurs et jouets en bois (www.ivoandco.com).

## Costura (p. 100)
Si vous préférez confectionner vous-mêmes les vêtements de vos enfants, cette boutique vend du tissu, des patrons et tout le matériel nécessaire. Des vêtements "tout prêts" sont également à la vente.

# Comme un Barcelonais

*Qu'il s'agisse de votre première visite ou de la dixième, rien de tel que de se plier aux coutumes locales pour pleinement s'imprégner de la ville.*

Bar à tapas du marché de la Boqueria (p. 90)

STEVEN VIDLER / CORBIS ©

### Horaires des repas

À Barcelone comme partout ailleurs en Espagne, on dîne tard. Les restaurants ouvrent rarement avant 20h30 ou 21h le soir, et ferment généralement autour de minuit ou 1h ; le pic de fréquentation est autour de 22h. Le déjeuner a lieu entre 14 et 16h et est suivi, si possible, d'une longue sieste. Le petit-déjeuner est plutôt léger : un croissant et un *cortado* (café crème) suffisent pour démarrer la journée.

### Eau et vin

Pour de nombreux *Barcelonins*, le vin accompagne aussi bien le déjeuner que le dîner. Les restaurants proposent souvent un *menú del día* (formule du jour à prix fixe) dans lequel est inclus un verre de vin. Si vous devenez un habitué, le serveur pourrait bien vous resservir gracieusement, ou même laisser la bouteille à votre table. Personne ne boit l'eau du robinet (goûtez-y et vous comprendrez pourquoi). Commandez une *agua mineral, con gas* (gazeuse) ou *sin gas* (plate).

### Tapas

Lorsque la faim commence à se faire sentir dans l'après-midi ou en début de soirée, les Barcelonais craquent pour quelques tapas : ces petites portions de nourriture (anchois, saucisse, calamar, champignons, poivron grillé ou autres mets) sont accompagnées de vin, de *cava* (vin pétillant) ou de bière. Bon nombre de bars à tapas se résument à un simple comptoir autour duquel on mange debout dans une ambiance animée. Les Barcelonais rentrent ensuite dîner ou se dirigent vers un autre bar à tapas.

### Bonnes adresses

La Rambla est un endroit de choix pour se balader, mais aucun Barcelonais n'y mangerait. Il en va de même pour la Carrer Ferran et les autres rues ultratouristiques du Barri Gòtic. Vous trouverez néanmoins dans le quartier de bonnes adresses prisées des locaux, notamment dans les ruelles étroites du côté de la Via Laietana. Pour une expérience culinaire authentique, arpentez les rues d'El Born, de La Barceloneta, d'El Raval et de Gràcia.

## Week-ends

Nombreux sont les Barcelonais à quitter la ville le week-end, que ce soit pour skier dans les Pyrénées l'hiver ou prendre le soleil sur la Costa Brava en été. Ceux qui restent en ville font leurs emplettes au marché, arpentent les braderies, bullent au parc ou bronzent à la plage. En fin de semaine, musiciens, pique-niqueurs et petits marchés artisanaux investissent les parcs. Les vernissages d'exposition, les projections de films indépendants (l'offre culturelle du CCCB est variée et de qualité) et les concerts ne manquent pas.

## Dimanche

Le dimanche est le jour le plus paisible de la semaine pour les Catalans, qui se réunissent en famille ou entre amis autour d'un bon repas. Le déjeuner est le temps fort de la journée, et nombreux sont les restaurants à proposer un menu spécial le dimanche. Joignez-vous aux Barcelonais qui, après une copieuse paella à La Barceloneta, s'offrent une bonne promenade le long de la mer.

## Festivals et autres événements

L'une des meilleures façons de participer à la dynamique locale est de visiter Barcelone à l'occasion de l'un de ses grands festivals (p. 21). L'été (de juin à août) dans le cadre du festival Musica als Parcs, une trentaine de concerts en plein air sont organisés dans une douzaine de parcs et des concerts gratuits sont proposés à travers la ville. Adressez-vous à l'office du tourisme.

## Agenda culturel

Si vous vous débrouillez en espagnol, consultez la Guia del Ocio (www. guiadelocio.com), Time Out Barcelona (www.timeout.cat) ou la presse quotidienne comme *La Vanguardia* (www.lavanguardia.

### L'ESSENTIEL

➡ **Spotted by Locals** (www. spottedbylocals.com/Barcelona). Critiques (de restaurants, bars, cinémas, galeries, etc.) rédigées par des locaux et régulièrement mises à jour.

➡ **Living Barcelona** (http://barcelona. bligoo.es). Critiques de restaurants, bars, cafés et boutiques insolites.

➡ **Barcelona Point** (http://www. barcelonapoint.com/fr/blog/, en français) Pour suivre l'actualité culturelle et événementielle.

➡ **Oh-Barcelona** (www.oh-barcelona. com/fr/blog, en français). Location d'appartements, programme des événements et suggestions d'escapades pour le week-end.

➡ **FC-Barcelone.com** (www.fc-barcelone.com/, en français). Toute l'actualité du FC Barça.

com) et *El Pais* (www.elpais.com) pour le programme des vernissages, séances de cinéma, concerts et autres événements. Le vendredi, un supplément détachable répertorie les événements du week-end.

## Football

Le FC Barcelona contribue largement à la réputation de la ville. Assister à un match au Camp Nou (p. 180) est le meilleur moyen de s'imprégner de l'exaltation barcelonaise, mais il peut être tout aussi amusant de le suivre dans un bar. C'est à La Barceloneta, dans El Raval, à Gracia ou à Sarria, que vous trouverez les plus fervents supporters, et les endroits les plus animés pour regarder le match. Marca (www.marca.com) est le quotidien sportif national.

## Sardane

Le week-end (à 18h le samedi et à midi le dimanche), les amateurs de sardane, la danse traditionnelle catalane, se retrouvent sur le parvis de la cathédrale pour danser ensemble au son d'un petit orchestre.

# Barcelone à peu de frais

*Moyennant quelques préparatifs, Barcelone peut s'avérer étonnamment raisonnable. Nombre de musées sont gratuits certains jours, et plusieurs des expériences les plus emblématiques de Barcelone ne coûtent pas un sou, que vous lézardiez à la plage, exploriez les quartiers et les parcs ou admiriez la vue depuis les hauteurs de la ville.*

CaixaForum

## Promenades à pied

Les itinéraires à pied (p. 30) sont un excellent moyen d'admirer les trésors architecturaux de la ville, notamment le parc Güell (p. 160), la Sagrada Família (p. 134), le palais de la Musique (p. 106) et les nombreux édifices de L'Eixample. Plusieurs prestataires organisent aussi des promenades guidées à la carte. Runner Bean Tours (p. 30) en organise deux par jour, à la découverte de la Ciutat Vella et de l'architecture moderniste de L'Eixample.

## Pique-nique

Pour se régaler sans se ruiner au déjeuner, préférez les menus à prix fixe. Les plus économes feront le plein de fruits frais, fromages, viandes fumées et autres délices dans les marchés locaux. Moins cher que La Boqueria (p. 90), le marché de Sant Antoni (p. 42), à la lisière ouest d'El Raval, abonde en produits à bon prix, sans oublier le très commode marché de Santa Caterina (p. 107), à La Ribera. La Barceloneta et les autres plages se prêtent bien aux pique-niques, tandis que la colline de Montjuïc, plus ombragée et moins fréquentée, offre des vues splendides.

## Musées

L'entrée de certains sites touristiques et musées est gratuite, souvent le premier dimanche du mois. Elle est parfois libre de 15h à 20h le dimanche. Dans d'autres cas, elle l'est toute l'année. Nous avons répertorié à la page suivante les lieux susceptibles de vous intéresser le plus.

Un billet combiné, sans date de péremption, permet également de visiter tous les sites qui composent le musée d'Histoire de Barcelone, "éclaté" en plusieurs centres. On peut découvrir des vestiges de l'époque romaine et médiévale dans le centre principal, situé Plaça del Rei. Le billet comprend aussi le musée-monastère de Pedralbes (p. 172), le centre d'interprétation du parc Güell (p. 160), l'abri antiaérien de la guerre civile Refugi 307 (p. 193), la nécropole romaine (p. 78) et la Domus Romana (p. 78).

## Festivals

Autre solution bon marché : faire coïncider votre séjour avec l'un des grands festivals de Barcelone (p. 21). L'entrée n'est jamais payante, et vous pouvez assister à des concerts et spectacles gratuits, et faire bombance aux étals de rue pour quelques sous.

## Concerts

De juin à août, Barcelone accueille Música als Parcs (les parcs en musique) : une quarantaine de concerts de classique, de blues et de jazz ont lieu en plein air dans les parcs et les espaces verts de la ville. Le parc de la Ciutadella (p. 108), le parc de Joan Miró (p. 192) et le parc Turó (Av de Pau Casals 19, Sant Gervasi) sont particulièrement appréciés. Procurez-vous le programme auprès de l'office du tourisme ou en ligne (www.bcn.cat).

## Danse

Début juillet, les amateurs de danse ne manqueront pas les **Dies de Dansa** ("jours de danse" ; www.mataro.com) : pendant cinq jours, des spectacles gratuits ont lieu jour et nuit dans divers lieux, du Centre de culture contemporaine (p. 93) à la fondation Joan Miró (p. 188) et au Macba (musée d'Art contemporain de Barcelone p. 92).

## Autres manifestations

Également gratuit, Montjuïc de Nit (www. bcn.cat/cultura/montjuicnit) se tient en juillet : concerts, spectacles de danse, pièces et films gratuits battent leur plein toute la nuit, tandis que les musées de Montjuïc ouvrent gratuitement jusqu'à 1h. Le jour de la Terre (21 et 22 avril) est célébré par les spectacles, les expositions, les étals alimentaires et les ateliers thématiques de la Fira de la Terra.

### MUSÉES GRATUITS

**Toujours gratuits**
- ➡ CaixaForum (p. 189)
- ➡ Château de Montjuïc (p. 189)
- ➡ Centre d'art Santa Mònica (p. 69)
- ➡ Església de Sant Pau (p. 93)
- ➡ Església de Santa Maria del Mar (p. 105)
- ➡ Església de Santa Maria del Pi (p. 76)
- ➡ Stade olympique (p. 190)
- ➡ Fondation Joan Brossa (p. 144)
- ➡ Musée des Corbillards (p. 145)
- ➡ Musée d'Histoire de l'immigration de Catalogne (p. 122)
- ➡ Palais de Lloctinent (p. 73)
- ➡ Parc Güell (p. 160)
- ➡ Temple romain d'Auguste (p. 78)
- ➡ Université de Barcelone (p. 142)

**Gratuits le premier dimanche du mois**
- ➡ Musée d'Histoire de Catalogne (p. 121)
- ➡ Musée d'Ethnologie (p. 191)
- ➡ Musée national d'Art de Catalogne (p. 107)
- ➡ Musée Picasso (p. 103)
- ➡ Palais Güell (p. 94)
- ➡ Palais royal de Pedralbes (p. 173)

**Gratuits d'autres jours**
- ➡ Cathédrale (p. 71). De 8h à 12h45 et de 17h15 à 20h du lundi au samedi.
- ➡ Jardin botanique (p. 192). Le dernier dimanche du mois.
- ➡ Jardins du labyrinthe d'Horta (p. 175). Les mercredi et dimanche.
- ➡ Musée de la Musique (p. 143). De 15h à 20h le dimanche.
- ➡ Musée d'Histoire de Barcelone (p. 74). De 16h à 20h le premier samedi du mois.
- ➡ Musée maritime (p. 120). De 15h à 20h le dimanche.

# Circuits organisés

*Il existe de nombreuses façons d'explorer Barcelone : lors d'une promenade thématique à pied dans la vieille ville (Ciutat Vella), d'un circuit à vélo dans le centre-ville, ou encore à bord d'un bus à arrêts multiples.*

KRZYSZTOF DYDYNSKI / LONELY PLANET IMAGES ©

Un circuit à vélo, Plaça del Rei

## Visites guidées à pied

L'office du tourisme de Barcelone organise diverses visites guidées à pied (p. 157) : découverte du Barri Gòtic, sur les pas de Picasso avec visite du musée Picasso (entrée comprise dans le prix) ou tour des joyaux du modernisme. Un circuit "gastronomique" est également proposé, qui donne plusieurs occasions de déguster des produits. Pour connaître le planning des visites, renseignez-vous auprès de l'office du tourisme. Chaque visite dure 2 heures et part de l'office du tourisme.

Ce dernier propose aussi d'autres visites plus spécialisées : shopping, Barcelone littéraire, cinéma, ornithologie et guerre civile.

**Barcelona Metro Walks** (http://bcnshop. barcelonaturisme.com, en français). Sept circuits autoguidés à travers la ville, combinant le métro et d'autres moyens de transport, ainsi que des parties pédestres. Le "pack" à 13 €, qui contient un guide, un pass pour les transports valable 2 jours et un plan, est vendu dans les points d'informations touristiques de la Plaça de Catalunya (p. 275) et de la Plaça de Sant Jaume (p. 275).

**My Favourite Things** (☎63 726 54 05 ; www.myft.net ; circuits 26-32 €, en français) propose des circuits pour un maximum de 10 personnes autour de nombreux thèmes, ainsi que des circuits à vélo à Barcelone et dans les alentours et des cours de flamenco et de salsa. Les points de départ varient, téléphonez ou consultez le site Internet pour plus de détails.

**Runner Bean Tours** (☎63 610 87 76 ; www. runnerbeantours.com ; ⊘11h toute l'année et 16h30 avr-sept) propose quotidiennement diverses visites thématiques, uniquement en anglais. Le prix est à la convenance des visiteurs et une collecte est effectuée à la fin pour le guide. La visite "Old City" permet de découvrir l'histoire romaine et médiévale de Barcelone. Le circuit Gaudí dévoile les chefs-d'œuvre du Barcelone moderniste et comprend deux trajets en métro. Les deux circuits d'environ 2 heures 30 partent à 11h de la Plaça Reial (et à 16h30 d'avril à septembre). Mieux vaut réserver, le nombre de participants étant limité. Runner Bean propose également une visite pour les familles avec enfants ; horaires et réservation sur le site Internet.

# Circuits en scooter et tricycles à moteur

**Barcelona Scooter** (plan p. 318 ; ☑93 221 40 70) propose un circuit en scooter de 3 heures (50 €) en partenariat avec l'office du tourisme municipal. Départ de l'agence de location Cooltra à 15h30 le jeudi et à 10h30 le samedi.

**Barcelona Segway Fun** (plan p. 308 ; ☑67 048 40 00 ; www.barcelonasegwayfun.com, en français) organise des circuits en ville et dans les alentours sur ces véhicules futuristes. Un circuit d'1 heure 30 coûte 45 € avec départ de la Plaça San Just dans le Barri Gòtic tous les jours à 12h30. Des circuits de 2 heures partent du même endroit (10h et 17h, 57 €).

**GoCar** (plan p. 316 ; ☑90 230 13 33 ; www.gocartours.es ; Carrer de Freixures 23 bis ; 35/99 € heure/jour) dispose de vélomoteurs à trois roues et deux places équipées de GPS. Vous pouvez vous garer sur les emplacements réservés aux motos en écoutant les commentaires sur les sites visités.

# Circuits en Trixis

Ces taxis-tricycles garés en face de la cathédrale (plan p. 308 ; ☑93 268 21 05 ; www.trixi.info ; Plaça dels Traginers 4) circulent

---

## VISITES DE QUARTIERS

Pour d'autres visites autoguidées dans cet ouvrage, consultez les chapitres suivants :
➜ Barri Gòtic (p. 80)
➜ El Raval (p. 95)
➜ La Ribera (p. 111)
➜ Barceloneta et front de mer (circuits à vélo, p. 125)
➜ L'Eixample (p. 146)
➜ Gràcia (p. 163)
➜ Montjuïc (p. 195)

---

dans la vieille ville, sur le front de mer et dans le centre-ville (de 12h à 20h tous les jours, de mars à novembre). Ils peuvent prendre deux passagers pour une visite guidée (15/25/45/65/150 € pour 30 minutes/1 heure/2/3/8 heures).

# Circuits en bus

**Bus Turístic** (☑93 285 38 32 ; www.barcelonaturisme.com, en français ; 1 jour 24/14 € adulte/enfant, 2 jours 31/18 € adulte/enfant ; ☺9h-20h, 9h-19h en hiver ; toutes les 5-25 minutes). Service de bus (montée-descente libre) reliant presque tous les principaux sites de la ville. Les audioguides (en 10 langues) offrent un commentaire sur les 44 arrêts des 3 différents circuits. Départ Plaça de Catalunya et Plaça del Porta de la Pau.

Les tickets, en vente sur le site ou à bord des bus, permettent un nombre illimité de trajets durant une journée ou deux jours consécutifs.

Comptez environ 2 heures pour chacun des deux principaux itinéraires ; l'itinéraire bleu passe devant La Pedrera sur le Passeig de Gràcia et comprend la Sagrada Família, le parc Güell et une grande partie de La Zona Alta (dont Pedralbes et Camp Nou). L'itinéraire rouge remonte aussi le Passeig de Gràcia et fait découvrir Port Vell, Port Olímpic et Montjuïc. Le troisième itinéraire (vert) va de Port Olímpic au Fòrum (40 min, avr-sept). D'autres compagnies privées proposent un service similaire.

Pour d'autres visites (guidées en groupe, circuits en bateau et en hélicoptère), contactez le **Barcelona Guide Bureau** (www.barcelonaguidebureau.com).

---

## CIRCUITS À VÉLO

Beaucoup d'entreprises barcelonaises proposent des circuits à vélo. Ils durent généralement de 2 à 4 heures et restent concentrés sur la vieille ville, la Sagrada Família et les plages. Parmi ces prestataires, citons :
➜ **Bike Tours Barcelona** (☑93 268 21 05 ; www.bicicletabarcelona.com, en français ; Carrer de l'Esparteria 3 ; Ⓜ Barceloneta ; circuits 22 €)
➜ **Barcelona by Bike** (☑93 268 81 07 ; www.barcelonabybike.com, en français ; Carrer de la Marina 13 ; Ⓜ Ciutadella Vila Olímpica ; circuits 22 €)
➜ **CicloTour** (☑93 317 19 70 ; www.barcelonaciclotour.com, en français ; Carrer dels Tallers 45 ; Ⓜ Catalunya ; circuits 21 €)
➜ **BarcelonaBiking.com** (p. 270)

Escalier menant à la Sala Hipóstila (temple dorique), parc Güell

# À la découverte des édifices modernistes

*Avec une centaine de bâtiments pittoresques répartis à travers la ville, l'exploration des chefs-d'œuvre modernistes de Barcelone peut vite prendre des allures de marathon. Les indications pratiques qui suivent ont pour ambition de vous aider à tirer le meilleur parti de votre visite. Pour en savoir plus sur l'histoire de Gaudí, de ses contemporains et de l'architecture moderniste, voir p. 244.*

La Casa Batlló de l'architecte Antoni Gaudí

## Le mouvement moderniste

Les bâtiments modernistes de Barcelone furent érigés pendant la Renaixença (la renaissance), une période artistiquement prolifique et politiquement exaltée, profondément associée à l'identité catalane. En ce début du XXᵉ siècle, ces édifices transformèrent la ville en une vitrine architecturale d'avant-garde. Gaudí et d'autres architectes visionnaires, tout en voulant établir un nouvel archétype catalan, tirèrent leur inspiration du passé en réemployant des éléments typiquement espagnols – formes, détails et briquetage hérités des styles maure, gothique et Renaissance. Les modernistes remirent également au goût du jour l'artisanat traditionnel, comme en témoignent les superbes vitraux teintés et une utilisation ingénieuse du fer forgé, de la céramique et de la mosaïque. La nature fut mise à l'honneur et imitée à la perfection comme en témoignent les formes organiques de Gaudí (colonnes penchées aux allures de tronc, murs ondulant telles des vagues, etc) et l'utilisation de plantes indigènes comme éléments de décoration. L'intérieur des bâtiments est également révélateur de l'imagination et du génie artistique de ses concepteurs. Pour mieux apprécier la globalité de ces œuvres, les visiteurs en étudieront attentivement tant l'extérieur que l'intérieur.

## À pied ou en métro

Les sites modernistes de L'Eixample et de la vieille ville (Ciutat Vella) se visitent mieux à pied. Pour vous rendre à la Sagrada Família

## L'ESSENTIEL

### Circuits organisés

Plusieurs agences proposent des circuits sur le thème du modernisme :

Barcelona Walking Tours (p. 157) propose un circuit englobant quelques-uns des chefs-d'œuvre modernistes de L'Eixample ; départ de l'office du tourisme sur la Plaça de Catalunya.

Runner Bean Tours (p. 30) organise un circuit quotidien entièrement consacré à Gaudí, à faire essentiellement à pied avec deux courts trajets en métro.

D'autres circuits sont proposés, notamment en bus, à vélo et en scooter (p. 31).

### Ruta del Modernisme

Si l'héritage moderniste barcelonais vous passionne, la **Ruta del Modernisme** (www.rutadelmodernisme.com, en français) est pour vous ! Pour 12 €, un guide vous est remis répertoriant les 115 édifices modernistes de la ville, des plus connus aux moins visités, un plan et des réductions (jusqu'à moins 50 %) valables un an sur le prix d'entrée aux principaux sites de Barcelone et du reste de la Catalogne. Le guide *Sortim* (18 €, avec plan) vous indique les bars et restaurants abrités dans des bâtiments modernistes à travers la ville. Les recettes générées par ces deux guides sont consacrées à l'entretien et à la rénovation d'édifices modernistes.

Le guide *Ruta del Modernisme* (disponible en plusieurs langues) s'achète en librairie. Vous pouvez ensuite l'apporter à l'un des trois Centres del Modernisme pour obtenir vos coupons de réduction, ou acheter directement le tout à l'un de ces centres. Le plus accessible et le plus susceptible d'être ouvert est l'office du tourisme principal situé Plaça de Catalunya (p. 275).

ou au parc Güell en revanche, il vous faudra emprunter le métro – à moins d'être prêt à perdre du temps dans les déplacements.

### Combien de temps

Il est impossible d'en faire le tour complet en un jour, mais vous pouvez espérer voir les principaux sites de la ville en une

(Ci-dessus) La Casa Batlló, également surnommée *casa dels ossos* (maison des os) ou *casa del drac* (maison du dragon)

(Ci-contre) La salamandre de Gaudí représentative du *trencadís*, un style catalan de mosaïque, créée à partir d'éclats de carreaux, parc Güell

# Édifices modernistes

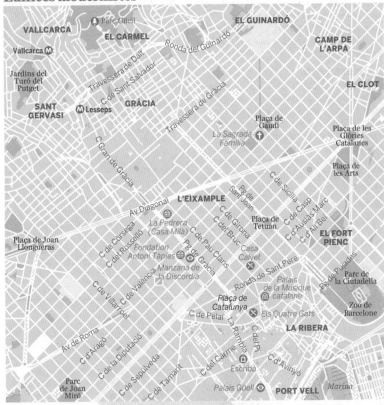

journée bien chargée ou deux. Pour éviter l'overdose, il peut être préférable d'étaler vos visites sur trois ou quatre demi-journées, en entrecoupant votre exploration moderniste de sessions musée, plage ou autre.

## Par où commencer

### L'EIXAMPLE

La Plaça de Catalunya est un excellent point de départ pour une visite des trésors modernistes de L'Eixample, en partie concentrés le long du pittoresque Passeig de Gràcia. Vous pouvez facilement consacrer une journée entière à arpenter l'avenue entre la Plaça Catalunya et la Plaça de Joan Carles I (à environ neuf rues au nord-ouest) pour en visiter les édifices-musées.

Si vous êtes pressé, vous trouverez à la sortie du métro Passeig de Gràcia trois des plus belles bâtisses de l'avenue : la Casa Batlló (p. 140), la Casa Amatller (p. 141)

et la Casa Lleó Morera (p. 142). Nées de l'imagination de trois architectes catalans (Gaudí, Puig i Cadafalch et Domènech i Montaner), elles incarnent chacune une vision unique et singulière de l'expérience moderniste. Le pâté de maisons qu'elles occupent est surnommé la Manzana de la Discordia ("manzana" signifiant en espagnol à la fois "pomme" et "pâté de maisons". Il s'agit ici de bâtiments modernistes proches, mais d'aspect différent), p. 140.

### PARC GÜELL

Le parc Güell offre un contrepoint intéressant au cadre plus urbain de L'Eixample. Ici, l'architecture interagit de manière originale avec le paysage vallonné pour composer un univers féerique. Outre ses murs recouverts de mosaïque, ses sculptures, sa caverne soutenue par des colonnes aux allures d'arbres et son emblématique salamandre, le parc Güell abrite la **maison-musée Gaudí** (Casa-Museu Gaudí, www.casamuseugaudi.org ; tarif plein/réduit 5,50/4,50 € ; ☺10h-20h), où Gaudí vécut 20 ans et où sont exposées nombre de ses fascinantes créations.

### LA SAGRADA FAMÍLIA
Une longue marche (2 km) sépare la Plaça de Catalunya de la basilique. Économisez votre énergie pour la visite en prenant le métro. Prévoyez plusieurs bonnes heures pour explorer convenablement l'intérieur et l'extérieur de ce site monumental. Pour éviter les files d'attente, achetez vos billets d'entrée en ligne (assurez-vous de pouvoir les imprimer).

### CIUTAT VELLA
L'Eixample n'a pas l'exclusivité des bâtiments modernistes. El Raval abrite lui aussi un chef-d'œuvre de Gaudí, le palais Güell (p. 94), le Barri Gòtic possède l'intrigante Casa Martí, plus connue pour son restaurant Els Quatre Gats (p. 37), et La Ribera s'enorgueillit du splendide palais de la Musique catalane (p. 106). Il est possible d'en faire le tour à l'occasion d'une agréable promenade d'une demi-journée.

RICHARD CUMMINS / LONELY PLANET IMAGES ©

La Casa Amatller, de l'architecte Josep Puig i Cadafalch

### À VOIR
➡ Les arcs paraboliques
➡ Les formes organiques (os, branches, feuilles, coquilles de nautilus)
➡ Les cheminées fantaisistes
➡ Les tuiles colorées et chatoyantes
➡ Les tours coniques aux allures de bourgeons
➡ Les surfaces recouvertes de mosaïque
➡ Les détails sculptés évoquant la faune ou la flore
➡ Les colonnes en forme d'arbres
➡ Les superbes ornements (vitraux, fer forgé, céramique)
➡ Les références historiques (les dragons pour le saint patron de la Catalogne, saint George ; les gravures de style gothique en référence au passé médiéval de Barcelone)

## Quand y aller
Le matin est le meilleur moment de la journée pour visiter ces sites, tant pour éviter la foule que pour profiter d'un éclairage optimal pour vos photos. Armez-vous de patience si vous visitez la Sagrada Família, et évitez autant que possible le week-end où la file d'attente bat des records.

## Guides audio
Pour quelques euros de plus, des guides audio sont proposés dans les principaux sites. Ils fournissent des informations détaillées sur les spécificités de chaque bâtiment, tout en vous renseignant sur l'architecte et son époque. Des guides spécialisés consacrés aux édifices les plus célèbres sont disponibles à la boutique de la plupart des musées.

## Suggestions d'itinéraires
### EN UNE MATINÉE
Démarrez la journée par des pâtisseries et un café à l'Escribà (plan p. 308), joyau moderniste de La Rambla. Descendez ensuite quelques rues jusqu'à la Carrer Nou de Rambla pour y découvrir le palais Güell (p. 94), l'un des premiers chefs-d'œuvre de Gaudí ayant récemment fait l'objet de

La coupole en vitraux du palais de la Musique catalane, de l'architecte Lluís Domènech i Montaner

travaux de rénovation. Puis prenez le métro jusqu'à la station Passeig de Gràcia, à la sortie duquel vous trouverez la Manzana de la Discordia, le pâté de maisons formé par la Casa Batlló (p. 140), la Casa Amatller (p. 141) et la Casa Lleó Morera (p. 142). De leurs trois architectes, Gaudí, Puig i Cadafalch et Domènech i Montaner, à vous de décider lequel à engendré le plus beau chef-d'œuvre. Remontez le Passeig de Gràcia, véritable vitrine architecturale, pour finir la matinée à La Pedrera (p. 139) de Gaudí.

### EN UNE JOURNÉE
Pour une journée complète d'exploration, après une visite de La Pedrera, offrez-vous un déjeuner à l'excellente Casa Calvet (p. 147, pensez à réserver) nichée dans un bâtiment classique signé Gaudí. Après le repas, direction la Sagrada Família (p. 134), pour découvrir l'une des créations architecturales religieuses les plus audacieuses du monde. Poursuivez l'après-midi avec une promenade dans les allées de l'étonnant parc Güell (p. 160). Retournez ensuite à la Ciutat Vella pour un concert dans l'enceinte de l'éblouissant palais de la Musique catalane (p. 106, il est recommandé d'acheter vos billets à l'avance) ; vous trouverez un café sur place en cas de fringale avant le spectacle. Pour un dernier verre ou pour dîner, optez pour **Els Quatre Gats** (plan p. 308 ; ✆93 302 41 40 ; Carrer de Montsió 3 ; repas 30 € ; ⊗8h-2h ; Ⓜ Urquinaona), abrité dans un édifice insolite imaginé par Puig i Cadafalch.

Bar à tapas Quimet i Quimet (p. 194), El Poble Sec

# Où se restaurer

*La scène culinaire barcelonaise est réputée pour ses chefs acclamés dans le monde entier, ses recettes inventives et ses ingrédients de choix, issus tant de la mer que du terroir. En réinventant la grande cuisine, les génies catalans Ferran Adrià et Carles Abellán ont été portés au rang d'icônes, tandis que la cuisine catalane traditionnelle continue de faire des heureux dans les salles de restaurant et les bars à tapas de la ville.*

Terrasses de restaurants sur la Plaça Reial

## Nouvelle cuisine catalane

Depuis la fermeture d'El Bulli – unanimement acclamé comme l'un des meilleurs restaurants du monde – en 2011, Ferran Adrià et son frère Albert se sont concentrés sur Barcelone où ils ont ouvert les bars à tapas Tickets et 41º Experience. On retrouve leur imagination débordante dans chacun des plats déconstruits de ces nouveaux établissements, des olives liquides aux "Air baguette de jamón ibérico" (baguettes creuses recouvertes de jambon ibérique) en passant par la glace au parmesan. Pour en savoir plus sur cette *nueva cocina española*, voir p. 258.

Mais d'autres toques s'attellent à redéfinir la cuisine contemporaine. Dans son restaurant Tapaç 24, le chef étoilé au Michelin Carles Abellán réinvente les tapas traditionnelles comme en témoignent sa mini pizza-sashimi de thon ; son *melón con jamón*, un mille-feuille caramélisé de jambon ibérique et de fines tranches de melon ; sa queue de bœuf servie avec une purée de chou-fleur, et d'autres mets appétissants, constamment renouvelés.

Autre grand nom de la scène culinaire catalane, Jordi Vilà régale les clients de l'Alkímia de ses réinterprétations des classiques catalans. Les frères Roca, dont le restaurant El Cellar de Can Roca à Gérone a deux étoiles au Michelin ont apporté leur touche personnelle au Moo, le restaurant de l'Hotel Omm. Parmi les meilleurs éléments de la gastronomie catalane, n'oublions pas Fermi Puig, chef cuisinier au Majestic, un hôtel 5 étoiles ; Xavier Pellicer à l'ABaC Barcelona ; et Sergi Arola à l'Hotel Arts.

PRÉPARER SON SÉJOUR OÙ SE RESTAURER

## L'ESSENTIEL

### Guide des prix

Les catégories de prix ci-dessous donnent le prix moyen d'un plat de résistance :

| € | moins de 10 € |
|---|---|
| €€ | de 10 à 20 € |
| €€€ | plus de 20 € |

### Horaires d'ouverture

La plupart des établissements sont ouverts de 13h à 16h et de 20h30 à minuit.

### Réservations

➡ Dans les restaurants de catégorie moyenne ou pour les voyageurs à petit budget, il n'est pas utile de réserver.

➡ La réservation est en revanche conseillée dans les établissements plus chic, notamment le soir. La fréquentation est particulièrement forte les soirées de jeudi à samedi.

### Pourboires

➡ Le service est généralement inclus dans l'addition. Les Catalans (comme d'ailleurs les Espagnols) ne laissent pas de gros pourboires. Si vous êtes particulièrement satisfait, un pourboire correspondant à 5-10% de la note suffit.

### Menú del día

Pour un déjeuner économique, optez pour le *menú del día*, une formule complète avec boisson incluse (vous pourrez choisir entre différents plats). Les prix démarrent généralement à 8-10 € et vont jusqu'à 25 €.

### Menú de degustación

Les restaurants de catégorie supérieure proposent souvent un menu dégustation permettant de goûter des portions réduites de plusieurs plats.

### Code vestimentaire

Lorsqu'ils dînent dans un bar à tapas ou un restaurant de catégorie moyenne, les Barcelonais ont tendance à s'habiller de manière décontractée quoique élégante. Il est de coutume de soigner davantage sa tenue lorsque l'on sort dans un établissement de catégorie supérieure : jupe ou robe pour les dames, chemise à col boutonné et pantalon de costume ou jean griffé pour les messieurs (la veste est facultative, et la cravate inhabituelle).

(Ci-dessus Biscuits et gâteaux en vitrine d'une pâtisserie

(Ci-contre) Tapas (*montaditos*)

## Cuisine catalane traditionnelle

Les recettes catalanes traditionnelles reposent sur l'excellence des produits méditerranéens : poisson, crevettes, seiche, palourdes, porc, lapin, gibier, huile d'olive, poivre et ail en abondance. Les plats typiques osent des mariages insolites : seiche et pois chiches, jambon fumé et caviar, lapin et crevettes, oie et poire.

### SAUCES

L'âme de la cuisine catalane tient pour beaucoup dans les sauces qui accompagnent viandes et poissons. Il en existe cinq sortes : *sofregit* (oignons frits, tomates et ail) ; *samfaina* ou *chanfaina* (*sofregit* plus poivron rouge, aubergine et courgette) ; *picada* (mélange d'amandes pilées, d'ail, de persil, de pignons ou de noix, auquel on ajoute parfois de la chapelure) ; *allioli* (ail écrasé et huile d'olive, parfois mélangés à un jaune d'œuf pour en faire une mayonnaise) et *romesco* (amandes, poivron rouge, tomates, huile d'olive, ail et vinaigre, une sauce qui accompagne notamment les *calçots*).

### PAELLA ET FIDEUÀ

*Arròs a la cassola* ou *arròs a la catalana* est le nom catalan de la paella. Elle est ici préparée sans safran dans un plat en terre, tandis que l'*arròs negre* est cuisiné dans de l'encre de seiche. La *Fideuà* s'apparente à la paella, mais des vermicelles y remplacent le riz. Elle est servie avec un petit pot d'*allioli*.

### CALÇOTS

Les Catalans raffolent des *calçots* (une variété d'oignons de printemps), qu'ils engloutissent la saison venue (entre janvier et mars) après les avoir cuits au barbecue et trempés dans une sauce *romesco*. Les *calçots* sont servis en entrée, et suivis de copieux plats de viande ou de saucisse.

## Classiques catalans

### ENTRÉES

**Amanida catalana** (salade catalane). Mélange comprenant, en général, salade verte, olives, tomates, œufs durs, oignons, endives, céleri, poivrons et ail, avec thon (presque toujours en conserve), jambon ou saucisse, et assaisonné de mayonnaise ou d'une vinaigrette.

**Calçots amb romesco** Oignons de printemps doux et juteux cuits au barbecue.

**Escalivada** Poivrons rouges et aubergines (avec parfois oignons et tomates) grillés, laissés à refroidir, pelés, coupés en lanières et assaisonnés avec un peu d'huile d'olive, du sel et de l'ail.

**Esqueixada** Salade de *bacallà/bacalao* (morue) aux tomates, poivrons rouges, oignons, haricots blancs, olives, huile d'olive et vinaigre.

**Pintxos** Tapas basques.

### PLATS PRINCIPAUX

**Arròs a la cassola/arroz a la catalana** Paella catalane cuisinée sans safran.

**Arròs negre** Riz cuit dans de l'encre de seiche.

**Bacallà a la llauna** Morue cuite au four dans une sauce à la tomate, à l'ail, au persil, au paprika et au vin.

**Botifarra amb mongetes** Saucisse de porc aux haricots blancs.

**Cargols/caracoles** Escargots, souvent préparés en ragoût avec du *conill/conejo* (lapin) et du piment.

**Escudella** Pot-au-feu proposé en hiver, mêlant saucisses et légumes. Le bouillon, auquel on ajoute des pâtes ou du riz, est consommé en entrée. Le reste, le *carn d'olla*, est servi en plat principal.

**Fideuá** Plat semblable à la paella, mais où les vermicelles remplacent le riz. Il est servi avec des tomates et de la viande et/ou de la saucisse ou du poisson, et accompagné d'un petit ramequin d'*allioli*. On le prépare parfois avec de l'encre de seiche.

## LES MEILLEURES TAPAS

Pour vous aider à faire votre choix, voici un petit glossaire des *tapes/tapas* les plus répandues :

➡ **boquerons/boquerones** anchois au vinaigre

➡ **mandonguilles/albóndigas** boulettes de viande

➡ **pebrots/pimientos de Padrón** petits piments verts de Galice, plus ou moins piquants

➡ **patates braves/patatas bravas** pommes de terre à la sauce tomate épicée, parfois servies avec de la mayonnaise

➡ **gambes/gambas** gambas servies *al all/ajillo* (à l'ail) ou *a la plantxa/plancha* (grillées)

➡ **chipirons/chipirones** petits calamars

➡ **calamars/calamares a la Romana** anneaux de calamars frits

**Fricandó** Ragoût de porc aux légumes.

**Sarsuela/zarzuela** Plat de poisson et de fruits de mer dans une sauce *sofregit* (oignons frits, tomates et ail).

**Suquet de peix** Ragoût de poisson et de pommes de terre.

**Truita de botifarra** Omelette à la saucisse, version catalane de la célèbre tortilla espagnole.

### DESSERTS

**Crema catalana** Version locale de la crème brûlée.

**Mel i mató** Fromage frais de brebis arrosé de miel.

**Music** Assortiment de fruits secs et de noix, parfois mélangés à de la glace ou à un fromage crémeux sucré, et servi avec un verre de muscat.

## Marchés alimentaires

Barcelone compte de fabuleux marchés. Les gourmets tomberont sous le charme des bruits, des odeurs et surtout des saveurs du marché de la Boqueria (p. 90). Idéalement placé sur La Rambla, c'est sans doute le meilleur et le plus grand marché alimentaire d'Espagne. Fruits et légumes, jus de fruits fraîchement pressés, fromages artisanaux, viandes fumées, fruits de mer et pâtisseries : la tentation est partout. Une poignée de bars à tapas et d'étals vous attendent à l'arrière.

Mais La Boqueria n'est pas le seul marché alimentaire de la ville. La plupart des *barris* ont le leur, souvent bien moins important et relativement méconnu des touristes. Voici quelques-uns des meilleurs : **marché de Sant Antoni** (plan p. 322 ; Carrer Comte d'Urgell 1 ; ⊘7h-20h30 ; Ⓜ Hospital Clínic), **marché de Santa Caterina** (p. 107), **marché del Ninot** (plan p. 326 ; Carrer de Casanova 160 ; Ⓜ Hospital Clínic), **marché de la Llibertat** (plan p. 328 ; Plaça de la Llibertat ; Ⓡ FGC Gràcia) et **marché de l'Abaceria** (plan p. 326 ; Travessera

## Où se restaurer par quartier

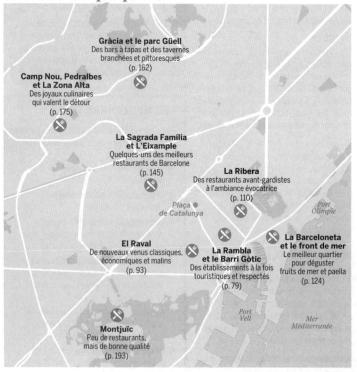

**Gràcia et le parc Güell**
Des bars à tapas et des tavernes branchées et pittoresques
(p. 162)

**Camp Nou, Pedralbes et La Zona Alta**
Des joyaux culinaires qui valent le détour
(p. 175)

**La Sagrada Família et L'Eixample**
Quelques-uns des meilleurs restaurants de Barcelone
(p. 145)

**La Ribera**
Des restaurants avant-gardistes à l'ambiance évocatrice
(p. 110)

Plaça de Catalunya

Port Olímpic

**El Raval**
De nouveaux venus classiques, économiques et malins
(p. 93)

**La Rambla et le Barri Gòtic**
Des établissements à la fois touristiques et respectés
(p. 79)

**La Barceloneta et le front de mer**
Le meilleur quartier pour déguster fruits de mer et paella
(p. 124)

Port Vell

Mer Méditerranée

**Montjuïc**
Peu de restaurants, mais de bonne qualité
(p. 193)

Plateau de fruits de mer chez Los Caracoles (p. 82)

de Gràcia 186 ; Ⓜ Fontana). Attention : en raison de lourds travaux, de nombreux marchés barcelonais ont été déplacés dans des préfabriqués et ce, probablement pour de longues années. Nous avons indiqué ici les adresses "durablement provisoires" des marchés concernés (Sant Antoni et del Ninot), mais des changements ne sont pas à exclure. N'hésitez donc pas à vérifier leur emplacement sur le site de la ville de Barcelone (www.bcn.cat).

## Commander des tapas

Il est très amusant de se nourrir de *tapes*, ou tapas, ces hors-d'œuvre typiquement espagnols. De nombreux visiteurs passent à côté de cette tradition car, à moins de parler espagnol, commander des tapas peut sembler un défi. Pourtant, c'est en réalité plus simple qu'il n'y paraît.

Les tapas sont toujours servies avec une boisson (certains bars offrent même une petite *tapa* lorsque vous commandez à boire). Vous pouvez vous asseoir au comptoir ou à une table, commander à boire (goûtez au *txacolí*, un vin blanc légèrement pétillant), puis à manger. Les tapas proposées dans les bars sont souvent des *montaditos* (sortes de canapés servis

sur une tranche de pain, les *pintxos* en basque), allant du simple morceau de chorizo à des associations plus élaborées comme crème de roquefort et noix. Elles sont toutes servies piquées d'un cure-dents, ce qui permet aux serveurs de connaître le nombre de tapas consommées avant de dresser l'addition.

Une *tapa* est une petite portion de nourriture, mais vous pouvez en commander une *ración* (portion plus copieuse) ou une *media ración* (entre la *tapa* et la *ración*). Tenez compte du fait que deux ou trois *raciones* équivalent à un repas complet, et privilégiez les *media raciones* si vous souhaitez goûter à davantage de plats.

Certains bars à tapas basques proposent des tapas chaudes. Le serveur fait alors le tour des convives pour proposer les mets fraîchement sortis des fourneaux. Si quelque chose vous tente, servez-vous ! D'autres bars servent les tapas chaudes sur commande. Consultez la carte, qui prend parfois la forme d'un tableau noir où sont listées les propositions du jour. Si vous ne parvenez pas à vous décider, demandez la *especialidad de la casa* (la spécialité de la maison) : vous serez rarement déçu.

## La sélection de Lonely Planet

**Tickets** (p. 193). Le nouvel établissement unanimement acclamé de Ferran Adrià, offrant le meilleur de la *nueva cocina española*.

**Alkímia** (p. 145). Une succulente cuisine catalane par le chef étoilé au Michelin Jordi Vilà.

**Koy Shunka** (p. 81). Une appétissante cuisine nippone d'avant-garde, probablement la meilleure du genre à Barcelone.

**Tapaç 24** (p. 145). Les tapas de l'audacieux chef Carles Abellán comptent parmi les meilleures de la ville.

**Pla** (p. 81). Une cuisine raffinée servie dans un cadre médiéval éclairé à la bougie.

**Casa Delfin** (p. 110). Dans le quartier animé de La Ribera, une cuisine méditerranéenne aux accents divins.

## Les meilleures adresses par prix

### €
Can Maño (p. 126)
Sureny (p. 164)
La Llar de Foc (p. 165)
Bitácora (p. 126)
La Cova Fumada (p. 124)
Envalira (p. 165)

### €€
Cafè de l'Acadèmia (p. 81)
La Vinateria dell Call (p. 81)
Cal Pep (p. 110)
Botafumeiro (p. 162)
La Molina (p. 176)
Bar Pinotxo (p. 94)

### €€€
El Passadís del Pep (p. 110)
Restaurant Evo (p. 194)

Torre d'Alta Mar (p. 124)
Hofmann (p. 176)
Can Travi Nou (p. 177)

## Les meilleures adresses par catégorie

### Tapas
Bar Pinotxo (p. 94)
La Cova Fumada (p. 124)
Vaso de Oro (p. 126)
Cata 1.81 (p. 148)
Taktika Berri (p. 148)
Quimet i Quimet (p. 194)
Cal Pep (p. 110)
Bodega Sepúlveda (p. 149)

### Cuisine catalane
Sureny (p. 164)
El Glop (p. 165)
La Molina (p. 176)
Via Veneto (p. 174)
Envalira (p. 165)
Roig Robí (p. 164)

### Nouvelle cuisine espagnole
Tickets (p. 193)
Alkímia (p. 145)
Cinc Sentits (p. 148)

### Cuisine basque
Ipar-Txoko (p. 164)
Taktika Berri (p. 148)
Zarautz (p. 196)

### Cuisine fusion
Pla (p. 81)
Con Gracia (p. 164)
Can Kenji (p. 145)

### Cuisine végétarienne
Cerería (p. 81)
Himali (p. 165)
Amaltea (p. 149)

Organic (p. 97)
Sesamo (p. 96)

### Cuisine latino-américaine
El Rincón Maya (p. 149)
Patagonia (p. 147)
Cantina Machito (p. 166)

### Cuisine méditerranéenne
Noti (p. 147)
La Balsa (p. 177)
Hofmann (p. 176)
Embat (p. 147)
O'Gràcia! (p. 164)

### Cuisine italienne
Lac Majùr (p. 165)
Melton (p. 148)
Xemei (p. 194)
Le Cucine Mandarosso (p. 110)
Monty Café (p. 166)
Tantarantana (p. 112)

### Cuisine portugaise
A Casa Portuguesa (p. 168)
Cerveseria Brassia Gallega (p. 149)
Bar Celta (p. 82)
Botafumeiro (p. 162)

### Fruits de mer
Restaurant 7 Portes (p. 126)
El Cangrejo Loco (p. 126)
Bar Celta (p. 82)
Els Pescadors (p. 126)
Can Majó (p. 124)
Can Ros (p. 126)

### Viande
Bilbao (p. 164)
Patagonia (p. 147)
El Asador de Aranda (p. 177)

## Chocolat
La Nena (p. 164)

Xocoa (p. 86)

Cacao Sampaka (p. 155)

Musée du Chocolat (p. 109)

Granja Viader (p. 96)

## Desserts
Foix de Sarrià (p. 177)

Bubó (p. 112)

Mandarosso Pastis (p. 112)

Olivia (p. 97)

Escribà (p. 150)

Caelum (p. 82)

## Architecture originale
Casa Calvet (p. 147)

El Asador de Aranda (p. 177)

## Ambiance rétro
Can Culleretes (p. 81)

Els Quatre Gats (p. 37)

Ca L'Isidre (p. 94)

Casa Leopoldo (p. 94)

## Ambiance historique
Casa Leopoldo (p. 94)

Can Travi Nou (p. 177)

Barramòn (p. 194)

Restaurant 7 Portes (p. 126)

## Cafés
Liadísimo (p. 176)

Lilipep (p. 112)

La Nena (p. 164)

Cosmo (p. 151)

La Clandestina (p. 84)

Čaj Chai (p. 83)

Caelum (p. 82)

## Dîner tardif
Dos Trece (p. 97)

Elisabets (p. 96)

El Glop (p. 165)

## Dîner romantique
La Vinateria dell Call (p. 81)

Pla de la Garsa (p. 112)

Alba Granados (p. 148)

Pla (p. 81)

Casa Calvet (p. 147)

## Brunch
Milk (p. 82)

Dos Trece (p. 97)

## Formule déjeuner
Cafè de l'Acadèmia (p. 81)

O'Gràcia! (p. 164)

Casa Amalia (p. 147)

En Aparté (p. 112)

## Pique-nique
Marché de la Boqueria (p. 90)

La Llavor Dels Orígens (p. 112)

Joan Murrià (p. 156)

Mauri (p. 150)

Casa Gispert (p. 114)

## Avec vue
Torre d'Alta Mar (p. 124)

Miramar (p. 196)

Xiringuito D'Escribà (p. 127)

Can Majó (p. 124)

## Au marché
Bar Joan (p. 112)

Bar Pinotxo (p. 94)

## En buvant du vin
La Vinateria dell Call (p. 81)

Cata 1.81 (p. 148)

Terrabacus (p. 148)

La Panxa Del Bisbe (p. 165)

## Avant ou après le musée
Musée d'Histoire de Catalogne (p. 121)

Pla dels Àngels (p. 96)

Musée national d'Art catalan (p. 184)

**PRÉPARER SON SÉJOUR OÙ SE RESTAURER**

# Où prendre un verre et faire la fête

*Plébiscitée par les oiseaux de nuit, Barcelone regorge de bars à vin éclairés à la bougie, de tavernes à l'ancienne, de lounges branchés et de discothèques kaléidoscopiques où la fête se poursuit jusqu'à l'aube. Pour trouver le calme lorsque la pluie menace, les nombreux cafés et salons de thé de la ville constituent d'agréables refuges.*

## Bars et lounges

Barcelone offre un choix vertigineux de bars pour commencer – ou finir – la nuit. Caves éclairées à la bougie dans le quartier médiéval, anciennes boutiques meublées de vieilleries, espaces modernistes ultra-animés : il y en a pour tous les goûts. Bien entendu, le choix d'un lieu dépend autant de son atmosphère que de son public. Vous trouverez ci-après un bref classement par quartier des endroits où faire la fête à Barcelone.

Où que vous atterrissiez, gardez à l'esprit qu'à Barcelone (comme partout ailleurs en Espagne) boire et manger vont de pair, et que certains des bars les plus animés servent aussi bien des tapas que de l'alcool.

## Bars à vin et à cava

Les bars à vin se multiplient comme des petits pains à Barcelone, offrant un bel aperçu des excellents crus d'Espagne et d'ailleurs. On y trouve également des établissements comme le bar à tapas Cata 1.81 (p. 148) proposant une vaste sélection de vins au verre, avec un certain penchant pour les millésimes récents. Vous pourrez y manger un morceau en dégustant notamment des plats à partager, des plateaux de fromages et des tapas en abondance.

Les bars à *cava* sont en réalité davantage prisés pour leur ambiance festive que pour le *cava* (p. 259), ce vin pétillant blanc ou rosé majoritairement produit dans la région catalane du Penedès. Dans les établissements les plus réputés, il vous faudra jouer des coudes parmi une foule bruyante et boire votre verre debout. Les deux bars à *cava* emblématiques de Barcelone sont

El Xampanyet (p. 113) dans La Ribera et Xampanyeria Can Paixano (p. 127) à La Barceloneta.

## Bars d'hôtels

Barcelone compte une poignée de bars sur les toits offrant un fascinant panorama sur la ville. Selon le quartier, le regard embrasse les toits de la vieille ville, le front de mer ou la ville dans son intégralité, avec les collines de Collserola et du Tibidabo en arrière-plan. La majorité de ces établissements, haut perchés sur les toits d'hôtels de luxe, ne sont pas uniquement fréquentés par les touristes. Un nombre croissant de Barcelonais branchés investissent ces lieux, à tel point qu'en fin de soirée vous n'y croiserez plus que des locaux.

Notre sélection :

➡ **B-Lounge** (p. 216). Sa situation dans El Raval, dans l'hôtel Barceló Raval, en fait un bon endroit pour commencer la soirée avant de poursuivre dans les clubs voisins ; la terrasse jouit d'un spectaculaire panorama à 360°.

➡ **La Isabala** (p. 215). La superbe terrasse d'été au 7e étage de l'Hotel 1898 est une paisible oasis à l'écart de l'agitation de La Rambla en contrebas.

➡ **Eclipse** (p. 218). Bien qu'il n'en occupe pas le toit, le bar Eclipse se trouve tout de même au 26e étage de l'hôtel W situé en bord de mer. Vue panoramique, atmosphère *lounge* avec DJ, délicieux cocktails et public ultrabranché.

➡ **Angels & Kings** (p. 219). Au 6e étage de l'hôtel ME, ce bar de plein air avec terrasse et piscine offre une superbe vue et une ambiance festive.

➡ **Mirablau** (p. 177). Au pied du Tibidabo, ce bar de plein air réputé pour son panorama inégalé est une adresse incontournable à Barcelone.

### Bars de plage

L'été venu, de petits bars affectueusement surnommés *chiringuitos* ouvrent sur la plage, le long de la mer entre La Barceloneta et la Platja de la Nova Mar Bella. Les pieds dans le sable, sirotez-y un cocktail en observant la ville sur fond bleu de Méditerranée.

Les bars de plage les plus animés se trouvent au nord-est de la ville sur la plage de Cavaió, à Arenys de Mar (accessible en train depuis Barcelone). Ouvert de mi-mai à septembre, **Lasal** (www.lasal.com) accueille d'excellents DJ dans une ambiance tropicale.

### Clubs

C'est du jeudi au samedi que les *discotecas* barcelonaises sont les plus fréquentées. Nombre d'entre elles n'ouvrent d'ailleurs que ces jours-là. Dans le dédale des rues de la vieille ville se cache une étonnante diversité de lieux, depuis le dancing chic à l'ancienne jusqu'aux boîtes de nuit grunge en sous-sol, plutôt glauques mais néanmoins pleines à craquer.

La situation change du tout au tout sur le front de mer. Au Port Olímpic, les foules de voyageurs bronzés venus de la marina se mêlent aux touristes et aux quelques habitants dans les bars bruyants du front de mer. Les meilleures adresses se trouvent du côté de La Barceloneta.

Les établissements haut de gamme sont concentrés dans L'Eixample et La Zona Alta. Les discothèques les plus connues de ce secteur attirent la jet-set.

#### OÙ ALLER POUR FAIRE LA TOURNÉE DES BARS

- **Plaça Reial**, Barri Gòtic
- **Carrer dels Escudellers**, Barri Gòtic
- **Carrer de Joaquín Costa**, El Raval
- **Carrer Nou de la Rambla**, El Raval
- **Carrer de Santa Mònica**, El Raval
- **Platja de la Barceloneta**, Barceloneta
- **Carrer d'Aribau**, L'Eixample
- **Plaça del Sol**, Gràcia
- **Plaça de la Revolucion de Septembre de 1868**, Gràcia
- **Plaça de la Vila de Gràcia**, Gràcia

## L'ESSENTIEL

### Horaires d'ouverture
- **Bars** généralement ouverts entre 18h et 2h (3h le week-end).
- **Clubs** de minuit à 6h, du jeudi au samedi.
- **Bars de plage** de 10h à minuit (plus tard le week-end) d'avril à octobre.

### Quand s'y rendre
- Les bars s'animent après 23h ou minuit.
- Les clubs se remplissent autour de 2h.

### Entrer en discothèque
Le prix de l'entrée varie de 0 à 20 € (moins si vous arrivez tôt), et inclut une consommation. Les videurs ont le dernier mot quant au code vestimentaire et à votre droit d'entrer. Mieux vaut tenter votre chance en petit groupe.

### Programmation
- **Guia del Ocio** (www.guiadelociobcn.com)
- **Go Mag** (www.go-mag.com)
- **Metropolitan** (www.barcelona-metropolitan.com)
- **Barcelonarocks.com** (www.barcelonarocks.com)
- **Clubbingspain.com** (www.clubbingspain.com)

### Petit glossaire des boissons
#### Café
- *cafe con leche* : moitié café, moitié lait
- *cafe solo* : café court ou espresso
- *cortado* : café court avec un nuage de lait

#### Bière
- *cerveza* : bière
- *caña* : demi
- *tubo* : grande bière pression
- *jarra* : chope de bière
- *quinto* : bouteille de 200 ml
- *tercio* : bouteille de 300 ml
- *clara* : panaché

#### Vin
- *vino de la casa* : vin de la maison
- *txakolin* : vin légèrement pétillant originaire du Pays basque

48

PRÉPARER SON SÉJOUR OÙ PRENDRE UN VERRE ET FAIRE LA FÊTE

## Où prendre un verre et faire la fête par quartier

**Gràcia et le parc Güell**
Des foules de jeunes branchés
(p. 166)

**Camp Nou, Pedralbes
et La Zona Alta**
Des clubs de haute volée
(p. 177)

**La Sagrada Família
et L'Eixample**
Bars étudiants, minuscules
*lounge*, clubs gays
(p. 150)

**La Ribera**
Bars à vin
et à *cava*, *lounges*
(p. 113)

Plaça
de Catalunya

Port
Olímpic

**El Raval**
Bars bohèmes,
petits clubs
(p. 97)

**La Rambla
et le Barri Gòtic**
Très nombreux bars, cafés,
lieux en plein air et clubs
(p. 82)

**La Barceloneta
et le front de mer**
Tavernes de quartier,
bars de front de mer
et clubs touristiques
(p. 127)

Port
Vell

Mer
Méditerranée

**Montjuïc**
Bars, clubs et lieux
artistiques en plein air
(p. 196)

## Cafés

Barcelone totalise un nombre ahurissant de cafés, comme autant d'abris accueillants pour se désaltérer en journée. Vous trouverez de charmants salons de thé dans les ruelles du Barri Gòtic, des antres bohèmes dans El Raval, des repaires branchés dans L'Eixample et des trésors modernistes sur La Rambla. Si le café, le thé et parfois la *xocolata calenta* (chocolat chaud) sont leurs boissons vedettes, la plupart des établissements servent également de quoi grignoter, voire de la bière, du vin et même des cocktails dans certains cas.

## La sélection de Lonely Planet

**Les Gens Que J'Aime** (p. 153). Dans L'Eixample, une adresse élégante mais sans prétention.

**Terrazza** (p. 197). Club en plein air ouvert l'été dans l'enceinte du Poble Espanyol.

**La Caseta del Migdia** (p. 196). Un coin de paradis en plein air, dans la verdure de Montjuïc.

**Monvínic** (p. 150). Un cadre enchanteur pour l'un des meilleurs bars à vins d'Espagne.

**Elephant** (p. 178). Club outrageusement branché dans une demeure cossue de La Zona Alta.

## Les meilleures adresses par boisson

### Vin
La Vinya del Senyor (p. 113)

La Baignoire (p. 167)

Premier (p. 152)

### Absinthe
Bar Marsella (p. 99)

Absenta (p. 127)

### Bière
La Cerveteca (p. 82)

Café de l'Opera (p. 84)

### Vermouth maison
La Confitería (p. 97)

Absenta (p. 127)

### Cocktails
Dry Martini (p. 151)

Gimlet (p. 113)

Boadas (p. 98)

## Café tardif
Cosmo (p. 151)

Cafè de l'Ópera (p. 84)

La Clandestina (p. 84)

Salterio (p. 84)

Čaj Chai (p. 83)

Caffè San Marco (p 177)

## Les meilleures adresses par catégorie

### Décor moderniste
Bar Muy Buenas (p. 98)

Casa Almirall (p. 98)

London Bar (p. 98)

El Paraigua (p. 83)

Café de l'Opera (p. 84)

### Décor insolite
La Fira (p. 150)

Museum (p. 151)

Bosc de les Fades (p. 83)

Tinta Roja (p. 196)

### Ambiance rétro
Raïm (p. 166)

Bar Marsella (p. 99)

La Confitería (p. 97)

Bar Pastís (p. 98)

Bar Muy Buenas (p. 98)

### Ambiance médiévale
La Fianna (p. 113)

Dusk (p. 83)

## Ambiance bohème
Ké? (p. 127)

Oviso (p. 82)

Absenta (p. 127)

### Ambiance stylée
Otto Zutz (p. 179)

33|45 (p. 97)

Shôko (p. 128)

### Ambiance étudiante
Le Journal (p. 166)

Mediterráneo (p. 151)

Betty Ford (p. 98)

Negroni (p. 98)

### Danse
Marula Cafè (p. 83)

Jamboree (p. 84)

Razzmatazz (p. 128)

Mirablau (p. 177)

Sutton The Club (p. 179)

CDLC (p. 127)

City Hall (p. 152)

### Rock
Alfa (p. 166)

Musical Maria (p. 167)

Noise i Art (p. 167)

Garaje Hermético (p. 153)

### En bord de mer
Santa Marta (p. 127)

Shôko (p. 128)

Opium Mar (p. 127)

# Barcelone gay et lesbien

*Barcelone possède une scène gay et lesbienne très active, avec un grand choix de restaurants, de bars et de clubs concentrés dans le quartier de L'Eixample, et plus précisément dans le secteur surnommé "Gaixample", à environ cinq ou six pâtés de maison au sud-ouest du Passeig de Gràcia, autour de la Carrer del Consell de Cent.*

## Regard des habitants

Malgré une féroce opposition de la part de l'Église catholique, l'Espagne est devenue en 2005 le 4e pays au monde à légaliser le mariage homosexuel. D'après un sondage mené juste avant l'adoption de la loi, plus de 60% des Espagnols étaient en faveur de la légalisation du mariage homosexuel. Les couples mariés de même sexe peuvent également adopter.

En règle générale, la population barcelonaise est très tolérante et la vision d'un couple homosexuel main dans la main ne suscite pas d'hostilité.

## Bars

Une ville de cette taille possède une offre variée de bars : élégants bars à cocktails, bars pour les adeptes du cuir, bars *bear*, pubs décontractés et bars à thème (avec spectacles de drag-queens et autres événements).

## Clubs

Les choses sérieuses ne commencent que tard (autour de 2h). Les clubs les plus grands et les plus célèbres, comme Metro (p. 152), l'un des pionniers à Barcelone, accueillent des DJ de première classe, proposent plusieurs bars, un *cuarto oscuro* (salle obscure), des spectacles de drag-queens et autres divertissements. La plupart des clubs n'ouvrent que du jeudi soir au samedi soir.

## Scène lesbienne

Les établissements lesbiens se font rares. La plupart ne sont pas exclusivement réservés aux lesbiennes et accueillent une clientèle mixte de gays et de lesbiennes (ainsi que quelques hétéros). Aire (p. 152), établissement lesbien par excellence, est une étape obligatoire pour toutes les noctambules. Certains bars et clubs hétéros organisent des soirées lesbiennes. Consultez les prospectus des boutiques et bars du Gaixample.

## Événements

La communauté homosexuelle de Barcelone et des alentours est à l'honneur lors de la **Pride Barcelona** (www.pridebarcelona.org, en français) annuelle. Pendant une semaine fin juin ont lieu des concerts, des shows de drag-queens, des projections de films, des spectacles artistiques et des danses en plein air – le tout accompagné de beaucoup de mousse. Pour clôturer la fête, une parade festive parcourt la Carrer de Sepúlveda et se termine sur la Plaça d'Espanya.

Intéressant également, le **Barcelona International Gay and Lesbian Film Festival** (www.barcelonafilmfestival.org) se déroule entre fin octobre et début novembre, la plupart des projections ont lieu à la Cinémathèque de Catalogne (p. 93). Les amateurs de cinéma pourront aussi assister au **Festival international du film fantastique de Sitges** (sitgesfilmfestival.com), qui a lieu début octobre.

## Sitges : capitale gay de la Catalogne

La scène gay barcelonaise est très active, mais la capitale homosexuelle de l'Espagne est sans conteste la toute proche Sitges (p. 207), l'une des destinations phares de la scène gay internationale. La communauté gay occupe d'ailleurs une place prépondérante lors des festivités du carnaval en février-mars.

## La sélection de Lonely Planet

**Metro** (p. 153). Le meilleur (et le plus ancien) club gay de la ville.

**Dietrich Gay Teatro Café** (p. 153). Un lieu divertissant avec spectacles de drag-queens chaque soir.

**Hotel Axel** (p. 221). Un luxueux hôtel de charme gay au cœur du Gaixample.

**Aire** (p. 152). Le meilleur bar lesbien de Barcelone, avec une superbe piste de danse.

## Les meilleures adresses par catégorie

### Hébergements

Hotel California (p. 221)

Casa de Billy Barcelona (p. 221)

### Clubs

Arena Madre (p. 152)

La Base (p. 152)

### Bars décontractés

Átame (p. 151)

La Chapelle (p. 151)

Museum (p. 151)

Punto BCN (p. 152)

Dacksy (p. 151)

### Bar pour les amateurs de cuir

New Chaps (p. 153)

### Bar *bear*

Bacon Bear (p. 151)

### Clubs mixtes

Arena Classic (p. 152)

Terrazza (p. 196)

### Plages

Platja de la Mar Bella (p. 121)

Platja de Sant Miquel (plan p. 317)

### Boutiques

Nosotraos (p. 156)

Cómplices (p. 87)

PRÉPARER SON SÉJOUR BARCELONE GAY ET LESBIEN

## L'ESSENTIEL

#### Organismes gays

➡ **Casal Lambda** (☑93 319 55 50 ; www.lambdaweb.org ; Carrer de Verdaguer i Callís 10 ; ⓜUquinaona). Centre socio-culturel et d'information gay et lesbien dans La Ribera.

➡ **Coordinadora Gai-Lesbiana Barcelona** (☑93 298 00 29 ; www.cogailes.org ; Carrer de Violant d'Hongria 156 ; ⓜPlaça del Centre). Principal organe de coordination des groupes gays et lesbiens de la ville.

➡ Ca la Dona (p. 277) accueille des groupes lesbiens et gère la ligne d'information lesbienne **Línia Rosa** (☑0 060 16 01).

#### Sites web

➡ **Gay Apartments Barcelona** (www.gayapartmentbarcelona.com). Appartements à louer pour les vacances, renseignements sur les saunas, boutiques et restaurants, entre autres.

➡ **Nois** (www.revistanois.com). Magazine gratuit.

➡ **60by80** (www.60by80.com). Excellent site (en anglais) pour voyageurs gays.

➡ **VisitBarcelonaGay.com** (www.visitbarcelonagay.com). Un site très complet qui recense moult adresses variées.

➡ **GaySitges** (www.gaysitges.com). Site spécialement dédié à la ville côtière *gay-friendly*.

 # Où sortir

*Barcelone compte quantité de salles accueillant toutes sortes de spectacles : cabaret underground, opéra comique, drames... Les troupes de danse abondent, et celles de théâtre locales, lorsqu'elles ne sont pas en tournée dans le reste de l'Espagne, attirent des foules d'amateurs enchantés.*

## Musique classique et opéra

Barcelone est bien équipée pour recevoir des opéras, des orchestres symphoniques ou de grands spectacles. Ses deux salles historiques et emblématiques sont le Gran Teatre del Liceu (p. 85) et le palais de la Musique catalane (p. 113).

## Danse

De bonnes compagnies de danse contemporaine locales, ainsi que des troupes internationales en tournée, participent à l'animation du calendrier culturel. Repérez les brochures au palais de la Virreina et consultez les programmes des théâtres. Pour les ballets classiques et d'autres grands spectacles, il vous faudra attendre que des compagnies arrivent de l'étranger.

### FLAMENCO

Il n'est pas facile de voir de bons spectacles de cette danse fondamentalement andalouse. Les quelques *tablaos* sont touristiques et souvent de mauvais goût. On peut également voir du flamenco le vendredi soir au Jazz Sí Club (p. 99), et de grands noms se produisent au palais de la Musique catalane (p. 113). Le **Festival de flamenco de Ciutat Vella** (http://ciutatflamenco.com) a lieu en mai ; plusieurs festivals musicaux ont lieu entre mi-février et avril, dont **De Cajón Festival Flamenco** (www.theproject.es).

### SARDANE

Les amoureux de la sardane se réunissent tous les dimanches à midi ou le samedi à 18h sur le parvis de la cathédrale, et parfois sur la Plaça de Sant Jaume. Pour plus d'informations, contactez l'**Agrupació Cultural Folclòrica de Barcelona** (☎93 315 14 96). On peut également voir des danseurs durant certains festivals.

## Théâtre

La plupart des pièces sont jouées en catalan ou en espagnol. Le programme mensuel *Teatre BCN* est disponible au palais de la Virreina (p. 69).

## Cinéma

En été, des écrans sont installés au château de Montjuïc et dans le quartier du Fòrum pour des séances en plein air. Les productions étrangères sous-titrées sont indiquées 'VO' *(versió original)* dans les programmes.

### Où sortir par quartier

➡ **La Rambla et Barri Gòtic** C'est ici que se trouve le Gran Teatre del Liceu et que l'on voit chaque semaine des démonstrations de sardane.

➡ **El Raval** Le vendredi soir, le Jazz Sí Club est la salle de référence pour le théâtre, le jazz et le flamenco.

➡ **La Ribera** Le quartier du palais de la Musique catalane, éclectique et spectaculaire.

➡ **Montjuïc** C'est sur cette colline que se dresse le palais de la Virreina et qu'ont lieu des projections en plein air.

## La sélection de Lonely Planet

**Palais de la Musique catalane** (p. 113). Ce somptueux palais moderniste, qui abrite la meilleure salle de la ville pour la musique classique et chorale, est un ravissement pour les sens.

**Gran Teatre del Liceu** (p. 85). La grande salle d'opéra de Barcelone allie un style XIXᵉ siècle et une acoustique dernier cri.

**Cinémathèque de Catalogne** (p. 93). Ce nouveau centre des arts, dont la construction a duré près d'une décennie, abrite des archives du cinéma, une librairie, un café, des bureaux et un espace d'exposition.

**Cangrejo** (p. 99). Le cabaret dans toute sa somptuosité kitsch, sous la houlette de Carman Mairena, célèbre drag-queen *barcelonin*.

## Les meilleurs lieux par catégorie

### Théâtres

Teatre Nou Tantarantana (p. 100)

Teatre Romea (p. 100)

Teatreneu (p. 167)

Sala Beckett (p. 167)

### Spectacles décalés

Teatre Llantiol (p. 99)

Sala Apolo (p. 197)

Dietrich Gay Teatro Café (p. 153)

### Jazz

Harlem Jazz Club (p. 84)

Jazz Sí Club (p. 99)

Jamboree (p. 84)

Bel-Luna Jazz Club (p. 153)

### Flamenco

Jazz Sí Club (p. 99)

Tablao Nervión (p. 114)

Sala Tarantos (p. 85)

### Centres d'art du spectacle

Cinémathèque de Catalogne (p. 93)

Centre de culture contemporaine (p. 93)

Théâtre national de Catalogne (p. 154)

### Salles de concerts

Heliogàbal (p. 167)

Sala Apolo (p. 197)

Sidecar Factory Club (p. 85)

### Cinémas

Verdi (p. 167)

Casablanca Kaplan (p. 167)

Méliès Cinemes (p. 154)

Yelmo Cines Icària (p. 129)

### Musique classique

Palais Robert (p. 153)

L'Auditori (p. 153)

L'Ateneu (p. 85)

## L'ESSENTIEL

### Billets

➡ Le moyen le plus simple d'obtenir des billets *(entradas)* pour la plupart des spectacles consiste à réserver le service **Tel-Entrada** (www.telentrada.com) ou **ServiCaixa** (www.servicaixa.com) de la Caixa de Catalunya. ServiCaixa vous permet de retirer les billets achetés sur Internet dans les DAB ServiCaixa de la banque La Caixa.

➡ Pour connaître les expositions et activités gratuites, consultez www.forfree.cat

### Programmation

➡ Le bureau d'information artistique du **palais de la Virreina** (p. 69) est une mine de renseignements sur le théâtre, l'opéra, la musique classique et plus encore.

➡ Le **Guía del Ocio** (www.guiadelociobcn.es ; 1 €) contient un calendrier exhaustif des sorties.

➡ Le mensuel *Informatiu Musical* est la meilleure source d'information en matière de musique classique. Vous le trouverez dans les offices du tourisme et au palais de la Virreina.

Coquette (p. 114)

# Shopping

*Barcelone est la destination parfaite pour les aficionados du shopping.*
*Un peu partout dans la vieille ville (Barri Gòtic, El Raval et La Ribera),*
*ainsi que dans les quartiers de L'Eixample et de Gràcia, vous trouverez*
*une grande variété de boutiques – vieilles échoppes, magasins*
*branchés, chocolatiers, cavistes et autres repaires de gourmets. Du*
*chocolat aux derniers modèles de Mango, la ville saura toujours vous*
*combler.*

Herboristeria del Rei (p. 87)

## Design

Que vous soyez en quête de meubles, d'objets de décoration ou de cadeaux, vous aurez tôt fait de vous apercevoir que Barcelone est une ville à la pointe en matière de style, comme en témoignent ses boutiques de design emblématiques Vinçon et Cubiña. Ici, même les souvenirs pour touristes ont de l'allure. Pour des boutiques haut de gamme, tournez-vous vers L'Eixample et El Born ; pour une offre plus décalée, préférez les adresses bohèmes d'El Raval.

## Petites boutiques

Dans les ruelles du Barri Gòtic, en particulier autour de la Plaça de Sant Jaume, on trouve encore de vieilles boutiques traditionnelles comme des chapeliers ou des marchands de bougies. La Carrer d'Avinyó, autrefois sordide, est devenue une rue branchée. Les antiquaires sont nombreux dans la Carrer de la Palla et la Carrer dels Banys Nous.

La Ribera est un véritable paradis pour les gourmands. D'excellentes boutiques installées de longue date côtoient des nouveaux venus et proposent toutes sortes de délices, du café au chocolat, en passant par le fromage. Au milieu de cette myriade d'enseignes pour gastronomes, quelques boutiques de mode et de design ont fait leur apparition pour satisfaire la soif consumériste des jeunes cadres du quartier.

Gràcia déborde de petits magasins insolites, en particulier dans la Carrer de Verdi, où l'on vend tout et n'importe quoi, vêtements et autres.

## L'ESSENTIEL

### Où aller

Pour la haute couture, le prêt-à-porter de luxe, le design, les bijoux et les grands magasins, l'itinéraire classique part de la Plaça de Catalunya, remonte le Passeig de Gràcia, tourne à gauche dans l'Avinguda Diagonal et va jusqu'à la Plaça de la Reina Maria Cristina. Le tronçon situé entre la Plaça de Francesc Macià et la Plaça de la Reina Maria Cristina constitue un terrain de chasse particulièrement prisé.

### Horaires d'ouverture

➡ Les magasins ouvrent en général de 9h-10h à 13h30-14h, puis de 16h-16h30 à 20h-20h30 du lundi au vendredi. Beaucoup suivent les mêmes horaires le samedi, même si certains sont fermés l'après-midi.

➡ Les supermarchés, les centres commerciaux et les grands magasins comme El Corte Inglés fonctionnent en continu du lundi au samedi de 10h environ jusqu'à 22h.

➡ De nombreuses boutiques de mode et de design sont ouvertes de 10h à 20h environ, du lundi au samedi.

➡ Quelques commerces restent aussi en activité le dimanche et les jours fériés, dont le nombre augmente à l'approche des fêtes importantes.

### Périodes de soldes

Les soldes d'hiver commencent peu après l'Épiphanie (Reis ; 6 janvier) et peuvent durer, selon les boutiques, jusqu'au mois de février inclus. Les soldes d'été débutent en juillet, les commerces tentant de délester les Barcelonais de leurs euros avant le grand départ en vacances. Certains magasins prolongent parfois leurs soldes jusqu'à la fin août.

Enfin, El Raval est un quartier formidable pour ses boutiques uniques où des artistes vendent leurs propres créations (vêtements, tableaux, nourriture, bric-à-brac…).

## Enseignes célèbres et grands magasins

Vous n'êtes pas sans savoir qu'en Europe (et même ailleurs), les chaînes espagnoles tiennent le haut du pavé. C'est là que

(Ci-dessus) Les friperies abondent dans El Raval

(Ci-contre) El Ingenio (p. 87)

sont nées les marques Zara, Mango, Pull and Bear, Bershka, Massimo Dutti, Zara Home (qui appartiennent toutes au groupe Inditex), dont vous trouverez de nombreuses boutiques à travers la ville. Pour de jolis sous-vêtements féminins à des prix abordables, jetez un œil chez Oysho et Women's Secret. Vous retrouverez également les célèbres marques britanniques Topshop et Topman sur La Rambla de Catalunya.

El Corte Inglés est le meilleur et le plus complet des grands magasins. Son enseigne principale aux allures de forteresse domine la Plaça Catalunya. On y trouve de tout, aussi bien des livres, des CD ou de la nourriture que des vêtements, des bijoux, des vêtements pour enfants, de la technologie et des meubles. Barcelone compte plusieurs autres antennes moins vastes.

### Friperies

Les meilleures friperies se trouvent dans El Raval. Vous y découvrirez d'attrayants commerces à l'ancienne et tout un éventail de friperies colorées très abordables, notamment le long de l'axe central, la Carrer de la Riera Baixa, où l'on trouve surplus militaires et vintage des années 1970. La Carrer dels Tallers attire également de plus en plus de magasins de vêtements et de chaussures (même si les magasins de CD se taillent encore la part du lion). Galeries d'art, boutiques de créateurs et librairies de qualité sont légion dans les ruelles entre le Macba et La Rambla.

### Boutiques de créateurs

Au cœur de L'Eixample, le Quadrat d'Or (le carré d'or) abrite toutes sortes de boutiques chic. Le Passeig de Gràcia, qui traverse la zone en son milieu, accueille les plus prestigieuses marques internationales : le gratin des créateurs espagnols (Loewe) y côtoie Armani, Chanel, Gucci, Burberry, etc.

Dans El Born, et plus particulièrement Carrer del Rec, les petites boutiques de créateurs branchés aux lignes épurées (Isabel Marant, Marni, Chloé ou Hoss Intropia) sont légion. On y trouve également quelques marques barcelonaises. C'est un excellent quartier si vous disposez du temps et de l'argent nécessaire pour arpenter ces superbes boutiques.

### Marchés

Barcelone compte quelques-uns des meilleurs marchés alimentaires d'Europe, le marché de la Boqueria (p. 90) et le **marché de Santa Caterina** (plan p. 316 ; Avinguda de Francesc Cambó ; Ⓜ Jaume I). Chaque quartier possède ses propres halles où abondent les produits de saison.

Les marchés aux puces, et notamment Els Encants Vell (p. 154), sont parfaits pour faire de bonnes affaires.

### Les meilleurs spots de shopping

➡ **Avinguda del Portal de l'Àngel** Cette large artère piétonne compte des commerces variés, des magasins de chaussures aux pâtisseries. Elle débute au niveau d'El Corte Inglés et débouche sur le Carrer dels Boters et le Carrer de la Portaferrissa, davantage axées sur les bijoux fantaisie et le *streetwear* pour les jeunes.

➡ **Avinguda Diagonal** Une avenue où se succèdent les grands noms de la mode internationale, les grands magasins et les boutiques de design, avec, çà et là, des restaurants où vous pourrez manger un morceau entre deux achats.

### CENTRES COMMERCIAUX

Barcelone ne manque pas de grands centres commerciaux. L'un des premiers, **L'Illa Diagonal** (plan p. 332 ; ☑ 93 444 00 00 ; www.lilla.com ; Avinguda Diagonal 549 ; ☻ 10h-21h30 lun-sam ; Ⓜ Maria Cristina), fut conçu par le célèbre architecte espagnol Rafael Moneo. En bordure de mer, le **Centre Comercial Diagonal Mar** (plan p. 320 ; ☑ 902 530300 ; www.diagonalmar.com ; Avinguda Diagonal 3 ; Ⓜ El Maresme Fòrum) a ouvert récemment.

Le **Centre Comercial de les Glòries** (plan p. 319 ; ☑ 93 486 04 04 ; www.lesglories.com ; Gran Via de les Corts Catalanes ; Ⓜ Glòries) occupe le site de l'ancienne usine Olivetti. **Heron City** (☑ 902 401144 ; www.heroncitybarcelona. com ; Passeig de Rio de Janeiro 42 ; Ⓜ Fabra i Puig) se trouve en retrait de l'Avinguda Meridiana, à environ 4 km au nord de la Plaça de les Glòries Catalanes. Le **Gran Via 2** (☑ 902 301444 ; www.granvia2.com ; Gran Via de les Corts Catalanes 75 ; Ⓢ FGC Ildefons Cerdà) est situé dans L'Hospitalet de Llobregat.

Chapellerie dans le Barri Gòtic

➡ **Carrer d'Avinyó** La rue mal fréquentée que Picasso et ses amis affectionnaient est devenue incontournable pour la mode jeune et branchée.

➡ **Carrer de la Riera Baixa** Ici, les friperies sont à l'honneur.

➡ **Carrer de Petritxol** Réputée pour ses chocolatiers et ses galeries d'art.

➡ **Carrer del Consell de Cent** Le centre des galeries d'art, entre le Passeig de Gràcia et la Carrer de Muntaner.

➡ **Carrer del Rec** Encore une rue où se succèdent les boutiques de prêt-à-porter. Faites aussi un tour dans la Carrer de Bonaire et la Carrer de l'Esparteria qui abritent des boutiques à prix réduits et des créateurs catalans.

➡ **Carrer dels Banys Nous** C'est ici, et dans la Carrer de la Palla, non loin, qu'il faut venir pour les antiquités.

➡ **Passeig de Gràcia** L'artère la plus chic du centre-ville, celle des grandes marques internationales de la mode.

➡ **Rambla de Catalunya** Plus jolie que le Passeig de Gràcia, la Rambla de Catalunya est bordée par des boutiques de toutes sortes. Arrêtez-vous en chemin pour prendre un café dans l'allée piétonne centrale.

## Shopping par quartiers

➡ **Barri Gòtic et La Rambla** Mode, design et souvenirs, le quartier se prête à tous types d'achats.

➡ **El Raval** Truffé de boutiques indépendantes, notamment de friperies mais également de nombreuses adresses originales et bohèmes, sans oublier l'emblématique marché de la Boqueria.

➡ **La Ribera** El Born est le quartier des boutiques de créateurs de mode chic et branchées et des épiceries fines pour visiteurs gourmets.

➡ **Port Vell et La Barceloneta** On trouve quelques grands centres commerciaux et de petits marchés du côté de La Barceloneta.

➡ **L'Eixample** Boutiques haut de gamme, bijouteries étincelantes et enseignes de luxe bordent les rues opulentes de L'Eixample.

➡ **Gràcia** À chaque coin de rue, de formidables petites boutiques vendent de tout : appareils photo rétro, articles de mode uniques, produits alimentaires, etc.

➡ **La Zona Alta** Le Beverly Hills barcelonais : bijouteries et prix exorbitants.

## La sélection de Lonely Planet

**Vinçon** (p. 154). Le haut lieu du design à Barcelone offre ce qui se fait de mieux en matière de meubles et d'objets pour la maison.

**Marché de la Boqueria** (p. 90). Faites le plein de délicieux produits dans l'un des marchés alimentaires les plus animés d'Europe.

**Vila Viniteca** (p. 114). Les amateurs de vin se bousculent chez ce formidable caviste.

**Coquette** (p. 114). Des vêtements de créateurs pour femmes, simples et élégants.

**A Casa Portuguesa** (p. 168). Nourriture, vins et succulentes pâtisseries : 100% portugais.

## Les meilleures boutiques par catégorie

### Design et artisanat
Cubiña (p. 155)

Costura (p. 100)

Fantastik (p. 100)

Teranyina (p. 100)

### Mode
Antonio Miró (p. 155)

Farrutx (p. 157)

Loewe (p. 156)

Bagués (p. 156)

### Marchés
Marché de Santa Caterina (p. 107)

Els Encants Vells (p. 154)

El Bulevard dels Antiquaris (p. 154)

### Les secrets les mieux gardés
El Rey De La Magia (p. 115)

Herboristeria Del Rei (p. 87)

La Portorriqueña (p. 100)

Sala Parés (p. 86)

El Ingenio (p. 87)

Taller de Marionetas Travi (p. 86)

### Épiceries fines et cavistes
Casa Gispert (p. 114)

Vila Viniteca (p. 114)

Barcelona Reykjavik (p. 100)

Caelum (p. 82)

### Librairies
Casa del Llibre (p. 154)

Ras (p. 100)

Laie (p. 155)

### Friperies
L'Arca de l'Àviva (p. 86)

El Bulevard dels Antiquaris (p. 154)

Els Encants Vells (p. 154)

Port Antic (p. 128)

### Chaussures
La Manual Alpargatera (p. 87)

Nu Sabates (p. 115)

Camper (p. 157)

Farrutx (p. 157)

### Accessoires
Obach (p. 87)

Sergio Aranda (p. 156)

Espacio de Creadores (p. 86)

La Roca Village (p. 156)

# Sports et activités

*La côte méditerranéenne et le grand parc vallonné surplombant la ville forment un agréable cadre pour des activités de plein air sous le ciel (généralement) ensoleillé de Barcelone. Pour changer des musées et éliminer les excès de tapas, Barcelone offre mille opportunités : course à pied, natation, vélo et même, pour ceux qui sont réfractaires à l'effort, le spectacle de premier choix d'un match du FC Barça.*

## Football

À Barcelone, le football est érigé au rang de religion et, pour une grande partie de la population, soutenir le FC Barça est une profession de foi. Mais la ville a aussi une autre équipe de taille (bien que moins illustre), le RCD Espanyol. Le FC Barça est associé aux Catalans, voire au nationalisme catalan, tandis que l'Espanyol est souvent lié aux Espagnols venus de tout le pays.

## Vélo

Le long front de mer de Barcelone se prête aux balades à vélo et la piste cyclable séparée de la circulation et des piétons permet de garder une bonne allure (même s'il faut ralentir aux heures de pointe, durant les week-ends d'été). La ville dispose de plus de 180 km de voies cyclables, situées le long des artères principales telles que le Passatge de Sant Joan, le Consell de Cent, l'Av Diagonal et la Ronda de Sant Pau/Comte d'Urgell. Les amateurs de VTT grimperont jusqu'au vaste parc de Collserola (p. 174) jalonné de sentiers, sur un massif boisé surplombant la ville. Il existe aussi divers circuits à vélo (p. 31) et de nombreuses agences de location (p. 270).

## Jogging

L'esplanade du front de mer et les plages sont idéales pour faire son jogging. Les joggeurs locaux se rendent au Parc de Collserola, traversé par de nombreux sentiers. Parmi les meilleurs figure la Carretera de les Aigües, un sentier de 9 km de long entre le Tibidabo et la périphérie de Sant Just Desvern, offrant une magnifique vue sur la ville. Les jardins et le parc de Montjuïc sont plus pratiques.

## Natation

Pour nager dans la mer, direction les plages au nord de la Platja Nova Icària (p. 121), plus propres que celles situées près du port. Barcelone dispose aussi de plusieurs centres sportifs en bord de mer (p. 129) et de l'ancien bassin olympique **Piscines Bernat Picornell** (plan p. 334 ; www.picornell.cat ; Avinguda de l'Estadi 30-38 ; adulte/enfant 9,65/5,95 € ; ⊙6h45-0h lun-ven, 7h-21h sam, 7h30-16h dim ; 🚌50, 61 ou 193).

## Spas et bien-être

Les meilleurs spas, comme **Aire de Barcelona** (plan p. 316 ; ☎90 255 57 89 ; www.airedebarcelona.com ; Passeig de Picasso 22 ; Ⓜ Arc de Triomf ; soins 28-125 €), disposent de salles à l'éclairage tamisé et de somptueux bains et hammams. La plupart des hôtels de luxe possèdent leur propre spa, mais les plus charmants sont disséminés dans la ville.

---

### BAIGNADE NUDISTE

Les adeptes du bronzage intégral profiteront de la zone nudiste à l'extrémité sud-ouest de la Platja de la Mar Bella ou du secteur fréquenté surtout par la communauté gay à la Platja de Sant Miquel. La Piscines Bernat Picornell est réservée aux nudistes tous les samedis soir de 21h à 23h (accès au sauna et au hammam). D'octobre à mai, la piscine couverte accueille les nudistes les dimanches de 16h15 à 18h.

## La sélection de Lonely Planet

**Camp Nou** (p. 171). Assistez à un match dans ce stade de foot mondialement connu.

**Aire de Barcelona** (p. 60). Superbe spa de style hammam dans un cadre historique d'El Born.

**Platja de Sant Sebastià** (plan p. 318). Point de départ pour courir ou faire du vélo dans un décor pittoresque en bord de mer.

**Piscines Bernat Picornell** (p. 60). Cadre olympique pour faire des longueurs.

## Pour un jogging ou un tour à vélo

Montjuïc (p. 186)

Le parc de Collserola (p. 174)

La promenade du front de mer (p. 125)

## Spas

Rituels d'Orient (p. 180)

Aqua Urban Spa (p. 168)

Flotarium (p. 168)

## Visites guidées à pied

Dans la vieille ville, le circuit "Old City" de Runner Bean Tours (p. 30)

Circuit "Modernisme" de l'Oficina d'Informació de Turisme de Barcelona (p. 30)

Circuit "Picasso" de l'Oficina d'Informació de Turisme de Barcelona (p. 30)

Circuit "Gastronomique" de l'Oficina d'Informació de Turisme de Barcelona (p. 30)

Barcelona Metro Walks (autoguides, p. 30)

## Visites

Circuits à vélo (p. 31)

Excursions en bateau (p. 129)

BCN Skytour (visites en hélicoptère, p. 271)

Trixi (visites en "taxis-tricycles", p. 31)

Barcelona Segway Fun (p. 31)

## L'ESSENTIEL

### Billets pour le FC

Les billets pour les matchs du FC Barcelone sont en vente au stade du Camp Nou (p. 171), ainsi que sur le service de billetterie **ServiCaixa** (www.servicaixa.com). Les tarifs varient de 35 à 200 €, selon la place et le match. La billetterie du stade est ouverte le samedi matin et après-midi, jusqu'au début de la partie. Si le match est disputé un dimanche, elle est ouverte le samedi matin uniquement, puis le dimanche jusqu'au coup de sifflet lançant la rencontre. Sachez qu'il est impossible d'obtenir une place pour un match contre le Real Madrid.

Attention aux revendeurs, souvent des membres du club, que vous rencontrerez systématiquement près des guichets.

Si vous ne pouvez pas voir jouer le Barça, vous pouvez toujours vous rendre au musée multimédia du Camp Nou (p. 171) qui comprend une visite des vestiaires et du terrain.

### Sports aquatiques

La Méditerranée vous appelle ! Pour un petit tour sur l'eau, plusieurs excursions en bateau (p. 129) partent au pied de La Rambla. Mais si vous préférez prendre les choses en main, la Base Nautica Municipal (p. 129) propose des leçons de voile, de kayak et de planche à voile.

PRÉPARER SON SÉJOUR SPORTS ET ACTIVITÉS

# Découvrir Barcelone

## LES INCONTOURNABLES DE BARCELONE

# Les quartiers en un clin d'œil

## ❶ La Rambla et le Barri Gòtic (p. 66)

La Rambla, la rue piétonne la plus célèbre de Barcelone, est toujours en pleine effervescence. Musiciens et marchands ambulants, touristes et escrocs se côtoient aux terrasses de café ensoleillées et dans les magasins. Le Barri Gòtic voisin regorge de trésors historiques – vestiges de la Barcino antique, églises gothiques du XIVᵉ siècle et charmantes rues pavées, bordées de boutiques, de bars et de restaurants.

## ❷ El Raval (p. 88)

Autrefois malfamé, le quartier d'El Raval garde en certains endroits un aspect miteux malgré l'arrivée ces dernières années de musées et de centres culturels modernes, comme le musée d'Art contemporain de Barcelone conçu par Richard Meier. La vie nocturne bohème et les

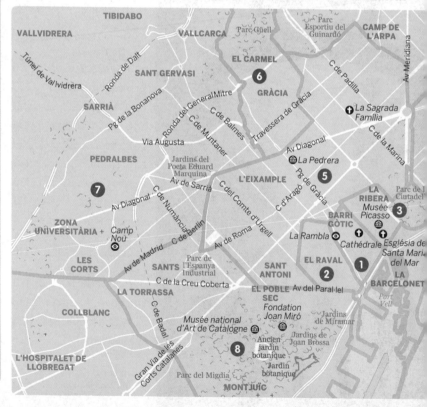

délices du marché de la Boqueria comptent parmi les autres atouts d'El Raval.

## ❸ La Ribera (p. 101)

On trouve de tout dans ce quartier médiéval, des boutiques de luxe aux bars à tapas animés. Il y a aussi le superbe musée Picasso, l'église gothique Santa Maria del Mar et le palais de la Musique catalane, une salle de concert moderniste. Pour prendre l'air, les habitants se rendent dans le parc de la Ciutadella.

## ❹ Barceloneta et le front de mer (p. 118)

Ces 30 dernières années, le front de mer, autrefois industriel, a subi une transformation spectaculaire. Le voilà désormais doté de superbes plages, de bars et restaurants, d'élégantes sculptures, d'une promenade de 4,5 km, de tours

ultramodernes et de marinas. La Barceloneta est un vieux quartier de pêcheurs disposé en damier où les restaurants de fruits de mer abondent.

## ❺ La Sagrada Família et L'Eixample (p. 132)

Élégant mais bondé, le quartier de L'Eixample est une vitrine de l'architecture moderniste, avec le chef-d'œuvre inachevé de Gaudí, la Sagrada Família. On y trouve des restaurants célèbres, des boutiques de luxe et une activité nocturne éclectique : soirées étudiantes, bars *lounge* chic et clubs gays dans le "Gaixample".

## ❻ Gràcia et le parc Güell (p. 158)

Jusque dans les années 1890, Gràcia était indépendant. Ses rues étroites et ses places pittoresques ont toujours des airs de village, et attirent depuis longtemps une foule jeune et internationale. On y trouve de vieux cafés et bars, des boutiques vintage, et quelques restaurants aux saveurs du monde. Sur une colline au nord s'étend le parc Güell, œuvre de Gaudí et exemple du modernisme en extérieur.

## ❼ Camp Nou, Pedralbes et La Zona Alta (p. 169)

Deux des sites sacrés de Barcelone sont installés ici : le paisible monastère de Pedralbes et le grand temple du football catalan, Camp Nou. Le parc de loisirs et la superbe vue depuis le sommet du Tibidabo, les sentiers vallonnés du parc de Collserola, et CosmoCaixa, le musée des sciences de la ville, sont autant d'autres atouts.

## ❽ Montjuïc (p. 181)

La colline surplombant le port de Barcelone renferme certaines des plus belles collections d'art : le musée national d'Art de Catalogne, la fondation Joan Miró et le CaixaForum. D'autres galeries, des jardins et un imposant château viennent compléter le décor – qui, d'ailleurs, offre une magnifique vue sur la ville.

# La Rambla et le Barri Gòtic

## Notre sélection

**1** Les scènes de rue les plus animées de Barcelone sur **La Rambla** (p. 68), avec ses statues vivantes, ses restaurants en plein air, ses fleuristes et ses passants venus des quatre coins du globe.

**2** L'exploration des recoins de la **cathédrale** (p. 71), magnifique chef-d'œuvre gothique.

**3** Une balade parmi les ruines du Barcino, la Barcelone de l'époque romaine, au **musée d'Histoire de Barcelone** (p. 74).

**4** Une visite des merveilleuses et étranges collections du **musée Frederic Marès** (p. 73).

**5** Un déjeuner en plein air ou un verre dégusté sur la pittoresque **Plaça Reial** (p. 76).

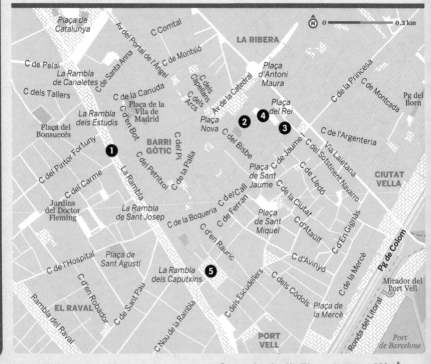

Pour un plan plus détaillé, reportez-vous p. 308 ➡

# Découvrir La Rambla et le Barri Gòtic

Sur La Rambla, l'avenue la plus célèbre d'Espagne, on trouve de tout : stands de fleurs, édifices historiques, souvenirs pour touristes et un flot incessant de passants. Ancien égout situé en périphérie de la ville au Moyen Âge, elle marque toujours la limite sud-ouest du Barri Gòtic, le cœur du vieux Barcelone.

Si La Rambla est ponctuée de sites d'intérêt, on y vient surtout pour se promener. Paisible le matin, elle est animé l'après-midi par un défilé hétéroclite.

On pourrait passer une semaine à explorer le dédale de ruelles étroites et de paisibles places du Barri Gòtic (quartier gothique), qui recèle certains des restaurants, cafés, bars et boutiques les plus charmants de la ville. Mais les touristes sont légion et nombre de restaurants chers sont à éviter.

Ne manquez pas la cathédrale et les ruines romaines du musée d'Histoire de Barcelone. Prenez le temps de déguster un café ou de déjeuner en plein air sur l'une de ses nombreuses places.

La nuit, le Barri Gòtic dévoile de multiples bars et clubs. Les rues autour de la Plaça Reial et de la Plaça de George Orwell (surnommée Plaça del Trippy) regorgent de bars. Une foule principalement locale investit les lieux tard dans la nuit.

## Vivre comme un Barcelonais

➡ **Danse folklorique** Ce sont généralement les anciens qui dansent la sardane, mais les jeunes se mettent aussi à cette danse traditionnelle catalane. Retrouvez-les à 18h le samedi et 12h le dimanche devant la cathédrale (p. 71).

➡ **Bars** Dans l'angle sud-est du Barri Gòtic se trouvent le Bootleg (p. 83) au style bohème et le Clandestina (p. 84). Le Čaj Chai (p. 83) est également très apprécié.

➡ **De bar en bar** La Plaça Reial, la Plaça de George Orwell et les ruelles étroites qui les séparent sont idéales pour s'imprégner de la vie nocturne du Barri Gòtic (p. 82).

## Depuis/vers La Rambla et le Barri Gòtic

➡ **Métro** Catalunya, Liceu et Drassanes sont les stations principales de La Rambla ; Jaume I et Urquinaona desservent la partie est du Barri Gòtic.

➡ **Bus** Les bus de nuit et ceux assurant la navette avec l'aéroport partent de la Plaça de Catalunya.

➡ **Taxi** On en trouve dans La Rambla ou sur la Plaça de Catalunya.

## Bon plan Lonely Planet

Pour limiter les dépenses des repas, optez pour une formule à 3 plats, allant de 10 à 12 € (vin compris), que proposent de nombreux restaurants du Barri Gòtic à midi.

 ### Le top des restaurants

➡ Pla (p. 81)
➡ La Vinateria dell Call (p. 81)
➡ Koy Shunka (p. 81)
➡ Can Culleretes (p. 81)
➡ Cafè de l'Acadèmia (p. 81)

Voir détails p. 79

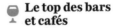 ### Le top des bars et cafés

➡ Oviso (p. 82)
➡ La Cerveteca (p. 82)
➡ Čaj Chai (p. 83)
➡ Marula Cafè (p. 83)
➡ Polaroid (p. 83)

Voir détails p. 82

### Les plus beaux trésors historiques

➡ Le temple romain d'Auguste (p. 78)
➡ La nécropole romaine (p. 78)
➡ La grande synagogue (p. 78)
➡ La Domus Romana (p. 78)

Voir détails p. 73

# ◉ LES INCONTOURNABLES
## LA RAMBLA

**La Rambla est une vaste avenue piétonnière bordée d'arbres et flanquée d'étroites chaussées destinées à la circulation des voitures. Barcelonais et touristes y circulent en nombre jusque tard dans la nuit, profitant des nombreuses sources d'animation : cafés, restaurants, kiosques à journaux, musiciens ambulants, mimes et autres artistes de rue.**

La Rambla doit son nom à un cours d'eau saisonnier (*raml* en arabe) qui coulait jadis à cet endroit. À partir du début du Moyen Âge, elle fut plus connue sous le nom de *Cagalell* (ruisseau d'excréments). Elle demeura hors des murs de la ville jusqu'au XIV$^e$ siècle. Ce vaste espace vit la construction de monastères puis de riches demeures entre le XVI$^e$ et le début du XIX$^e$ siècle. La Rambla est divisée en cinq sections, portant chacune un nom distinct, d'où l'utilisation courante du pluriel Las Ramblas.

## À NE PAS MANQUER

➡ Le palais de la Virreina
➡ Le Centre d'art Santa Mònica
➡ L'Església de Betlem
➡ Le palais Moja
➡ La mosaïque de Miró

## INFOS PRATIQUES

➡ Plan p. 308
➡ Ⓜ Catalunya, Liceu ou Drassanes

## La Rambla de Canaletes

La partie haute de La Rambla, qui part de la Plaça de Catalunya, tire son nom de la **Font de Canaletes** (Plan p. 308), une petite fontaine du début du XX$^e$ siècle. On disait à l'époque des habitants de Barcelone qu'ils avaient "bu les eaux de Canaletes". Aujourd'hui, la légende raconte que celui qui boit l'eau de la fontaine est assuré de revenir un jour à Barcelone. C'est là que les supporters de football en délire se rassemblent lorsque le club local, le FC Barcelone, remporte une victoire.

Un peu plus à l'est, dans la Carrer de la Canuda, la Plaça de la Vila de Madrid renferme un jardin en contrebas où sont exposées des tombes romaines dans une nécropole (p. 78).

## La Rambla dels Estudis

La Rambla dels Estudis (avenue des études), qui s'étend de la Carrer de la Canuda à la Carrer de la Portaferrissa au sud, accueillait autrefois un marché aux oiseaux. Ce dernier a fermé en 2010, après 150 ans d'existence.

### Església de Betlem

Juste au nord de la Carrer del Carme, cette église (Plan p. 308), considérée comme le plus bel édifice baroque de la ville, fut construite par les Jésuites entre la fin du XVII$^e$ et le début du XVIII$^e$ siècle à la place d'une église détruite par un incendie en 1671. Elle fut elle-même – triste ironie du sort – incendiée par les anarchistes en 1936 durant la guerre civile.

### Palais Moja

Du côté est de La Rambla se dresse le **palais Moja** (Palau Moja ; Plan p. 308), rare exemple d'édifice néoclassique. Ses belles lignes classiques s'apprécient mieux depuis l'autre côté de La Rambla. Il abrite les bureaux du gouvernement et la librairie de la Generalitat – idéale pour dénicher un beau livre sur l'architecture et l'art catalans (mais la plupart des titres sont en catalan).

## La Rambla de Sant Josep

S'étendant de la Carrer de la Portaferrissa à la Plaça de la Boqueria, La Rambla de Sant Josep (du nom d'un ancien monastère) est bordée de stands de fleurs, d'où son surnom de "La Rambla de les Flors". C'est également là que se trouve le musée de l'Érotisme (p. 79).

## Palais de la Virreina

Le **palais de la Virreina** (Palau de la Virreina ; Plan p. 308) est une grandiose demeure rococo du XVIIIᵉ siècle (comportant quelques éléments néoclassiques). Il abrite l'office municipal d'informations culturelles où vous pourrez réserver des billets. Mais il renferme surtout le **Centre de la Imatge** (Plan p. 308 ; ☑93 316 10 00 ; http://lavirreina.bcn.cat/ ; Palau de la Virreina, La Rambla 99), où sont proposées des expositions temporaires de photographies. Tarifs et horaires variables.

Juste au sud du palais, dans El Raval, se trouve le **marché de la Boqueria** (Mercat de la Boqueria, p. 90), l'un des marchés alimentaires les mieux achalandés et les plus colorés d'Europe.

## Mosaïque de Miró

Sur la Plaça de la Boqueria, où se rejoignent quatre petites rues, juste au nord de la station de métro Liceu, on peut marcher sur une œuvre de Miró – une **mosaïque** (Plan p. 308) colorée au sol. L'artiste a choisi cet endroit pour sa proximité avec sa maison natale dans le Passatge del Crèdit. En voyant la mosaïque, les connaisseurs reconnaîtront immédiatement les couleurs vives et les formes si caractéristiques de Miró, mais de nombreux touristes passent dessus sans même s'en rendre compte. Un pavé près du bas de l'œuvre porte la signature de l'artiste.

# La Rambla dels Caputxins

La Rambla dels Caputxins, qui tire son nom d'un monastère aujourd'hui disparu, s'étend de la Plaça de la Boqueria à la Carrer dels Escudellers. Cette dernière rue doit son nom à la corporation des potiers, fondée au XIIIᵉ siècle, dont les membres vivaient et travaillaient dans le quartier. La façade du Gran Teatre del Liceu (p. 76) se dresse du côté ouest ; la Plaça Reial (p. 76), ombragée par des palmiers, s'étend au sud-est. Au-delà de cette place, La Rambla change quelque peu d'aspect, on y rencontre davantage de clubs de strip-tease, des peep-shows et des prostituées.

# La Rambla de Santa Mònica

La dernière section de La Rambla s'élargit à l'approche du Monument à Colomb (p. 77) qui surplombe Port Vell. Cette section de l'avenue doit son nom à l'ancien couvent Sainte-Monique, qui se dressait du côté ouest de la rue. Il a depuis été transformé et abrite le **Centre d'art Santa Mònica** (Plan p. 308 ; ☑93 567 11 10 ; www.artssantamonica.cat ; La Rambla de Santa Mònica 7 ; entrée libre ; ⏱11h-21h mar-dim et jours fériés ; Ⓜ Drassanes), un centre culturel proposant surtout des installations multimédias modernes.

---

**DÎNER ET PRENDRE UN VERRE SUR LA RAMBLA**

Vous trouverez glaces, boissons fraîches et en-cas sur La Rambla, mais pour une pause plus agréable, oubliez les restaurants bondés de l'avenue pour essayer l'un des suivants :

➡ **Bosc de les Fades** (p. 83). Un bar insolite, tout droit sorti d'*Alice au pays des merveilles*.

➡ **Café de l'Òpera** (p. 84). Élégant café Art nouveau en face du Gran Teatre del Liceu.

➡ **Plaça Reial** (p. 76). Optez pour l'un des nombreux restaurants qui bordent cette place pour profiter d'un repas assis.

---

**Dans *Hommage à la Catalogne*, Orwell décrit de manière vivante La Rambla bouleversée par la ferveur révolutionnaire dans les premiers jours de la guerre civile. "Sur les Ramblas, large artère centrale de la ville constamment animée par le va-et-vient de flots de gens, les haut-parleurs beuglaient des chants révolutionnaires tout le long du jour et jusqu'à une heure avancée de la nuit."**

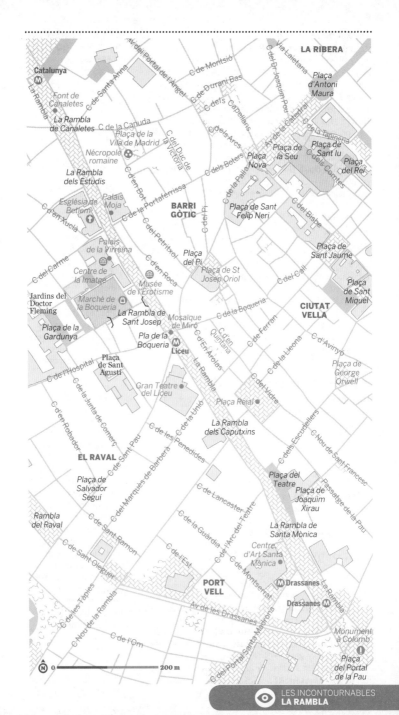

LA RIBERA

Catalunya
Ⓜ

Font de
Canaletes

La Rambla
de Canaletes

C de la Canuda

Plaça de la
Vila de Madrid

Nécropole
romaine ⊕

La Rambla
dels Estudis

Església de
Betlem ✛

Palais
Moja

C de la Portaferrissa

BARRI
GÒTIC

Palais
de la Virreina

Centre de
la Imatge

Jardins del
Doctor
Fleming

Marché de
la Boqueria

Musée
de l'Erotisme

La Rambla de
Sant Josep

Plaça de la
Gardunya

Pla de la
Boqueria

Mosaïque
de Miró

Plaça
de Sant
Agustí

Ⓜ
Liceu

Gran Teatre
del Liceu

Plaça Reial

EL RAVAL

Rambla
del Raval

C de Montsió

C del Dr-Joaquim Pou

Via Laietana

Plaça
d'Antoni
Maura

C de Santa Anna

C de Durant Bas

C dels Capellans

C dels Arcs

C dels Boters

Av de la Catedral

C de la Tapineria

Plaça de
la Seu

Plaça Nova

C de la Palla

C del Pi

Plaça de Sant
Felip Neri

Plaça
del Pi

Plaça de St
Josep Oriol

Plaça de
Sant Jaume

C del Call

Plaça de
Sant Iu

C dels Comtes

Plaça
del Rei

C del Bisbe

Plaça de
Sant Miquel

CIUTAT
VELLA

C de la Boqueria

C d'en
Quintana

C d'En Arolas

C de Ferran

C de la Lleona

C d'Avinyó

Plaça de
George
Orwell

La Rambla

C del Vidre

La Rambla
dels Caputxins

C de la Unió

C de les Penedisses

C del Marquès de Barberà

C de Sant Pau

Plaça de
Salvador
Seguí

C de Sant Ramon

C de Sant Oleguer

C de la Junta de Comerç

C d'en Robador

C de la Guàrdia

C de l'Est

C de Lancaster

C de l'Arc del Teatre

Plaça del
Teatre

Plaça de
Joaquim
Xirau

La Rambla de
Santa Mònica

Centre
d'Art Santa
Mònica

C de Montserrat

PORT
VELL

Ⓜ Drassanes

Drassanes Ⓜ

Av de les Drassanes

C de l'Om

C Nou de la Rambla

C de les Tàpies

C del Portal Santa Madrona

Monument
a Colomb
Ⓘ

Plaça
del Portal
de la Pau

⊗N 0 ▬▬▬▬ 200 m

⊙ LES INCONTOURNABLES
LA RAMBLA

KRZYSZTOF DYDYNSK / LONELY PLANET IMAGES ©

## LES INCONTOURNABLES
## LA CATHÉDRALE ET ALENTOUR

C'est du parvis, sur l'Avinguda de la Catedral, que l'on peut le mieux admirer la magnificence de la grande église de Barcelone. L'imposante façade principale (nord-ouest), richement décorée de gargouilles et de subtils entrelacs dignes d'une construction gothique d'Europe du Nord, fut conçue d'après des plans datant de 1408, mais ne fut ajoutée qu'en 1870. Elle est actuellement en cours de restauration. Le reste du bâtiment fut érigé entre 1298 et 1460. On remarquera les autres façades, plus sobres, et les deux tours octogonales au toit plat, du plus pur style gothique catalan.

### Intérieur

À l'intérieur, de superbes piliers séparent la nef centrale des deux autres nefs et donnent à l'ensemble une sensation de hauteur vertigineuse. L'édifice a été épargné par les anarchistes au cours de la guerre civile, à la différence de la plupart des lieux de culte de Barcelone.

### Chœur

Les stalles délicatement ciselées du chœur, au milieu de la nef centrale, datent de la fin du XIVe siècle. Elles portent les armoiries des membres barcelonais de l'ordre de la Toison d'or, dont l'empereur Charles Quint présida ici une réunion en 1519.

### Crypte

Devant le maître-autel, un large escalier descend à la crypte, où sont conservées les reliques de sainte Eulalie (santa Eulàlia), l'une des deux saintes patronnes de Barcelone.

### À NE PAS MANQUER

➡ Le cloître et ses 13 oies
➡ La vue depuis le toit
➡ La crypte
➡ Le chœur

### INFOS PRATIQUES

➡ Plan p. 308
➡ ☎93 342 82 60
➡ www.catedralbcn.org/
➡ Plaça de la Seu
➡ Entrée libre, visite spéciale 5 €, chœur 2,20 €, salle capitulaire 2 €
➡ ⊙8h-12h45 et 17h15-20h lun-sam, visite spéciale 13h-17h lun-sam, 14h-17h dim et jours fériés, salle capitulaire 10h-12h15 et 17h15-19h lun-sam, 10h-12h45 et 17h15-19h dim
➡ Ⓜ Jaume I

Juste à droite de l'entrée nord-ouest, la première chapelle abrite, au-dessus de son autel, le Christ de Lépante. Ce crucifix aurait orné la proue du navire de don Juan d'Autriche lors de la bataille de Lépante, en 1571. On raconte qu'il aurait pris son étrange posture en esquivant un boulet de canon. Les fonts baptismaux sont à gauche de l'entrée principale. Selon une légende, on y baptisa jadis six Indiens d'Amérique ramenés par Christophe Colomb après son premier voyage et sa découverte accidentelle du Nouveau Monde.

## Toits

Les toits et la tour de la cathédrale, accessibles par l'ascenseur (2,20 €) qui part de la chapelle des Âmes du purgatoire (Capella de les Animes del Purgatori), près du transept nord-est, offrent une belle vue plongeante sur le Barcelone médiéval.

## Cloître

Depuis le transept sud-ouest, on accède par une porte en partie romane (l'un des rares vestiges de l'église précédente) au cloître (*claustre*), avec ses arbres, ses fontaines et son troupeau de treize oies. Censées représenter l'âge de sainte Eulalie lors de son martyre, les oies seraient présentes depuis le Moyen Âge. Une des chapelles du cloître commémore le martyre des 930 prêtres, moines et religieuses victimes de la guerre civile.

À l'angle nord-ouest du cloître, la **chapelle Sainte-Lucie** (Capella de Santa Llúcia, plan p. 308) est l'un des rares vestiges de la Barcelone romane. Elle présente également des éléments de style gothique.

## Casa de L'Ardiaca

En sortant de la chapelle Sainte-Lucie, traversez la rue pour pénétrer dans la Casa de L'Ardiaca (maison de l'Archidiacre). Édifiée au XVIe siècle, elle abrite désormais les archives municipales. Vous pourrez vous promener dans son paisible patio, agrémenté d'arbres et d'une fontaine. En 1902, l'édifice, alors propriété du Collège des avocats, fut rénové par Lluis Domènech i Montaner. Ce dernier est également à l'origine de la boîte aux lettres, ornée d'hirondelles et d'une tortue, censées symboliser la rapidité de la vérité et le lent cheminement de la justice. Des vestiges de l'enceinte romaine sont visibles à l'intérieur du bâtiment. De l'étage supérieur, vous pourrez admirer la cour en contrebas et la cathédrale en face.

## Palais de l'Évêché

Le **palais de l'Évêché** (Palau Episcopal, ou encore Palau del Bisbat ; plan p. 308), construit au XVIIe siècle, se dresse de l'autre côté de la Carrer del Bisbe. Il reste peu de choses du bâtiment originel du XIIIe siècle, qui prenait appui sur l'enceinte romaine à l'emplacement de l'ancienne porte nord-ouest. À la base du palais de l'Évêché et de la Casa de L'Ardiaca, on aperçoit encore les fondations des tours qui encadraient cette porte. En fait, toute la partie inférieure de la façade nord-ouest de la Casa de L'Ardiaca date de la période romaine, et l'on peut également distinguer la première arcade d'un aqueduc romain.

# LES INCONTOURNABLES
## LE MUSÉE FREDERIC MARÈS

Le Museu Frederic Marès, l'une des collections les plus fascinantes d'objets historiques, est installé dans ce vaste complexe médiéval, qui fut autrefois le palais royal des comtes de Barcelone. Sur le mur, un blason assez abîmé indique qu'il fut aussi, pendant un temps, le siège de l'Inquisition espagnole à Barcelone.

Frederic Marès i Deulovol (1893-1991) était un riche sculpteur, voyageur et collectionneur compulsif. Il se spécialisa dans la **sculpture** médiévale espagnole, dont d'innombrables exemples sont présentés au sous-sol, au rez-de-chaussée et au 1er étage. On observe notamment de jolies sculptures en bois polychromes de la Crucifixion et de la Vierge. Parmi les pièces les plus remarquables, on notera une porte romane à quatre arcs, reconstituée. Elle provient d'une église de campagne du XIIIe siècle, dans la province aragonaise de Huesca.

Les deux derniers étages renferment **"le cabinet du collectionneur"**, un extraordinaire bric-à-brac : armes médiévales, pipes soigneusement sculptées, éventails délicats, arrangements "floraux" complexes composés de coquillages et daguerréotypes et photographies du XIXe siècle. La salle qui servait de **bureau** et de bibliothèque à Marès est aujourd'hui remplie de sculptures. La cour ombragée abrite un agréable **café** d'été, le Cafè de l'Estiu, qui mérite le détour après la visite.

## À NE PAS MANQUER...

- ➡ Les vitrines du cabinet du collectionneur
- ➡ Les sculptures du 1er étage
- ➡ Le bureau de Marès
- ➡ Le café dans la cour

## INFOS PRATIQUES

- ➡ Plan p. 308
- ➡ ☑93 256 35 00
- ➡ www.museumares.bcn.es
- ➡ Plaça de Sant Lu 5
- ➡ 4,20 €, gratuit après 15h dim et 1er dim du mois
- ➡ ⊙10h-19h mar-sam, 11h-20h dim
- ➡ Ⓜ Jaume I

# ◉ À VOIR

**LA RAMBLA** RUE
Voir p. 68.

**CATHÉDRALE** ÉGLISE GOTHIQUE
Voir p. 71.

 **PALAIS DEL LLOCTINENT** SITE HISTORIQUE
Plan p. 308 (Palau del Lloctinent ; Carrer dels Comtes ; ⊙10h-19h ; Ⓜ Jaume I). Près de la Plaça del Rei, ce *palau* (palais) fut construit dans les années 1550 comme résidence du *lloctinent* (vice-roi) espagnol de Catalogne, et fut transformé plus tard en couvent. Depuis 1853, il abrite les *Arxiu de la Corona d'Aragón*, des archives uniques comportant des documents détaillant l'histoire de la Couronne d'Aragon et de Catalogne, du XIIe siècle au XXe siècle.

Joliment restauré en 2006, le palais arbore une cour paisible qui mérite le détour à elle seule. Regardez en haut de l'escalier principal et admirez l'exceptionnel *artesonado* (plafond mudéjar en bois, composé de caissons décorés), qui s'apparente à la coque renversée d'un bateau. Il fut réalisé au XVIe siècle par Antoni Carbonell. Des expositions, ayant trait aux archives, sont parfois organisées.

**MUSÉE DIOCÉSAIN** MUSÉE D'ART
Plan p. 308 (Museu Diocesà ; Casa de la Pia Almoina ; ☑93 315 22 13 ; www.arqbcn.org, en partie en français ; Avinguda de la Catedral 4 ; adulte/enfant 6/3 € ; ⊙10h-14h et

## ARTISTE GRAFFEUR

Le **Col.legi de Arquitectes** (école d'architecture, Plan p. 308), situé en face de la cathédrale, sur la Plaça Nova, comporte sur sa façade des dessins ressemblant à des gribouillages d'enfants. Il s'agit en fait d'une œuvre monumentale offerte par Picasso en 1962, qui représente les fêtes méditerranéennes et avait subi à l'époque les quolibets de la presse locale.

## LES INCONTOURNABLES
# LE MUSÉE D'HISTOIRE DE BARCELONE

Le Museu d'Història de Barcelona, l'un des plus fascinants musées de Barcelone, vous fait remonter les siècles jusqu'aux fondations de l'antique cité de Barcino, la Barcelone romaine. Vous parcourrez de vastes ruines de la ville qui s'épanouit ici après que l'empereur Auguste l'eut fondée autour de l'an 10 av. J.-C.

Le circuit souterrain constitue une extraordinaire promenade à travers 4 km² de vestiges romains et wisigoths. Après l'exposition sur le *domus* (villa) romaine typique, on atteint la **laverie publique** (à l'extérieur, dans la rue, des récipients permettaient de recueillir l'urine alors utilisée comme désinfectant). Vous passerez devant des ateliers de teinturerie, des bains publics d'eau froide et des boutiques consacrées à la fabrication du *garum* (pâte obtenue à partir d'entrailles, d'œufs et de sang de poisson réduits en purée, très prisée dans tout l'Empire romain), une église du VIᵉ siècle et des **installations vinicoles**.

Vous serpenterez le long des vestiges du patio clos d'une maison romaine, du palais de l'Évêché médiéval (Palau Episcopal) et arriverez dans deux vastes salles voûtées abritant des **expositions sur la Barcelone médiévale**. La visite se termine dans le **Saló del Tinell**, la salle de banquet du Palais royal. Construite entre 1359 et 1370, elle offre un bel exemple de style gothique catalan. C'est ici que Christophe Colomb rapporta ses premières impressions du Nouveau Monde à Ferdinand d'Aragon et Isabelle de Castille.

### À NE PAS MANQUER...

➡ La laverie publique
➡ Les installations vinicoles
➡ Le Saló del Tinell
➡ La Barcelone médiévale

### INFOS PRATIQUES

➡ Plan p. 308
➡ ☎93 256 21 00
➡ www.museuhistoria.bcn.cat
➡ Plaça del Rei
➡ Adulte/enfant 7 €/gratuit
➡ ⊙10h-19h mar-sam, 10h-20h dim
➡ Ⓜ Jaume I

17h-20h mar-sam, 11h-14h dim ; Ⓜ Jaume I). Les murailles romaines se prolongent le long de l'actuelle Plaça de la Seu jusqu'à la Casa de la Pia Almoina. La principale œuvre de charité de la ville y élut domicile au XIᵉ siècle, mais le bâtiment actuel, en mauvais état, ne date que du XVᵉ siècle. Il abrite aujourd'hui le Musée diocésain, qui présente une petite exposition sur Antoni Gaudí (comprenant un documentaire fascinant sur sa vie et sa philosophie) au dernier étage. Il compte également une collection éclectique d'objets d'art religieux médiéval que viennent habituellement enrichir une ou deux expositions temporaires.

### PLAÇA DE SANT JAUME
PLACE

Plan p. 308 (Ⓜ Jaume I). Encadrée au nord par le palais de la Generalitat (siège du gouvernement catalan) et au sud par l'Ajuntament (hôtel de ville), la Plaça de Sant Jaume est toujours – depuis l'époque romaine, où elle abritait le forum romain – le centre de la vie civique de Barcelone. Derrière l'Ajuntament s'élèvent les affreux bureaux de l'hôtel de ville construits dans les années 1970 sur la Plaça de Sant Miquel. En face, à l'angle de la Baixada de Sant Miquel, le palais Centelles (Palau Centelles) est un joyau rare datant du XVᵉ siècle. Si la porte est ouverte, vous pourrez flâner dans la belle cour de style gothique Renaissance de cet édifice.

### AJUNTAMENT
ARCHITECTURE

Plan p. 308 (☎93 402 70 00 ; www.bcn.cat ; Plaça de Sant Jaume ; ⊙10h30-13h30 dim ; Ⓜ Liceu ou Jaume I). L'Ajuntament (hôtel de ville), également appelé Casa de la Ciutat (maison de la ville), est le siège de la municipalité depuis des siècles. Le Consell de Cent, chargé de gouverner la cité au Moyen Âge, occupa le bâtiment à partir du XIVᵉ siècle. L'édifice a malheureusement subi quelques remaniements depuis la période gothique et quelque peu perdu de sa splendeur.

L'ancienne entrée, qui seule a conservé sa belle façade gothique, s'ouvre sur la Carrer de la Ciutat. Aujourd'hui, la façade principale donne sur la place et tente lourdement, dans un style néoclassique du XIXᵉ siècle, d'en imposer au palais de la Generalitat. À l'intérieur, le Saló de Cent (salon des Cent) est la salle dans laquelle le conseil de la ville tenait jadis ses assemblées plénières. La large voûte est un pur exemple de gothique catalan. Au plafond, les lambris sculptés de l'*artesonado* (plafond à caissons) présentent un travail d'une extrême finesse. Mais l'essentiel de ce que l'on voit aujourd'hui est relativement récent puisque le bâtiment a subi une série de restaurations et de remaniements après avoir été bombardé en 1842. Les sièges néogothiques et le grand retable d'albâtre situé à l'arrière ont été ajoutés au début du XXᵉ siècle. Sur la droite, vous entrez dans le petit Saló de la Reina Regente, réalisé en 1860, où siège à présent l'Ajuntament. À gauche du Saló de Cent, le Saló de les Croniques est orné de fresques murales retraçant les exploits des Catalans en Grèce et au Proche-Orient, à l'époque glorieuse de l'empire marchand de Catalogne.

### PALAIS DE LA GENERALITAT          PALAIS

Plan p. 308 (Palau de la Generalitat ; www.gencat.cat ; Plaça de Sant Jaume ; Ⓜ Liceu ou Jaume I). Construit au début du XVᵉ siècle, le palais, qui abrite le siège du gouvernement catalan, n'ouvre que rarement (le deuxième et le quatrième week-end du mois, et lors des journées portes ouvertes). La plus impressionnante des salles officielles, le **Saló de Sant Jordi**, tire son nom du saint patron de la région, saint Georges. En revanche, on peut admirer à toute heure l'entrée d'origine, de style gothique, dans la Carrer del Bisbe. Réservez en ligne pour les visites du week-end.

L'architecte Marc Safont a conçu la façade gothique d'origine donnant sur la Carrer del Bisbe. L'actuelle façade principale, sur la Plaça de Sant Jaume, date de la fin de la Renaissance et comporte quelques éléments néoclassiques. Si vous vous promenez dans les environs le soir, jetez un coup d'œil au Saló de Sant Jordi à travers les vitres pour en entrevoir le magnifique décor intérieur.

Ceux qui auront la chance de pouvoir visiter l'intérieur du palais de la Generalitat ne le regretteront pas. L'entrée se fait par la Carrer de Sant Sever. Après la traversée des premières salles, basses et voûtées, les visiteurs montent au 1ᵉʳ étage pour découvrir la cour surélevée du patio des Orangers (Pati dels Tarongers), de style gothique, ouvert une fois par mois au public à l'occasion des concerts de carillon

ⓘ

## REMPARTS ROMAINS

De la Plaça del Rei, n'hésitez pas à faire un crochet au nord-est pour voir les deux sections les mieux conservées des remparts romains de Barcelone, jadis complétés par 78 tours (érigées autant pour le prestige qu'à des fins défensives). La **première section** (Plan p. 308) se situe au sud-est de la Plaça Ramon de Berenguer el Gran ; elle est surmontée de la **Capella Reial de Santa Àgata** (Plan p. 308). La place elle-même est dominée par la statue du comte-roi Ramon de Berenguer el Gran, œuvre réalisée par Josep Llimona en 1880. L'**autre section** (Plan p. 308) se trouve un peu plus loin, à l'extrémité nord de la Carrer del Sotstinent Navarro. Les Romains édifièrent et renforcèrent ces murailles aux IIIᵉ et IVᵉ siècles, après les premières attaques des tribus germaniques venues du Nord.

du palais. La Sala Daurada i de Sessions, une des salles sur lesquelles donne le patio, datant du XVIᵉ siècle, est une splendide salle de réunion éclairée par d'énormes lustres. Plus imposant encore, le Saló de Sant Jordi date de la Renaissance, mais ses fresques murales ne furent ajoutées qu'au siècle dernier. La visite s'achève par la descente de l'escalier du patio central (Pati Central) gothique, qui conduit à ce qui était jadis l'entrée principale du bâtiment.

### MIBA (MUSÉE DES IDÉES ET DES INVENTIONS DE BARCELONE)          MUSÉE

Plan p. 308 (Museu d'idees i invents de Barcelona ; ☎ 93 332 79 30 ; www.mibamuseum.com ; Carrer de la Ciutat 7 ; adulte/enfant 7/5 € ; ⊙ 10h-19h mar-sam, 10h-14h dim ; Ⓜ Jaume I). Inauguré en 2011, ce musée présente une collection fascinante d'inventions du monde, à la fois brillantes et bizarres : balais à franges équipés de microphones sur le manche (pour chanter pendant que l'on fait le ménage), siège pour insérer les suppositoires, mugs avec compartiment pour les biscuits, bracelets mesurant les rayons UV et lunettes ajustables à toutes les vues. Vous verrez également des toboggans en métal entre les étages (nul besoin d'escalier) et des toilettes à l'agencement plutôt créatif.

## PLAÇA DE SANT JOSEP ORIOL  PLACE

Plan p. 308 (MLiceu). Cette petite place est la plus ravissante du Barri Gòtic. Ses bars et ses cafés, qui attirent les musiciens et les artistes de rue, permettent de passer un agréable moment. Elle est entourée d'un lacis de ruelles pittoresques, bordées de boutiques, de restaurants et de cafés tout aussi accueillants.

La place est dominée par l'**Església de Santa Maria del Pi** (Plan p. 308 ; ⊙9h30-13h et 17h-20h30 ; MLiceu), une église gothique construite entre le XIV$^e$ et le XVI$^e$ siècle, mais dont la plus grande partie fut réalisée entre 1320 et 1391. La splendide rosace de 10 m de diamètre qui surmonte le portail principal sur la Plaça del Pi serait, selon certains, la plus grande du monde. L'intérieur de l'église fut saccagé durant les premiers mois de la guerre civile, en 1936. La plupart des vitraux sont modernes. L'incendie eut peut-être une heureuse conséquence : les sièges néogothiques du XIX$^e$ siècle détruits par le feu furent remplacés par des pièces dans le style baroque d'origine, du XVIII$^e$ siècle.

La troisième chapelle sur la gauche est dédiée à Sant Josep Oriol, curé de l'église de 1687 à 1702, qui fut canonisé en 1909. Un plan indique les divers endroits de l'église où il réalisa des miracles. La légende raconte qu'au X$^e$ siècle, un pêcheur aurait vu apparaître l'image de la Vierge Marie dans un pin (*pi*) qu'il s'apprêtait à abattre pour construire un bateau. Frappé par cette vision, il aurait érigé une petite chapelle à l'endroit où se dresse désormais l'église gothique. Un pin est toujours planté sur la place.

## PLAÇA REIAL  PLACE

Plan p. 308 (MLiceu). Agréable retraite loin de la circulation et des passants de La Rambla voisine, la Plaça Reial est l'une des places les plus photogéniques de Barcelone. De nombreux restaurants, bars et boîtes de nuit sont installés sous les arcades des édifices néoclassiques du XIX$^e$ siècle, et la place bourdonne d'activité à toute heure.

Elle fut créée sur l'emplacement d'un ancien couvent de capucins (La Rambla comptait alors de nombreuses institutions religieuses), qui fut détruit à la suite de lois privant l'Église d'une grande partie de ses biens. Les deux réverbères proches de la fontaine centrale sont parmi les premières réalisations connues de Gaudí dans la ville.

La partie sud du Barri Gòtic est imprégnée du souvenir de Picasso. L'artiste vécut adolescent dans la Carrer de la Mercè et installa son premier atelier dans une maison de la Carrer de la Plata. Il fut le client assidu d'une maison close, au numéro 27 de la Carrer d'Avinyó. C'est peut-être cette expérience qui lui inspira sa célèbre toile, *Les Demoiselles d'Avignon* (1907).

## GRAN TEATRE DEL LICEU  ARCHITECTURE

(☑93 485 99 14 ; www.liceubarcelona.com ; La Rambla dels Caputxins 51-59 ; ⊙visite guidée 10h, visite sans guide 11h30, 12h, 12h30 et 13h ; MLiceu). À défaut d'assister à une représentation, vous pourrez toujours visiter ce magnifique Opéra, érigé en 1847, que les Barcelonais appellent tout simplement le Liceu. Plus petit que la Scala de Milan mais plus important que La Fenice de Venise, il peut accueillir jusqu'à 2 300 spectateurs dans son grand auditorium.

Il servit de tremplin à plusieurs grandes stars catalanes comme José Carreras et Montserrat Caballé. En 1994, un incendie détruisit la majeure partie de l'auditorium du XIX$^e$ siècle, mais les autorités municipales le reconstruisirent avec soin tout en le dotant des technologies les plus modernes. Le Liceu rouvrit ses portes en octobre 1999. Ceux qu'une visite rapide (20 minutes) des principaux espaces publics du théâtre ne contenterait pas pourront se joindre à la visite guidée d'une heure.

Cette visite part du grand vestibule, avec ses épais piliers et ses somptueux lustres, et emprunte l'escalier de marbre pour rejoindre la salle des Miroirs (Saló dels Miralls). Tous deux furent épargnés par l'incendie de 1994. La salle des Miroirs accueillait autrefois les spectateurs pendant l'entracte. Sa décoration typiquement néo-baroque – avec ses miroirs, ses fresques au plafond, ses colonnes cannelées et ses inscriptions à la gloire des arts – évoque les fastes du XIX$^e$ siècle. La visite s'achève au 4$^e$ étage, d'où l'on peut admirer l'Opéra dans toute sa splendeur.

La visite guidée permet aussi de voir une collection d'art moderniste, El Cercle del Liceu, comprenant des œuvres de Ramon Casas. Deux circuits spéciaux sont également proposés : l'un semblable à la visite guidée évoquée plus haut, mais qui comprend en outre un récital d'une demi-heure dans la salle des Miroirs, et l'autre qui part à la découverte des coulisses.

Menacé par la crise financière qui touche très durement l'Espagne, le Liceu s'est retrouvé dans l'impasse face au gouvernement, suite aux coupes budgétaires annoncées début 2012. Le directeur général du Liceu, Joan Francesc Marco, a décidé de fermer l'Opéra pendant 2 mois, au printemps et en été 2012, une proposition qui a suscité des critiques dans la presse locale et qui a entraîné des avis de grève du personnel. Pour l'heure, les négociations des syndicats ont permis d'atténuer la crise du Liceu en tentant de compenser le déficit de 3,7 millions d'euros ; reste maintenant à voir comment seront gérés les fonds du Liceu dans les années à venir.

## MONUMENT À COLOMB — POINT DE VUE
Plan p. 318 (Mirador a Colom ; ☎93 302 52 24 ; Plaça del Portal de la Pau ; ascenseur adulte/enfant 4/3 € ; ◷8h30-20h30 ; MDrassanes). Haut perché sur un rond-point et surplombant la circulation, Christophe Colomb veille, le doigt pointé vers la Méditerranée. Construit pour l'Exposition universelle de 1888, le monument offre, du haut de ses 60 m (on y accède par un ascenseur), une belle vue panoramique sur La Rambla et le port de Barcelone.

Né à Gênes, le navigateur aurait raconté ses premières découvertes américaines aux rois catholiques, à Barcelone, après son voyage de 1492. Au XIXe siècle, la croyance populaire voulait que Colomb soit l'un des fils les plus illustres de Barcelone. Ce monument fut cependant inauguré en présence des autorités génoises.

## ESGLÉSIA DE SANTS JUST I PASTOR — ÉGLISE
Plan p. 308 (☎93 301 74 33 ; www.basilicasantjust.cat ; Plaça de Sant Just 5 ; ◷11h-14h et 17h30-20h lun-sam, 10h-13h dim ; MLiceu ou Jaume I). Cette église quelque peu délabrée fut bâtie en 1342 dans un style gothique catalan. Sa nef unique est flanquée de chapelles situées de chaque côté des contreforts. Il s'agirait de la plus ancienne église paroissiale de la ville. À l'intérieur, le visiteur pourra admirer quelques beaux vitraux. En face de l'église, la jolie petite place a servi, en 2006, à figurer un marché parisien nauséabond dans le film *Le Parfum : histoire d'un meurtrier*. Elle s'enorgueillit d'une fontaine gothique qui serait la plus ancienne de Barcelone.

À cet endroit, le 11 septembre 1924 au matin, Antoni Gaudí fut arrêté alors qu'il allait pénétrer dans l'église pour assister à la messe. À cette époque, sous la dictature du général Primo de Rivera, il en fallait peu pour froisser les autorités, et lorsque Gaudí refusa de parler espagnol aux officiers de la Guardia Civil, il se retrouva en prison où il passa une bonne partie de la journée, jusqu'à ce qu'un ami vienne le tirer de ce mauvais pas.

BOUCHE-À-OREILLE

### EL CALL
El Call (prononcez "caille"), du nom du quartier médiéval juif qui prospéra ici jusqu'au tragique pogrom du XIVe siècle, est l'un de nos endroits préférés pour se balader dans la vieille ville (Ciutat Vella). Aujourd'hui, ses ruelles étroites renferment des sites surprenants (dont une ancienne synagogue mise au jour dans les années 1990 et des fragments de bains pour femmes découverts dans le sous-sol du café Caelum). On trouve ici certaines des boutiques les plus originales de la vieille ville, elles vendent de superbes objets anciens, de la maroquinerie artisanale, et même du vin casher. Ses restaurants dissimulés et ses bars et cafés éclairés aux chandelles en font un endroit agréable en soirée.

El Call (qui dérive probablement de l'hébreu "kahal", signifiant "communauté") est un quartier minuscule assez difficile à trouver. Il est délimité approximativement par la Carrer del Call, la Carrer dels Banys Nous, la Baixada de Santa Eulalia et la Carrer de Sant Honorat.

## GRATUIT CENTRE D'INTERPRÉTATION DU QUARTIER JUIF — SITE HISTORIQUE
Plan p. 308 (Centre d'interpretació del Call ; ☎93 256 21 22 ; www.museuhistoria.bcn.cat ; Placeta de Manuel Ribé ; ◷11h-14h mar-ven, 11h-19h sam et dim ; MJaume I ou Liceu). Cette maison du XIVe siècle appartenait au tisserand juif Jucef Bonhiac. Elle est devenue un petit centre d'information consacré à l'histoire du quartier juif de Barcelone, le Call. Les espaces vitrés du rez-de-chaussée vous permettront d'observer les anciens puits et réserves de Jucef Bonhiac. La maison, également appelée Casa de l'Alquimista (maison de l'Alchimiste), conserve une modeste collection d'objets anciens juifs, notamment des céramiques mises au jour dans le quartier du Call, accompagnés

de commentaires et de cartes de l'ancien quartier juif.

Le quartier situé entre la Carrer dels Banys Nous et la Plaça de Sant Jaume constituait le cœur de la cité médiévale juive, ou Call Major, jusqu'à ce qu'un sanglant pogrom au XIVᵉ siècle chasse la plupart des juifs qui y vivaient. L'expulsion du pays de tous les juifs qui suivit au XVᵉ siècle mit un terme à leur présence à Barcelone. Le Call Menor s'étendait de l'actuelle Carrer de Ferran jusqu'à la Baixada de Sant Miquel et la Carrer d'en Rauric. L'actuelle Església de Sant Jaume, dans la Carrer de Ferran, fut construite sur l'emplacement d'une synagogue.

Même avant les pogroms de 1391, les juifs à Barcelone étaient loin d'être des citoyens privilégiés. Comme dans beaucoup de villes médiévales, ils étaient contraints de porter une marque sur leurs vêtements et avaient du mal à obtenir des autorisations pour agrandir leur quartier et pouvoir absorber l'accroissement de la population du Call ; pas moins de 4 000 personnes s'entassaient dans les minuscules rues du Call Major.

**GRANDE SYNAGOGUE**   SYNAGOGUE MÉDIÉVALE

Plan p. 308 (Sinagoga Major ; ☎93 317 07 90 ; www.calldebarcelona.org, en français ; Carrer de Marlet 5 ; don suggéré 2,50 € ; ☉10h30-18h30 lun-ven, 10h30-14h30 sam et dim ; ⓂLiceu). Lorsqu'un investisseur argentin racheta l'ancien magasin d'électricité installé à cette adresse pour en faire un bar branché, il était loin de se douter qu'il tomberait sur les vestiges d'une synagogue médiévale. Alors qu'elle était à priori considérée comme la plus importante synagogue médiévale de la ville, son importance est aujourd'hui contestée par certains historiens. Lors de la visite guidée, vous découvrirez la signification et l'histoire du site.

Des vestiges de murs romains et médiévaux sont encore visibles dans le petit espace voûté auquel on accède depuis la rue. On peut également admirer d'anciens puits de tanneurs datant du XVᵉ siècle. La deuxième salle a été restaurée et sert encore de synagogue. Des vestiges d'un rempart de la fin de l'époque romaine, tournés vers Jérusalem, laissent à penser qu'une synagogue se dressait ici même en pleine époque romaine. C'était l'une des quatre synagogues de la ville, mais, après les pogroms de 1391, elle fut (à supposer qu'il s'agisse bien de la grande synagogue)

christianisée et une effigie de saint Dominique fut apposée sur l'édifice.

**GRATUIT** **TEMPLE ROMAIN D'AUGUSTE** VESTIGES

Plan p. 308 (Temple Romà d'August ; Carrer del Paradis ; ☉10h-20h mar-dim ; ⓂJaume I). En face de la façade sud-est de la cathédrale, l'étroite Carrer del Paradis mène à la Plaça de Sant Jaume. La maison située au n°10 est un édifice sophistiqué agrémenté de touches gothiques et baroques ; dans le patio sont conservées quatre colonnes et l'architrave du principal temple romain de Barcelone, édifié au Iᵉʳ siècle et dédié à l'empereur Auguste.

On se trouve alors sur le point culminant de la cité romaine du Barcino, le mont Taber (16,9 m). La porte est souvent ouverte en dehors des horaires affichés. N'hésitez pas à entrer.

**NÉCROPOLE ROMAINE**   SITE ARCHÉOLOGIQUE

Plan p. 308 (Via Sepulcral Romana ; ☎93 256 21 00 ; www.museuhistoria.bcn.cat ; Plaça de la Vila de Madrid ; 2 € ; ☉11h-14h mar-ven, 11h-19h sam et dim ; ⓂCatalunya). Situé en contrebas dans la Carrer de la Canuda, à une rue vers l'est de l'extrémité de La Rambla, ce jardin abrite plusieurs tombes romaines. Le site s'étend de chaque côté de la route qui partait en direction du nord-ouest depuis la Barcelone romaine (Barcino). La loi romaine interdisant d'enterrer les morts dans l'enceinte de la cité, tous, riches et pauvres, étaient ensevelis le long des routes partant de la ville. Une petite exposition en espagnol et catalan près des tombes présente le système romain de routes principales et secondaires, ainsi que les rites et les coutumes funéraires. Quelques vestiges de poteries (notamment une amphore funéraire contenant le squelette d'un enfant romain de 3 ans) accompagnent ces explications.

**DOMUS ROMANA**   SITE ARCHÉOLOGIQUE

Plan p. 308 (☎93 256 21 00 ; www.museuhistoria. bcn.cat ; Carrer de la Fruita 2 ; 2 € ; ☉10h-14h sam et dim ; ⓂLiceu). Les vestiges d'une *domus* romaine (maison de ville) ont été mis au jour et ouverts au public. Cette maison aux propriétaires manifestement fortunés (et les vestiges de trois petites boutiques) est proche du forum. L'ensemble donne un aperçu de la vie quotidienne des Romains. On y voit aussi six silos à grains datant de l'époque où était situé le quartier juif, le Call. Le tout se trouve à l'intérieur de la Casa Morell, datant du milieu du XIX$^e$ siècle. On a donc un aperçu de trois époques différentes de l'histoire de la ville en un même lieu.

### MUSÉE DE L'ÉROTISME    MUSÉE

Plan p. 308 (Museu de l'Eròtica ; ☎93 318 98 65 ; www.erotica-museum.com ; La Rambla de Sant Josep 96 ; 9 € ; ⊙10h-20h ; Ⓜ Liceu). Les grivoiseries auxquelles se prête l'humanité depuis l'Antiquité sont retracées à travers des vestiges historiques tels que des bas-reliefs indiens révélant divers aspects de l'amour tantrique, des gravures sur bois du XVIII$^e$ siècle représentant des positions du *Kama-sutra*, de la porcelaine japonaise aux motifs érotiques et des gravures érotiques d'Afrique. En dépit du thème, cela reste très sage, et le prix élevé de l'entrée (malgré la boisson incluse) n'est pas justifié.

### MUSÉE DE CIRE    MUSÉE

Plan p. 308 (Museu de Cera ; ☎93 317 26 49 ; www.museocerabcn.com ; Passatge de la Banca 7 ; adulte/enfant 15/9 € ; ⊙10h-22h tlj juin-sept, 10h-13h30 et 16h-19h30 lun-ven, 11h-14h et 16h30-20h30 sam, dim et jours fériés oct-mai ; Ⓜ Drassanes). Ce grand édifice de la fin du XIX$^e$ siècle expose quelque 300 statues de cire. Dans la même salle se côtoient curieusement Frankenstein, Luke Skywalker, Hitler, Mussolini, Che Guevara, Fidel Castro, le général Franco et le chef de l'ancien gouvernement catalan exilé Josep Tarradellas. Les enfants apprécieront sans doute le musée, mais le prix d'entrée est élevé pour des statues souvent décevantes.

### ESGLÉSIA DE LA MERCÈ    ÉGLISE

Plan p. 308 (Plaça de la Mercè ; Ⓜ Drassanes). Érigée dans les années 1760 sur le site d'une ancienne église gothique, l'Església de la Mercè est dédiée à la sainte patronne la plus vénérée de Barcelone. Cet édifice baroque fut gravement endommagé pendant la guerre civile. Néanmoins, ce qu'il en reste ne manque pas d'intérêt. La façade baroque donnant sur la place contraste avec la façade latérale Renaissance que longe la Carrer Ample. Cette dernière fut prélevée sur une église voisine, qui fut ensuite détruite dans les années 1870.

### DALÍ    MUSÉE

Plan p. 308 (Museo Real Círculo Artístico de Barcelona ; ☎93 318 17 74 ; www.daliabarcelona. com ; Carrer dels Arcs 5 ; adulte/enfant 10/7 € ;

### OUVERT LE LUNDI

La plupart des sites sont fermés le lundi, mais certains font exception à la règle. Parmi les plus intéressants, citons :

➡ Le Gran Teatre del Liceu (p. 76)
➡ La cathédrale (p. 71)
➡ Le musée de l'Érotisme (p. 79)
➡ Le musée de Cire (p. 79)
➡ Dalí (p. 79)
➡ La grande synagogue (p. 78)

⊙10h-22h ; Ⓜ Liceu). Superbement installée dans le bâtiment du Reial Cercle Artístic (cercle artistique royal), près de la cathédrale, cette collection comprend quelque 60 sculptures peu connues de Salvador Dalí. Des dessins, des photos et des documents sur l'artiste ou de sa main complètent l'ensemble. La visite se substitue difficilement à celle de son musée-mausolée de Figueres, mais elle offre tout de même un aperçu intéressant de la vie et du travail du maître aux inimitables moustaches.

### MUSÉE DE LA CHAUSSURE    MUSÉE

Plan p. 308 (Museu del Calçat ; ☎93 301 45 33 ; Plaça de Sant Felip Neri 5 ; 2,50 € ; ⊙11h-14h mar-dim ; Ⓜ Jaume I). Cet improbable musée conserve une collection allant de sandales égyptiennes à de délicates chaussures de femmes du XVIII$^e$ siècle. Le musée et la corporation des cordonniers, dont les origines remontent à l'époque médiévale, furent transférés ici peu de temps après la guerre civile.

## ✗ OÙ SE RESTAURER

**Un conseil : évitez La Rambla. Idéale pour observer les passants, elle est loin de satisfaire votre palais. Aventurez-vous plutôt dans les rues tortueuses du Barri Gòtic, votre estomac (et votre porte-monnaie) vous en seront éternellement reconnaissants. Dans ce labyrinthe médiéval, le choix ne manque pas. S'il fallait retenir une zone, ce serait la partie est du quartier, près de la Via Laietana, dans les rues étroites au-dessus de la cathédrale (autour de la Carrer de les Magdalenes) et entre la Plaça de Sant Jaume et le front de mer. Vous y trou-**

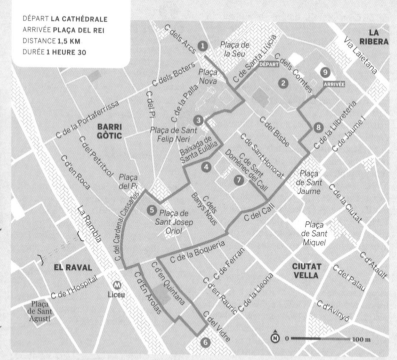

DÉPART **LA CATHÉDRALE**
ARRIVÉE **PLAÇA DEL REI**
DISTANCE **1,5 KM**
DURÉE **1 HEURE 30**

Promenade à pied

## Trésors cachés du Barri Gòtic

Cette balade dans le Barri Gòtic vous fera voyager dans le temps, depuis le Barcino de l'époque romaine jusqu'au Moyen Âge.

Avant d'entrer dans la cathédrale, observez les ① **trois frises de Picasso** (p. 73) sur le bâtiment situé en face de la place. Une fois dans ② **la cathédrale** (p. 71), ne manquez pas le cloître avec ses 13 oies.

En quittant la cathédrale, passez par les portes de la cité antique fortifiée et tournez à droite sur la ③ **Plaça de Sant Felip Neri**. Les murs de la vieille église portent des traces d'obus franquistes datant de 1939. Une plaque commémore les victimes (principalement des enfants) de ces bombardements.

Quittez la place et tournez à droite. Dans cette étroite ruelle se trouve ④ **une petite statue de sainte Eulalie**, l'une des saintes patronnes de Barcelone, qui supporta diverses tortures pendant son martyre.

Dirigez-vous vers l'ouest jusqu'à l'imposante ⑤ **Església de Sant Maria del Pi**, du XIVe siècle, célèbre pour sa magnifique rosace.

Suivez la route et descendez jusqu'à la ⑥ **Plaça Reial** (p. 76), l'une des plus jolies places de Barcelone. Les lampadaires de la fontaine furent conçus par Gaudí.

Remontez jusqu'à la Carrer de la Boqueria et tournez à gauche dans la Carrer de Sant Domènec del Call. Cette dernière conduit dans El Call, le cœur du quartier médiéval juif jusqu'au pogrom de 1391. La ⑦ **grande synagogue** (p. 78), l'une des plus anciennes d'Europe, fut découverte en 1996.

Traversez la Plaça de Sant Jaume et tournez à gauche après la Carrer del Bisbe. Vous passerez devant l'entrée des vestiges d'un ⑧ **temple romain**, dont quatre colonnes sont dissimulées dans une cour.

Enfin, c'est sur la ⑨ **Plaça del Rei** que Ferdinand d'Aragon et Isabelle de Castille reçurent Christophe Colomb au retour de son premier voyage vers le Nouveau Monde. L'ancien palais abrite désormais un superbe musée d'histoire, et d'importantes ruines romaines en sous-sol.

verez de traditionnels bars à tapas ainsi que des établissements innovants, tous très charmants.

### ♥ KOY SHUNKA — JAPONAIS €€€

Plan p. 308 (☎ 93 412 79 39 ; www.koyshunka. com ; Carrer de Copons 7 ; menu de plusieurs plats 72-108 € ; ⏱ mar-dim, dîner mar-sam ; Ⓜ Urquinaona). Au bout d'une allée étroite au nord de la cathédrale, Koy Shunka propose de délicieux plats japonais – appétissants sushis, sashimis, bœuf Wagyu et savoureuses salades d'algues sont servis aux côtés de plats fusion inventifs tels que les *almejas finas al vapor con sake* (palourdes à la vapeur avec saké) ou la *tempura de vieira y lagostino con setas de japonesas* (tempura de coquilles Saint-Jacques et grosses crevettes avec champignons japonais). Ne manquez pas le *toro* (ventrèche de thon), spécialité de la maison.

Les clients s'assoient généralement autour du large comptoir, d'où l'on peut admirer le génie culinaire en action. Les menus composés de plusieurs plats sont chers mais offrent une expérience dînatoire mémorable.

### ♥ PLA — FUSION €€

Plan p. 308 (☎ 93 412 65 52 ; www.elpla.cat ; Carrer de la Bellafila 5 ; plats 18-24 € ; ⏱ dîner tlj ; 📷 ; Ⓜ Jaume I). Établissement chic, à l'éclairage romantique (sous une grande voûte de pierre), apprécié de longue date dans le Barri Gòtic. Les cuisiniers réalisent des délices comme la queue de bœuf braisée au vin rouge, le thon saisi avec une aubergine grillée, et la lotte "à la thaï" avec crevettes, citronnelle et mousse de pomme. Menu dégustation à 36 € du dimanche au jeudi.

### LA VINATERIA DEL CALL — ESPAGNOL €€

Plan p. 308 (☎ 93 302 60 92 ; http://lavinateria-delcall.com, en français ; Carrer de Sant Domènec del Call 9 ; petites assiettes 7-11 € ; ⏱ dîner ; Ⓜ Jaume I). Dans un cadre magique de l'ancien quartier juif, ce minuscule restaurant sert de savoureux plats espagnols tels que le poulpe à la galicienne, le chorizo au cidre et l'*escalivada* catalane (poivrons, aubergine et oignons grillés) avec des anchois. Les portions sont petites et se partagent facilement. Bonne sélection de vins abordables.

### CAN CULLERETES — CATALAN €€

Plan p. 308 (☎ 93 317 30 22 ; Carrer Quintana 5 ; plats 8-14 € ; ⏱ déj et dîner mar-sam, déj dim ; Ⓜ Liceu). Fondé en 1786, le plus vieux restaurant de Barcelone a toujours autant de succès, touristes et habitants s'y pressent pour sa grande salle, son décor carrelé à l'ancienne, et les copieuses assiettes de spécialités catalanes. Menus du jour de plusieurs plats (12,80 €) d'un excellent rapport qualité/prix.

### CAFÈ DE L'ACADÈMIA — CATALAN €€

Plan p. 308 (☎ 93 319 82 53 ; Carrer de Lledó 1 ; plats 13-17 € ; ⏱ lun-ven ; Ⓜ Jaume I). Des plats traditionnels avec, à l'occasion, une touche créative. À l'heure du déjeuner, les employés de l'Ajuntament (hôtel de ville) voisin raffolent du *menú del día* (menu fixe ; 14 €, ou 10 € au bar). Le soir, l'endroit est plus romantique, l'éclairage tamisé accentuant le charme du cadre boisé. Le choix va du *chuletón* (énorme côte de bœuf) pour deux à la *guatlla farcida de foie d'ànec i botifarra amb salsa de ceps* (caille farcie au foie de canard et saucisse, sauce aux champignons).

### CERERÍA — VÉGÉTARIEN €€

Plan p. 308 (☎ 93 301 85 10 ; Baixada de Sant Miquel 3 ; plats 9-16 € ; ⏱ dîner lun-sam ; 📷📷 ; Ⓜ Jaume I). Le sol de marbre noir et blanc, les quelques vieilles tables en bois et une collection d'instruments (la plupart faits sur place) confèrent un certain charme bohème à ce petit restaurant végétarien. Les pizzas, délicieuses, sont composées de produits bio, tout comme les savoureuses galettes, les crêpes et les copieuses salades. Quelques bons plats végétaliens.

### CERVECERÍA TALLER DE TAPAS — ESPAGNOL €€

Plan p. 308 (☎ 93 481 62 33 ; Carrer Comtal 28 ; plats 8-15 € ; ⏱ 10h-0h lun-sam, 12h-0h dim ; Ⓜ Urquinaona). Établissement animé et décontracté, aux murs de pierre blanche et poutres au plafond. Large choix de tapas et plats du jour changeant comme le *cochinillo* (cochon de lait rôti). Les quelques bières du monde – Leffe Blonds, Guinness, Brahma (Brésil) et Sol (Mexique) – participent au charme.

### BUN BO — VIETNAMIEN €

Plan p. 308 (☎ 93 301 13 78 ; Carrer dels Sagristans ; plats 7-11 € ; ⏱ 13h-0h ; Ⓜ Jaume I). Sur une petite place près de la cathédrale, Bun Bo sert de copieux bols de *pho* (soupe de nouilles au bœuf ou au poulet), des *bánh xèo* (crêpes savoureuses) et d'autres classiques vietnamiens. Possibilité de manger dehors sur des tables en chrome ombragées ou dans la salle colorée, décorée de lanternes en papier, d'immenses photos de la baie d'Along et d'un cyclo-pousse en équilibre précaire. Bon choix de cocktails et plats du jour à midi.

### LA PLATA
TAPAS €

Plan p. 308 (Carrer de la Mercè 28 ; tapas autour de 3,50 € ; ☺9h-15h et 18h-tard lun-sam ; ⓂJaume I). Dissimulée au bout d'une allée étroite près du front de mer, la Plata est une *bodega* modeste mais appréciée. Seuls trois plats sont servis : *pescadito frito* (petites sardines frites), *butifarra* (saucisse) et salade de tomates. Les vins, buvables et bon marché (1 € le verre), en font un bon endroit pour des tapas avant de dîner.

### AGUT
CATALAN €€

Plan p. 308 (www.restaurantagut.com ; Carrer d'en Gignàs 16 ; plats 16-25 € ; ☺déj et dîner mar-sam, déj dim ; ⓂDrassanes). Restaurant catalan traditionnel niché au cœur du Barri Gòtic. Les diverses salles sont séparées par de larges arches, et des œuvres d'art tapissent les murs. Mais ici, l'art se trouve surtout dans les assiettes : viandes grillées au bois de chêne et succulents poissons et fruits de mer, comme la *cassoleta de rap a l'all cremat amb cloïsses* (lotte aux palourdes et à l'ail doré).

### LOS CARACOLES
ESPAGNOL €€€

Plan p. 308 (☎93 301 20 41 ; www.los-caracoles. es, en français ; Carrer dels Escudellers 14 ; plats 13-32 € ; ⓂDrassanes). La taverne "Les Escargots", désormais gérée par la 5ᵉ génération de la famille Bofarull, a ouvert en 1835 et, bien que touristique, elle compte parmi les restaurants les plus connus de Barcelone. Dans les diverses salles (demandez la petite salle de banquet d'allure médiévale), les tables usées et les murs habillés d'ail respirent des siècles d'histoire et pourraient même distraire la clientèle des poulets rôtis et des escargots, qui sont les spécialités de la maison.

### BAR CELTA
GALICIEN €

Plan p. 308 (Carrer de la Mercè 16 ; tapas 3-6 € ; ☺12h-0h mar-dim ; ⓂDrassanes). Bar à tapas lumineux et bruyant spécialisé dans le poulpe (*pulpo*) et d'autres créatures marines comme les couteaux (*navajas*). On y mange bien : même les Galiciens les plus exigeants l'affirment. Prenez place au bar en zinc, commandez une bouteille de Ribeiro – servi à la galicienne, dans de

petites tasses de céramique blanche, les *tazas* – et dévorez vos copieuses *raciones* (portions plus copieuses de tapas) de fruits de mer.

### CAELUM
CAFÉ €

Plan p. 308 (☎93 302 69 93 ; Carrer de la Palla 8 ; en-cas 2-4 € ; ☺10h30-20h30 lun-jeu, 10h30-23h30 ven et sam, 11h30-21h dim ; ⓂLiceu). Des siècles de divine tradition gastronomique espagnole sont réunis dans cet espace médiéval au cœur de la ville. Des friandises (telles que l'irrésistible *marzipan* de Tolède) confectionnées par des nonnes des couvents du pays sont proposées dans ce temple des douceurs. La boutique adjacente vend des gourmandises ; de 15h30 à la fermeture, le charmant sous-sol permet de savourer un thé et des pâtisseries.

### MILK
BRUNCH €

Plan p. 308 (www.milkbarcelona.com ; Carrer d'en Gignàs 21 ; plats 9-10 € ; ☺10h-16h et 18h30-23h30 ; ⓂJaume I). Connu de beaucoup comme un bar à cocktails décontracté, le Milk, tenu par des Irlandais, est surtout populaire auprès des noctambules pour ses brunchs (servis jusqu'à 16h). Dégustez *pancakes*, œufs à la bénédictine et autres plats pour "lendemains de fête" dans un endroit petit mais cosy.

## OÙ PRENDRE UN VERRE ET FAIRE LA FÊTE

### OVISO
BAR

Plan p. 308 (Carrer d'Arai 5 ; ☺10h-2h ; ⓂLiceu). Restaurant populaire pour petits budgets avec tables sur la place. C'est la nuit que son style bohème se révèle, avec une clientèle hétéroclite, une ambiance rock'n'roll et deux salles de style fin du XIXᵉ siècle aux curieuses peintures murales – des oies prenant leur envol, des dauphins bondissant et des paons bleus sur fond rouge vif.

### LA CERVETECA
BAR

Plan p. 308 (Carrer de Gignàs 25 ; ☺16h-22h lun-jeu, 13h-23h ven et sam, 13h-22h dim ; ⓂJaume I). Incontournable pour les amateurs de bières, La Cerveteca offre un choix impressionnant de bières artisanales internationales. Outre la multitude de bouteilles, l'offre de bières à la pression est souvent renouvelée. Dernièrement, les plus appréciées sont : Taras Boulba (bière blonde belge), Hell (blonde allemande) et Spaceman IPA (bière américaine). L'allure médiévale et les tonneaux faisant office de tables (et quelques chaises au fond) créent un endroit agréable pour un verre en début de soirée.

### ČAJ CHAI ✓
CAFÉ

Plan p. 308 (☏ 93 301 95 92 ; Carrer de Sant Domènec del Call 12 ; ◷ 15h-22h lun, 10h30-22h mar-dim ; Ⓜ Jaume I). Inspiré des salons de thé bohèmes de Prague, ce café clair et animé, au cœur de l'ancien quartier juif, ravira les amateurs de thé. Très apprécié des habitants, il possède plus de 100 thés de Chine, d'Inde, de Corée, du Japon, du Népal, du Maroc et d'ailleurs.

### MARULA CAFÈ
BAR

Plan p. 308 (www.marulacafe.com ; Carrer dels Escudellers 49 ; ◷ 23h-5h ; Ⓜ Liceu). Fantastique trouvaille en plein cœur du Barri Gòtic, le Marula vous transporte dans les années 1970 au son du funk et de la soul. Les fans de James Brown seront au paradis. Les DJ passent également d'autres styles de musique, du breakbeat à la house, en passant par la samba et d'autres rythmes brésiliens.

### POLAROID
BAR

Plan p. 308 (Carrer dels Còdols 29 ; ◷ 19h-2h30 ; Ⓜ Drassanes). Comme son nom l'indique, Polaroid rappelle le passé avec ses cassettes VHS accrochées au mur, ses affiches de vieux films, ses tables couvertes de BD, ses vitrines de figurines et autres babioles kitsch. La clientèle enjouée et sans prétention vient pour les *cañas* (pressions ; 2 €) bon marché, les bons mojitos et le pop-corn gratuit.

### BOOTLEG
BAR

Plan p. 308 (Carrer de Lledó 5 ; ◷ 9h30-0h30 dim-jeu, 9h30-2h ven et sam ; Ⓜ Jaume I). Sur deux niveaux, Bootleg fait partie des nombreux bars-cafés attrayants de la rue. L'éclairage y est chaleureux, la clientèle (composée d'expatriés et de Barcelonais), élégante mais sans prétention, vient discuter et profiter des boissons et en-cas bon marché et de la musique d'ambiance électro.

### DUSK
Plan p. 308 (Carrer de la ... Ⓜ Drassanes). Dissimu... mante ruelle du qua... établissement tient à la ... et du *lounge* à l'ambia... il possède diverses sal... tamisé et aux murs de viei... canapés confortables enca...ux rouges, mais diffuse aussi ..u sport sur grand écran. La clientèle, principalement étrangère, apprécie les cocktails et les tapas.

### BOSC DE LES FADES
BAR LOUNGE

Plan p. 308 (Passatge de la Banca 5 ; ◷ 10h-1h ; Ⓜ Drassanes). Comme son nom l'indique, la "Forêt des fées" offre une retraite féerique loin de l'agitation des Ramblas voisines. Chaises et tables éclairées par des lampes sont éparpillées sous une forêt d'intérieur dotée d'une fontaine et d'une grotte. Un endroit insolite pour quelques cocktails en début de soirée.

### BARCELONA PIPA CLUB
BAR

Plan p. 308 (☏ 93 302 47 32 ; www.bpipaclub.com ; Plaça Reial 3 ; ◷ 22h-4h ; Ⓜ Liceu). Ce club de fumeurs de pipe ressemble à un vaste appartement rempli de bibelots, notamment des pipes dont l'endroit tire son nom. Sonnez à la porte et montez au 2e étage.

### BLONDIE
BAR

Plan p. 308 (www.blondie-bcn.com ; Carrer d'en Roca 14 ; ◷ 20h-2h ; Ⓜ Liceu). Longtemps resté dans l'oubli, ce petit bar sombre tenu par des Italiens a désormais ses habitués qui apprécient les tubes des années 1980, son éclairage multicolore tamisé, ses murs au carrelage noir et blanc, la bière Estrella Galicia (la *lager* la plus fraîche du pays) et son air un peu louche.

### EL PARAIGUA
BAR

Plan p. 308 (☏ 93 302 11 31 ; www.elparaigua.com ; Carrer del Pas de l'Ensenyança 2 ; ◷ 10h-0h lun-mer, 11h-2h jeu-sam ; Ⓜ Liceu). Petit établissement au cadre moderniste intimiste, "Le parapluie" sert des boissons depuis les années 1960. Le décor du début du XXe siècle provient d'un autre commerce du quartier qui fut démoli pour être réinstallé ici.

Passez du modernisme au Moyen Âge en descendant au bar du sous-sol, en briques et en pierres, dont les murs datent du XIe siècle. DJ aux platines les jeudis

...) et concerts – funk, soul, ... – les vendredi et samedi (à ... 23h30).

### MANCHESTER
BAR

Plan p. 308 (www.manchesterbar.com ; Carrer de Milans 5 ; ☺19h-2h30 ; Ⓜ Liceu). Après bien des transformations au fil des années, ce bar vous accueille au son des grands groupes de Manchester, des Chemical Brothers à Oasis. Les tables sont disposées çà et là et il y règne un joyeux désordre.

### SINATRA
BAR

Plan p. 308 (☎93 412 52 79 ; Carrer de les Heures 4-10 ; ☺18h-2h30 dim-jeu, 18h-3h ven et sam ; Ⓜ Liceu). Du mercredi au samedi, vers 23h, ce restaurant populaire se transforme en bar nocturne animé. Les DJ sélectionnent divers styles de musique (house, jazz *old-school*, tubes des années 1980) pour une clientèle majoritairement étrangère. Décoration intérieure élégante et excellents cocktails.

### CAFÈ DE L'ÒPERA
CAFÉ

Plan p. 308 (☎93 317 75 85 ; www.cafeoperabcn. com ; La Rambla 74 ; ☺8h30-2h30 ; Ⓜ Liceu). Ce café, le plus fascinant de La Rambla, est situé en face du Gran Teatre del Liceu. Ouvert depuis 1929, il est agréable d'y prendre un verre en début de soirée ou un café avec des croissants. À l'étage, vous dominerez le boulevard. Vous laisserez-vous tenter par le *café de l'Òpera* (café avec mousse au chocolat) ?

### LA CLANDESTINA
CAFÉ

Plan p. 308 (☎93 319 05 33 ; Baixada de Viladecols 2 ; ☺10h-22h dim-jeu, 10h-0h ven et sam ; 🛜 ; Ⓜ Jaume I). Au choix : thé, café turc, lassi mangue, *narghilé*, bière et vin. Comme d'autres cafés et bars du coin, l'ambiance est ici bohème, les murs très colorés, des chats noirs se baladent çà et là et les œuvres d'art exposées temporairement sont à vendre.

### SALTERIO
CAFÉ

Plan p. 308 (Carrer de Sant Domènec del Call 4 ; ☺14h-1h lun-sam ; Ⓜ Jaume I). Au fond d'une petite allée du Call, établissement très chaleureux aux murs de pierre, avec encens et musique moyen-orientale, servant thés rafraîchissants, café turc et en-cas. Le thé à la menthe, avec de vraies feuilles de menthe, est aussi bon qu'au Maroc.

### BLVD
CLUB

Plan p. 308 (☎93 301 62 89 ; www.boulevardcultureclub.com ; La Rambla 27 ; ☺0h-6h mer-sam ; Ⓜ Drassanes). Flanqué de bars à strip-tease (fidèle à l'esprit qui régnait jadis dans la partie basse de La Rambla), cet établissement a connu d'innombrables destinées. L'ambiance dépend de ce que les DJ posent sur les platines. Avec ses trois pistes de danse, dont l'une se trouve à l'étage, le club possède une atmosphère agréablement kitsch, la musique va des tubes des années 1980 à la house (notamment le samedi sur la piste principale). Pas de code vestimentaire particulier.

### KARMA
CLUB

Plan p. 308 (☎93 302 56 80 ; www.karmadisco. com ; Plaça Reial 10 ; ☺0h-5h30 mar-dim ; Ⓜ Liceu). Bonne musique indé en semaine, et programmation allant du rock au disco le week-end. Apprécié de longue date à Barcelone, le Karma ressemble à un petit tunnel et se remplit (jusqu'à devenir étouffant pour certains) d'une clientèle sympathique de locaux et d'étrangers.

### LA MACARENA
CLUB

Plan p. 308 (☎637 416647 ; www.macarenaclub. com ; Carrer Nou de Sant Francesc 5 ; ☺0h-5h ; Ⓜ Drassanes). Difficile de croire qu'il s'agissait jadis d'un bar décoré de céramiques et fréquenté par des musiciens de flamenco andalous. C'est désormais une petite boîte de nuit sombre, le genre d'endroit où l'on peut s'asseoir au bar, rencontrer des gens, puis danser sur de la musique électro ou de la house sélectionnée par les DJ, le tout dans quelques mètres carrés.

## ☆ OÙ SORTIR

### HARLEM JAZZ CLUB
MUSIQUE LIVE

Plan p. 308 (☎93 310 07 55 ; www.harlemjazzclub.es ; Carrer de la Comtessa de Sobradiel 8 ; 6-15 € ; ☺20h-4h mar-jeu et dim, 20h-5h ven et sam ; Ⓜ Drassanes). Ce club exigu de la vieille ville est l'une des meilleures adresses pour les amateurs de jazz, même si la programmation s'autorise parfois quelques détours vers la musique latino, le blues ou les rythmes africains. L'audience hétéroclite écoute religieusement durant les concerts. Généralement, deux sessions par soir avec différents musiciens. Mieux vaut arriver tôt pour trouver une place près de la scène.

## LA FURIE THÉÂTRALE DE LA FURA DELS BAUS

Si **La Fura dels Baus** (www.lafura.com) se produit lors de votre passage, ne manquez sous aucun prétexte cette troupe barcelonaise excentrique, pour ne pas dire déjantée ! Ses spectacles souvent acrobatiques, qui entraînent le public dans un monde chaotique, rencontrent un succès mondial. Troupe de théâtre de rue formée à la fin des années 1970, elle a, depuis ses débuts, grandement gagné en technique, mais sans rien perdre de l'authenticité de ses premières performances.

### JAMBOREE
MUSIQUE LIVE

Plan p. 308 (☏93 319 17 89 ; www.masimas.com/jamboree ; Plaça Reial 17 ; 8-13 € ; ◷20h-6h ; ⓜLiceu). Ouvert bien avant la mort de Franco, l'établissement a vu se produire de grands noms du jazz, dont Chet Baker et Ella Fitzgerald. Aujourd'hui, deux concerts ont lieu presque tous les soirs (à 20h et 22h) et, à minuit, le Jamboree se transforme en discothèque : sous les voûtes basses retentissent les rythmes hip-hop, funk et R&B. Les "WTF jam sessions" se tiennent le lundi (entrée à seulement 4 €).

### SIDECAR FACTORY CLUB
MUSIQUE LIVE

Plan p. 308 (☏93 302 15 86 ; www.sidecarfactoryclub.com ; Plaça Reial 7 ; 8-18 € ; ◷22h-5h lun-sam ; ⓜLiceu). L'entrée se fait par la Plaça Reial ; avant minuit, on vient manger ou prendre quelques verres au rez-de-chaussée (qui ferme au plus tard à 3h). Puis on descend au sous-sol dans la salle voûtée en briques rouges, où des concerts sont organisés presque tous les soirs. De la pop anglaise alternative au country punk, il y en a pour tous les goûts, mais le rock et la pop dominent. La plupart des concerts commencent vers 22h. Les DJ prennent le relais à 0h30 jusqu'au petit matin.

### CONCERTS DE CARILLÓN
MUSIQUE LIVE

Plan p. 308 (Concert de Carillò ; www.gencat.net/presidencia/carillo ; palais de la Generalitat, Plaça de Sant Jaume ; ◷12h le 1er dim du mois oct-juil, 21h plusieurs jours en juillet ; ⓜJaume I). Les quelque 5 000 kg de bronze des 49 cloches du carillon (*carilló*) du siège du gouvernement catalan se mettent en branle pour ces "concerts" mensuels gratuits. C'est une occasion exceptionnelle de pénétrer dans le bâtiment. Les spectateurs assistent au concert installés dans le joli patio des orangers (Pati dels Tarongers). Les œuvres jouées sont très variées, et vont des pièces classiques à la bossa nova sonnée à toutes cloches.

### L'ATENEU
MUSIQUE CLASSIQUE

Plan p. 308 (☏93 343 21 61 ; www.masimas.com/fundacio ; Carrer de la Canuda 6 ; 12-15 € ; ⓜCatalunya). Véritable institution locale proposant des concerts de musique de chambre (30 minutes intenses), généralement les vendredi, samedi et dimanche à 18h, 19h et 20h.

### GRAN TEATRE DEL LICEU
THÉÂTRE, MUSIQUE LIVE

Plan p. 308 (☏93 485 99 00 ; www.liceubarcelona.com ; La Rambla dels Caputxins 51-59 ; ◷billetterie 13h30-20h lun-ven et 1 heure avant le spectacle sam et dim ; ⓜLiceu). Restauré en 1994 après un incendie, le magnifique Opéra de Barcelone est désormais une salle ultramoderne. Prenez place dans le grand auditorium pour retrouver tout le prestige de cette salle du XIXe siècle tout en bénéficiant des techniques acoustiques les plus perfectionnées. Les sompteux fauteuils rouges et les rideaux de scène forment un superbe contraste avec le doré des cinq étages de loges. Le prix des billets s'échelonne de 8 € pour une place derrière un pilier à 194 € et davantage pour un siège bien situé.

### SALA TARANTOS
FLAMENCO

Plan p. 308 (☏93 319 17 89 ; www.masimas.net ; Plaça Reial 17 ; à partir de 7 € ; ◷spectacles 20h30, 21h30 et 22h30 ; ⓜLiceu). Depuis 1963, cette salle en sous-sol accueille les groupes de flamenco prometteurs qui se produisent à Barcelone. Principalement touristiques aujourd'hui, trois représentations d'une demi-heure s'y déroulent par soir. Cela reste tout de même une bonne introduction au flamenco, et le cadre est plutôt agréable pour prendre un verre.

### TABLAO CORDOBÉS
FLAMENCO

Plan p. 308 (☏93 317 57 11 ; www.tablaocordobes.com ; La Rambla 35 ; spectacles 39 €, avec dîner 62-70 € ; ◷spectacles 20h15, 22h et 23h30 ; ⓜLiceu). Ce *tablao* typique du genre, installé depuis 1970, a vu passer de grands noms du flamenco. Les clients choisissent généralement de dîner sur place avant d'assister au spectacle. Le dîner est une formule buffet avec salades, paella et plats chauds. Il est aussi possible de ne venir que pour le spectacle, qui dure environ 1 heure 15.

 **SHOPPING**

**Une poignée de boutiques sympathiques jalonnent La Rambla, mais les plus intéressantes se trouvent dans le labyrinthe de petites rues adjacentes : magasins de mode pour jeunes dans la Carrer d'Avinyó, offre variée sur l'Avinguda del Portal de l'Àngel, quelques jolies boutiques anciennes dans la Carrer de la Dagueria et les rues étroites alentour vous réservent de nombreuses découvertes.**

**TALLER DE MARIONETAS TRAVI**　JOUETS
Plan p. 308 (☑93 412 66 92 ; Carrer de n'Amargós 4 ; ☺12h-21h lun-sam ; ⓜUrquinaona). Ouverte dans les années 1970, cette charmante boutique vend de jolies marionnettes fabriquées main. Don Quichotte, Sancho et autres personnages espagnols emblématiques sont disponibles, ainsi que des réalisations originales d'autres parties du monde – notamment de rares marionnettes siciliennes et des pièces du Myanmar (Birmanie), d'Indonésie et d'ailleurs. La plupart sont réalisées en bois ou papier mâché et sont complètement articulées. Cerise sur le gâteau : vous pouvez obtenir une marionnette qui vous ressemble (à partir de 300 €). Apportez une photo et renseignez-vous sur place.

**L'ARCA DE L'ÀVIA**　VÊTEMENTS VINTAGE
Plan p. 308 (☑93 302 15 98 ; Carrer dels Banys Nous 20 ; ⓜLiceu). Ce "coffre de grand-mère" recèle d'extraordinaires souvenirs du passé : vestes de soie brodées du XVIIIe siècle, kimonos travaillés en soie, et robes de mariée et châles des années 1920. Certains costumes de films comme *Titanic*, *Parle avec elle* et *Le parfum* proviennent de cette incroyable collection.

**SALA PARÉS**　ART ET ARTISANAT
Plan p. 308 (☑93 318 70 20 ; www.salapares.com ; Carrer del Petritxol 5 ; ☺16h-20h lun, 10h30-14h et 16h30-20h mar-sam ; ⓜLiceu). Picasso y

vendait ses toiles, il y a de cela un siècle. Cette vénérable et dynamique galerie privée, qui a ouvert ses portes en 1877, a su évoluer et promouvoir ses artistes, notamment catalans, tout au long du XXe siècle et encore aujourd'hui.

**PAPABUBBLE**　CONFISERIE
Plan p. 308 (☑93 268 86 25 ; www.papabubble. com ; Carrer Ample 28 ; ⓜLiceu). Dans cette confiserie où l'on se sent transporté dans une autre époque, on prépare des sucettes colorées à l'ancienne et l'on fabrique devant les clients des bonbons tout collants de sucre. Malgré les apparences, Papabubble, créé par des Australiens, est assez récent. L'enseigne est désormais également implantée à Amsterdam, New York et dans plusieurs autres villes.

**CERERIA SUBIRÀ**　BOUGIES
Plan p. 308 (☑93 315 26 06 ; Baixada de la Llibreteria 7 ; ⓜJaume I). Même si les bougies colorées ne vous intéressent pas, passez voir la plus vieille boutique de Barcelone. Cereria Subirà fabrique des bougies depuis 1761 et occupe cette adresse depuis le XIXe siècle dans une atmosphère voluptueusement baroque.

**XOCOA**　CHOCOLAT
Plan p. 308 (☑93 301 11 97 ; www.xocoa-bcn. com ; Carrer del Petritxol 11-13 ; ⓜLiceu). Dans la Carrer de Petritxol, bordée de boutiques et de cafés, on trouve dans ce paradis de la confiserie des rangées de barres chocolatées, de chocolats fourrés, de pâtisseries et bien plus encore. Il existe plus d'une dizaine de boutiques dans la ville.

**GOTHAM**　ARTICLES DE MAISON
Plan p. 308 (☑93 412 46 47 ; www.gotham-bcn.com ; Carrer de Cervantes 7 ; ☺11h-14h et 17h-20h lun-ven ; ⓜJaume I). Les amateurs de design rétro ne manqueront pas cette boutique captivante : lampes en chrome des années 1950, élégant mobilier moderne danois et objets décoratifs géométriques. Les articles datent des années 1930 à 1970, et si ces bois d'élan ne rentrent pas dans votre valise, vous pourrez toujours choisir un T-shirt Gotham.

**ESPACIO DE CREADORES**　MODE
Plan p. 308 (☑93 318 03 31 ; Carrer Comtal 22 ; ⓜCatalunya). Ce magasin présente une large sélection à prix réduits de vêtements et accessoires féminins de nombreux

créateurs espagnols ou étrangers. Offre jusqu'à 70% de réduction.

### URBANA
MODE

Plan p. 308 (📞 93 269 09 20 ; Carrer d'Avinyó 46 ; ⏱11h-21h lun-sam ; Ⓜ Liceu). Prêt-à-porter, chaussures et accessoires colorés s'adressent aux hommes comme aux femmes dans cette sympathique boutique originaire du Pays basque. Elle propose un choix de vêtements originaux : T-shirts graphiques pour homme par Supremebeing, robes à motifs floraux Yumi et élégants chapeaux Atlantis.

### CÓMPLICES
LIBRAIRIE

Plan p. 308 (Carrer de Cervantes 4 ; Ⓜ Jaume I). L'une des plus grandes librairies gay et lesbienne de la ville propose de la littérature érotique – DVD, magazines, BD – ainsi que des œuvres plus intellectuelles. Endroit chaleureux pour personnes de tout âge et de toute orientation.

### FC BOTIGA
SOUVENIRS

Plan p. 308 (📞 93 269 15 32 ; Carrer de Jaume I, 18 ; ⏱10h-21h ; Ⓜ Jaume I). Envie d'un maillot de Lionel Messi, d'un ballon bleu et bordeaux, ou de tout autre équipement appartenant à ce que de nombreux Barcelonais considèrent comme la meilleure équipe de football au monde ? L'endroit est pratique pour faire le plein d'articles sans aller jusqu'au stade.

### HERBORISTERIA DEL REI
HERBORISTERIE

Plan p. 308 (📞 93 318 05 12 ; www.herboristeriadelrei.blogspot.com ; Carrer del Vidre 1 ; ⏱16h-20h mar-ven, 10h-20h sam ; Ⓜ Liceu). Depuis 1823, ce magasin que fréquenta la reine Isabelle II d'Espagne stocke quantité d'herbes, d'épices et de plantes médicinales étranges et sublimes. Un lieu hors du temps, dont le cadre est resté pratiquement inchangé depuis 1860. Certains produits ont évolué, et désormais on trouve de tout, des savons parfumés aux huiles de massage. Le réalisateur Tom Tykwer a tourné ici certaines scènes du film *Le Parfum : histoire d'un meurtrier.*

### LE BOUDOIR
ACCESSOIRES

Plan p. 308 (📞 93 302 52 81 ; www.leboudoir.net ; Carrer de la Canuda 21 ; Ⓜ Catalunya). Dans ce lieu empreint de sensualité, vous dénicherez sûrement une idée pour érotiser le quotidien. De la lingerie en dentelle très suggestive aux menottes en fourrure, du masque au fouet et aux gadgets les plus débridés, on trouve vraiment de tout.

### EL INGENIO
MASQUES ET COSTUMES

Plan p. 308 (📞 93 317 71 38 ; www.el-ingenio.com ; Carrer d'en Rauric 6 ; Ⓜ Liceu). D'énormes masques de carnaval, des costumes, des accessoires de théâtre et bien d'autres fantaisies vous attendent dans cet univers magique. Vous y trouverez d'élégants masques vénitiens, des costumes de flamenco, des têtes de gorille, des yo-yo, des kazoos, des monocycles et autres accessoires.

### OBACH
ACCESSOIRES

Plan p. 308 (📞 93 318 40 94 ; Carrer del Call 2 ; Ⓜ Liceu). Depuis 1924, cette boutique implantée au cœur d'El Call (l'ancien quartier juif) vend toutes sortes de couvre-chefs : bérets en mohair Kangol, chapeaux à bord court très tendance, borsalinos, élégants chapeaux de paille et *barrets* (bérets) de toutes les couleurs.

### CASA BEETHOVEN
MUSIQUE

Plan p. 308 (📞 93 301 48 26 ; La Rambla de Sant Josep 97 ; Ⓜ Liceu). Fondée en 1880, cette librairie musicale aux allures de musée a compté parmi sa clientèle Montserrat Caballé, José Carreras et Plácido Domingo. En phase avec son temps, elle propose aussi bien des partitions de Metallica que de Mozart. De petits concerts s'y tiennent parfois le samedi.

### LA MANUAL ALPARGATERA
CHAUSSURES

Plan p. 308 (📞 93 301 01 72 ; Carrer d'Avinyó 7 ; Ⓜ Liceu). Tous, de Salvador Dalí à Jean-Paul Gaultier, ont commandé une paire d'espadrilles dans cette célèbre boutique qui confectionne les traditionnelles chaussures de toile depuis son ouverture juste après la guerre civile.

# El Raval

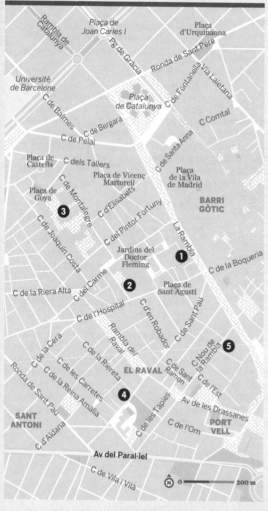

## Notre sélection

**1** Les étals du **marché de la Boqueria** (p. 90), pour y faire ses emplettes en s'arrêtant pour manger à l'un de ses bars à tapas animés.

**2** Une visite de l'ancien **hôpital de la Santa Creu** (p. 91) en s'accordant une pause café dans son patio.

**3** Les collections du **Macba** (p. 92) et le spectacle offert par les skateurs sur la place qu'il domine.

**4** La dégustation d'un verre d'absinthe dans l'un des **bars historiques d'El Raval** (p. 98).

**5** La façade et l'intérieur, admirablement restaurés, du **palais Güell** (p. 94).

Pour un plan plus détaillé, reportez-vous p. 312 ➡

## Découvrir El Raval

Longtemps l'un des lieux les plus malfamés de la capitale catalane, El Raval est désormais tellement tendance que les Barcelonais ont même inventé un verbe pour dire "se promener dans El Raval" : *ravalejar*.

Prenez une journée pour découvrir ce quartier, en commençant par sa moitié nord. Flânez le long de la Carrer del Pintor Fortuny bordée de boutiques d'art, et déjeunez au marché coloré de la Boqueria (p. 90). Puis, visitez les collections du Macba, le musée d'Art contemporain de Barcelone (p. 92). Le soir, mêlez-vous aux jeunes fêtards qui peuplent les nombreux bars de La Rambla del Raval.

Le point fort d'El Raval est son animation nocturne, et pas uniquement du fait des nombreuses activités illicites qui s'y trament. Vous y trouverez quelques-unes des adresses les plus excentriques, les plus branchées et les plus anciennes de la ville pour faire la fête. Le soir, les quelque 6 000 étudiants de l'université de Barcelone investissent les bars et les clubs bordant la Carrer de Valldonzella et la Carrer Joaquín Costa.

Dans sa partie basse (le Barri Xino), entre la Carrer de l'Hospital et le bord de mer, El Raval a conservé un peu de son atmosphère d'antan. Évitez de vous y attarder de nuit, les rues autour de la Carrer de Sant Pau demeurant le domaine des toxicomanes et des dealers, tandis que la Carrer de Sant Ramon reste un haut lieu de prostitution. Il serait toutefois dommage de passer à côté des quelques vieux bars (p. 98) qui résistent au poids des ans. L'inauguration du nouveau siège de la Filmoteca de Catalunya (p. 93), dans le secteur délimité par la Rambla del Raval et la Carrer de Sant Pau, fait partie d'un projet de réhabilitation du quartier.

El Raval est un quartier multiculturel. Promenez-vous un après-midi le long de la Carrer de l'Hospital. Le vendredi, la rue se remplit de musulmans venant assister à la prière la plus importante de la semaine à la mosquée locale. L'extrémité ouest de la rue est le domaine des Pakistanais et des Nord-Africains, qui y ont ouvert cafés, boucheries halal et salons de coiffure.

## Vivre comme un Barcelonais

➡ **Saveurs de marché** Goûtez aux produits du marché de la Boqueria, l'un des plus grands d'Europe.

➡ **Art local** Arpentez les galeries d'art et les boutiques d'artisanat (p. 100) d'El Raval, le quartier le plus bohème de la ville, à la découverte des talents locaux.

➡ **Fondus de chocolat** Selon les Barcelonais, le meilleur chocolat de la ville est servi chez Granja Viader (p. 96).

## Depuis/vers El Raval

➡ **Métro** El Raval est entouré par trois lignes de métro : la 1, la 2 et la 3. La station Liceu, sur la ligne 3, est la plus pratique.

### Bon plan Lonely Planet

Pour profiter d'un coin ensoleillé loin de l'agitation des rues d'El Raval, optez pour le café du patio de l'**ancien hôpital de la Santa Creu** (p. 91).

 **Le top des restaurants**

➡ Bar Pinotxo (p. 94)
➡ Ca L'Isidre (p. 94)
➡ Casa Leopoldo (p. 94)
➡ Granja Viader (p. 96)
➡ Elisabets (p. 96)

Voir détails p. 93 ➡

**Le top des bars et cafés**

➡ Bar La Concha (p. 97)
➡ 33|45 (p. 97)
➡ La Confitería (p. 97)
➡ Negroni (p. 98)

Voir détails p. 97 ➡

 **Le top des boutiques d'art et d'artisanat**

➡ Costura (p. 100)
➡ Fantastik (p. 100)
➡ Teranyina (p. 100)

Voir détails p. 100 ➡

**EL RAVAL**

## LES INCONTOURNABLES
# LE MARCHÉ DE LA BOQUERIA

**Le Mercat de la Boqueria, le marché le plus central de Barcelone, est sans doute aussi l'un des plus beaux et des plus animés. Ses étals débordent de fruits et de légumes multicolores, d'une infinie variété de poissons et de crustacés, de charcuteries (dont le fameux jambon de Jabugo), de fromages et de pâtisseries.**

Certains prétendent qu'un marché se tenait déjà à cet endroit en 1217. Aujourd'hui élevé au rang de curiosité touristique, c'est avant tout le lieu où les Barcelonais viennent faire leurs emplettes depuis toujours.

Entre le XVᵉ et le XVIIIᵉ siècle, on trouvait là un marché aux porcs, le Mercat de la Palla (marché de la paille), qui appartenait à un autre marché, plus vaste, s'étendant jusqu'à la Plaça del Pi. La Boqueria telle qu'on la connaît n'existe que depuis le XIXᵉ siècle, époque à laquelle les autorités locales ordonnèrent la construction d'une structure pour accueillir les étals des poissonniers, des bouchers et des marchands de fruits et légumes. Le portail moderniste en fer forgé date de 1914.

Bon nombre des restaurateurs de la ville viennent y faire leur marché, bien que de nos jours il faille jouer des coudes parmi les hordes de touristes pour se procurer une bonne sole ou un morceau de *queso de cabra* (fromage de chèvre).

La Boqueria abrite une petite dizaine d'établissements modestes où goûter aux spécialités catalanes, comme le *bacallà salat* (morue salée), servi dans une *esqueixada*, une salade de tomates, oignons et olives noires ; les *calçots* (un légume entre l'oignon et le poireau), cuisinés au barbecue ; les *cargols* (escargots), un hors-d'œuvre catalan cuisiné au four *(a la llauna)* ; les *peus de porc* (pieds de porc), souvent servis en ragoût avec des escargots ; ou encore les *percebes*, ou pouce-pieds, un crustacé aux allures de doigts de sorcière très prisé des Espagnols et accompagné d'une sauce à l'ail et au persil.

### À NE PAS MANQUER

➡ Découvrir les spécialités locales en arpentant les étals du marché

➡ Faire le plein de produits frais pour un pique-nique à la plage

### INFOS PRATIQUES

➡ ☎ 93 412 13 15
➡ www.boqueria.info
➡ La Rambla 91
➡ ⏰ 8h-20h30 lun-sam
➡ Ⓜ Liceu

# LES INCONTOURNABLES
## L'ANCIEN HÔPITAL DE LA SANTA CREU

Ce qui fut au XV^e siècle le principal hôpital de la ville se dresse derrière le marché de la Boqueria (p. 90). Restauré, il abrite désormais la bibliothèque de Catalogne (Biblioteca de Catalunya), ainsi que l'Institut d'Études catalanes (Institut d'Estudis Catalans).

### Bibliothèque

Cet hôpital (Antic Hospital de la Santa Creu), dont la construction débuta en 1401 et qui fut en activité jusque dans les années 1930, était considéré comme l'un des meilleurs d'Europe au Moyen Âge. En arrivant par la Carrer de l'Hospital, on pénètre dans un agréable **patio**, quelque peu délabré, fréquenté par des clochards et des étudiants faisant une pause ; on y trouve aussi un café-bar convivial. Il y a là la prestigieuse Escola Massana, école d'art et de design, et, en haut des escaliers, la **bibliothèque** (Plan p. 312 ; entrée libre ; ☉9h-20h lun-ven, 9h-14h sam ; Ⓜ Liceu). Unique en son genre, elle rassemble la collection de documents (estimés à environ trois millions) la plus complète sur l'histoire de la région. On peut librement en visiter les vastes salles de lecture, sous de larges voûtes gothiques, où se tiennent aussi des expositions temporaires, allant des anciens registres aux livres de cantiques médiévaux.

La chapelle (La Capella ; plan p. 312 ; ☏93 442 71 71 ; www.bcn.cat/lacapella ; entrée libre ; ☉12h-14h et 16h-20h mar-sam, 11h-14h dim et jours fériés ; Ⓜ Liceu) gothique de l'ancien hôpital mérite une petite visite, d'autant qu'elle accueille régulièrement des expositions temporaires.

Les visites guidées du bâtiment entier ne sont possibles que le 23 avril (Sant Jordi) et une journée fin septembre (la date varie). Elles conduisent le visiteur à travers les zones publiques de la bibliothèque et d'autres, habituellement fermées, telles que le musée du Livre Frederic Marès (Museu del Llibre Frederic Marès), une ancienne salle de l'hôpital décorée de carreaux de faïence du XVII^e siècle représentant les différentes stations du chemin de croix. Le sculpteur Frederic Marès fit don à la bibliothèque de quelque 1 500 livres et documents divers, dont certains sont exposés. On lui doit aussi les médaillons sculptés des grandes figures de la culture catalane. Lorsque Antoni Gaudí fut renversé par un tramway en 1926, c'est à l'hôpital de la Santa Creu qu'il fut transporté et qu'il décéda quelques jours plus tard.

### Institut

En prenant une ruelle étroite depuis la Carrer del Carme ou depuis les Jardins del Doctor Fleming (un petit parc avec des balançoires), on arrive devant l'entrée de **l'Institut d'Études catalanes** (Plan p. 312 ; Ⓜ Liceu) où sont parfois présentées des expositions. Si les portes sont ouvertes, vous pourrez vous balader dans la Casa de Convalescència de Sant Pau datant du XVII^e siècle, qui accueillait les patients en convalescence. Au départ, on y recevait seulement sept hommes et cinq femmes. À la fin du XVII^e siècle, elle comptait 200 lits et 400 matelas, et les patients pouvaient y consommer de la viande et des desserts (luxe qui leur était souvent impossible à l'extérieur). Cette maison de repos fonctionna jusqu'au début du XX^e siècle. L'édifice, organisé autour d'un cloître, est richement décoré de céramique (surtout dans le vestibule d'entrée). Au milieu du cloître s'élève une statue de saint Paul, qui a donné son nom à la maison. Au 1^er étage, tout au fond, on remarque une ancienne orangerie baptisée du nom de la romancière catalane Mercè Rodoreda.

## À NE PAS MANQUER

➡ Les salles de lecture et les expositions temporaires
➡ Le patio
➡ La Casa de Convalescència de Sant Pau, maison de convalescence datant du XVII^e siècle
➡ La chapelle gothique de l'hôpital

## INFOS PRATIQUES

➡ Plan p. 312
➡ ☏93 270 23 00
➡ www.bnc.cat
➡ Carrer de l'Hospital 56
➡ Ⓜ Liceu

EL RAVAL L'ANCIEN HÔPITAL DE LA SANTA CREU

## LES INCONTOURNABLES
# LE MACBA (MUSÉE D'ART CONTEMPORAIN )

Abrité dans un bâtiment réalisé par l'architecte américain Richard Meier, le Macba (Museu d'Art Contemporani de Barcelona) s'est imposé depuis son inauguration en 1995 comme le musée de référence en matière d'art contemporain à Barcelone, avec ses fascinantes expositions destinées à un public averti. Au rez-de-chaussée se trouve sa collection permanente, dédiée à l'art espagnol et catalan de la deuxième moitié du XXᵉ siècle. Vous pourrez y voir des œuvres d'Antoni Tàpies, Joan Brossa et Miquel Barceló, bien que des artistes internationaux tels que Paul Klee, Bruce Nauman et John Cage y soient également représentés.

La galerie, sur deux étages, accueille des expositions itinérantes presque toujours étonnantes et invitant à la réflexion. La philosophie du Macba rejette l'idée d'un musée où l'œuvre serait spectacle, et encourage une vision critique de cette dernière ; des conférences et autres événements sont donc habituellement proposés en marge des expositions.

De l'autre côté de la place envahie par les skateboards, le couvent dels Àngels (Convent dels Angels), vieux de 400 ans, a été rénové et abrite la **chapelle Macba** (La Capella Macba ; plan p. 312 ; Plaça dels Àngels ; Ⓜ Universitat), où le musée expose régulièrement des pièces de sa collection permanente. Cette ancienne église de couvent a conservé sa structure gothique.

La bibliothèque et l'auditorium accueillent régulièrement des concerts, conférences et autres événements, généralement peu chers ou gratuits. La grande librairie est excellente, tant pour ses livres d'art et de théorie artistique que pour ses gadgets originaux et ses petits objets design.

### À NE PAS MANQUER

➡ La collection permanente d'art espagnol et catalan du XXᵉ siècle
➡ La chapelle Macba
➡ Les fascinantes expositions temporaires

### INFOS PRATIQUES

➡ Plan p. 312
➡ ☎ 93 412 08 10
➡ www.macba.cat
➡ Plaça dels Àngels 1
➡ tarif plein/réduit 7,50/6 €
➡ ⊙ 11h-20h lun et mer, 11h-0h jeu et ven, 10h-20h sam, 10h-15h dim et jours fériés
➡ Ⓜ Universitat

#  À VOIR

**MARCHÉ DE LA BOQUERIA**     MARCHÉ
Voir p. 90.

**ANCIEN HÔPITAL
DE LA SANTA CREU**     BÂTIMENT HISTORIQUE
Voir p. 91.

**MACBA**     MUSÉE
Voir p. 92

♥ **CINÉMATHÈQUE
DE CATALOGNE**     CINÉMATHÈQUE
Plan p. 312 (Filmoteca de Catalunya ; ☑93 567 10 70 ; www.filmoteca.cat ; Plaça Salvador Seguí 1-9 ; 2-4 € ; ⊙8h-22h ; Ⓜ Liceu). Après une dizaine d'années de chantier, la cinémathèque de Catalogne a enfin déménagé dans ce bâtiment moderne de 6 000 m² en mars 2012. Ce géant de verre, de métal et de béton se dresse au cœur du quartier malfamé d'El Raval (la place est fréquentée jour et nuit par les prostituées), mais l'intérieur du bâtiment crie au renouveau avec ses grands espaces diaphanes, ses immenses baies vitrées, ses lucarnes et ses panneaux de verre laissant pénétrer la lumière en la teintant de rouge et de jaune, les couleurs de la Catalogne.

Outre ses deux salles de cinéma totalisant 555 fauteuils, la nouvelle cinémathèque abrite une bibliothèque consacrée au cinéma, une librairie, un café, des bureaux et un espace d'exposition. Il s'agit cependant avant tout d'un espace d'archives dont l'installation au cœur d'El Raval marque un tournant culturel pour ce quartier. Le programme récent des projections et expositions incluait notamment l'œuvre des réalisateurs Bigas Luna et Jacques Tourneur.

**CENTRE DE CULTURE CONTEMPORAINE
DE BARCELONE (CCCB)**     CENTRE CULTUREL
Plan p. 312 (Centre de Cultura contemporània de Barcelona, CCCB ; ☑93 306 41 00 ; www.cccb. org ; Carrer de Montalegre 5 ; 2 expositions tarif plein/réduit/enfant 7/5 €/gratuit, 1 exposition 5/3 €/gratuit, gratuit 15h-20h dim ; ⊙11h-20h mar, mer et ven-dim, 11h-22h jeu ; Ⓜ Universitat). Cet ancien hospice du XVIIIᵉ siècle, la Casa de la Caritat, accueille depuis 1994 un complexe d'auditoriums et de salles d'expositions et de conférences. La grande cour, avec une gigantesque paroi de verre s'élevant sur un côté, est spectaculaire. Sur une surface dévolue aux expositions de 4 500 m² répartis en quatre espaces, le centre offre un programme constamment renouvelé de manifestations culturelles.

**ESGLÉSIA DE SANT PAU DEL CAMP**     ÉGLISE
Plan p. 312 (Carrer de Sant Pau 101 ; ⊙cloître 10h-13h et 16h-19h lun-sam ; Ⓜ Paral.lel). Le portail principal de cette église du XIIᵉ siècle entourée d'un jardin assez mal entretenu conserve des éléments de décoration wisigothe. Son adorable petit cloître est l'un des plus beaux exemples d'architecture romane de la ville.

#  OÙ SE RESTAURER

**El Raval est sans doute aujourd'hui le quartier le plus contrasté de la vieille ville. Celui qui fut longtemps le *barri* le plus pauvre de la ville accueille certains des restaurants les plus anciens et les plus célèbres de Barcelone, mais héberge aussi, depuis la fin des années 1990, une myriade de nouvelles adresses tendance, notamment aux alentours du musée d'Art contemporain (Macba). Les rues du secteur délimité**

---

## LA RÉHABILITATION D'EL RAVAL

La relocalisation dans El Raval de la Filmoteca de Catalunya, anciennement située à Sarrià, fait partie d'un projet plus vaste de réhabilitation du quartier visant à l'imposer comme l'un des centres culturels les plus influents du pays. Dans le cadre de ce projet, des représentants du Macba, du Gran Teatre del Liceu, de la bibliothèque de Catalogne, du Centre d'Art Santa Mònica, du Centre de la Imatge de la Virreina, de l'Institut d'Études catalanes et de la Filmoteca de Catalunya se réunissent trois fois par an avec l'ambition de tisser un réseau culturel dont El Raval serait le noyau. Il est prévu que le cinéma joue un rôle prépondérant dans ces créations multimédias ; la restauration par la cinémathèque de Catalogne du film muet *Les Nibelungen* (*Die Nibelungen*, Fritz Lang), dont la bande sonore a été confiée à l'orchestre du Liceu, en est un parfait exemple.

*EL RAVAL OÙ SE RESTAURER*

## LES INCONTOURNABLES
# LE PALAIS GÜELL

Cette splendide demeure, l'un des rares bâtiments modernistes de la vieille ville (Ciutat Vella), a rouvert intégralement en mai 2010, au terme de près de 20 ans de travaux de restauration. Elle offre un formidable aperçu du génie et de l'imagination architecturale débordante de Gaudí, et ce dès le début de sa carrière.

C'est à la fin des années 1880 que Gaudí fit construire ce palais (**Palau Güell**) pour le compte du riche industriel Eusebi Güell, son plus fidèle mécène. En retrait de La Rambla, ce bâtiment n'est certes pas aussi fantaisiste que ses œuvres ultérieures, mais Gaudí y a néanmoins fait preuve d'un grand éclectisme architectural en mêlant styles gothique, mauresque et Art nouveau. Après la guerre civile, le bâtiment fut occupé par la police qui y tortura des prisonniers politiques au sous-sol. Il fut ensuite longuement laissé à l'abandon.

Il faut monter deux étages pour rejoindre le grand salon et ses annexes. Celui-ci est conçu comme une pyramide parabolique dont chaque mur a la forme d'une arcade s'étirant sur trois étages avant d'aller former la coupole du sommet. L'organe restauré de l'admirable salle de musique centrale résonne durant les horaires de visite. Les appartements familiaux sont tantôt dédaléens, tantôt délimités par de grands vitraux. Le toit est une véritable débauche de mosaïques colorées et de cheminées aux formes étonnantes. L'audioguide, compris dans le prix d'entrée, mérite d'être écouté pour son évocation de la vie quotidienne de la famille Güell.

### À NE PAS MANQUER

➡ La salle de musique
➡ Les appartements familiaux
➡ Les mosaïques du toit

### INFOS PRATIQUES

➡ Plan p. 312
➡ ☑93 317 39 74
➡ www.palauguell.cat
➡ Carrer Nou de la Rambla 3-5
➡ Tarif plein/réduit 10/8 €
➡ ⏱10h-20h tlj avr-sept, 10h-17h30 oct-mars
➡ Ⓜ Drassanes

---

par la Carrer de Sant Pau au sud, la Carrer de Pelai au nord, l'université et la Ronda de Sant Antoni à l'ouest abritent des restaurants pleins de caractère, dont certains comptent parmi les moins chers de la ville.

 **BAR PINOTXO**　　　　　　TAPAS €€

Plan p. 312 (Mercat de la Boqueria ; repas 20 € ; ⏱6h-17h lun-sam sept-juil ; Ⓜ Liceu). Probablement le meilleur bar à tapas de La Boqueria, si ce n'est de la ville. Cette adresse informelle, comme le marché en compte une demi-douzaine d'autres, est tenue par Juanito qui vous régalera d'une *ración* de pois chiches servis dans une sauce aux pignons et aux raisins secs, d'un mélange incroyablement tendre d'épinards et de pommes de terre saupoudré de gros sel, de petits calamars aux haricots blancs ou d'un morceau frémissant de poitrine de porc au caramel.

 **CA L'ISIDRE**　　　　　CATALAN €€€

Plan p. 312 (☑93 441 11 39 ; www.calisidre.com ; Carrer de les Flors 12 ; plats 20-70 € ; ⏱lun-sam, fermé à Pâques et 3 semaines en août ; Ⓜ Paral. lel). Relégué dans une ruelle sans charme d'El Raval, Ca L'Isidre est un établissement ancien dont l'enfilade de salles impeccablement tenues est réchauffée par la présence de poutres et de carrelage. À elle seule, la carte est un chef-d'œuvre : goûtez les cœurs d'artichaut farcis aux champignons et au foie gras, le steak de thon au coulis de tomate ou encore la cervelle d'agneau au beurre noir. Le roi Juan Carlos et le chef vedette Ferran Adrià en raffolent.

**CASA LEOPOLDO**　　　　　CATALAN €€€

Plan p. 312 (☑93 441 30 14 ; www.casaleopoldo. com ; Carrer de Sant Rafael 24 ; repas 50 € ; formule 25 € déj et dîner mar et jeu, déj mer ; ⏱déj et dîner mar-sam, déj dim sept-juil ; Ⓜ Liceu). Au cœur des ruelles d'El Raval, la Casa Leopoldo était le repaire de l'écrivain

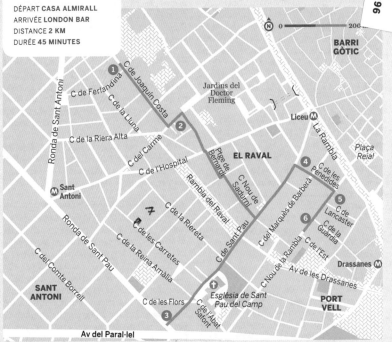

7. RESTAURANT LAS FERNANDEZ

DÉPART **CASA ALMIRALL**
ARRIVÉE **LONDON BAR**
DISTANCE **2 KM**
DURÉE **45 MINUTES**

**EL RAVAL** PROMENADE À PIED

Promenade à pied

## Trésors modernistes et bonnes tables dans El Raval

Longtemps tenue par la famille Almirall, qui fonda les lieux au milieu du XIXᵉ siècle, la ❶ **Casa Almirall** (p. 98) occupe l'angle de la Carrer de Joaquín Costa et a conservé la plus grande partie de son décor moderniste, en particulier ses fenêtres panoramiques donnant sur la rue, son comptoir et sa vitrine.

Vous reconnaîtrez le même genre de courbes sinueuses dans le ❷ **Bar Muy Buenas** (p. 98), dans la Carrer del Carme. La décoration de ce salon de thé à l'ancienne, ouvert à la fin du XIXᵉ siècle, est restée presque intacte. C'est une adresse douillette et conviviale pour boire un verre et grignoter un morceau.

Dans la Carrer de Sant Pau, dépassez l'église romane et arrêtez-vous à ❸ **La Confitería** (p. 97), jadis un salon de coiffure pour hommes, puis longtemps une confiserie. Joliment restauré, le local a été transformé en bar en 1998. La façade, le comptoir et les placards, entre autres éléments de décor, valent vraiment le détour.

L' ❹ **Hotel España** (p. 217), récemment rénové, est connu avant tout pour ses salles à manger, imaginées en 1903 par Domènech i Montaner. La Sala Arnau est dotée d'une magnifique cheminée en albâtre dessinée par Eusebi Arnau. On y sert une cuisine catalane traditionnelle à prix raisonnables.

En vous baladant dans El Raval, ne manquez pas l'un de ses trésors modernistes, qui est aussi l'une des premières grosses commandes de Gaudí, le remarquable ❺ **palais Güell** (p. 94). Il a récemment fait l'objet d'une admirable rénovation. Si vous passez devant un soir, entre deux bières, n'oubliez pas de revenir de jour !

Star des nuits barcelonaises depuis plus d'un siècle, le moderniste ❻ **London Bar** (p. 98) est toujours tenu par la famille du serveur qui le fonda en 1910. À son heure de gloire, il était ouvert 24h/24 et comptait parmi ses habitués une prestigieuse clientèle, comme Pablo Picasso et Joan Miró.

Manuel Vázquez Montalbán. Les salles pleines de recoins, aux poutres apparentes et aux carrelages superbes, contribuent au charme de ce lieu datant de 1929. Large éventail de fruits de mer et liste des vins conséquente. La formule ("Menú de la Fonda") permet de goûter aux spécialités de la maison à un prix très avantageux.

### GRANJA VIADER                    CAFÉ €

Plan p. 312 (📞93 318 34 86 ; www.granjaviader. cat ; Carrer d'en Xuclà 4 ; ⊗9h-13h45 et 17-20h45 mar-sam, 17h-20h45 lun ; Ⓜ Liceu). Typiquement catalan, ce salon de thé à l'ancienne doublé d'une pâtisserie voit affluer depuis plus d'un siècle des Barcelonais venus se délecter d'une tasse de chocolat chaud maison à la crème fouettée (*suís*). C'est la famille Viader qui a inventé le Cacaolat, ancêtre des boissons chocolatées pour enfants. Le cadre est délicieusement rétro, et l'ambiance toujours gaie.

### ELISABETS                    CATALAN €

Plan p. 312 (📞93 317 58 26 ; Carrer d'Elisabets 2-4 ; plat 7-9 € ; ⊗lun-sam sept-juil ; Ⓜ Catalunya). Cet établissement sans prétention est prisé pour sa cuisine locale toute simple. De vieux postes de radio décorent les murs et le *menú del día* (10,75 €) change tous les jours. À la carte, essayez le *ragú de jabalí* (ragoût de sanglier) et terminez par un *mel i mató* (fromage blanc au miel, un dessert typiquement catalan). Bon à savoir, l'Elisabets sert souvent des repas jusqu'à 1h du matin.

### PLA DELS ÀNGELS          MÉDITERRANÉEN €

Plan p. 312 (📞93 329 40 47 ; www.semproniana. net ; Carrer Ferlandina 23 ; formule déj/dîner 10/15 €, repas 20 € ; ⊗13h30-16h et 21h-23h30 tlj ; Ⓜ Universitat). À deux pas du Macba, ce petit bistrot possède une arrière-salle au décor coloré et à l'ambiance animée où s'entassent des tables. Pour plus d'espace (mais moins de charme), optez pour l'avant du restaurant où se trouve le bar. La carte mélange influences catalanes, françaises et italiennes, pour un résultat parfois surprenant, comme ses salades mangue-tofu-menthe-origan ou sa soupe poire-châtaigne-pignon.

### SESAMO                    VÉGÉTARIEN €

Plan p. 312 (📞93 441 64 11 ; Carrer de Sant Antoni Abat 52 ; formule déj 7 € ; ⊗déj et dîner lun, mar et jeu-sam, déj dim ; Ⓜ Sant Antoni). Situé à un angle de rue, cet établissement prometteur un "repas sans bêtes" attire un public varié. On y vient pour un jus de fruits et

des pâtisseries au petit-déjeuner, pour une formule entrée-plat-dessert à midi ou pour dîner. Pain et gâteaux maison. Ambiance sonore électronique plutôt apaisante.

### RESTAURANT EL CAFETÍ          CATALAN €€

Plan p. 312 (📞93 329 24 19 ; www.elcafeti. com ; Passatge de Bernardí ; plats 8-15 €, menu du jour 12 € ; ⊗déj et dîner mar-sam, déj dim ; Ⓜ Liceu). Ce minuscule établissement au décor d'époque propose une cuisine locale traditionnelle, avec toutefois une ou deux variations peu orthodoxes. La spécialité de la maison est la paella et autres plats à base de riz. Dans un passage couvert, dans la Carrer de Sant Rafael.

### BIBLIOTECA RESTAURANT MÉDITERRANÉEN €€€

Plan p. 312 (📞93 412 62 21 ; www.bibliotecarestaurant.cat ; Carrer de la Junta de Comerç 28 ; repas 35-40 € ; ⊗dîner lun-ven, déj et dîner sam ; Ⓜ Liceu). La carte de cette "bibliothèque" aux murs de brique nue et à la déco blanche sobre offre un bel aperçu de la gastronomie espagnole, avec d'appréciables notes créatives et une bonne liste des vins. Le *bacallà confitat amb suc d'escamarlans i llegums de temporada* (morue confite au jus de langouste, servie avec des légumes de saison) est un bon exemple de ce qui vous y attend.

### CAN LLUÍS                    CATALAN €€€

Plan p. 312 (Carrer de la Cera 49 ; repas 30-35 € ; ⊗lun-sam sept-juil ; Ⓜ Sant Antoni). Cet établissement impeccablement tenu a vu se succéder trois générations de patrons depuis 1929. Sous les poutres vert olive de l'arrière-salle, vous pourrez voir l'endroit où la bombe d'un anarchiste explosa en 1946, tuant le propriétaire d'alors. Au menu : poissons et fruits de mer du jour. Le *llenguado* (sole) cuit au four est agrémenté de whisky et de raisins secs.

### EN VILLE                    FRANÇAIS €€

Plan p. 312 (📞933 02 84 67 ; www.envillebarcelona.es ; Carrer del Doctor del Dou 14 ; formule déj 10 €, plats 10-12 € ; ⊗déj et dîner ; Ⓜ Universitat). Vous l'apprécierez davantage pour son formidable décor que pour la nourriture qui n'a rien de fabuleux, bien que le *menú del día* à 10 € soit intéressant avec son grand plateau de fruits de mer, ses salades copieuses et ses généreux verres de vin. Pour éviter l'attente à midi, mieux vaut s'y rendre tôt. Admirez les bouquets odorants ornant les tables, les tableaux accrochés aux murs et le mobilier ancien composant la décoration.

### MAMA I TECA
CATALAN €

Plan p. 312 (☎93 441 33 35 ; Carrer de la Lluna 4 ; plats 8-10 € ; ⊙déj et dîner dim-lun et mer-ven, dîner sam ; Ⓜ Sant Antoni). Minuscule établissement avec une demi-douzaine de tables, le Mama i Teca tient plus d'un mode de vie que d'un restaurant. Installé dans une rue multiculturelle souvent très animée, en plein cœur d'El Raval, il est fréquenté par une clientèle locale qui s'y attarde le temps d'un verre ou pour se régaler de plats typiquement catalans servis sans hâte. Que diriez-vous d'une morue frite à l'huile d'olive, avec de l'ail et des poivrons rouges, ou d'un filet d'aloyau bien juteux ?

### ORGANIC
VÉGÉTARIEN €

Plan p. 312 (www.antoniaorganickitchen.com ; Carrer de la Junta de Comerç 11 ; plats 5-8 €, menu déj 9,50 € ; ⊙12h45-0h ; Ⓜ Liceu). En pénétrant dans ce vaste restaurant végétarien, on découvre, sur la gauche, la cuisine ouverte où l'on passe commande. La carte est limitée, mais change quotidiennement. Les plats sont aussi copieux qu'inventifs. Le bar à salades est bien fourni et les desserts sont bons.

### DOS TRECE
INTERNATIONAL €

Plan p. 312 (☎93 301 73 06 ; www.dostrece.net ; Carrer Carme 40 ; formule déj 11 €, plats 8 € ; ⊙10h-2h lun-jeu, 10h-3h ven-dim ; Ⓜ Universitat). Le Dos Trece est l'endroit idéal pour prendre un verre, calmer une fringale nocturne ou bruncher le dimanche (prenez garde, les œufs Bénédicte partent vite !). Le soir, vous pouvez y commander un hamburger ou faire votre choix parmi une carte éclectique, et vous attarder autour d'un verre dans une atmosphère animée.

### OLIVIA
CAFÉ €

Plan p. 312 (☎93 318 63 80 ; Carrer Pintor Fortuny 22 ; gâteau à partir de 3 € ; ⊙9h-21h lun-sam, 10h-21h dim oct-mai. 9h-21h lun-sam juin-sept ; 🛜 ; Ⓜ Catalunya). Dans une rue paisible d'El Raval, ce petit café à l'atmosphère détendue sert d'excellents gâteaux (carotte, ananas… il suffit de demander) et un bon café. Ses tables en vitrine se prêtent à l'observation des passants, une activité en soi tant le quartier grouille de vie. Le décor est simple et minimaliste avec ses rangées de tables en bois, et du bon jazz résonne en fond sonore.

# 🍷 OÙ PRENDRE UN VERRE ET FAIRE LA FÊTE

**Depuis une vingtaine d'années, des bars et clubs ouvrent dans les ruelles autrefois sordides d'El Raval, qui s'impose comme l'un des quartiers les plus tendance. De vieux cafés de style bars à matelots continuent toutefois de prospérer depuis l'époque de Picasso, où ils servaient de repaires à la bohème barcelonaise. Le bas d'El Raval est depuis longtemps connu pour son côté interlope, notamment autour de la Carrer de Sant Pau où dealers, pickpockets et prostituées se mêlent à la foule des noceurs. Restez vigilant si vous vous y promenez tard le soir.**

### LA CONCHA
BAR

Plan p. 312 (Carrer de la Guàrdia 14 ; ⊙17h-3h ; Ⓜ Drassanes). Les murs de cet établissement sont recouverts de plus de 250 photos de Sara Montiel. Née en 1928, l'actrice tourna dans son plus simple appareil à une époque où la nudité était honteuse et sévèrement condamnée, d'où le nom du bar "La Concha", le sexe féminin en argot.

La Concha fut longtemps le repaire de prédilection de la communauté gay et travestie, mais tout le monde est invité à la fête, surtout lorsque les drag-queens sont de la partie ! La musique va du paso-doble à la pop rétro espagnole.

### LA CONFITERÍA
BAR

Plan p. 312 (Carrer de Sant Pau 128 ; ⊙11h-2h ; Ⓜ Paral.lel). Cet établissement était une confiserie jusque dans les années 1980, et sa reconversion en bar n'a quasiment rien changé à son aspect, si ce n'est que les bouteilles ont remplacé les bonbonnières. Endroit tranquille pour prendre un vermouth maison (3 €) en début de soirée, il se remplit d'amateurs de théâtre et de fêtards plus tard le soir.

### 33|45
BAR

Plan p. 312 (Carrer de Joaquín Costa 4 ; ⊙10h-1h30 lun-jeu, 10h-3h ven et sam, 10h-0h dim ; Ⓜ Universitat). Au cœur de la trépidante vie nocturne de la Carrer de Joaquín Costa, ce bar à cocktails très en vogue sert d'excellents mojitos (et même des mojitos à la framboise !) à une clientèle branchée. On apprécie les canapés et les fauteuils de l'arrière-salle après s'être dépensé sur les sets tonitruants d'un DJ dans l'espace principal.

**BOUCHE-À-OREILLE**

## LES BARS HISTORIQUES D'EL RAVAL

⇒ London Bar (p. 98)
⇒ Bar Marsella (p. 99)
⇒ La Confitería (p. 97)
⇒ Bar Muy Buenas (p. 98)
⇒ Casa Almirall (p. 98)

### NEGRONI
BAR À COCKTAILS

Plan p. 312 (Carrer de Joaquín Costa 46 ; ☺19h-2h lun-jeu, 19h-3h ven et sam ; ⓂLiceu). *Small is beautiful* pourrait être le credo de ce minuscule bar à cocktails. Le décor noir et beige attire une clientèle composée en grande partie d'étudiants qui viennent essayer les cocktails maison, notamment le Negroni, création florentine à base de Campari, de gin et de vermouth sucré.

### BAR MUY BUENAS
BAR

Plan p. 312 (Carrer del Carme 63 ; ☺9h-2h lun-jeu, 9h-3h ven et sam, 19h-2h dim ; ⓂLiceu). À la fin du XIXᵉ siècle, ce bar était une petite épicerie. Le cadre moderniste et la clientèle décontractée en font un lieu idéal pour siroter un mojito au calme. Vous assisterez peut-être à un petit concert ou à une lecture de poésie. Quelques en-cas orientaux sont proposés à la carte.

### BAR PASTÍS
BAR

Plan p. 312 (☏93 318 79 80 ; www.barpastis.com ; Carrer de Santa Mònica 4 ; ☺19h30-2h dim-ven, 19h30-3h sam ; ⓂDrassanes). Ce vieux bistrot minuscule aux allures de cabaret français (les chansons de Piaf passent en boucle) est en activité depuis la fin de la Seconde Guerre mondiale. Mieux vaut arriver avant 21h pour avoir une chance d'être assis, d'approcher du bar et de profiter de l'ambiance. Des artistes se produisent certains soirs pour chanter le répertoire français.

### BETTY FORD
BAR

Plan p. 312 (☏93 304 13 68 ; Carrer de Joaquín Costa 56 ; ☺18h-1h30 dim et lun, 14h-1h30 mar-jeu, 14h-2h30 ven et sam ; ⓂUniversitat). Ce charmant bar est l'une des bonnes adresses de la Carrer Joaquín Costa, très prisée des étudiants. On y sert de délicieux cocktails et les clients, Barcelonais comme étrangers, ont rarement plus de 30 ans. L'établissement propose également de bons hamburgers.

### MARMALADE
BAR

Plan p. 312 (www.marmaladebarcelona.com ; Carrer de la Riera Alta 4-6 ; ☺19h-3h ; ⓂSant Antoni). De la rue, il est possible d'apercevoir les reflets dorés de son bar rétroéclairé, au bout d'un long couloir bordé de canapés. À la gauche du bar, dans un recoin aux murs de brique nue, trône un billard très apprécié, mais quelque peu incongru dans cet antre chic et tamisé (avec restaurant attenant). *Happy hour* (cocktails à 4 €) de 19h à 21h.

### LONDON BAR
BAR

Plan p. 312 (Carrer Nou de la Rambla 34-36 ; ☺19h30-4h mar-dim ; ⓂLiceu). Ouvert en 1909, ce bar moderniste fut d'abord le rendez-vous des gens du cirque avant d'accueillir Picasso, Miró et Hemingway. De nos jours, on se bouscule le long du bar à l'avant et autour des tables en bois bancales. Des concerts sont parfois organisés sur une petite scène à l'arrière.

### BARRAVAL
BAR

Plan p. 312 (☏93 329 82 77 ; Carrer de l'Hospital 104 ; ☺19h-2h30 mar-jeu, 19h-5h ven, 12h-5h sam, 12h-17h dim ; ⓂLiceu). Avec son aspect design, ses gris, ses noirs et ses éclairages subtils, cet établissement difficile à catégoriser occupe deux étages. À l'heure du dîner, la foule se presse pour déguster une cuisine fusion méditerranéenne, mais, dès 23h, les DJ prennent place et emplissent l'air de sonorités jazz, funk, R&B, soul et latinas.

### BOADAS
BAR À COCKTAILS

Plan p. 312 (Carrer dels Tallers 1 ; ☺12h-2h lun-jeu, 12h-3h ven et sam ; ⓂCatalunya). Réputé pour ses daiquiris, Boadas est l'un des plus vieux bars à cocktails de la ville, puisqu'il a été ouvert par Miguel Boadas en 1933. Miró et Hemingway étaient des habitués. Né à La Havane, Miguel fut le premier barman de La Floridita (célèbre établissement de la capitale cubaine).

### CASA ALMIRALL
BAR

Plan p. 312 (Carrer de Joaquín Costa 33 ; ☺17h30-2h30 dim-jeu, 19h-3h ven et sam ; ⓂUniversitat). Ouvert depuis les années 1860, ce bar de quartier resté "en l'état" est sombre et étonnant, avec son décor moderniste et sa clientèle hétéroclite. Remarquez le bar en marbre et la statue en fonte de la muse de l'Exposition universelle de 1888.

### KENTUCKY BAR

Plan p. 312 (Carrer de l'Arc del Teatre 11 ; 22h-3h mar-sam ; Liceu). Ancien repaire des *boys* de l'US Navy, ce bar un peu kitsch est l'endroit idéal pour finir la soirée, si vous arrivez à entrer ! Il attire une clientèle d'habitués du quartier et des environs. Réputé pour ses heures de fermeture extrêmement tardives, il reste parfois ouvert jusqu'à 5h.

### MOOG CLUB

Plan p. 312 (www.masimas.com/moog ; Carrer de l'Arc del Teatre 3 ; 10 € ; 0h-5h ; Drassanes). Cette discothèque aussi minuscule que sympathique est devenue l'une des préférées de la clientèle du centre-ville. Sur la piste principale, les DJ proposent house, techno et électro, tandis qu'à l'étage, on écoute du rock indé et parfois aussi de la pop rétro.

### ZENTRAUS CLUB

Plan p. 312 (Rambla del Raval 41 ; 23h-3h ; Liceu). Enfoncez-vous dans ce club semi-souterrain à l'ambiance joyeusement lascive. La musique, plutôt drum'n' bass en semaine, gagne en intensité le samedi avec des sonorités plus deep house, avant de revenir à des rythmes plus doux le dimanche. Le seul inconvénient est que l'établissement ferme pile au moment où l'ambiance prend. Le club fait également restaurant.

## ⭐ OÙ SORTIR

### CANGREJO CLUB GAY

Plan p. 312 (93 301 29 78 ; Carrer de Montserrat 9 ; 21h30-1h dim, mer et jeu, 21h30-3h ven et sam ; Drassanes). Véritable royaume du kitsch et lieu de transgression depuis les années 1920, ce club défraîchi est tenu par la vedette de cabaret Carmen de Mairena. Ambiance décalée, notamment les vendredi et samedi soir à l'occasion des spectacles de drag-queens. En raison de sa grande popularité auprès des touristes, il est recommandé d'arriver tôt pour avoir une chance d'entrer.

### JAZZ SÍ CLUB CONCERTS

Plan p. 312 (93 329 00 20 ; www.tallerdemusics.com ; Carrer de Requesens 2 ; entrée 8 € avec conso ; 18h-23h ; Sant Antoni). Ce petit bar bondé géré par le Taller de Músics (Atelier des musiciens) propose une belle programmation de jazz ou de flamenco (le vendredi soir). Le jeudi, la musique cubaine est à

l'honneur, le dimanche c'est au tour du rock et les autres soirées sont consacrées au jazz et/ou au blues. Les concerts commencent autour de 21h, mais des bœufs y sont parfois improvisés dès 18h30.

### ROBADORS 23 CONCERTS

Plan p. 312 (Carrer d'en Robador 23 ; 2-3 € ; 20h-2h ; Liceu). Sis dans une rue d'El Raval résolument interlope, avec prostituées, drogués et autres marginaux indissociables du quartier, ce petit bar étroit s'est fait un nom avec ses concerts gratuits du mercredi soir. Le jazz est à l'honneur. Les concerts débutent à 20h30, mais mieux vaut arriver plus tôt pour avoir une place.

### TEATRE GOYA THÉÂTRE

Plan p. 312 (93 343 53 23 ; www.teatregoya.cat ; Carrer de Joaquín Costa 68 ; 23-30 € ; billetterie 17h30-début du spectacle ; Sant Antoni). Théâtre classique longtemps resté fermé, le Goya a rouvert ses portes en fanfare en 2009. Le programme s'adresse à un public plutôt intello et est réalisé en partenariat avec le Teatre Romea. *Un mari idéal* d'Oscar Wilde et *Novembre* de David Mamet figuraient notamment parmi les premières pièces présentées (en catalan).

### TEATRE LLANTIOL THÉÂTRE

Plan p. 312 (93 329 90 09 ; www.llantiol.com ; Carrer de la Riereta 7 ; 6-10 € ; Sant Antoni). Caché dans une ruelle d'El Raval, ce théâtre accueille toutes sortes de représentations : concerts, spectacles de magie, récitals. Un spectacle de cabaret au parfum d'un autre âge a lieu le samedi soir, vers 0h30.

**BOUCHE-À-OREILLE**

#### LA FÉE VERTE

En activité depuis 1820, le **Bar Marsella** (Plan p. 312 ; Carrer de Sant Pau 65 ; 22h-2h lun-jeu, 22h-3h ven et sam ; Liceu) eut jadis les faveurs d'Hemingway, qui aimait y boire une absinthe (*absenta*), boisson qui reste la spécialité du bar aujourd'hui. Le verre est accompagné d'un sucre, d'une petite fourchette et d'une petite bouteille d'eau minérale. La fourchette sert à tenir le sucre au-dessus du verre, tandis que l'on verse l'eau dessus pour le faire fondre dans l'absinthe, lui donnant une couleur jaune. De quoi avoir de belles joues roses !

### TEATRE NOU TANTARANTANA — THÉÂTRE

Plan p. 312 (☎93 441 70 22 ; www.tantarantana. com ; Carrer de les Flors 22; ☺billetterie 1h avant le spectacle ; **M**Paral.lel). Théâtre expérimental, pièces contemporaines (de Harold Pinter à des productions catalanes) et spectacles pour enfants (vers 18h, et à midi le dimanche). Pour les adultes, à 21h du mercredi au samedi et à 19h le dimanche.

### TEATRE ROMEA — THÉÂTRE

Plan p. 312 (☎93 301 55 04 ; www.teatreromea. com ; Carrer de l'Hospital 51 ; 17-28 € ; ☺billetterie 16h30-début du spectacle mer-dim ; **M**Liceu). Ce théâtre d'El Raval est devenu une référence. Il programme une sélection de pièces de qualité, le plus souvent des classiques revisités. En catalan ou en espagnol.

##  SHOPPING

**Les galeries d'art installées autour du Macba font la fierté du quartier, tout comme les boutiques de mode vintage et les friperies, toujours plus nombreuses, dans la Carrer de la Riera Baixa. La Carrer dels Tallers concentre, pour sa part, l'essentiel des disquaires de la ville.**

###  RAS — LIVRES

Plan p. 312 (www.rasbcn.com ; Carrer del Doctor del Dou 10 ; ☺12h-20h mar-sam ; **M**Universitat). À mi-chemin entre une librairie et une galerie d'art, cet espace accueille les expositions d'artistes expérimentaux locaux et internationaux. Vente de superbes ouvrages de photographie, d'architecture et d'art. Parions que vous vous y attarderez une heure ou deux, pour feuilleter les livres et admirer les œuvres exposées.

### BARCELONA REYKJAVIK — GASTRONOMIE

Plan p. 312 (www.barcelonareykjavik.com ; Carrer Doctor del Dou 12 ; ☺10h-21h lun-sam, 10h30-15h dim ; **M**Catalunya). Amateurs de pain, réjouissez-vous ! Certes, il n'est pas rare de trouver du bon pain à Barcelone, mais vous aurez toutes les difficultés du monde à trouver du pain *aussi bon* que chez Barcelona Reykjavik. Leurs pains sont exclusivement faits à base de farine organique (épeautre, farine complète, multicéréales, etc.) et de levain. La boulangerie propose aussi d'excellentes pâtisseries. Deux autres boutiques dans El Born et Gràcia.

### ♥ COSTURA — ART ET ARTISANAT

Plan p. 312 (www.costuratienda.com ; Carrer Doctor del Dou 4 ; ☺10h-14h et 16h-21h lun-sam ; **M**Catalunya). Cet adorable petit local (curieux mélange entre une mercerie, un atelier et une boutique) est dédié à la création de vêtements pour enfants. Vêtements tout faits et patrons (enfant et adulte) pour chemisiers, chemises, robes, pantalons et shorts, ainsi que superbes tissus. Les aimables propriétaires organisent également des ateliers couture (renseignez-vous sur place).

### FANTASTIK — ART ET ARTISANAT

Plan p. 312 (www.fantastik.es ; Carrer de Joaquín Costa 62 ; ☺11h-14h et 16h-21h lun-jeu, 11h-21h ven et sam, fermé le dim ; **M**Universitat). Cette boutique colorée propose pas moins de 400 articles (un collier de perles en forme de crânes du Mexique, un robot lunaire *made in China*, des zèbres en plastique recyclé d'Afrique du Sud, etc.) venus du Mexique, d'Inde, de Bulgarie, de Russie, du Sénégal et de 20 autres pays.

### LA PORTORRIQUEÑA — CAFÉS

Plan p. 312 (Carrer d'en Xuclà 25 ; **M**Catalunya). Depuis 1902, cet établissement propose des cafés du monde entier, moulus sous vos yeux, ainsi que toutes sortes de douceurs au chocolat. Il partage la rue avec un certain nombre de magasins d'alimentation à l'ancienne.

### HOLALA! PLAZ — MODE

Plan p. 312 (Plaça de Castella 2 ; **M**Universitat). Adossée à la Carrer de Valldonzella, où elle possède une galerie accueillant des expositions temporaires, cette importation d'Ibiza s'inspire de la longue tradition "hippie" de l'île. Vêtements vintage et programme éclectique d'expositions et d'activités.

### CASTELLÓ — MUSIQUE

Plan p. 312 (Carrer dels Tallers 3 et 7 ; **M**Catalunya). À eux seuls, ces deux magasins de musique, qui font partie de la même entreprise familiale créée en 1935, représenteraient un cinquième des ventes de disques en Catalogne.

### TERANYINA — TEXTILE

Plan p. 312 (Carrer del Notariat 10 ; **M**Catalunya). Teresa Rosa Aguayo tient cet atelier de textile dans la partie d'El Raval où vivent les artistes. Vous pourrez vous initier au métier à tisser ou simplement admirer les tapis et autres réalisations de la créatrice, tous à vendre bien sûr.

# La Ribera

## Notre sélection

**1** La sobriété et la beauté de l'**Església de Santa Maria del Mar**, de style gothique (p. 105).

**2** Les œuvres de jeunesse de Picasso au **musée Picasso** (p. 103).

**3** Un concert dans la salle moderniste du **palais de la Musique catalane** (p. 106).

**4** Une promenade dans la **Carrer de Montcada** (p. 107), bordée de belles demeures.

**5** Une pause sur la pelouse du **parc de la Ciutadella** (p. 108).

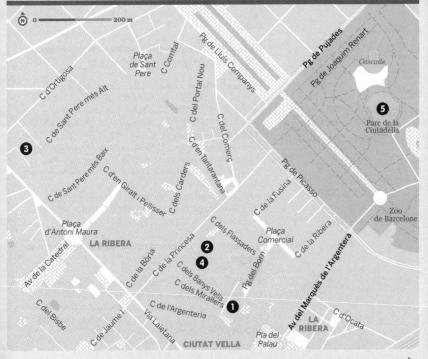

Pour un plan plus détaillé, reportez-vous p. 316 ➡

### Bon plan Lonely Planet

Visiter tous les musées de Barcelone revient cher, profitez donc du dimanche (p. 29) lorsque l'entrée de nombreux musées de la ville est gratuite !

### Le top des restaurants

➡ Casa Delfin (p. 110)
➡ Le Cucine Mandarosso (p. 110)
➡ El Passadís Del Pep (p. 110)
➡ Cal Pep (p. 110)
➡ En Aparté (p. 112)

Voir détails p. 110 ➡

### Le top des bars et cafés

➡ Mudanzas (p. 113)
➡ La Vinya del Senyor (p. 113)
➡ Gimlet (p. 113)
➡ El Xampanyet (p. 113)
➡ Miramelindo (p. 113)

Voir détails p. 113 ➡

### Le top de l'architecture

➡ Església de Santa Maria del Mar (p. 105)
➡ Palais de la Musique catalane (p. 106)
➡ Carrer de Montcada (p. 107)

Voir détails p. 107 ➡

## Découvrir La Ribera

La Ribera désigne au sens large le secteur administratif Sant Pere, Santa Caterina i la Ribera. La partie embourgeoisée au sud de la Carrer de la Princesa est communément appelée El Born, du nom du Passeig del Born, animé et bordé de bars. La Carrer de Montcada, riche en demeures gothiques et baroques, renferme le musée Picasso et de nombreuses galeries d'art et boutiques.

Du XIIIᵉ au XVIIIᵉ siècle, le Passeig del Born fut la place principale de Barcelone. Il y règne toujours une certaine agitation – il est bordé de bars, de cafés et de restaurants, et les rues alentour regorgent de boutiques (plutôt haut de gamme). Le quartier, mélange hétéroclite et cosmopolite dans un merveilleux cadre médiéval, se découvre de jour comme de nuit.

La physionomie du quartier change au nord-ouest de la Carrer de la Princesa. Là, un enchevêtrement de rues serpente vers le nord autour du tout récent marché de Santa Caterina et vers le palais de la Musique catalane, petit bijou moderniste. D'excellents bars et restaurants ont ouvert dans ces rues étroites et sinueuses.

La Via Laietana, une artère bruyante, délimite le côté sud-ouest de La Ribera, tandis que le parc de la Ciutadella en marque la limite nord-est. Rare espace vert du centre de Barcelone, le parc accueille plusieurs bâtiments et musées, et l'on peut s'allonger sur les pelouses, s'asseoir près de la grande fontaine ou visiter le zoo.

## Vivre comme un Barcelonais

➡ **Secrets du marché** Les habitants achètent leurs œufs au marché de Santa Caterina (p. 107), où, lorsque c'est la saison, les marchands les "parfument" en y plaçant des truffes. Préparés à la coque, ils sont exquis.

➡ **Un peu de culture** Le week-end à l'heure du déjeuner, mêlez-vous à la foule, principalement locale, pour un concert de musique classique au palais de la Musique catalane (p. 106). Profitez de la lumière du jour pour admirer son superbe foyer.

➡ **Style barcelonais** Comme les Barcelonais, faites votre shopping dans certaines des meilleures boutiques de mode de la ville (p. 114).

## Depuis/vers La Ribera

➡ **Métro** La ligne 4 du métro dessert le sud-ouest de La Ribera. Les stations sont Urquinaona, Jaume I et Barceloneta. La ligne 1 s'arrête également à proximité, à Urquinaona et à Arc de Triomf (la station la plus proche du parc de la Ciutadella).

## LES INCONTOURNABLES
## LE MUSÉE PICASSO

Le Museu Picasso est installé dans cinq palais médiévaux contigus qui valent à eux seuls le détour (et la longue file d'attente). Les cours, galeries et escaliers des trois premiers bâtiments sont aussi ravissants que la collection présentée à l'intérieur est exceptionnelle.

### Les premières années

La collection est consacrée aux œuvres de jeunesse de l'artiste. Mais les périodes suivantes sont aussi représentées et permettent d'avoir une vue d'ensemble du génie versatile de Picasso. On comprend surtout, en sortant du musée, qu'il était véritablement novateur, se renouvelant sans cesse (et en avance sur les autres) dans sa recherche de nouvelles formes d'expression.

L'artiste passa ses années de formation à Barcelone, et la collection compte donc plus de 3 500 œuvres datant principalement d'avant 1904. En 1960, Picasso aurait lui-même proposé la création de ce musée à son ami barcelonais et secrétaire personnel, Jaume Sabartés. Trois ans plus tard, la "Collection Sabartés" ouvrit : l'opposition de Picasso au régime de Franco étant bien connue, un musée portant son nom aurait eu affaire à la censure. L'actuel musée Picasso a ouvert en 1983, et s'est agrandi progressivement grâce aux donations de Salvador Dalí et de Sebastià Junyer Vidal, entre autres, bien que la plupart des œuvres fussent léguées par Picasso en personne. Après sa mort, sa veuve, Jacqueline Roque, fit également don de 41 pièces de céramique et de la toile *Femme au bonnet* (*La dona de la còfia*).

### À NE PAS MANQUER

➡ *Portrait de la tante Pepa*
➡ *Science et Charité*
➡ *Terrasses de Barcelone*
➡ *Le Fou*
➡ *Les Ménines*

### INFOS PRATIQUES

➡ Plan p. 316
➡ ☎93 256 30 00
➡ www.museupicasso.bcn.es
➡ Carrer de Montcada 15-23
➡ Tarif plein/réduit/ senior et - de 16 ans 11/6 €/gratuit, gratuit 15h-20h dim et 1er dim du mois
➡ ⊙10h-20h mar-dim et jours fériés
➡ Ⓜ Jaume I

## La collection

Dans les premières salles, on découvre des croquis, des huiles et des esquisses du très jeune Picasso – réalisés pour la plupart entre 1893 et 1895, lorsqu'il vivait avec ses parents à Málaga puis à La Corogne. Certains autoportraits ainsi que les portraits de son père, datés de 1896, témoignent de son talent précoce. *Portrait de la tante Pepa (Retrato de la Tía Pepa)*, exécuté à Málaga en 1896, prouve l'incroyable maturité de ses coups de pinceau et sa capacité à représenter un caractère – à 15 ans seulement ! Cette même année, Picasso peignit l'immense *Science et Charité (Ciència i Caritat)*. Son inventivité se retrouve également dans ses modèles, son père pose en tant que docteur, et une mendiante et son fils rencontrés dans la rue interprètent la femme malade et l'enfant.

Les salles 5 à 7 exposent des tableaux réalisés lors de son premier séjour à Paris, tandis que la salle 8 est consacrée à la première étape significative de son développement, sa période bleue. Œuvre importante de cette période, *Femme au bonnet* représente une détenue de la prison pour femmes de Saint-Lazare que Picasso visita à Paris – elle montre aussi la fascination de Picasso pour les personnes provenant des classes miséreuses de la société.

Quoique manquant de chaleur et de gaieté, sa représentation nocturne des *Terrasses de Barcelone (Terrats de Barcelona)* et *Le Fou (El Foll)* dégagent indubitablement quelque chose de vivant. *Terrasses de Barcelone* fut peinte en 1903, lors de son second séjour dans l'atelier du 17 Carrer de la Riera Sant Joan – durant cette période, il peignait souvent les toits de la ville de différents points de vue. En 1903 et 1904, Picasso réalisa des séries de dessins de mendiants, d'aveugles et de personnes âgées appauvries – *Le Fou* en est l'un des plus impressionnants.

Les salles 10 et 11 présentent quelques peintures cubistes ; comme la nature morte *Verre et paquet de tabac (Copa i paquet de tabac)*. Picasso se mit sérieusement à la nature morte en 1924.

## *Les Ménines* à travers le prisme de Picasso

De 1954 à 1962, Picasso n'eut de cesse de "redécouvrir" les grands maîtres de la peinture, en particulier l'Espagnol Vélasquez. En 1957, il exécuta d'ailleurs les fameuses *Ménines (Las Meninas)*, une série de 58 interprétations du chef-d'œuvre de Vélasquez. Ces études sont exposées dans leur intégralité dans les salles 12 à 15. Picasso semble avoir contemplé l'œuvre originale à travers un prisme reflétant tous les styles qu'il avait travaillés jusqu'alors, créant ainsi son propre chef-d'œuvre.

## LES INCONTOURNABLES
# L'ESGLÉSIA DE SANTA MARIA DEL MAR

À l'extrémité sud-ouest du Passeig del Born s'élève l'abside de la plus belle église gothique catalane de Barcelone, Santa Maria del Mar (Notre-Dame-de-la-Mer). Érigée au XIVe siècle en un temps record pour l'époque (59 ans), cette église d'une grande sobriété possède une remarquable harmonie architecturale.

## L'église du peuple

Sa construction débuta en 1329, sur les plans des architectes Berenguer de Montagut et Ramon Despuig. Les *bastaixos* (débardeurs) de la ville consacraient une journée par semaine à transporter sur leur dos les pierres nécessaires à l'édification de l'église depuis les carrières royales de Mont-juïc. Leur souvenir vit à jamais dans des reliefs les représentant sur les portails et d'autres sculptures ailleurs dans l'église. Les murs, les chapelles latérales et les façades furent achevés en 1350 et la structure complète fut terminée en 1383.

## L'intérieur

Confinée et délimitée par les rues étroites qui l'entourent, l'église donne de l'extérieur une impression d'austérité. À l'intérieur cependant, les piliers octogonaux élancés qui séparent la nef centrale et les deux ailes créent un vaste espace latéral très lumineux.

Contrairement aux autres grandes églises gothiques de Barcelone, celle-ci est quasiment dénuée de décorations, mais Santa Maria était déjà très sobre avant que les anarchistes ne la saccagent en 1909 puis en 1936. Renseignez-vous sur la programmation des **récitals de musique** (généralement baroque et classique).

### À NE PAS MANQUER

➡ Les *bastaixos* (débardeurs) de l'église représentés dans la pierre
➡ Un concert de musique classique

### INFOS PRATIQUES

➡ Plan p. 316
➡ ☎93 319 05 16
➡ Plaça de Santa Maria del Mar
➡ ⊙9h-13h30 et 16h30-20h
➡ Ⓜ Jaume I

## LES INCONTOURNABLES
# LE PALAIS DE LA MUSIQUE CATALANE

Ce chef-d'œuvre du modernisme est la plus importante salle de concert de Barcelone. Plus qu'une symphonie architecturale, c'est une juxtaposition savante de tuiles, de briques, de pierres sculptées et de vitraux. Construit entre 1905 et 1908 par Lluís Domènech i Montaner pour la fondation musicale Orféo Català, le bâtiment fut conçu comme une sorte de temple de la Renaixença catalane. Bâti avec l'aide des meilleurs artisans de l'époque dans le cloître de l'ancien couvent de Sant Francesc, le palau de la Música catalana a été remanié plusieurs fois depuis 1990.

## Façade

L'extérieur donne un aperçu de la splendeur de l'édifice. Remarquez la façade principale avec ses mosaïques, ses chapiteaux floraux et une allégorie sculptée de la musique populaire catalane.

## Intérieur

Une promenade dans le foyer et le restaurant vous permettra d'admirer les **piliers** recouverts de mosaïques pailletées. Mais c'est surtout l'**auditorium** qui vous émerveillera, resplendissant de mille feux sous sa gigantesque verrière composée de vitraux où dominent le bleu et l'or. Au-dessus d'un buste de Beethoven se dresse l'imposante statue des Walkyries de Wagner, le compositeur fétiche de l'époque. Bien entendu, il n'est possible de voir tout cela qu'en se joignant à une visite guidée ou en assistant à un **concert**. Vous pouvez acheter vos billets une semaine à l'avance par téléphone ou sur Internet. Le nombre de visiteurs est limité à 55.

## À NE PAS MANQUER

- ➡ Les colonnes et les mosaïques de la façade principale
- ➡ Les piliers du foyer et du restaurant
- ➡ L'auditorium
- ➡ Un concert, en journée ou en soirée

## INFOS PRATIQUES

- ➡ Plan p. 316
- ➡ ☎902 475485
- ➡ www.palaumusica.org
- ➡ Carrer de Sant Francesc de Paula 2
- ➡ Tarif plein/réduit/enfant 15 €/7,50 €/gratuit
- ➡ ⏱visites de 50 minutes toutes les 30 minutes 10h-18h semaine de Pâques et août, 10h-15h30 sept-juil
- ➡ ⓂUrquinaona

**À VOIR**

**MUSÉE PICASSO** — MUSÉE
Voir p. 103

**ESGLÉSIA DE SANTA MARIA
DEL MAR** — ÉGLISE
Voir p. 105

**PALAIS DE LA MUSIQUE
CATALANE** — ARCHITECTURE
Voir p. 106

**CARRER DE MONTCADA** — RUE
(Ⓜ Jaume I). Exemple d'un des premiers plans d'urbanisme de la ville, cette grand-rue médiévale reliait à la mer la route qui, au XIIᵉ siècle, arrivait du nord-est, au-delà des remparts. Ce fut l'adresse de prédilection de la bourgeoisie marchande de la ville, comme en témoignent ses grandes demeures, datant principalement du XIVᵉ et du XVᵉ siècle.

Ce secteur était le cœur commercial de la Barcelone médiévale. Du côté est de la rue, cinq demeures ont été réunies pour accueillir le musée Picasso (p. 103). De l'autre côté de la rue, d'autres hébergeaient jusqu'en septembre 2012 le musée Barbier-Mueller d'Art précolombien désormais fermé et le centre de documentation du Disseny Hub (ci-contre). Plusieurs autres demeures accueillent des galeries d'art ouvertes aux visiteurs. La plus grande d'entre elles, au n°25, est l'antenne barcelonaise de la célèbre galerie parisienne Maeght (p. 114), installée dans le palais dels Cervelló du XVIᵉ siècle. Au n°20, la cour baroque du **palais de Dalmases** (Palau de Dalmases ; Plan p. 316 ; ☎93 310 06 73 ; ☺20h-2h mar-sam, 18-22h dim ; Ⓜ Jaume I), construit au Moyen Âge, est ouverte uniquement si l'on consomme. On peut y savourer un verre de vin ou un cocktail (tous deux assez chers) en écoutant de la musique baroque ou des airs d'opéra.

À l'angle de la Carrer dels Corders et de l'extrémité nord de la rue, aussitôt après la Carrer de la Princesa datant du XIXᵉ siècle, se dresse une chapelle romane plusieurs fois remaniée, la **chapelle d'en Marcús** (Capella d'en Marcús ; Plan p. 316). Au Moyen Âge, elle servait d'étape aux voyageurs empruntant la route vers le nord-est pour quitter Barcelone.

**LA FLAMME ÉTERNELLE**

En face du flanc sud de l'Església de Santa Maria del Mar, une flamme éternelle brûle sur une place anonyme en contrebas. Elle signale l'emplacement d'El Fossar de les Moreres ("le cimetière aux mûres", en référence aux mûriers qui y poussaient autrefois), un ancien cimetière romain. C'est également là que furent enterrés les résistants catalans après leur défaite lors du siège de Barcelone en septembre 1714, durant la guerre de Succession d'Espagne.

**MUSÉE BARBIER-MUELLER D'ART
PRÉCOLOMBIEN** — MUSÉE
Ce musée a fermé ses portes le 14 septembre dernier. L'institut culturel de Barcelone semble vouloir créer à sa place un musée des Cultures du monde, une collection qui regrouperait de nombreuses pièces, appartenant en partie à la ville et à des collectionneurs privés.

**CENTRE DE DOCUMENTATION
DU DISSENY HUB** — ARTS APPLIQUÉS
Plan p. 316 (☎93 256 22 94 ; www.dhub-bcn.cat ; Carrer de Montcada 12 ; ☺11h-18h45 mar-jeu ; Ⓜ Jaume I). Le palais dels Marquesos de Lliò du XIIIᵉ siècle (modifié plusieurs fois jusqu'au XVIIIᵉ siècle) abrite le centre de documentation du Disseny (Design) Hub.

Les collections permanentes du musée du Textile, du musée des Arts décoratifs et du musée de la Céramique sont présentées au Palais royal de Pedralbes. Un nouveau centre définitif situé sur la Plaça de les Glòries et regroupant ces deux entités devrait être achevé en 2013.

**MARCHÉ DE SANTA CATERINA** — MARCHÉ
Plan p. 316 (Mercat de Santa Caterina ; ☎93 319 17 40 ; www.mercatsantacaterina.net ; Avinguda de Francesc Cambó 16 ; ☺7h30-14h lun, 7h30-15h30 mar, mer et sam, 7h30-20h30 jeu et ven ; Ⓜ Jaume I). Construit par Enric Miralles et Benedetta Tagliabue pour remplacer son prédécesseur du XIXᵉ siècle, cet extraordinaire marché est un cadre de choix pour faire ses emplettes. Achevé en 2005, il se distingue par son étrange toiture ondulée et kaléidoscopique, suspendue au-dessus de l'animation des étals, des restaurants et des cafés par ce qui ressemble à des branches métalliques grises émanant d'arbres d'acier.

## LE PALAIS DE LA MUSIQUE CATALANE À TRAVERS LE TEMPS

L'édifice moderniste d'origine (classé au patrimoine mondial de l'Unesco) ne souleva pas l'enthousiasme de tous. Ainsi, l'écrivain catalan le plus éminent de l'époque, Josep Pla, n'hésita pas à le qualifier d'"affreux". Bien peu partagent aujourd'hui son point de vue, mais il faut dire que Domènech i Montaner lui-même fut mécontent. Il refusa d'ailleurs d'assister à la cérémonie d'ouverture en raison de factures impayées.

De 2009 à 2012, le *palau* fut au centre d'un scandale lorsque son président, Félix Millet, qui démissionna plus tard, confessa avoir détourné des millions d'euros. En mars 2012, sa femme et lui ont été condamnés à rendre l'argent détourné au palais.

Sa toiture en céramiques multicolores (avec un plafond en bois chaud et léger) rappelle la tradition moderniste des *trencadís* (un type de mosaïque, comme sur les bancs du parc Güell). Faisant penser à une série de vagues, ce design tout en courbes trouve ses racines mêmes dans l'imagination débordante des architectes barcelonais d'antan (le toit du marché affiche une ressemblance certaine avec celui de l'école de la Sagrada Família construite par Gaudí).

L'ancien marché avait été construit en 1848 sur le site d'un imposant monastère gothique du XVᵉ siècle, le couvent Santa Caterina. Dans un angle, l'**espace Santa Caterina** (Espai Santa Caterina ; Plan p. 316 ; entrée libre ; ⏱8h30-14h lun-mer et sam, 8h30-20h jeu et ven) abrite sous verre une petite partie de ses fondations.

### PARC DE LA CIUTADELLA          PARC

Plan p. 316 (Passeig de Picasso ; ⏱8h-18h nov-fév, 8h-20h oct et mars, 8h-21h avr-sept ; Ⓜ Arc de Triomf). Que ce soit pour une promenade, un pique-nique, une visite au zoo ou pour découvrir le Parlement régional de Catalogne, la visite du "poumon vert" le plus central de la ville est incontournable. Le parc de la Ciutadella est parfait pour s'offrir un moment de détente.

Après la guerre de Succession d'Espagne (1714), le roi Philippe V fit raser une partie de La Ribera pour y bâtir une immense forteresse (la Ciutadella) afin de surveiller Barcelone. Cette citadelle devint aussitôt le symbole de la haine que les Catalans portaient à Madrid et aux Bourbons, d'autant plus qu'elle servit plus tard de prison politique. Démolie en 1869 sur autorisation du gouvernement, elle fit place au parc qui accueillit l'Exposition universelle de 1888.

Située près de l'entrée du Passeig de Pujades, la monumentale **cascade** (Cascada ; Plan p. 316), réalisée entre 1875 et 1881 par Josep Fontserè avec l'aide du jeune Gaudí, est l'élément le plus impressionnant du parc. L'œuvre combine de façon spectaculaire statuaire classique, rochers escarpés, verdure et chutes d'eau. Non loin, vous pourrez louer des embarcations pour naviguer sur le plan d'eau.

Au sud-est, l'ancien arsenal du fort abrite désormais le **Parlement de Catalogne** (Parlament de Catalunya ; plan p. 316 ; www.parlament.cat ; ⏱visites guidées de 10h à 13h sam, dim et jours fériés). Les visites gratuites sont en catalan et en espagnol (castillan) uniquement, les samedi et dimanche. Les visites indépendantes sont possibles le 11 septembre de 10h à 19h. On y découvre le vaste escalier d'honneur (Escala d'Honor) et les diverses salles solennelles qui conduisent au Saló de Sessions, l'hémicycle où siège le Parlement de la région. Au centre du jardin se tient une statue à l'air sombre, intitulée *Desconsol* ("Tristesse" ; 1907), de Josep Llimona.

En parcourant le parc du côté du Passeig de Picasso, vous longerez plusieurs édifices construits pour l'Exposition universelle. Celui qui se situe tout en haut de la rue, d'allure médiévale, est le plus intéressant. Il s'agit du **château des Trois Dragons** (Castell dels Tres Dragons ; plan p. 316) qui a longtemps accueilli le musée de Zoologie aujourd'hui déplacé dans le musée Bleu (p. 124), dans le parc del Forum. Le château abrite aujourd'hui le centre de recherches du musée. Domènech i Montaner a conçu le "château" sur une structure métallique, une innovation à l'époque. Les armoiries sont toutes inventées, et une sorte de gaieté émane de l'ensemble de l'édifice. Il a servi de café-restaurant pendant l'Exposition universelle de 1888.

Au sud, l'**Hivernacle** (plan p. 316), un petit jardin botanique, est l'un des deux arboretums du parc. À côté se trouvait l'ancien **musée de Géologie** (Museu de Geologia ; Plan p. 316) désormais transféré dans le musée Bleu (p. 124), et, un peu plus loin, l'**Umbracle** (plan p.315), l'autre arboretum. Donnant sur le Passeig de Picasso, l'**Homenatge a Picasso** (plan p.315) est une œuvre assez obscure, typique du travail d'Antoni Tàpies : de l'eau coule le long d'un cube en verre rempli de vieux meubles et de poutrelles d'acier.

L'entrée principale de l'Exposition universelle se faisait par le Passeig de Lluís Companys, au nord-ouest du parc, où le moderniste Josep Vilaseca a conçu un imposant **arc de Triomphe** (Arc de Triomf ; Plan p. 316 ; Passeig de Lluís Companys ; ⓂArc de Triomf), un édifice en brique construit dans un style mauresque inhabituel. Il est difficile d'imaginer quel triomphe il commémore, d'autant plus que l'exposition elle-même fut un échec commercial ! Peut-être faut-il y voir un symbole de l'optimisme qui régnait dans la ville en cette fin du XIXᵉ siècle.

### ZOO DE BARCELONE                                    ZOO

Plan p. 316 (☎902 457 545 ; www.zoobarcelona. com ; Passeig de Picasso et Carrer de Wellington ; tarif plein/senior/- de 3 ans/3-12 ans 17 €/8,90 €/gratuit/10,20 € ; ⊙10h-19h juin-sept, 10h-18h mi-mars à mai et oct, 10h-17h nov à mi-mars ; ⓂBarceloneta). Sortie idéale pour les enfants, le zoo abrite quelque 7 500 animaux, des geckos aux gorilles. On recense plus de 400 espèces et de multiples aires de pique-nique. Un nouveau site en cours de construction sur la côte d'El Fòrum, au nord-est de la ville, permettra de désengorger l'espace légèrement bondé.

### MUSÉE DU CHOCOLAT                                MUSÉE

Plan p. 316 (Museu de la Xocolata ; ☎93 268 78 78 ; www.museuxocolata.cat ; Plaça de Pons i Clerch ; tarif plein/réduit/- de 7 ans 4,30 €/ 3,65 €/gratuit ; ⊙10h-19h lun-sam, 10h-15h dim et jours fériés ; ⓂJaume I). Les amateurs de chocolat auront bien du mal à se contenir : le ticket d'entrée est une barre chocolatée ! On découvre le chocolat surtout par les papilles – un mélange de légende et d'histoire forme le côté informatif.

Difficile de résister lorsqu'on parcourt ce musée installé dans une partie de l'**ancien couvent de Sant Agustí** (Plan p. 316). L'histoire du chocolat y est racontée depuis l'arrivée de la précieuse fève en Europe, accompagnée des nombreux mythes qu'il a fait naître. Des panneaux d'information en plusieurs langues et des machines servant à sa production illustrent le propos. D'extraordinaires reproductions en chocolat d'édifices tels que la Sagrada Família, ainsi que de

divers personnages, Barcelonais et étrangers, sont exposées. Cette partie de l'exposition change tous les ans. Pour les gourmands, une boutique vend du chocolat sous toutes ses formes. Des visites guidées sont proposées aux petits comme aux grands, ainsi que des séances de fabrication de chocolat, voire de dégustation le week-end.

Sous les arches gothiques de ce qu'il reste du cloître du couvent est installé le **Bar del Convent** (Plan p. 316 ; ⊙10h-21h lun-jeu, 11h-23h ven, 13h-0h sam), agréable café-bar, idéal pour les visiteurs accompagnés de petits, les enfants jouant souvent au football dans le cloître. L'entrée se trouve au n°36 de la Carrer del Comerç.

### ARXIU FOTOGRÀFIC
### DE BARCELONA                                   GALERIE

Plan p. 316 (☎93 256 34 20 ; www.bcn.cat/arxiu/ fotografic ; Plaça de Pons i Clerch ; entrée libre ; ⊙10h-19h lun-sam ; ⓂJaume I). Au 2ᵉ étage de l'ancien couvent de Sant Agustí, un petit espace d'exposition est consacré aux archives photographiques de la ville. Il s'agit le plus souvent de photos de Barcelone, de la fin du XIXᵉ à la fin du XXᵉ siècle.

Récemment, une superbe exposition du photographe américain Mark Klett présentait des vues de Barcelone "re-photographiées" depuis Montjuïc.

### MUSÉE DU ROI
### DE LA MAGIE                    MUSÉE, COURS ET SPECTACLES

Plan p. 316 (Museu del Rei de la Màgia ; ☎93 319 73 93 ; www.elreydelamagia.com ; Carrer de l'Oli 6 ; avec/sans spectacle 12/5 € ; ⊙18h-20h jeu, avec spectacle 18h sam et 12h dim ; ⓂJaume I). Ce petit musée est tenu par les propriétaires du magasin de magie (p. 115) tout proche, situé dans la Carrer de la Princesa. Il renferme toute une collection d'accessoires remontant aux origines du magasin (XIXᵉ siècle) : affiches et manuels d'apprentissage d'époque, baguettes, cartes truquées... Il fait aussi office de théâtre de prestidigitation (à l'étage). Les apprentis illusionnistes pourront également s'y inscrire à des cours.

### ESGLÉSIA DE SANT PERE
### DE LES PUELLES                                  ÉGLISE

Plan p. 316 (Plaça de Sant Pere ; entrée libre ; ⓂArc de Triomf). Il ne reste malheureusement plus grand-chose de l'église et du couvent qui se dressaient ici au Moyen Âge, hormis un tracé en croix grecque antérieur à l'époque romane, quelques colonnes corinthiennes soutenant un dôme du XIIᵉ siècle, et une voûte Renaissance très endommagée menant à une chapelle latérale.

C'est autour de cette église que s'installa la première communauté de La Ribera. Le couvent fut en grande partie détruit en 985, lors de l'attaque des troupes musulmanes d'Al-Mansour. Les religieuses furent tuées ou faites prisonnières.

### CASA LLOTJA DE MAR     ARCHITECTURE

Plan p. 316 (☑902 44 84 48 ; www.casallotja.com ; Passieg d'Isabel II, 1 ; Ⓜ Barceloneta). Le chef-d'œuvre de cet ancien édifice médiéval, surnommé La Llotja et qui servait de point de rencontre aux marchands, est la belle salle des Transactions (Saló de Contractacions), de style gothique, construite au XIVᵉ siècle. Pablo Picasso et Joan Miró ont suivi les cours de l'école d'art qui occupait la salle des Consuls (Saló dels Cònsols) à partir de 1849.

Ces deux salles et cinq autres furent enchâssées dans un édifice néoclassique au XVIIIᵉ siècle. Les opérations boursières se sont poursuivies jusqu'au début du XXᵉ siècle et le bâtiment appartient toujours à la chambre de commerce de la ville. Ses portes sont parfois ouvertes au public, mais les salles sont généralement louées pour des événements.

# ✖️ OÙ SE RESTAURER

**Au début des années 1990, El Born présentait peu d'intérêt. Aujourd'hui, bars, discothèques, restaurants et boutiques de créateurs peuplent le quartier. L'innovation culinaire est reine dans El Born : chefs avant-gardistes et maîtres de la cuisine fusion ont investi cette partie sud de La Ribera pour y mener leurs expériences gastronomiques. Toutefois, si vos papilles ne sont pas joueuses, vous trouverez également facilement de nombreux restaurants traditionnels.**

### ♥ CASA DELFÍN     CATALAN €

Plan p. 316 (Passeig del Born 36 ; plats 4-12 € ; ⊘12h-1h ; Ⓜ Barceloneta). Comptant parmi les très bonnes tables de Barcelone, la Casa Delfín offre le meilleur de la cuisine catalane (et méditerranéenne). Commencez par les *calçots* (croisement entre le poireau et l'oignon ; en février et mars uniquement) doux et acidulés ou les piments *padron*

*salés*, suivis de sardines grillées saupoudrées de persil. Prenez ensuite une belle lotte grillée au vin blanc et à l'ail.

Ou alors accompagnez vos moules et palourdes d'un croustillant pain plat catalan, la *coca*, préparée ici à la perfection et recouverte de tomates et d'huile d'olive. Pour finir, prenez un "Eton Mess" (unique hommage de Kate, la propriétaire anglaise, à son pays natal) – mais attention, ce grand verre de crème, meringue et fruits rouges suffit pour 2 ou 3 personnes.

### LE CUCINE MANDAROSSO     ITALIEN €

Plan p. 316 (☑932 69 07 80 ; www.lecucinemandarosso.com ; Carrer Verdaguer i Callis 4 ; plats 8 €, menu midi 10 € ; ⊘déj et dîner ; Ⓜ Urquinaona). Quel plaisir de découvrir les bons plats du Mandarosso, préparés à la perfection. Le menu, renouvelé quotidiennement, comprend seulement six plats au choix, dont cinq de pâtes et un de légumes, poisson ou viande. Les *antipasti* sont composés de légumes ou de fromage frais, tels que la *burrata* (fromage proche de la mozzarella), crémeuse à souhait, la mozzarella de bufflonne, ou la *scamorza* et la *provola* fumées.

Accompagnez un bon plat de pâtes (les pâtes "al forno" – au four – sont remarquables) d'une salade verte, et choisissez les gâteaux maison. Le Mandarosso Pastis (p. 112), situé à l'angle, en propose bien d'autres. Les produits frais proviennent du marché de Santa Caterina, et le reste est importé d'Italie. Le menu du midi à 10 € est d'un excellent rapport qualité/prix. Réservez pour le dîner.

### EL PASSADÍS
### DEL PEP     POISSON ET FRUITS DE MER €€

Plan p. 316 (☑93 310 10 21 ; www.passadis.com ; Pla del Palau 2 ; plats 15-20 € ; ⊘déj et dîner mar-sam, dîner lun sept-juil ; Ⓜ Barceloneta). Cette adresse est dépourvue d'enseigne, mais les Barcelonais la connaissent bien. Les ingrédients sont livrés chaque jour depuis les ports de pêche de la côte catalane. Il n'y a pas de carte, car l'offre dépend de la pêche du jour, mais poissons et fruits de mer frais, jambon fumé *(jamón)*, pain à la tomate et légumes grillés sont proposés à coup sûr. La salle se trouve au fond d'un long couloir mal éclairé.

### CAL PEP     TAPAS €€

Plan p. 316 (☑93 310 79 61 ; www.calpep.com ; Plaça de les Olles 8 ; plats 8-18 € ; ⊘déj mar-sam, dîner lun-ven sept-juil ; Ⓜ Barceloneta). Le

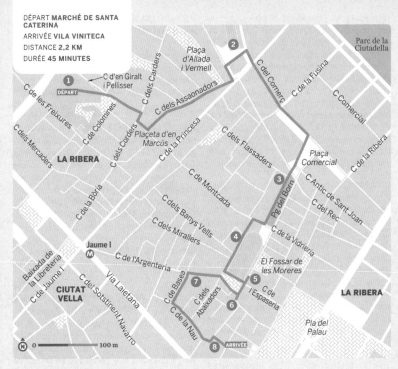

DÉPART **MARCHÉ DE SANTA CATERINA**
ARRIVÉE **VILA VINITECA**
DISTANCE **2,2 KM**
DURÉE **45 MINUTES**

## Promenade à pied
# Péchés de gourmandise dans La Ribera

Les gourmets seront conquis par l'offre gastronomique de La Ribera. L'itinéraire démarre au ❶ **marché de Santa Caterina** (p. 107), version moderne d'un marché du XIXᵉ siècle. Ce concurrent de La Boqueria déborde de poissons, de viandes, de fromages et d'olives de toutes sortes. Vous y découvrirez un spécialiste de l'huile d'olive et du vinaigre, Olisoliva, des bars et un bon restaurant.

Barcelone ne manque pas de chocolatiers, qu'il s'agisse de *granjas* traditionnelles servant un épais chocolat chaud accompagné de pâtisseries, ou d'artisans modernes imaginant d'incroyables délices chocolatés. On ne peut imaginer meilleure introduction que le ❷ **musée du Chocolat** (p. 109).

Après la visite, la dégustation ! Direction la ❸ **Hofmann Pastisseria** (p. 114) pour de bonnes barres chocolatées et toutes sortes de douceurs présentées dans des bocaux.

Datant du XIXᵉ siècle, la boutique ❹ **Casa Gispert** (p. 114), au charme d'antan, aurait sa place dans un film de Tim Burton. Les étagères en bois regorgent de bocaux de fruits secs, de noisettes nappées de miel et de pignons de pin parfumés.

De l'autre côté de la place se trouve ❺ **La Botifarreria** (p. 114), qui offre un choix étourdissant de saucisses (la *botifarra* étant la saucisse catalane par excellence) et d'autres spécialités gastronomiques.

Si le gâteau chic existe, c'est chez ❻ **Bubó** (p. 112) qu'il est préparé. De petits carrés de chocolat sont saupoudrés de framboises et de pistaches.

Les amateurs de café seront conquis par ❼ **El Magnífico** (p. 114) pour sa sélection de cafés de qualité provenant du monde entier. Pour trouver cette véritable institution barcelonaise, dirigez-vous vers la Carrer de l'Argenteria, puis suivez votre nez.

Un voyage culinaire n'est pas complet sans un verre de vin : pour découvrir l'incroyable variété des crus espagnols et catalans, faites un tour à la ❽ **Vila Viniteca** (p. 114). Cette cave propose également beaucoup de vins étrangers et des dégustations sont parfois organisées.

principal problème ici est de réussir à franchir la porte, et l'attente peut être longue. Si vous souhaitez l'une des cinq tables du fond, il faudra réserver. La plupart des clients se frayent un chemin jusqu'au bar pour déguster les tapas de fruits de mer parmi les plus savoureuses de la ville.

Pep en personne recommande ses *cloïsses amb pernil* (palourdes et jambon) ou le *trifàsic* (cocktail de calamars, de petite friture et de crevettes). La *tortilla de patatas* (omelette espagnole) très moelleuse, avec son tartare de thon, est également exquise.

### EN APARTÉ
FRANÇAIS €

Plan p. 316 (☎932 69 13 36 ; www.enaparte.es ; Carrer Lluis el Piados 2 ; plats 8-10 € ; Ⓜ Arc de Triomf ou Urquinaona). Petit restaurant discret où déguster une cuisine française de qualité, à l'écart de la paisible Plaça de Sant Pere. Tables de machines à coudre, décoration vintage et baies vitrées laissant entrer la lumière en début d'après-midi.

L'excellent menu du midi (11 €) comprend une salade (betterave, pommes et noix) et une quiche ou un plat de légumes tels que des poivrons farcis avec un gratin de pommes de terre.

### TANTARANTANA
MÉDITERRANÉEN €

Plan p. 316 (☎93 268 24 10 ; Carrer d'en Tantarantana 24 ; plats 6-7 € ; ⊙dîner lun-sam ; Ⓜ Jaume I). Cerné de restaurants très tendance servant de la nouvelle cuisine espagnole *(nueva cocina española),* l'établissement offre une alternative rafraîchissante. On y déguste, sur des tables en marbre rétro, des plats simples mais bien préparés, comme le risotto ou le thon grillé servi avec des légumes et du gingembre. La clientèle, surtout constituée de trentenaires, apprécie la terrasse en été.

### PLA DE LA GARSA
CATALAN €€

Plan p. 316 (☎93 315 24 13 ; www.pladelagarsa.com ; Carrer dels Assaonadors 13 ; plats 10 € ; ⊙dîner ; Ⓜ Jaume I). Cette demeure du XVIIe siècle est idéale pour un dîner romantique : les poutres en bois, les tables éparpillées et la discrète musique d'ambiance s'accordent pour créer, sur deux niveaux, un cadre enchanteur où l'on déguste une copieuse cuisine catalane, avec des plats comme le *timbal de botifarra negra* (sorte de boudin noir aux champignons).

### MANDAROSSO PASTIS
CAFÉ, PÂTISSERIE €

Plan p. 316 (☎933 19 05 02 ; www.lecucinemandarosso.com ; Carrer General Alvarez de Castro 5-7 ;

⊙8h-21h mar-sam, 9h-14h dim, fermé lun ; Ⓜ Urquinaona). Petit frère du Cucine Mandarosso (p. 110) consacré aux gâteaux. La salle comporte deux petites tables, une grande table en bois, un petit tourne-disque d'où s'échappent de vieux airs, et une superbe vitrine à gâteaux. Sert aussi le petit-déjeuner.

### BUBÓ
PÂTISSERIE, RESTAURANT €

Plan p. 316 (☎93 268 72 24 ; www.bubo.ws ; Carrer de les Caputxes 6 et 10 ; ⊙16h-0h lun, 10h-0h mar-jeu et dim, 10h-2h ven et sam ; Ⓜ Barceloneta). Carles Mampel est un véritable artiste du dessert. Difficile de passer devant son bar-pâtisserie sans avoir envie de prendre place sur la terrasse pour goûter l'une de ses créations fantaisistes. Que diriez-vous d'une mousse de *gianduia* (crème de noisettes) avec de la crème de mangue, des noisettes caramélisées aux épices et un biscuit aux noisettes ?

### LILIPEP
CAFÉ €

Plan p. 316 (☎933 10 66 97 ; Carrer del Pou de la Cadena 8 ; ⊙10h-22h mar-jeu, 10h-0h ven-dim ; 📶🍴 ; Ⓜ Jaume I). Pour une pause entre deux visites ou pour prendre un verre et une *tapa* (incluse !), direction ce café germano-catalan, niché dans une petite rue en retrait de la Carrer de la Princesa. Choisissez un livre en buvant votre café et renseignez-vous sur la programmation des prochains concerts. Plats de viande et végétariens, et copieux petit-déjeuner allemand.

### LA LLAVOR DELS ORÍGENS
CATALAN €

Plan p. 316 (www.lallavordelsorigens.com ; Carrer de la Vidrieria 6-8 ; plats 8-10 € ; ⊙12h30-0h30 ; Ⓜ Jaume I). Voici une véritable mine de produits régionaux catalans. Les étagères de la boutique croulent sous le poids des bouteilles et des paquets divers. Belle carte de petits plats, comme la *sopa de carbassa i castanyes* (soupe de potiron et de marron) ou les *mandonguilles amb albergìnies* (rissoles à l'aubergine), à accompagner de vins servis au verre.

### BAR JOAN
CATALAN €

Plan p. 316 (☎93 310 61 50 ; Mercat de Santa Caterina ; menu du jour 11 € ; ⊙déj lun-sam ; Ⓜ Jaume I). Outre le populaire Cuines de Santa Caterina, le marché de Santa Caterina abrite plusieurs bars-restaurants. Le Bar Joan est surtout fréquenté par une clientèle locale qui apprécie son *arròs negre* (riz à l'encre de seiche) servi le mardi midi. Une adresse simple, mais toujours remplie de passants affamés.

## OÙ PRENDRE UN VERRE ET FAIRE LA FÊTE

**D'innombrables bars jalonnent le Passeig del Born, les rues avoisinantes et celles qui entourent l'Església de Santa Maria del Mar – le quartier jouit donc d'une atmosphère particulièrement festive.**

### MUDANZAS                                    BAR
Plan p. 316 (☎93 319 11 37 ; Carrer de la Vidrieria 15 ; ◷10h-2h30 ; Ⓜ Jaume I). Ce bar fut l'un des tout premiers à mettre de l'animation dans le quartier d'El Born, et il attire encore aujourd'hui une clientèle fidèle. Un endroit sympathique pour discuter autour d'une bière ou même avaler un sandwich. Bon choix de *grappas* italiennes.

### LA VINYA DEL SENYOR             BAR À VIN
Plan p. 316 (Plaça de Santa Maria del Mar 5 ; ◷12h-1h mar-dim ; Ⓜ Jaume I). Minuscule bar avec terrasse à l'ombre de l'Església de Santa Maria del Mar. La carte des vins est impressionnante. Une table installée à l'étage attend ceux qui souhaitent se réunir autour d'une bonne bouteille plutôt que déguster un verre de vin.

### GIMLET                              BAR À COCKTAILS
Plan p. 316 (Carrer del Rec 24 ; cocktails 10 € ; ◷22h-3h ; Ⓜ Jaume I). On se croirait dans un film d'Humphrey Bogart ! Les barmen en veste blanche vous préparent d'une main de maître un gimlet ou tout autre cocktail classique (10 € environ). C'est Javier Muelas, le gourou barcelonais des cocktails, qui est caché derrière cette adresse (et plusieurs autres bars à cocktails en ville). Vous êtes donc assuré que qualité et créativité seront au rendez-vous.

### EL XAMPANYET                          BAR À VIN
Plan p. 316 (Carrer de Montcada 22 ; ◷déj et dîner mar-sam, déj dim ; Ⓜ Jaume I). Rien n'a changé depuis des décennies dans ce bar à *cava* (vin pétillant catalan) aux murs carrelés à l'ancienne, parmi les plus réputés de la ville. Installé au comptoir ou à une table, sirotez un ou deux verres de *cava* accompagnés d'un assortiment de tapas, comme les *boquerons en vinagre* (anchois blancs au vinaigre) bien relevés.

### MIRAMELINDO                              BAR
Plan p. 316 (☎93 319 53 76 ; Passeig del Born 15 ; ◷20h-2h30 ; Ⓜ Jaume I). Installée dans un édifice gothique, cette vaste taverne est un classique du Passeig del Born pour boire un cocktail en profitant de la musique d'ambiance jazz ou soul. Installez-vous confortablement à une table à l'arrière avant qu'il n'y ait trop de monde. Ce côté du *passeig* compte d'autres établissements de la même taille.

### LA FIANNA                                BAR
Plan p. 316 (www.lafianna.com ; Carrer dels Banys Vells 15 ; ◷18h-1h30 dim-mer, 18h-2h30 jeu-sam ; Ⓜ Jaume I). Avec ses murs en pierre nue, ses candélabres en fer forgé et ses canapés couverts de coussins, ce bar a un petit côté médiéval. L'endroit est animé et l'espace se remplit à mesure que la nuit avance. Il est possible de manger un morceau en début de soirée.

### MAGIC                                    CLUB
Plan p. 316 (☎93 310 72 67 ; Passeig de Picasso 40 ; ◷23h-6h mer-dim ; Ⓜ Barceloneta). Même si l'on peut parfois assister à des concerts dans le sous-sol enfumé, il s'agit avant tout d'un club classique où l'on se déhanche sur du rock, les tubes du moment et de la pop espagnole.

### UPIAYWASI                          DISCOTHÈQUE
Plan p. 316 (☎93 268 01 54 ; Carrer d'Allada Vermell 11 ; ◷17h-2h lun-jeu, 17h-3h ven et sam, 16h-1h dim ; Ⓜ Barceloneta). Ce bar à cocktails à l'éclairage tamisé mêle ambiance *lounge* et musique latina. La disposition des fauteuils et des tables, les lustres et la décoration discrète confèrent au cadre un côté intimiste agréable.

## ☆ OÙ SORTIR

### ♥ PALAIS DE LA MUSIQUE CATALANE                                CONCERTS
Plan p. 316 (Palau de la Música Catalana ; ☎902 442882 ; www.palaumusica.org ; Carrer de Sant Francesc de Paula 2 ; ◷billetterie 10h-21h lun-sam ; Ⓜ Urquinaona). Véritable régal pour les yeux, cet édifice moderniste est aussi l'adresse traditionnelle pour les concerts de musique classique et lyrique

à Barcelone. Assister à une représentation est une expérience mémorable. Avant le concert, sirotez un verre dans le foyer agrémenté de piliers recouverts de mosaïques pailletées. Montez l'imposant escalier pour gagner l'auditorium principal, une fantaisie moderniste. La programmation musicale est très diversifiée.

### FLOW
ARTS DU SPECTACLE

Plan p. 316 (☑93 310 06 67 ; Carrer de la Fusina 6 ; ☺20h-3h mar-dim ; Ⓜ Jaume I). Ancien bar rénové, avec boule à facettes et billard peu utilisé. Un curieux endroit pour un cocktail où l'on assiste parfois à des concerts de musique expérimentale et du théâtre amateur.

### TABLAO NERVIÓN
FLAMENCO

Plan p. 316 (☑93 315 21 03 ; www.restaurante-nervion.com ; Carrer de la Princesa 2 ; spectacle et dîner 35 € ; spectacle et 1 boisson 12 € ; ☺spectacles 22h-1h ven ; Ⓜ Jaume I). Cette salle qui offre des spectacles de flamenco très touristiques pratique des tarifs imbattables. Pour assister au deuxième spectacle à minuit, la seule obligation est de consommer une boisson à 6 €. À 23h, comptez 12 € pour le spectacle et une boisson (bière ou sangria). Dîner et spectacle à partir de 22h.

#  SHOPPING

**Au Moyen Âge déjà, La Ribera était un quartier commerçant. Il abrite toujours de très nombreux petits magasins d'alimentation à l'ancienne, véritable festin d'arômes et d'ambiances. Une multitude de petites boutiques branchées les a rejoints depuis la fin des années 1990.**

###  CASA GISPERT
ALIMENTATION

Plan p. 316 (☑93 319 75 35 ; www.casagispert.com ; Carrer dels Sombrerers 23 ; Ⓜ Jaume I). Cette superbe boutique à la devanture en bois vend des noix grillées et des fruits secs depuis 1851. Les pots et les bocaux alignés sur les étagères contiennent un choix sans fin de petites choses croustillantes, grillées ou nappées de miel. On crie votre commande et son prix à la caisse, comme autrefois.

### COQUETTE
MODE

Plan p. 316 (☑93 295 42 85 ; www.coquettebcn.com ; Carrer del Rec 65 ; Ⓜ Barceloneta). Avec son look très design, le magasin en

lui-même est attrayant. Il offre un grand choix de prêt-à-porter féminin décontracté de créateurs comme Tsunoda, Vanessa Bruno, Chloé Baño ou Hoss Intropia.

### VILA VINITECA
VINS

Plan p. 316 (☑902 327777 ; www.vilaviniteca.es ; Carrer dels Agullers 7 ; ☺8h30-20h30 lun-sam ; Ⓜ Jaume I). Ce caviste, qui figure parmi les grands de Barcelone (et ils sont nombreux !), sélectionne les meilleurs vins régionaux et étrangers, et ce depuis 1932. En novembre, plusieurs soirs de suite, il organise dans la Carrer dels Agullers et les ruelles environnantes des dégustations qui font fureur. Des vignerons de toute l'Espagne viennent y présenter leurs crus. Au n°9 de la rue, le même propriétaire a ouvert une épicerie fine.

### GALERIA MAEGHT
GALERIE D'ART

Plan p. 316 (☑93 310 42 45 ; www.maeght.com ; Carrer de Montcada 25 ; ☺11h-14h et 15h-19h mar-ven, 11h-14h sam ; Ⓜ Jaume I). Installée dans l'une des belles demeures médiévales qui font la réputation de la rue, cette galerie haut de gamme se consacre aux maîtres du XXᵉ siècle. Le bâtiment est aussi intéressant que les œuvres exposées.

### EL MAGNÍFICO
CAFÉS

Plan p. 316 (☑93 319 60 81 ; www.cafeselmagnifico.com ; Carrer de l'Argenteria 64 ; Ⓜ Jaume I). Le Magnífico torréfie depuis près d'un siècle une gamme impressionnante de cafés dont l'arôme vous chatouille les narines dès l'entrée. À noter aussi, une bonne sélection de thés. De l'autre côté de la rue, les mêmes patrons tiennent le **Sans i Sans** (Plan p. 316 ; ☑93 319 60 81 ; Carrer de l'Argenteria 59), un charmant salon de thé beaucoup plus récent.

### HOFMANN PASTISSERIA
PÂTISSERIE

Plan p. 316 (☑93 268 82 21 ; www.hofmann-bcn.com ; Carrer dels Flassaders 44 ; Ⓜ Jaume I). Avec ses placards en bois à l'ancienne, cette petite pâtisserie a un côté intemporel alors qu'elle est assez récente. Au choix : chocolats, viennoiseries, gâteaux, pâtisseries et autres douceurs plus tentantes les unes que les autres.

### LA BOTIFARRERIA
ÉPICERIE

Plan p. 316 (☑93 319 91 23 ; www.labotifarreria.com ; Carrer de Santa Maria 4 ; Ⓜ Jaume I). Cette superbe épicerie propose toutes sortes de produits, mais son atout réside dans l'incroyable choix de saucisses artisanales.

Outre les recettes classiques à base de porc, découvrez les saucisses au poivron vert et au whisky ou au curry de pommes !

### OLISOLIVA — HUILE D'OLIVE ET VINAIGRE
Plan p. 316 (☑93 268 14 72 ; www.olisoliva.co m ; Avinguda de Francesc Cambó ; M Jaume I). À l'intérieur du marché de Santa Caterina, cette boutique vitrée toute simple déborde d'huiles d'olive provenant de toute l'Espagne. Vous avez la possibilité de déguster certains produits avant de les acheter. Certaines des meilleures huiles d'olive proviennent du sud du pays. Le choix de vinaigres est tout aussi époustouflant.

### EL REY DE LA MAGIA — MAGIE
Plan p. 316 (☑93 319 39 20 ; www.elreydelama-gia.com ; Carrer de la Princesa 11 ; ☺11h-14h et 17h-20h lun-ven, 10h-14h sam ; M Jaume I). Depuis plus d'un siècle, les propriétaires de ce lieu amusent et épatent la galerie. Difficile de faire un choix parmi les balais volants, les jeux de cartes truqués et les verres de "lait qui disparaît"...

### NU SABATES — CHAUSSURES, ACCESSOIRES
Plan p. 316 (☑93 268 03 83 ; www.nusabates. com ; Carrer dels Cotoners 14 ; M Jaume I). Deux cordonniers catalans se sont associés pour fabriquer des chaussures en cuir originales (ainsi que des sacs et autres articles de maroquinerie) qu'ils vendent dans ce local élégamment rénové.

### CUSTO BARCELONA — MODE
Plan p. 316 (☑93 268 78 93 ; www.custo-barce-lona.com ; Plaça de les Olles 7 ; M Jaume I). Cadre psychédélique et atmosphère décontractée : Custo est définitivement une marque jeune et branchée. D'ailleurs, chaque année, les nouvelles collections pour hommes et femmes sont présentées dans les défilés new-yorkais et remportent un succès international monstre. Les couleurs vives et les coupes audacieuses des vestes de soirée ou des minishorts s'adressent à une clientèle plutôt extravertie. Il existe cinq autres adresses dans la ville.

LA RIBERA SHOPPING

# Culture catalane

Barcelone, fière capitale de la Catalogne, sert de vitrine à de nombreuses traditions catalanes séculaires toujours très suivies.

Tous les week-ends de l'année, des amateurs de sardane se réunissent sur le parvis de la cathédrale pour danser au son d'un orchestre de 10 instruments. Des Catalans de tous âges forment une ronde et se déplacent vers la droite, en arrière, puis à gauche en sautillant et en levant les bras, en accélérant la cadence avec la musique. Tout le monde est invité à participer, mais il vous faudra probablement les observer un moment avant de pouvoir vous lancer.

La construction de châteaux humains, les *castells* remonte au XVIIIe siècle. Des équipes de toute la région s'affrontent pour construire des tours humaines pouvant atteindre jusqu'à 10 étages, chaque étage comptant généralement entre trois et cinq personnes debout sur les épaules de celles du niveau inférieur. À la base, équipiers et supporters entourent les participants les plus costauds pour assurer la fondation. Le château n'est achevé que lorsqu'un enfant (léger !), l'*anxaneta*, atteint le sommet et lève la main.

Les meilleures fêtes catalanes sont liées à des événements religieux. Les festivités en l'honneur de Nostra Senyora de la Mercè (Notre-Dame de la Miséricorde) et Santa Eulàlia, les deux patronnes de la ville, sont les plus importantes. Vous pourrez y assister à de nombreuses démonstrations de sardane et de châteaux humains et y admirer des *gegants* (immenses géants de papier mâché représentant princes, princesses, sultans, pêcheurs et personnages contemporains). Durant le *correfoc* (course de feu), des diables cornus brandissent des fourches en crachant des étincelles et sèment le chaos dans les rues : ils sont parfois accompagnés de dragons cracheurs de feu, ou même de charrettes en bois auxquelles on met le feu. Chaud devant !

**De gauche à droite et de haut en bas**
1. Danseurs de sardane 2. Drapeaux espagnols et catalans
3. Feux d'artifice 4. Un *castell* en cours de construction

GUILLEM LOPEZ / ALAMY ©

2

DAVID BORLAND / LONELY PLANET IMAGES ©

3

GUY MOBERLY / LONELY PLANET IMAGES ©

# La Barceloneta et le front de mer

PORT VELL | PORT OLÍMPIC, EL POBLENOU ET EL FÒRUM | LA BARCELONETA

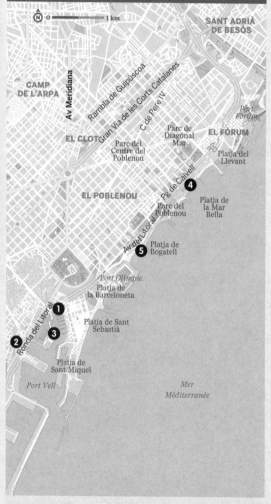

## Notre sélection

**1** Un voyage sur la trace des Romains, des musulmans, des seigneurs féodaux et des résistants de la guerre civile au fil des présentations interactives du **musée d'Histoire de Catalogne** (p. 121), puis un déjeuner au restaurant installé sur le toit en admirant la vue.

**2** Les arsenaux royaux du **Musée maritime** (p. 120).

**3** L'inquiétant tunnel aux requins de l'immense **Aquàrium** (p. 121).

**4** Un moment de détente au bord de l'eau à la **Platja de la Mar Bella** (p. 121).

**5** Une **balade à vélo** (p. 125) sur la promenade du bord de mer, de La Barceloneta au parc del Fòrum.

Pour un plan plus détaillé, reportez-vous p. 318 et 320 ➡

## Découvrir La Barceloneta et le front de mer

Le long front de mer de Barcelone offre une agréable alternative aux ruelles gothiques et à l'architecture moderniste. En s'éloignant de la vieille ville vers le nord-est, on se retrouve bientôt entouré d'appétissants restaurants de fruits de mer et de bars de plage. Une promenade bordée de palmiers conduisant aux plages s'étire sur quelque 4 km jusqu'au parc del Fòrum.

Port Vell, ancien port industriel à l'abandon, a été réhabilité et attire touristes et Barcelonais. La paisible passerelle de la Rambla de Mar mène au centre commercial de Maremàgnum, que jouxte un épatant aquarium. De petits parcs et places permettent d'admirer la vue.

À l'est, des restaurants chic dotés de terrasses dominent la marina et le musée d'Histoire de Catalogne. Non loin, La Barceloneta est un ancien quartier de pêcheurs datant du milieu du XVIIIe siècle. Ignorées des touristes, ses ruelles recèlent bars à tapas animés, restaurants de fruits de mer à l'ancienne et bars à l'ambiance bohème.

Près de la mer, des restaurants en plein air donnent sur la promenade et les plages environnantes. En été, les plages sont prises d'assaut. Une longue bande de sable s'étire jusqu'à El Fòrum, bordée de *chiringuitos*, des bars de plage saisonniers offrant jour et nuit un flot continu de musique et de cocktails.

En retrait de ces plages aménagées s'étend le quartier ultramoderne de 22@bcn ; les amateurs d'architecture y admireront la Torre Agbar de Jean Nouvel. Se distinguant par son nouveau musée des Sciences, ses concerts estivaux en plein air et ses fêtes foraines, El Fòrum marque la limite nord du front de mer.

---

## Vivre comme un Barcelonais

➡ **Bars** Le Vaso de Oro (p. 126) et le Xampanyeria Can Paixano (p. 127) sont deux bars à *cava* incontournables de la ville.

➡ **Marchés** Le week-end, Port Vell accueille Port Antic (p. 128), un marché d'antiquités ; près de la marina se tient la Feria de Artesanía del Palau de Mar (p. 128).

➡ **Sur la plage** De juin à septembre, les *chiringuitos* ravitaillent les baigneurs et mettent de l'ambiance…

---

## Depuis/vers La Barceloneta et le front de mer

➡ **À pied** La Rambla et la Via Laietana sont les axes piétonniers pour franchir la Ronda del Litoral.

➡ **Métro** La station Drassanes (ligne 3) dessert le secteur de Port Vell ; la ligne 4 marque des arrêts à La Barceloneta, Ciutadella Vila Olímpica (pour Port Olímpic) et El Maresme Fòrum (pour le parc del Fòrum).

### Bon plan Lonely Planet

Pour concilier mer et montagne dans la même journée, montez à bord du Transbordador Aeri (p. 190), un téléphérique d'un autre âge qui relie La Barceloneta à Montjuïc. La Torre de Sant Sebastià abrite en outre un restaurant haut de gamme qui justifie à lui seul le voyage.

### Le top des restaurants

➡ Els Pescadors (p. 126)
➡ Can Majó (p. 124)
➡ Maians (p. 124)
➡ La Cova Fumada (p. 124)
➡ Torre d'Alta Mar (p. 124)

Voir détails p. 124 ➡

### Le top des bars et cafés

➡ Xampanyeria Can Paixano (p. 127)
➡ Absenta (p. 127)
➡ Ké? (p. 127)
➡ Opium Mar (p. 127)

Voir détails p. 127 ➡

### Le top des sites

➡ Les plages de La Barceloneta (p. 121)
➡ Le Musée maritime (p. 120)
➡ Le musée d'Histoire de Catalogne (p. 121)
➡ L'Aquàrium (p. 121)
➡ Le Transbordador Aeri (p. 122)

Voir détails p. 121 ➡

LA BARCELONETA ET LE FRONT DE MER

**C'est des anciens arsenaux royaux (Reials Drassanes) que partit le vaisseau amiral de don Juan d'Autriche pour rejoindre la flotte hispano-vénitienne lors de la bataille de Lépante contre les Turcs en 1571.**

Ces chantiers navals sont un magnifique exemple d'architecture civile gothique. Aujourd'hui, leurs vastes arcades abritent le Musée maritime, l'un des plus beaux musées de Barcelone, qui retrace l'histoire maritime de la ville.

À leur heure de gloire, les chantiers navals comptaient parmi les plus grands de toute l'Europe. Commencées au XIII^e siècle et achevées en 1378, les longues travées entrecoupées d'arches de pierre (les plus hautes atteignent 13 m), véritables cales de lancement, descendaient en pente douce directement jusqu'à l'eau, laquelle atteignait encore leur niveau au moins jusqu'à la fin du XVIII^e siècle.

## Réplique du vaisseau amiral de don Juan d'Autriche

La réplique grandeur nature de ce vaisseau, réalisée dans les années 1970, peut se visiter. À bord, une excellente mise en scène audiovisuelle permet de se rendre compte de la dure existence des esclaves, des prisonniers et des volontaires (!) qui, à pleine vitesse, pouvaient faire avancer le navire jusqu'à neuf nœuds tout en étant enchaînés à leur siège, à quatre par rame, où ils mangeaient, buvaient (l'eau douce était stockée sous le pont, à côté de l'infirmerie), dormaient et faisaient leurs besoins.

## Expositions

Des navires de pêche, d'anciennes cartes de navigation, des maquettes et des dioramas du front de mer de Barcelone sont également exposés dans ce musée captivant. Il accueille aussi des expositions temporaires (le centenaire du *Titanic* a ainsi donné lieu en 2012 à une fascinante exposition). Le musée était en cours de rénovation lors de notre passage, et les travaux devraient se poursuivre en 2013. À sa réouverture, il abritera une collection largement enrichie et des présentations multimédias retraçant l'épopée de la marine espagnole. Pendant les travaux, seule une partie de l'exposition est visible.

## Ictíneo

L'agréable **café** du musée, doté d'une terrasse dans la cour, sert un choix d'en-cas et un *menú de mediodía* (menu déjeuner) correct à midi. Il partage la cour avec une réplique de l'Ictíneo, l'un des premiers sous-marins au monde. Imaginé et réalisé en 1858 par le Catalan Narcís Monturiol, esprit érudit, l'appareil, qui imitait la forme d'un poisson, était actionné par des hélices à manivelles manœuvrées par des amis de Monturiol. Ces derniers l'accompagnèrent dans les dizaines de courtes plongées (deux heures au plus) qu'il entreprit avec succès dans le port. Plus tard, il imagina un plus grand sous-marin, propulsé par un moteur à combustion, qui atteignait 30 m de profondeur et pouvait demeurer immergé jusqu'à 7 heures. Contrairement aux badauds qui assistaient, stupéfaits, à ses démonstrations, la marine ignora ses inventions, et Monturiol a aujourd'hui sombré dans l'oubli.

### À NE PAS MANQUER

➡ La réplique du vaisseau amiral de don Juan d'Autriche
➡ Les expositions temporaires
➡ L'Ictíneo
➡ Le café en plein air

### INFOS PRATIQUES

➡ Plan p. 318
➡ ☑93 342 99 20
➡ www.mmb.cat
➡ Avinguda de les Drassanes
➡ tarif plein/réduit/moins de 7 ans 2,50 €/1,25 €/gratuit, gratuit dim 15h-20h
➡ ⊙10h-20h
➡ Ⓜ Drassanes

# LES INCONTOURNABLES
## LES PLAGES

Quelques plages (*platjas*) agréables s'étendent depuis Port Olímpic vers le nord-est de la ville. Elles sont en grande partie artificielles mais attirent néanmoins 7 millions de baigneurs par an !

La plage la plus prisée, la **Platja de Nova Icària**, est la plus au sud. Juste derrière, de l'autre côté de l'Avinguda del Litoral, la Plaça dels Campions a accueilli le podium où sont montés les vainqueurs des épreuves de voile des Jeux olympiques de 1992. La plupart des athlètes furent hébergés dans le village olympique (Vila Olímpica), à l'arrière de la Carrer de Salvador Espriu.

La plage suivante est la **Platja de Bogatell**. Juste à côté de la plage, le **Cementiri de l'Est** (Cimetière de l'Est) date de 1773. Le monument central rend hommage aux victimes de l'épidémie de fièvre jaune qui dévasta Barcelone en 1821. Parmi tous les monuments familiaux un peu pompeux, repérez la poignante sculpture *El Petó de la Mort* (Le Baiser de la mort), qui représente un squelette ailé embrassant le corps sans vie d'un jeune homme.

Les plages suivantes, la **Platja de la Mar Bella** (qui comprend une petite zone pour nudistes ainsi qu'une école de voile) et la **Platja de la Nova Mar Bella**, mènent au Front Marítim, un nouveau secteur résidentiel et commercial en construction, qui fait partie intégrante du projet de Diagonal Mar dans le quartier d'El Fòrum. En face s'étend la dernière en date de ces plages artificielles, la **Platja del Llevant**.

### À NE PAS MANQUER

➡ L'animation de la Platja de la Nova Icària

➡ L'émouvante sculpture *El Petó de la Mort* dans le Cementiri de l'Est

### INFOS PRATIQUES

➡ Plan p. 320

➡ 🚍36 ou 41, Ⓜ Ciutadella Vila Olímpic, Bogatell, Llacuna ou Selva de Mar

---

## ◉ À VOIR

### ◉ Port Vell et La Barceloneta

**MUSÉE MARITIME** MUSÉE
Voir p. 120

**AQUÀRIUM** AQUARIUM
Plan p. 318 (L'Aquàrium ; ☎93 221 74 74 ; www.aquariumbcn.com ; Moll d'Espanya ; adulte/enfant 18/13 €, plongée 300 € ; ◔9h30-23h juil et août, 9h30-21h sept-juin, plongée 9h30-14h mer, ven et sam ; ⓂDrassanes). Difficile de ne pas ressentir un léger frisson à la vue d'un requin qui vous fait admirer sa magnifique dentition et... glisse juste au-dessus de vous ! Long de 80 m, le tunnel aux requins est l'attraction phare de cet aquarium, l'un des plus grands d'Europe. Inauguré en 1995, il renferme la plus belle collection mondiale d'espèces méditerranéennes et accueille aussi de nombreux spécimens colorés venus de destinations plus lointaines, comme la mer Rouge, les Caraïbes ou la Grande Barrière de corail australienne. En tout, ce sont quelque 11 000 poissons (dont une dizaine de requins) qui y sont hébergés.

On admirera tout particulièrement de splendides raies et d'énormes poissons-lunes, ainsi que plusieurs espèces de requins, qui nagent au-dessus et autour des visiteurs. Un espace interactif, Planeta Agua, accueille un groupe de pingouins de l'Antarctique et un aquarium qui permet d'observer les raies de près.

Si vous possédez un brevet de plongée, vous pourrez nager avec les requins dans le bassin principal.

**MUSÉE D'HISTOIRE DE CATALOGNE** MUSÉE
Plan p. 318 (Museu d'Història de Catalunya ; ☎93 225 47 00 ; www.mhcat.net ; Plaça de Pau Vila 3 ; adulte/enfant exposition temporaire 4/3 €, expositions permanentes et temporaires 5/4 €, gratuit 1er dim du mois ;◔10h-19h mar et jeu-sam, 10h-20h mer, 10h-14h30 dim ; ⓂBarceloneta). Le **palais de la Mer** (Palau de Mar ; Plan p. 318), en face du port, abritait jadis des entrepôts avant d'être transformé dans les

**VAUT LE DÉTOUR**

## DÉCOUVRIR L'IMMIGRATION CATALANE

La pièce maîtresse du **musée d'Histoire de l'immigration de Catalogne** (Museu d'Història de la Immigració de Catalunya ; ☎93 381 26 06 ; www.mhic.net ; Carretera de Mataró 124 ; ◷10h-14h et 17h-20h mar et jeu, 10h-14h mer, ven et sam ; Ⓜ Verneda) est le wagon d'un train, El Sevillano, qui circulait entre l'Andalousie et la Catalogne dans les années 1950, plein à craquer de migrants. Il s'arrêtait à maintes reprises et mettait souvent plus de 30 heures à effectuer le trajet ! La collection, présentée dans la salle d'une ancienne maison de campagne, la Can Serra (désormais cernée d'usines, de boulevards périphériques et d'entrepôts), se compose de photos, de textes (en catalan), de documents divers et d'objets retraçant l'histoire de l'immigration en Catalogne depuis le XIXe siècle. Une vidéo intéressante livre des images du quotidien des migrants d'hier et d'aujourd'hui.

années 1990. Le musée d'Histoire de Catalogne, qui célèbre le nationalisme catalan, est installé dans ses murs.

Ses collections permanentes, qui occupent les 2e et 3e étages, retracent l'histoire de la Catalogne de la préhistoire au début des années 1980, au travers de nombreux supports : objets, vidéos, maquettes, documents et bornes interactives.

On peut ainsi avoir un aperçu de la vie au temps des Romains, écouter des poèmes arabes écrits pendant l'occupation maure, pénétrer dans le logis pyrénéen d'une famille du Moyen Âge ou encore chevaucher le destrier d'un chevalier et tenter de soulever une armure.

Il est également possible de descendre dans un abri antiaérien datant de la guerre civile ou de visionner une vidéo sur la Catalogne d'après Franco. Un café-restaurant, le **1881**, est installé sur le toit.

Bien souvent, les expositions temporaires sont tout aussi intéressantes que la collection permanente. À l'extérieur du musée se trouve un chapelet d'élégants restaurants en plein air où déguster de traditionnels plats de fruits de mer.

### TRANSBORDADOR AERI          TÉLÉPHÉRIQUE

Plan p. 318 (www.telefericodebarcelona.com ; Passeig Escullera ; aller/aller-retour 10/15 € ; ◷11h-19h, fermé jan à mi-fév ; Ⓜ Barceloneta, ◻17, 39 ou 64). Ce téléphérique suspendu entre le port et Montjuïc offre un splendide panorama de la ville. Il relie la Torre de Sant Sebastià (La Barceloneta) au Mira-mar (Montjuïc), et s'arrête à mi-chemin à la Torre de Jaume I, devant le World Trade Center. Un restaurant, le Torre d'Alta Mar, bénéficie d'un emplacement exceptionnel au sommet de la Torre de Sant Sebastià.

### PAILEBOT DE SANTA EULÀLIA          VOILIER

(Moll de la Fusta ; adulte/enfant avec entrée au Musée maritime 4 €/gratuit ; ◷12h-19h30 mar-ven, 10h-19h sam et dim ; Ⓜ Drassanes). Une goélette de 1918 restaurée par le Musée maritime est amarrée le long du Moll de la Fusta, une promenade bordée de palmiers. La visite du voilier n'est pas indispensable pour en profiter, car on le voit très bien de l'extérieur. Le bateau largue parfois les amarres pour se montrer dans d'autres villes de la côte catalane.

### ESGLÉSIA DE SANT MIQUEL DEL PORT          ÉGLISE

Plan p. 318 (☎93 221 65 50 ; Plaça de la Barceloneta ; ◷7h-13h30 lun-ven, 8h-13h30 sam ; Ⓜ Barceloneta). Premier édifice à avoir été construit à La Barceloneta, l'Església de Sant Miquel del Port fut achevée en 1755. Bâtie de manière à laisser passer les tirs provenant du canon du fort de la Ciutadella, elle est basse et comporte sur sa façade la statue de saint Michel (Sant Miquel) et celles de deux autres saints, considérés comme les protecteurs des pêcheurs catalans : saint Elme (Sant Elm) et sainte Marie de Cervello (Santa Maria de Cervelló).

**BOUCHE-À-OREILLE**

## LE PASSÉ ENTERRÉ

Sous le béton du palais des congrès, de la zone de baignade et de la marina d'El Fòrum repose le souvenir de plus de 2 000 personnes exécutées au Camp de la Bota entre 1936 et 1952, la plupart d'entre elles sous la dictature du général Franco, à partir de 1939. Fraternitat ("Fraternité"), une sculpture de Miquel Navarro, se dresse aujourd'hui sur la Rambla de Prim.

Juste derrière l'église se trouve la place du marché, très animée, surtout en début de matinée, et qui vaut le détour. Ferdinand de Lesseps, à qui l'on doit le canal de Suez, vécut dans la maison à droite de l'église lorsqu'il officiait à Barcelone en tant que consul général de France.

## ⊙ Port Olímpic, El Poblenou et El Fòrum

TORRE AGBAR · ARCHITECTURE
Plan p. 320 (📞93 342 21 29 ; www.torreagbar. com ; Avinguda Diagonal 225 ; Ⓜ Glòries). Monument lumineux en forme de concombre (et siège de la compagnie des eaux de la ville), la futuriste Torre Agbar (Tour Agbar) de l'architecte français Jean Nouvel est sans doute l'ajout le plus osé au profil architectural de la ville depuis la Sagrada Família. Achevée en 2005, elle scintille la nuit de tous ses reflets rouge et bleu. On ne peut malheureusement visiter que le hall d'entrée, qui accueille souvent des expositions temporaires sur le thème de l'eau.

PARC DEL CENTRE DEL POBLENOU · PARC
Plan p. 320 (Avinguda Diagonal ; ⊙10h-coucher du soleil ; Ⓜ Poblenou). Barcelone recèle de nombreux parcs où le ciment règne en maître, et le parc del Centre del Poblenou, créé par Jean Nouvel et émaillé de sièges en métal stylisés et de sculptures, ne fait pas exception. Cependant, les murs de ciment d'inspiration gaudiesque sont peu à peu pris d'assaut par de luxuriantes bougainvillées. Le parc est planté de quelque mille arbres d'essences principalement méditerranéennes et de milliers d'arbustes et de plantes. L'architecte a imaginé qu'avec le temps, les arbres formeront une canopée au-dessus du parc, qui est arrosé par l'eau du sous-sol.

EL FÒRUM · QUARTIER
Plan p. 320 (📞93 356 10 50 ; ⊙Zona de Banys 11h-20h été, parc d'attractions 11h-14h30 et 17h-21h sam et dim juin-sept ; Ⓜ El Maresme Fòrum). Autrefois composé de terrains en friche, de fabriques à moitié désaffectées et d'une immense usine de traitement des eaux usées, ce secteur au nord-est de la ville accueille désormais des immeubles d'habitation haut de gamme, des hôtels de luxe, une marina (Port Fòrum), un centre commercial et un palais des congrès.

### LECTURES ET JEUX DE PLAGE

De juillet à septembre, de petites bibliothèques prennent leurs quartiers sur la plage. Les magazines, journaux, livres espagnols et quelques ouvrages en langues étrangères sont prêtés gratuitement, même aux touristes. Elles sont installées à **El Centre de la Platja** (Passeig Marítim de la Barceloneta 25 ; ⊙10h-19h lun-sam, 11h-14h dim juil-sept ; Ⓜ Ciutadella ou Vila Olímpica), sous la promenade, immédiatement au-dessus du parc de La Barceloneta, et sur la jetée **l'Espigó de Bac de Roda** (⊙11h-14h et 15h-19h lun-ven juil-sept ; Ⓜ Poblenou), près de la Platja de la Mar Bella.

Au même endroit, vous pouvez aussi louer des frisbees, des ballons et filets de volley, des raquettes et balles de tennis de plage, et des boules de pétanque. Avec les seaux, les pelles et les arrosoirs, les enfants ne seront pas en reste. Une pièce d'identité suffit pour louer des livres et du matériel.

L'élément architectural le plus frappant est sans nul doute l'**Edifici Fòrum**, un bâtiment triangulaire bleu construit dans un style futuriste par les architectes suisses Jacques Herzog et Pierre de Meuron. Les façades bleu marine surélevées ressemblent à des falaises, avec des à-pics anguleux, comme sculptés par un laser divin. D'imposants panneaux de miroirs créent des reflets fragmentés du ciel.

Juste à côté, le **Centre de Convencions Internacional de Barcelona** (CCIB) de Josep Lluís Mateo, qui peut accueillir jusqu'à 15 000 personnes, se veut le centre de conférences le plus grand d'Europe. L'immense espace qui entoure les deux bâtiments a hébergé de grandes manifestations en plein air, comme des concerts (notamment durant les Festes de la Mercè) ou la Feria d'Abril.

À 300 m à l'est de l'Edifici Fòrum, la **Zona de Banys** est l'occasion de louer un kayak ou un vélo, de pratiquer la plongée sous-marine ou d'autres activités. Cette zone de baignade a été gagnée sur la mer grâce à une digue construite avec d'énormes blocs de ciment. À son extrémité nord, tel un grand tournesol rectangulaire, un énorme panneau photovoltaïque se tourne vers le soleil pour approvisionner la zone en énergie solaire. Ajouté à une série de panneaux solaires en forme de portiques, il produit assez d'électricité pour alimenter 1 000 familles. Juste derrière s'étend **Port Fòrum**, troisième marina de Barcelone. Toute cette zone est unifiée par une esplanade et des trottoirs (accessibles en fauteuils roulants) parfaits pour la marche, le vélo ou le skateboard. En été, pendant le week-end, un **parc d'attractions** propose les habituels manèges, tirs à la carabine, châteaux gonflables, autos tamponneuses, etc.

Le **parc de Diagonal Mar**, conçu par Enric Miralles, comporte des bassins, des fontaines, une promenade botanique à la découverte de plus de 30 espèces d'arbres et de plantes, et des sculptures modernes.

### MUSÉE BLEU                    MUSÉE

Plan p. 320 (Museu Blau ; ☎93 256 60 02 ; Parc del Fòrum ; adulte/enfant 6/2,70 € ; ⏲10h-19h mar-ven, 10h-20h sam et dim ; Ⓜ El Maresme Fòrum). Installé dans l'Edifici Fòrum aux allures futuristes, le Musée bleu, ouvert en 2011, permet de découvrir toutes les facettes du monde naturel. Les présentations multimédias et interactives évoquent l'histoire de l'évolution de la vie, de la formation de la Terre et les grands scientifiques ayant contribué à la connaissance humaine. Les 9 000 m² du musée renferment aussi des spécimens du monde animal, végétal et minéral et des squelettes de dinosaures habilement mis en valeur, ainsi qu'une zone d'activités éducatives (ouverte uniquement le week-end) où les enfants peuvent mettre la main à la pâte. Ce musée occupera plusieurs heures les scientifiques en herbe de tous âges.

## ✕ OÙ SE RESTAURER

### ✕ Port Vell et La Barceloneta

Le centre commercial Maremàgnum, sur le Moll d'Espanya, rassemble quelques restaurants sympathiques, quoique souvent un peu sommaires, à proximité de la mer. Pour un repas savoureux et une ambiance agréable, rendez-vous dans les petites rues de La Barceloneta, où les bonnes adresses vont du bruyant bar à tapas au restaurant de poisson haut de gamme. Sachez que de nombreux établissements ferment les dimanche et lundi soir.

### CAN MAJÓ                    FRUITS DE MER €€

Plan p. 318 (☎93 221 54 55 ; Carrer del Almirall Aixada 23 ; plats 18-24 € ; ⏲déj et dîner mar-sam, déj dim ; ☐45, 57, 59, 64 ou 157, Ⓜ Barceloneta). Quasiment sur la plage (avec des tables à l'extérieur en été), le Can Majó est connu de longue date pour ses fruits de mer, et en particulier pour ses plats à base de riz et ses copieux *suquets* (ragoûts de poissons). La *bollabessa de peix i marisc* (bouillabaisse de poissons et fruits de mer) est délicieuse, mais vous pourrez également essayer la grande *graellada* (grillade de divers poissons). Installez-vous en terrasse et profitez du spectacle de la plage.

### MAIANS                    TAPAS €

Plan p. 318 (Carrer de Sant Carles 28 ; tapas 4-6 € ; ⏲mer-dim ; Ⓜ Barceloneta). Minuscule et enjoué, ce bar-restaurant sert de succulentes tapas à une clientèle branchée, essentiellement du quartier. Ne manquez surtout pas le *cazón en adobo* (friture de roussette marinée) ni les *mejillones a la marinera* (moules dans un coulis de tomate), suivis d'un généreux *arroz negra* (paella aux encornets).

### LA COVA FUMADA                    TAPAS €

Plan p. 318 (☎93 221 40 61 ; Carrer de Baluard 56 ; tapas 3-6 € ; ⏲9h-15h20 lun-mer, 9h-15h20 et 18h-20h20 jeu et ven, 9h-13h20 sam ; Ⓜ Barceloneta). Dénué d'enseigne, ignoré des touristes, ce petit restaurant de tapas familial bourdonne pourtant d'activité. Son secret : le *pulpo* (poulpe), les *calamares*, les *sardinas* et la quinzaine d'autres petites assiettes qui composent la carte, tous cuits à la perfection dans le coin-cuisine à l'entrée. Les *bombas* (croquettes de pommes de terre et jambon à l'aïoli) et les *carxofes* (artichauts) grillés sont excellents, et tout est d'une remarquable fraîcheur : en l'absence de réfrigérateur, les fruits de mer arrivent en effet directement du marché.

### TORRE D'ALTA MAR          MÉDITERRANÉEN €€€

Plan p. 318 (☎93 221 00 07 ; www.torredealtamar.com ; Torre de Sant Sebastià ; plats environ 30 € ; ⏲déj et dîner mar-sam, dîner dim et lun ; ☐17, 39, 57 ou 64, Ⓜ Barceloneta). Le sommet de la Torre de Sant Sebastià, à 75 m du sol, vous réserve une vue magnifique sur la ville et la mer et procure un cadre exceptionnel pour déguster de succulents fruits de mer.

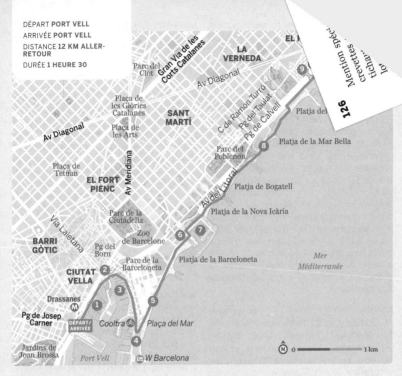

Promenade à vélo
## La nouvelle Barcelone

➡ Cet itinéraire à vélo emprunte la promenade, à la découverte des plages, des sculptures et de l'architecture du front de mer de Barcelone. Entièrement plate, la piste cyclable est également sans danger car isolée de la circulation – attention tout de même aux piétons ! Il est possible de louer des vélos à proximité, notamment chez BarcelonaBiking.com (p. 270) et à l'agence Cooltra (p. 271).

En laissant derrière vous le Monument à Colomb, dirigez-vous vers le nord-est en suivant le front de mer. Repérez le ① **Pailebot de Sant Eulàlia**, goélette à trois mâts bâtie en 1918.

Après 400 m se dresse la pittoresque sculpture ② **Visage de Barcelone** de l'artiste pop américain Roy Lichtenstein.

En traversant la ③ **marina**, la foule de promeneurs et les terrasses de restaurants vous contraindront peut-être à poursuivre un temps à pied.

Remontez en selle et pédalez jusqu'à la Plaça del Mar, qui arbore une belle sculpture appelée ④ **Homenatge als Nedadors** ("Hommage aux nageurs").

Poursuivez votre chemin vers le nord, où une autre célèbre sculpture, la ⑤ **Homenatge a la Barceloneta** ("Hommage à La Barceloneta"), célèbre le souvenir des vieilles cahutes qui bordaient autrefois la plage.

Parcourez encore 1 km et passez sous la sculpture du ⑥ **Peix** ("Poisson") de Frank Gehry, aux reflets de cuivre.

Plus loin, la marina du ⑦ **Port Olímpic** est bordée de restaurants et de bars et mène aux ⑧ **plages** de la ville, où quantité de bars servent des en-cas et des cocktails en été.

Environ 2,5 km plus loin, le ⑨ **parc del Fòrum** marque la fin de la promenade. Dominant avec sévérité la place vide, la sculpture ⑩ **Fraternitat** ("Fraternité") rend hommage aux centaines de victimes exécutées sous le franquisme.

La ⑪ **Zona de Banys**, zone de baignade protégée, est une attraction très prisée par les familles en été. Derrière, le panneau solaire géant alimente le quartier en électricité.

...e pour le riz onctueux aux ...illées, les saint-jacques à l'ar-..., aux asperges et au jambon, et la ...e rôtie. La note est salée (comptez 48 € pour un déjeuner composé de plusieurs plats) mais se justifie par le panorama.

### CAN ROS  FRUITS DE MER €€

Plan p. 318 (☑93 221 45 79 ; Carrer del Almirall Aixada 7 ; plats 16-28 € ; ☺mar-dim ; 🚌45, 57, 59, 64 ou 157, ⓂBarceloneta). C'est la cinquième génération qui tient les rênes de cette véritable institution, ouverte en 1911 et spécialisée dans les poissons et fruits de mer, où le décor est celui d'un autre temps et où un seul principe vaut toujours : servir un succulent poisson archifrais cuisiné avec légèreté. Le Can Ros prépare aussi un savoureux *arròs a la marinera* (riz aux fruits de mer), une *fideuá* (sorte de paella à base de vermicelles) aux crevettes et palourdes, ainsi qu'un plateau de fruits de mer pour deux.

### RESTAURANT 7 PORTES  FRUITS DE MER €€

Plan p. 318 (☑93 319 30 33 ; www.7portes.com ; Passeig d'Isabel II, 14 ; plats 14-28 € ; ☺13h-1h ; ⓂBarceloneta). Inauguré en 1836, ce café converti en restaurant en 1929 est une institution. Il s'en dégage une atmosphère rétro, renforcée par les boiseries, le carrelage, les miroirs et les plaques rendant hommage aux personnalités (dont Orson Welles) qui ont fréquenté les lieux. La paella est la spécialité maison, mais ceux qui s'en sentent l'appétit pourront tenter à deux le *gran plat de marisc* (grand plateau de fruits de mer).

### VASO DE ORO  TAPAS €

Plan p. 318 (Carrer de Balboa 6 ; tapas 5-9 € ; ☺10h-0h ; ⓂBarceloneta). Une foule joviale fréquente ce bar étroit, perpétuellement bondé, pour ses succulentes tapas. Les serveurs en veste blanche, loquaces, vous serviront quelques blagues avec vos tapas, vos gambas grillées, votre *foie a la plancha* ou vos grillades de *solomillo* (steak d'aloyau). Envie d'une boisson originale ? Essayez la *flauta cincuenta* – moitié bière blonde, moitié bière brune.

### CAN MAÑO  ESPAGNOL €

Plan p. 318 (Carrer del Baluard 12 ; plats 8-12 € ; ☺lun-sam ; ⓂBarceloneta). Malgré la modestie des lieux, vous devrez patienter avant de vous retrouver à une table bondée devant des *raciones* (version plus copieuse des

tapas ; la liste figure sur une ardoise au fond) et une bouteille de *turbio*, un vin blanc trouble. Les fruits de mer, calamars, crevettes et poissons sont de premier ordre et les prix défient toute concurrence.

### BITÁCORA  TAPAS €

Plan p. 318 (Carrer de Balboa 1 ; tapas 4-8 € ; ☺10h-23h lun-ven, 10h-17h sam ; ⓂBarceloneta). Cette sympathique gargote de quartier est appréciée pour son ambiance sympathique et sans prétention et ses tapas copieuses et à petit prix. Une petite terrasse est dissimulée à l'arrière. Mention spéciale pour les *calamares*, les *boquerones* (anchois), les *gambas* et le *vedella amb rulo de cabra* (veau au fromage de chèvre).

## ✖ Port Olímpic, El Poblenou et El Fòrum

Les dizaines de restaurants et de bars à tapas de la marina de Port Olímpic sont pris d'assaut au printemps et en été, bien qu'ils soient sans grand intérêt. Des adresses un peu plus haut de gamme bordent l'extrême nord de la Platja de La Barceloneta, avec en toile de fond le sable, la mer et les palmiers. Les gastronomes pourront s'enfoncer dans El Poblenou, qui abrite quelques perles.

### ♥ ELS PESCADORS  FRUITS DE MER €€

Plan p. 320 (☑93 225 20 18 ; www.elspescadors.com ; Plaça de Prim 1 ; plats 16-28 € ; ☺tlj ; ⓂPoblenou). Sis sur une jolie place bordée de maisons basses et d'arbres *bella ombre* importés il y a longtemps d'Amérique latine, ce restaurant familial animé sert des plats de riz aux fruits de mer parmi les meilleurs de la ville. L'intérieur abrite trois salles : deux assez modernes et une, la principale, qui a gardé son ambiance de vieille taverne. Mais le mieux est de s'installer à l'extérieur. Tous les produits – poissons, viandes et légumes – sont frais et arrivent directement de Catalogne.

### EL CANGREJO LOCO  FRUITS DE MER €€

Plan p. 320 (☑93 221 05 33 ; www.elcangrejoloco.com ; Moll de Gregal 29-30 ; plats 13-25 €, menu du jour 25 € ; ☺tlj ; ⓂCiutadella Vila Olímpica). Le "Crabe fou" est le meilleur de tous les restaurants de poisson et fruits de mer installés sur la marina du Port Olímpic. Les poissons habituels, comme le *bacallà* (morue) et le *rap* (lotte), se déclinent en recettes variées et fondent dans la bouche. La riche *paella de llamàntol* (paella au homard) est succulente.

### XIRINGUITO D'ESCRIBÀ — FRUITS DE MER €€

Plan p. 320 (☑93 221 07 29 ; www.escriba.es ; Ronda Litoral 42 ; plats 18-22 € ; ☺déj tlj toute l'année, 20h-23h30 jeu-sam avr-sept ; Ⓜ Llacuna). Les propriétaires des célèbres pâtisseries Escribà possèdent aussi l'un des restaurants de poisson les plus prisés du front de mer. C'est l'un des rares endroits où une personne seule peut commander une paella ou une *fideuà* (servies habituellement pour deux ailleurs). Les pâtisseries Escribà figurent sur la carte des desserts.

## 🍷 OÙ PRENDRE UN VERRE ET FAIRE LA FÊTE

### 🍷 Port Vell et La Barceloneta

À la belle saison, l'extrémité nord-est de la plage de La Barceloneta, près du Port Olímpic, est particulièrement agréable en soirée, et l'on se croirait presque sous les tropiques ! Tout un choix de restaurants-lounges et de bars-clubs branchés s'y disputent l'attention des touristes. D'autres adresses tout aussi séduisantes sont installées un peu à l'écart.

### XAMPANYERIA CAN PAIXANO — BAR À VIN

Plan p. 318 (☑93 310 08 39 ; Carrer de la Reina Cristina 7 ; tapas 3-6 € ; ☺9h-22h30 lun-sam, 9h-13h dim ; Ⓜ Barceloneta). Ce vaste bar à *cava* a assis de longue date sa réputation sur ses rosés, servis dans d'élégants petits verres et accompagnés de *bocadillos* (mini-sandwichs). Il vous faudra jouer des coudes pour atteindre le bar, et le personnel est si débordé que l'on peine parfois à passer commande.

### ABSENTA — BAR

Plan p. 318 (Carrer de Sant Carles 36 ; Ⓜ Barceloneta). Le décor a beau être excentrique et improbable (vieilles peintures, lampes rétro, étranges sculptures, comme celle d'une femme ailée accrochée au plafond, et écrans de TV décorés de visages peints), ici, on ne plaisante pas avec les alcools : goûtez le vermouth fait maison ou, si vous souhaitez quelque chose de plus fort, essayez l'une des nombreuses absinthes. La clientèle est branchée mais l'ambiance sans prétention.

### KÉ ? — BAR

Plan p. 318 (Carrer del Baluard 54 ; ☺11h-2h ; Ⓜ Barceloneta). Une clientèle éclectique et enjouée fréquente ce petit bar à l'ambiance hippie proche du marché de La Barceloneta. Asseyez-vous sur l'un des fûts rembourrés ou dans l'un des fauteuils usés, à l'arrière, et joignez-vous aux conversations animées débordant dans la rue.

### OPIUM MAR — CLUB

Plan p. 318 (☑902 267486 ; www.opiummar.com ; Passeig Marítim de la Barceloneta 34 ; ☺20h-6h ; Ⓜ Ciutadella Vila Olímpica). Cette discothèque de bord de mer abrite une vaste piste de danse qui attire surtout les visiteurs étrangers. À partir de 3h, l'établissement se remplit de jeunes gens ; c'est en été, lorsque la terrasse donnant sur la plage est ouverte, que l'ambiance est la plus agréable. Un restaurant-café à l'ambiance détendue est également installé sur la plage.

### CDLC — BAR

Plan p. 318 (www.cdlcbarcelona.com ; Passeig Marítim de la Barceloneta 32 ; ☺12h-3h ; Ⓜ Ciutadella Vila Olímpica). La nuit vous appartient au Carpe Diem Lounge Club, où vous évoluerez dans un décor d'inspiration asiatique. Idéal pour démarrer la soirée avant d'aller danser dans les clubs voisins. Vous pouvez venir y dîner ou attendre minuit, lorsque les DJ prennent les opérations en main.

### BAR LEO — BAR

Plan p. 318 (Carrer de Sant Carles 34 ; ☺12h-21h30 ; Ⓜ Barceloneta). Couvert d'images du Bambino, ancienne idole de la chanson andalouse, ce petit bar possède un juke-box qui joue essentiellement du flamenco. Le lieu idéal pour boire un verre au milieu d'une foule jeune et presque exclusivement barcelonaise. Le bar s'anime le week-end.

### SANTA MARTA — BAR

Plan p. 318 (Carrer de Guitert 60 ; ☺10h30-19h dim, lun, mer et jeu, 10h30-22h ven et sam ; ☐45, 57, 59 et 157, Ⓜ Barceloneta). Un mélange de Barcelonais et d'expatriés fréquente ce bar convivial en retrait de la plage pour bavarder, prendre un repas léger ou savourer une bière en regardant passer la foule depuis les tables en terrasse. La cuisine est également alléchante, mêlant spécialités locales et italiennes, avec un choix de *bocatas* (sandwichs).

LA BARCELONETA ET LE FRONT DE MER OÙ SORTIR

## SHÔKO
BAR

Plan p. 318 (www.shoko.biz ; Passeig Marítim de la Barceloneta 36 ; ⊙12h-3h mar-dim ; Ⓜ Ciutadella Vila Olímpica). Entre les bambous, l'électro japonaise et la cuisine asiatico-méditerranéenne, ce restaurant, club et bar de plage branché est résolument tourné vers l'Extrême-Orient. Après le dîner, le Shôko s'anime et les danseurs se déhanchent sous la houlette de DJ internationaux, comme Groove Armada et Felix da Housecat. Le bar de plage est très prisé à l'heure de l'apéritif.

## CATWALK
CLUB

Plan p. 318 (📞 93 224 07 40 ; www.clubcatwalk.net ; Carrer de Ramon Trias Fargas 2-4 ; 15-18 € ; ⊙0h-6h jeu-dim ; Ⓜ Ciutadella Vila Olímpica). Une clientèle bien mise se presse ici en nombre pour écouter de la bonne musique house, parfois adoucie de sonorités électro, R&B, hip-hop et funk plus sensuelles. Vous pourrez également vous affaler dans un canapé moelleux pour discuter tranquillement autour d'un verre. Jekey, célèbre DJ barcelonais, est aux platines presque tous les soirs.

## Port Olímpic, El Poblenou et El Fòrum

La côte offre un bon choix d'établissements où sortir et faire la fête, à commencer par la série de bars survoltés sur la marina du Port Olímpic. L'atmosphère est plus détendue dans les bars de plage. Enfin, au cœur de El Poblenou, vous découvrirez quelques clubs, dont le Razzmatazz, un grand classique de Barcelone.

## RAZZMATAZZ
CLUB

Plan p. 320 (📞 93 320 82 00 ; www.salarazzmatazz.com ; Carrer de Pamplona 88 ; 15-30 € ; ⊙0h-3h30 jeu, 0h-5h30 ven et sam ; Ⓜ Marina ou Bogatell). Des groupes venus des quatre coins de la planète viennent mettre l'ambiance dans cette gigantesque discothèque-salle de concert. Des concerts peuvent être programmés toute la semaine (consultez le site Internet) à des horaires variables. Le week-end, la musique live cède ensuite la place aux DJs.

Le Razzmatazz, qui attire les fêtards de tous âges et de tous horizons musicaux, regroupe cinq boîtes de nuit dans un immense espace post-industriel. L'espace principal, le Razz Club, est un paradis pour les concerts de rock indé internationaux. Le Loft mise sur la house et l'électro, tandis que le Pop Bar diffuse de tout, du garage à la soul. Le Lolita est le royaume de la techno pop et de la deep house et, à l'étage, dans la Rex Room, on se déhanche sur de l'électro-rock.

##  OÙ SORTIR

### MONASTERIO
MUSIQUE LIVE

Plan p. 318 (📞 616 28 71 97 ; Passeig d'Isabel II, 4 ; ⊙21h-2h30 ; Ⓜ Barceloneta). Engouffrez-vous dans cette cave au plafond voûté où règne une ambiance de fête. La programmation éclectique va du jazz le dimanche soir, au blues le jeudi, en passant par le rock le mardi. L'endroit accueille aussi de jeunes chanteurs-compositeurs le lundi. Vaste choix de bières étrangères à la pression.

---

**BOUCHE-À-OREILLE**

### MARCHÉS DU FRONT DE MER

Le week-end, Port Vell s'anime, accueillant plusieurs marchés d'antiquités, d'art contemporain et d'artisanat qui s'installent dans divers lieux stratégiques du front de mer.

Au pied de La Rambla, le petit marché de **Port Antic** (plan p. 318 ; Plaça del Portal de la Pau ; ⊙10h-20h sam et dim ; Ⓜ Drassanes) est une halte obligée des flâneurs et des amateurs d'antiquités. Vieilles photographies, cadres, peintures à l'huile, vinyles, châles, appareils photo et jouets d'époque composent un vrai bric-à-brac. Mieux vaut arriver tôt pour éviter l'affluence.

Près du palais de la Mer (Palau de Mar), la **Feria de Artesanía del Palau de Mar** (plan p. 318 ; Moll del Dipòsit ; ⊙10h-20h sam et dim ; Ⓜ Barceloneta) rassemble des artisans exposant bijoux, T-shirts imprimés, chapeaux faits main, bougies et savons parfumés, foulards et objets décoratifs. En juillet et août, le marché se tient tous les jours.

Le week-end, promenez-vous sur la Rambla de Mar, réservée aux piétons, jusqu'au marché d'art du **Mercado de Pintores** (plan p. 318 ; Passeig d'Ítaca ; ⊙10h-20h sam et dim ; Ⓜ Drassanes) où les toiles peuvent être intéressantes comme médiocres.

### YELMO CINES ICÀRIA — CINÉMA

Plan p. 320 (📞93 221 75 85 ; www.yelmocines.es ; Carrer de Salvador Espriu 61 ; Ⓜ Ciutadella Vila Olímpica). Un vaste complexe avec un très grand choix de films, tous en VO, projetés dans 15 salles. Il est possible de se restaurer et de prendre un verre sur place.

 # SHOPPING

**En dehors de plusieurs marchés du week-end et de l'immense centre commercial de Maremàgnum, le front de mer offre peu de possibilités de shopping.**

### MAREMÀGNUM — CENTRE COMMERCIAL

Plan p. 318 (www.maremagnum.es ; Moll d'Espanya 5 ; ⏰10h-22h ; Ⓜ Drassanes). Bâti sur des docks à l'abandon, ce centre commercial animé, avec ses bars, ses restaurants et ses cinémas, est l'occasion d'une promenade agréable du côté de l'ancien port. Les marques habituelles sont représentées, notamment la chaîne espagnole Mango, H&M, géant du prêt-à-porter, et Desigual, marque barcelonaise aux coupes exubérantes. Les fans de football feront le plein de souvenirs du Barça à la FC Botiga. Sachez que les magasins ici sont ouverts le dimanche, ce qui n'est pas courant dans le reste de la ville.

 # SPORTS ET ACTIVITÉS

**Si vous vous sentez irrésistiblement attiré par les eaux bleues de la Méditerranée, plusieurs options s'offrent à vous : croisières dans le port, cours de voile ou longueurs dans les bassins de l'un des clubs de sport qui bordent le front de mer.**

### CLUB NATACIÓ ATLÈTIC-BARCELONA — NATATION

Plan p. 318 (www.cnab.cat ; Plaça del Mar ; adulte/enfant 11,20/6,50 € ; ⏰7h-23h lun-sam, 8h-20h dim ; 🚌17, 39, 57, 64, Ⓜ Barceloneta). Ce club sportif possède une piscine intérieure et deux bassins extérieurs, dont l'un est chauffé en hiver. Le prix d'entrée donne également accès à une salle de gym et à une plage privée. Pour les membres, comptez 75 € de frais d'inscription et 38 € par mois.

### POLIESPORTIU MARÍTIM — NATATION

Plan p. 318 (www.claror.cat ; Passeig Marítim de la Barceloneta 33-35 ; lun-ven 16 €, sam, dim et jours fériés 19 € ; ⏰7h-0h lun-ven, 8h-21h sam, 8h-16h dim ; Ⓜ Ciutadella Vila Olímpica). À la fois centre sportif et institut de thalassothérapie, cet établissement dispose d'une petite piscine pour faire des longueurs, d'un labyrinthe de bains bouillonnants chauds, tièdes et glacés, et de cascades massantes.

### BASE NAUTICA MUNICIPAL — VOILE, PLANCHE À VOILE

Plan p. 320 (📞93 221 04 32 ; www.basenautica. org ; Avinguda de Litoral ; Ⓜ Poblenou). Les activités nautiques ne manquent pas à Barcelone, comme en témoigne cet établissement, derrière la Platja de la Mar Bella, où l'on peut s'essayer à la navigation de plaisance, au kayak (132 € les 10 heures de cours), à la planche à voile (196 € les 10 heures de cours) ou encore au catamaran (229 € les 12 heures de cours).

### ORSOM — EXCURSIONS EN CATAMARAN

Plan p. 318 (📞93 441 05 37 ; www.barcelona-orsom.com ; Moll de les Drassanes ; adulte/enfant 14/11 € ; ⏰avr-oct ; Ⓜ Drassanes). Embarquez sur un grand catamaran pour une croisière de 90 minutes qui vous mènera du Port Olímpic aux plages et à El Fòrum. Trois départs sont proposés par jour (quatre le week-end en juillet et août), la dernière croisière, prévue au coucher du soleil, se faisant au son du jazz. Le même prestataire assure aussi 5 circuits de 50 minutes par jour en hors-bord (adulte/enfant 12/8 €).

### LAS GOLONDRINAS — EXCURSIONS EN BATEAU

Plan p. 318 (📞93 442 31 06 ; www.lasgolondrinas. com ; Moll de les Drassanes ; circuit 35 minutes adulte/enfant 6,80/2,60 € ; Ⓜ Drassanes). Cet organisme propose des croisières au départ de l'embarcadère en face du Monument à Colomb (Mirador de Colom). Le circuit en golondrinas ("hirondelles", petites embarcations touristiques) de 90 minutes vous emmène à La Barceloneta et jusqu'aux plages de El Fòrum. Plus court, le circuit de 35 minutes jusqu'à la digue permet de découvrir la zone du port. Les deux circuits sont proposés régulièrement toute la journée.

# Le front de mer

**Jadis industriel et fort laid, le littoral de Barcelone a subi un lifting complet à l'occasion des Jeux olympiques de 1992. Plages artificielles, parcs, promenade et autres équipements créés à l'époque voisinent désormais avec des marinas, des hôtels, des centres commerciaux, des bars et des restaurants, composant un agréable front de mer.**

### Cyclisme

**1** De La Barceloneta au parc del Fòrum, cette piste cyclable de plus de 4 km offre un cadre agréable. Elle est bordée de nombreux cafés et restaurants en plein air. À l'arrivée, rien de tel qu'un bain de mer pour se rafraîchir.

### Fruits de mer

**2** Le front de mer est émaillé de restaurants en terrasse où déguster des fruits de mer ultrafrais en admirant la vue - l'occasion de goûter le *suquet* (ragoût de poissons), une spécialité catalane.

### Bars de plage

**3** D'avril à octobre, les *chiringuitos* (bars de plage) investissent la plage, et c'est toute la ville qui prend des airs de tropiques, à grand renfort de musique et de cocktails. Certains sont ouverts toute l'année et attirent les noctambules le week-end.

### Plages

**4** Par beau temps, les plages de Barcelone drainent les adeptes du bronzage qui passent la journée entre volley-ball, football, pique-nique et baignades rafraîchissantes.

### Croisière

**5** Des croisières en bateau ou en catamaran partent régulièrement pour des excursions le long de la côte.

**En haut à gauche, puis dans le sens des aiguilles d'une montre**
**1.** *Homenatge a la Barceloneta* (p. 125) par Rebecca Horns, sur la Platja de La Barceloneta **2.** Paella au restaurant Xiringuito d'Escribà (p. 127) **3.** Bar sur la Platja de La Barceloneta

# La Sagrada Família et L'Eixample

L'ESQUERRA DE L'EIXAMPLE | LA DRETA DE L'EIXAMPLE

## Notre sélection

**❶** Le spectacle de la construction toujours en cours de **La Sagrada Família** (p. 134).

**❷** L'architecture innovante de **La Pedrera** (p. 139).

**❸** L'intérieur tourbillonnant et presque vivant de la **Casa Batlló** (p. 140).

**❹** La fascinante **fondation Antoni Tàpies** (p. 141) pour apprivoiser l'art contemporain.

**❺** L'histoire du célèbre mouvement artistique catalan au **musée du Modernisme catalan** (p. 141).

Pour un plan plus détaillé, reportez-vous p. 326 ➡

## Découvrir L'Eixample

Dans les années 1820, des rangées d'arbres furent plantées de chaque côté de la route reliant Barcelone à la localité de Gràcia, créant la promenade du Passeig de Gràcia. Les rues en damier de L'Eixample abritent la plupart des hôtels et boutiques les plus chers de la ville, ainsi que des restaurants et plusieurs discothèques. Le quartier est idéal pour découvrir l'architecture moderniste. La Sagrada Família mise à part, les plus beaux exemples se trouvent dans le Passeig de Gràcia ou à proximité. L'offre de restauration est surtout haut de gamme et hormis quelques exceptions, l'accent est mis sur les boutiques de design visant une clientèle locale et touristique.

La Dreta de L'Eixample (la Droite de L'Eixample), du Passeig de Gràcia au Passeig de Sant Joan et au-delà, rassemble la majorité des édifices haut de gamme même si le décor se fait moins raffiné près de la Sagrada Família. Dans l'Esquerra de L'Eixample (la Gauche de L'Eixample), au sud-ouest du Passeig de Gràcia, l'ambiance change plusieurs fois. Jusqu'à la Carrer d'Aribau, le prix du mètre carré est l'un des plus chers de la ville. Tout le secteur situé entre la Carrer d'Aribau, le Passeig de Sant Joan, l'Avinguda Diagonal et la Ronda de Sant Pere a été surnommé le Quadrat d'Or (Carré d'or) au début du XXe siècle. Il déborde de luxueux magasins en tout genre : meubles, vêtements de créateurs, spécialités gastronomiques ou chaussures.

La nuit, l'animation se concentre dans l'Esquerra de L'Eixample. Du jeudi au samedi, la vie nocturne bat son plein dans la Carrer d'Aribau. Plus proche de l'université, dans une zone délimitée par la Carrer de Balmes et la Carrer de Muntaner, le "Gaixample" regroupe des bars et des discothèques gays et *gay-friendly*.

## Vivre comme un Barcelonais

⇒ **Marchés** L'Eixample respire le luxe, mais le marché aux puces d'Els Encants Vells (p. 154) peut être l'occasion de quelques affaires originales.

⇒ **Concerts au jardin** Comme beaucoup de locaux, assistez à un concert en plein air l'été dans le joli palais Robert (p. 153).

⇒ **Réserves de cava** Une clientèle fidèle achète l'un des meilleurs *cava de* Barcelone chez Xampany (p. 154).

## Depuis/vers L'Eixample

⇒ **Métro** Quatre lignes de métro traversent L'Eixample. Trois d'entre elles s'arrêtent Passeig de Gràcia, ce qui est pratique pour visiter la Manzana de la Discordia. La ligne 3 dessert la station Diagonal, pour La Pedrera. Les lignes 2 et 5 ont des arrêts proches de la Sagrada Família.

⇒ **Train** Les lignes FGC au départ de la Plaça de Catalunya vous déposent à un arrêt de Provença, au cœur de L'Eixample.

### Bon pla
### Lonely P[...]

Les restaurants d[...] sont assez chers, m[...] voyageurs à petit budg[...] pourront tout de même s[...] régaler en choisissant à mid[...] le *menú del día* (formule), qui, s'il offre moins de choix, est toujours d'un bon rapport qualité/prix.

###  Le top des restaurants

⇒ Tapaç 24 (p. 145)
⇒ Can Kenji (p. 145)
⇒ Alkímia (p. 145)
⇒ Cata 1.81 (p. 148)
⇒ Taktika Berri (p. 148)

Voir détails p. 145 ⇒

### Le top des bars et cafés

⇒ Monvínic (p. 150)
⇒ La Fira (p. 150)
⇒ Les Gens Que J'Aime (p. 153)
⇒ Dry Martini (p. 151)

Voir détails p. 150 ⇒

### Le top du shopping

⇒ Vinçon (p. 154)
⇒ Els Encants Vells (p. 154)
⇒ El Bulevard dels Antiquaris (p. 154)
⇒ Xampany (p. 154)

Voir détails p. 154 ⇒

## LES INCONTOURNABLES
## LA SAGRADA FAMÍLIA

**Si vous ne deviez visiter qu'un seul site touristique à
Barcelone, ce serait celui-là. Malgré plus d'un siècle
de travaux, la Sagrada Família n'est toujours pas
achevée. Si d'aventure on la termine un jour, sa tour
principale s'élèvera plus d'une demi-fois plus haut que
celles déjà en place.**

### Une mission sacrée

C'est à ce Temple Expiatori de la Sagrada Família (temple
expiatoire de la Sainte Famille) qu'Antoni Gaudí a consacré
les dernières années de sa vie. Mandaté par une société
conservatrice souhaitant ériger un temple pour expier le
matérialisme du monde moderne qui dominait la ville,
Gaudí finit par concevoir sa tâche comme une mission
sacrée. Lorsque les fonds commencèrent à s'amenuiser, il
puisa même dans ses propres réserves et ne craignit pas de
solliciter toute personne rencontrée pour un don.

L'église conçue par Gaudí peut contenir 13 000 personnes.
Elle fait 95 m de longueur sur 60 m de largeur. Sa flèche
principale s'élève à 170 m, et 17 autres tours d'une hauteur
de 100 m ou plus ornent le bâtiment. Les 12 tours situées
le long des trois façades représentent les apôtres, les cinq
restantes la Vierge Marie et les quatre évangélistes. Ennemi
des lignes droites, Gaudí donna aux tours des contours
galbés inspirés des cimes en dents de scie de la montagne
sacrée de Montserrat (dans les environs de Barcelone).

À la mort de Gaudí, seuls la crypte, les murs des
absides, une porte et une tour étaient terminés. Trois tours
supplémentaires furent ajoutées en 1930, complétant la
façade nord-est (la Nativité). En 1936, des combattants

### À NE PAS MANQUER

⇒ L'abside, les extraordinaires colonnes et le vitrail
⇒ La façade de la Nativité
⇒ La façade de la Passion
⇒ Le musée Gaudí

### INFOS PRATIQUES

⇒ Plan p. 322
⇒ ☎93 207 30 31
⇒ www.sagradafamilia. org
⇒ Carrer de Mallorca 401
⇒ Tarif plein/- de 10 ans/senior et étudiant 13 €/ gratuit/11 €
⇒ ⊘9h-20h avr-sept, jusqu'à 18h oct-mar
⇒ Ⓜ Sagrada Família

anarchistes brûlèrent ateliers, maquettes et plans. Les travaux reprirent en 1952, mais une polémique a toujours entravé leur progression. Les opposants à la poursuite du projet clament que les maquettes informatiques fondées sur les rares plans de Gaudí qui ont survécu à la fureur anarchiste ont débouché sur la création d'un "monstre" très éloigné des plans et du style de Gaudí. Ce débat a peu de chances d'être résolu. Qu'on l'aime ou qu'on la déteste, cette œuvre ne laisse personne indifférent.

Pour la fin des travaux, les pronostics oscillent entre les décennies 2020 et 2040. En attendant, certaines des parties de l'église les plus anciennes ont déjà dû être restaurées, notamment l'abside.

## Intérieur et abside

À l'intérieur, la couverture de la nef a été achevée en 2010. Elle est soutenue par une forêt de piliers aux angles extraordinaires. Ces piliers qui s'élancent vers le toit supportent de multiples ramifications qui donnent l'illusion d'un feuillage. L'image de l'arbre n'est en rien fortuite : les plans de Gaudí recherchaient cet effet. Tout était pensé dans le moindre détail, y compris la forme et le placement des fenêtres pour recréer l'éclairage moucheté que l'on pourrait observer dans une forêt, lorsque le soleil darde ses rayons à travers les branches. Les piliers sont constitués de quatre types de pierres. Leur couleur et leur résistance varient de la pierre douce de Montjuïc pour ceux des allées latérales au granit, au basalte gris sombre et pour finir au porphyre rouge foncé d'Iran pour les colonnes principales à l'intersection de la nef et du transept. Le vitrail, composé de teintes rouge, bleu et ocre, crée une atmosphère magique et hypnotique lorsqu'il est traversé par le soleil. Les tribunes construites au-dessus des bas-côtés peuvent accueillir deux chœurs : la tribune principale, prévue pour 1 300 personnes et celle des enfants, avec 300 places.

## Façade de la Nativité

La façade de la Nativité constitue sans doute la plus belle partie de l'édifice. L'essentiel en fut réalisé sous la supervision de Gaudí. Vous pouvez grimper au sommet d'une des quatre tours en empruntant différents ascenseurs et d'étroits escaliers en colimaçon – une expérience déconseillée aux personnes souffrant de problèmes cardiaques ou respiratoires. Ces clochers sont destinés à accueillir des carillons susceptibles de jouer une musique complexe à un volume élevé. Leurs parties supérieures sont décorées de mosaïques dessinant les mots "Sanctus, Sanctus, Sanctus, Hosanna in Excelsis, Amen, Alleluia". Lorsqu'on lui demandait

**Malgré son inachèvement, la Sagrada Família attire près de 2,8 millions de visiteurs par an. C'est le monument d'Espagne le plus visité. En novembre 2010, l'église fut consacrée par le pape Benoît XVI lors d'une belle cérémonie.**

### PORTRAIT CACHÉ

En observant attentivement le centre de la façade de la Passion, vous remarquerez un hommage tout spécial du sculpteur Josep Subirachs à l'architecte Antoni Gaudí. Le groupe du centre (sous le Christ crucifié) montre, de droite à gauche, le Christ portant la croix, sainte Véronique présentant le linge avec lequel elle vient d'essuyer le visage de Jésus, ainsi que des soldats romains. On voit aussi, assistant à la scène, un homme nommé "l'Évangéliste" : son visage fut sculpté à partir d'une des rares photos de Gaudí prises quelques années avant sa mort.

## CHRONOLOGIE

**1882** Francesc del Villar est mandaté pour construire une église néogothique.

**1883** Antoni Gaudí devient l'architecte en chef et prévoit une église bien plus ambitieuse pouvant accueillir 13 000 fidèles.

**1926** Mort de Gaudí ; Domènec Sugrañes dirige la suite des travaux. **L'abside 1** et la **façade de la Nativité 2** sont en grande partie achevées.

**1930 Les tours 3** de la façade de la Nativité sont terminées.

**1936** La construction est interrompue par la guerre civile ; les plans de Gaudí sont détruits par des anarchistes.

**1939-1940** L'architecte Francesc de Paula Quintana i Vidal restaure la crypte et réassemble méticuleusement de nombreuses maquettes perdues de Gaudí, dont certaines sont présentées dans le **musée 4**.

**1976** La **façade de la Passion 5** est terminée.

**1986-2006** Le sculpteur Josep Subirachs ajoute des détails sculpturaux à la façade de la Passion, notamment les panneaux narrant les derniers jours du Christ, en employant un style éloigné de celui de Gaudí s'attirant de nombreuses critiques.

**2000** La **voûte de la nef centrale 6** est achevée.

**2010** L'église est totalement couverte. Elle est consacrée par le pape Benoît XVI ; début des travaux du tunnel du train à grande vitesse qui passera sous la **façade de la Gloire 7**.

**2026-2028** Fin prévue des travaux.

### LES BONS PLANS

➡ **Éclairage** C'est en fin d'après-midi que la lumière qui pénètre au cœur de l'église à travers les vitraux de la façade de la Passion est la plus jolie.

➡ **Horaire** Pour éviter la foule, venez en semaine et achetez vos tickets en ligne.

➡ **Vue** Préférez les tours de la façade de la Nativité, il y a généralement foule pour la façade de la Passion.

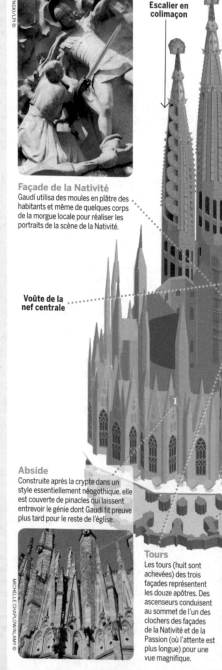

**Escalier en colimaçon**

**Façade de la Nativité**
Gaudí utilisa des moules en plâtre des habitants et même de quelques corps de la morgue locale pour réaliser les portraits de la scène de la Nativité.

**Voûte de la nef centrale**

**Abside**
Construite après la crypte dans un style essentiellement néogothique, elle est couverte de pinacles qui laissent entrevoir le génie dont Gaudí fit preuve plus tard pour le reste de l'église.

**Tours**
Les tours (huit sont achevées) des trois façades représentent les douze apôtres. Des ascenseurs conduisent au sommet de l'un des clochers des façades de la Nativité et de la Passion (où l'attente est plus longue) pour une vue magnifique.

### Façade de la Passion

Depuis la Cène jusqu'à son inhumation, les derniers jours du Christ sont racontés dans une séquence suivant la forme d'un "S", de bas en haut. Remarquez le cryptogramme dans lequel la somme des nombres est toujours 33, l'âge du Christ à sa mort.

STEPHEN SAKS/LPI

### Église terminée

Outre la façade de la Gloire et ses quatre tours, six autres clochers doivent être construits. Ils représenteront les quatre évangélistes, la Vierge Marie et, surplombant toutes les autres au-dessus du transept, un colosse, haut de 170 m, symbolisera le Christ.

### Crypte

Première partie terminée de l'église, la crypte, située sous le transept, possède un style largement néogothique. Depuis le musée Gaudí, on peut voir la tombe de l'artiste.

**Escoles de Gaudí**

### Musée Gaudí

Anciennes photos, esquisses et maquettes en plâtre restaurées redonnent vie aux ambitions de Gaudí. Le musée abrite aussi un fil à plomb incroyablement complexe dont il se servait pour les calculs de ses constructions.

DIANA BIER / ALAMY ©

### Façade de la Gloire

Elle sera la plus extravagante de toutes, le porche s'enorgueillira de 16 lanternes hyperboloïdes surmontées de cônes qui ressembleront à un orgue aux airs de glace fondue.

pourquoi il accordait tant de soin à la décoration du sommet de ces flèches que personne ne verrait de près, Gaudí répondait : "Les anges les verront."

Les trois portails de la façade de la Nativité sont consacrés, de gauche à droite, à l'Espérance, à la Charité et à la Foi. Parmi le foisonnement de sculptures du portail de la Charité, on distingue les Rois mages surmontés d'anges musiciens et entourés du bœuf, de l'âne et des bergers. Une trentaine d'espèces végétales différentes de toute la Catalogne sont représentées ici, et les nombreux visages ont été réalisés à partir de moulages en plâtre faits sur la population barcelonaise... ou sur des corps de la morgue locale !

La scène de l'Annonciation à Marie par l'archange Gabriel figure au-dessus des vitraux bleus. En haut, un cyprès offre un refuge symbolique aux colombes de la paix qui parsèment le décor. La mosaïque au pinacle des flèches a été réalisée en verre de Murano. À droite de la façade se trouve le Claustre del Roser, sorte de minicloître de style gothique, bâti à l'extérieur de l'église. Une fois à l'intérieur, retournez-vous pour regarder la décoration de l'entrée. En bas à droite, un démon reptilien manœuvre une bombe. Barcelone était en effet régulièrement agitée par des violences politiques et les attentats étaient fréquents durant les décennies qui précédèrent la guerre civile. Cette sculpture fait partie du groupe des "tentations des hommes et des femmes".

## Façade de la Passion

Au sud-ouest, sous ses quatre tours, la façade de la Passion (réalisée entre 1954 et 1978 d'après les dessins rescapés de Gaudí) évoque les derniers jours de la vie du Christ. De 1986 à 2006, le sculpteur Josep Subirachs travailla à la décoration du portail. Sans chercher à imiter Gaudí, l'artiste a produit des images fortes et controversées. Elles ont été disposées en forme de S sur trois niveaux, en commençant par la Cène, en bas à gauche, pour s'achever par l'inhumation du Christ, en haut à droite. Des travaux d'embellissement de cette façade sont en cours.

Sur la droite, en face de la façade de la Passion, les Escoles de Gaudí sont l'un de ses joyaux les plus simples. Gaudí conçut cette école pour enfants en la dotant d'un toit original ondulé en briques qui fait encore aujourd'hui l'admiration des architectes. Le bâtiment abrite une reconstitution du modeste bureau de Gaudí tel qu'il était le jour de sa mort, ainsi que des explications sur les motifs géométriques et les plans au cœur de sa technique de construction.

## Façade de la Gloire

Comme les façades nord-est et sud-ouest, la façade principale sera couronnée de quatre tours. Ainsi, au total, 12 tours représenteront les 12 apôtres. Gaudí voulait que la façade de la Gloire soit la plus magnifique de l'église. À l'intérieur se trouvera le narthex, un vestibule formé de 16 "lanternes", des formes hyperboloïdes surmontées de cônes. Des décorations feront de l'édifice un symbole microcosmique de l'église chrétienne, avec le Christ représenté par une colonne centrale de 170 m au-dessus du transept, cinq autres colonnes symbolisant la Vierge Marie et les quatre évangélistes.

## Musée Gaudí

Situé au sous-sol et ouvert en même temps que l'église, le musée Gaudí renferme des documents sur la vie et l'œuvre de l'architecte, ainsi que des maquettes et des photos de La Sagrada Família. Il construisait lui-même ses maquettes qu'il lestait de plomb afin d'étudier le problème de la répartition des charges et des tensions. Une salle latérale à l'extrémité est du musée mène à un point de vue au-dessus de la crypte où est enterré l'architecte et où est désormais célébrée la messe. Elle se visite depuis la Carrer de Mallorca.

## LES INCONTOURNABLES
## LA PEDRERA

Telle une bête ondulante, cet autre chef-d'œuvre fou de Gaudí fut construit entre 1905 et 1910 pour abriter bureaux et appartements. Originellement appelé Casa Milà du nom de son commanditaire, il est plus connu sous le nom de La Pedrera (la carrière) en raison de sa façade irrégulière de pierre grise, qui ondoie dans l'angle de la Carrer de Provença.

Quand Pere Milà demanda à Gaudí de concevoir cet immeuble, ce dernier voulut surpasser tout ce qui avait été fait dans L'Eixample. Milà avait épousé la veuve de Josep Guardiola, Roser, une femme plus âgée et beaucoup plus riche que lui, et il savait visiblement comment dépenser son argent. Il fut l'un des premiers à posséder une voiture à Barcelone et Gaudí construisit donc un garage dans le bâtiment, ce qui fut une grande première.

La Fundació Caixa Catalunya a transformé l'appartement du dernier étage, le grenier et le toit du bâtiment en un espace Gaudí (Espai Gaudí) ouvert aux visiteurs. Le toit et ses cheminées géantes évoquant des chevaliers multicolores en constituent l'élément le plus remarquable. Gaudí souhaitait y installer une grande statue de la Vierge, mais la famille Milà s'y opposa, craignant d'en faire une cible tentante pour les anarchistes. Ce refus entraîna la démission de Gaudí.

Au dernier étage, des arcs paraboliques chers à Gaudí soutiennent le toit. Un modeste musée est consacré à son œuvre.

L'avant-dernier étage accueille un appartement (El Pis de La Pedrera), également ouvert aux visiteurs. Cette balade dans une belle habitation bourgeoise du XX$^e$ siècle est fascinante. Les courbes sensuelles et tous les petits détails – éclairages, montants de lits, poignées de portes, balcons – donnent vraiment envie d'y emménager !

### À NE PAS MANQUER

- ➡ Le merveilleux toit
- ➡ L'appartement
- ➡ La façade en pierre

### INFOS PRATIQUES

- ➡ Casa Milà
- ➡ Plan p. 326
- ➡ ☎902 400973
- ➡ www.fundaciocaixa-catalunya.es
- ➡ Carrer de Provença 261-265
- ➡ Tarif plein/enfant/étudiant 15/7,50/13,50 €
- ➡ ⏰9h-20h mars-oct, jusqu'à 18h30 nov-fév
- ➡ Ⓜ Diagonal

 **LES INCONTOURNABLES**
## LA CASA BATLLÓ

Imaginée par un Gaudí à la créativité délirante, c'est l'un des immeubles résidentiels les plus étranges d'Europe. Constellée de fragments de carrelage bleu, mauve et vert, sa façade ondule au rythme des châssis des fenêtres et des balcons. Surmontée des carreaux bleus d'une toiture tourmentée, elle est couronnée par une petite tour. Avec la Casa Amatller (p. 141) et la Casa Lleó Morera (p. 142), elle forme la Manzana de la Discordia (le pâté de maisons de la discorde).

Chargé de remanier le bâtiment, Gaudí n'a pas fait les choses à moitié. Des carreaux d'un bleu profond scintillent dans les lumineux patios internes. L'artiste a dessiné un escalier qui ondoie jusqu'au 1<sup>er</sup> étage, dont la pièce principale domine le Passeig de Gràcia. Tout semble tournoyer, depuis le plafond qui s'enroule autour d'une lampe jusqu'aux portes, aux fenêtres et aux lucarnes qui forment des ondulations de bois et de verre coloré. Le grenier est caractérisé par les arcs hyperboloïdes chers à Gaudí. Les cheminées carrelées et torsadées ajoutent une note surréaliste au toit.

Les Barcelonais l'appellent familièrement la Casa dels ossos (maison des os) ou la Casa del drac (maison du dragon). Les balcons évoquent en effet les mâchoires décharnées d'une créature étrange, et le toit suggère Sant Jordi (saint Georges) terrassant le dragon. Chaque marche change de couleur à mesure que l'on avance. À l'extérieur, chaque pavé est orné de motifs stylisés de pieuvre ou d'étoile de mer, conçus par Gaudí à l'origine pour la Casa Batlló.

Le nom espagnol "Manzana de la Discordia" n'a pas été traduit en catalan, contrairement à la plupart des noms de lieux barcelonais. *Manzana* signifie en effet "pâté de maisons" et "pomme". Selon la mythologie grecque, la fameuse pomme d'or qui avait été jetée sur le mont Olympe par Éris (déesse de la Discorde) était destinée à la plus belle déesse – ce qui suscita des jalousies et conduisit à la guerre de Troie.

### À NE PAS MANQUER

⇒ La façade et les balcons
⇒ L'intérieur ondulant
⇒ Le toit évoquant le dos d'un dragon

### INFOS PRATIQUES

⇒ Plan p. 326
⇒ ☎93 216 03 06
⇒ www.casabatllo.es, en français
⇒ Passeig de Gràcia 43
⇒ Tarif plein/- de 7 ans/7-18 ans, étudiant et senior 18,15 €/ gratuit/14,55 €
⇒ ⏰9h-20h
⇒ Ⓜ Passeig de Gràcia

# À VOIR

## L'Esquerra de L'Eixample

### CASA BATLLÓ
ARCHITECTURE MODERNISTE

Voir p. 140.

### FONDATION ANTONI TÀPIES
GALERIE D'ART

Plan p. 326 (Fundació Antoni Tàpies ; ☎93 487 03 15 ; www.fundaciotapies.org ; Carrer d'Aragó 255 ; adulte/- de 16 ans 7/5,60 € ; ⏰10h-20h mar-dim ; Ⓜ Passeig de Gràcia). La Fondation Antoni Tàpies rassemble dans l'un des premiers bâtiments modernistes (achevé en 1885) l'œuvre de cet artiste catalan contemporain de premier plan. Connu pour ses œuvres ésotériques, Tàpies est décédé en février 2012, à l'âge de 88 ans ; laissant derrière lui une vaste collection de peintures et une fondation consacrée à la promotion des artistes contemporains.

Domènech i Montaner dessina le bâtiment pour la maison d'édition Editorial Montaner i Simón, propriété d'un de ses cousins. L'édifice, une structure métallique recouverte de briques dont la décoration est d'inspiration mauresque, est couronné d'une œuvre de Tàpies, *Núvol i Cadira* (Nuage et chaise) qui s'entortille au-dessus du bâtiment telle une tempête.

Bien qu'il soit difficile de saisir l'art d'Antoni Tàpies, le documentaire de 1 heure, diffusé au dernier étage, mérite le détour pour comprendre ses influences, sa méthode et sa vie. Dans son œuvre, Tàpies exprimait divers thèmes, ses idées de gauche et humanitaristes ; la pratique de la méditation zen et son rapport à la nature et l'intuition ; l'incarnation telle qu'elle est perçue dans la foi chrétienne ; et l'art en tant qu'alchimie ou magie.

Il créa cette fondation en 1984 afin de promouvoir l'art contemporain et lui a fait don de plus de 800 de ses œuvres, qui constituent le cœur de la collection, complétée par des réalisations d'autres artistes contemporains. Dans le principal espace d'exposition (niveau 1, en haut), on peut admirer une sélection tournante d'environ 20 œuvres de Tàpies, des premiers autoportraits des années 1940 à de grandes pièces comme *Jersei Negre* (pull noir ; 2008). Le niveau 2 abrite une petite salle dédiée aux expositions temporaires. Des expositions temporaires sont organisées au niveau du sous-sol.

### MUSÉE DU MODERNISME CATALAN
MUSÉE

Plan p. 326 (Museu del Modernisme Català ; ☎93 272 28 96 ; www.mmcat.cat ; Carrer de Balmes 48 ; tarif plein/- de 5 ans/5-16 ans/étudiant 10 €/gratuit/5 €/7 € ; ⏰10h-20h lun-sam, jusqu'à 15h dim ; Ⓜ Passeig de Gràcia). Ce musée est aménagé dans un bâtiment moderniste, dont le rez-de-chaussée ressemble à un grand show-room de meubles modernistes. À de nombreux objets réalisés par Antoni Gaudí, comme des chaises de la Casa Batlló et un miroir de la Casa Calvet, s'ajoutent d'autres conçus par des contemporains moins connus, tels quelques faux objets médiévaux saugrenus imaginés par Josep Puig i Cadafalch.

Le sous-sol, aux caractéristiques modernistes comme des piliers recouverts de mosaïques, des voûtes en brique et des colonnes de métal, abrite des tableaux de Ramon Casas et de Santiago Rusiñol, et des statues de Josep Llimona et d'Eusebi Arnau.

### GRATUIT CASA AMATLLER
ARCHITECTURE MODERNISTE

Plan p. 326 (☎93 487 72 17 ; www.amatller.org ; Passeig de Gràcia 41 ; ⏰10h-20h lun-sam, jusqu'à 15h dim, visite guidée en anglais 12h ven, en catalan et espagnol 12h mer ; Ⓜ Passeig de Gràcia). L'une des fantaisies modernistes les plus étonnantes de Puig i Cadafalch, la Casa Amatller mêle des fenêtres gothiques à un pignon en escalier emprunté à l'architecture urbaine hollandaise. Les bustes et sculptures de dragons et de chevaliers sur la façade principale sont un pur caprice artistique de l'architecte.

Le hall d'entrée à colonnes et l'escalier éclairé par des vitraux évoquent l'intérieur de quelque château romantique.

Transformée en 1900 pour le baron du chocolat et philanthrope Antoni Amatller (1851-1910), la Casa Amatller devrait ouvrir au public prochainement, à la fin des travaux, toujours en cours au moment de nos recherches, et qui devaient s'achever en 2012, renseignez-vous sur place. Le 1er (et principal) étage sera converti en musée exposant des objets d'époque, et le 2e étage abritera l'Institut Amatller d'art hispanique.

On peut pour l'instant déambuler dans le hall, admirer l'escalier et l'ascenseur, et traverser la boutique pour aller voir la dernière exposition temporaire à l'arrière. Selon l'avancement des travaux, il est possible de suivre une visite guidée de 1 heure 30 du 1er étage, dont la décoration et l'ameublement du début du XXe siècle sont intacts, ainsi que du studio photo d'Amatller.

Amatller était un voyageur et photographe averti (ses fascinants clichés du Maroc, datant du début du XX<sup>e</sup> siècle, sont parfois exposés). La visite inclut une dégustation de chocolats Amatller, dans la cuisine originale de la maison.

### CASA LLEÓ MORERA ARCHITECTURE MODERNISTE

Plan p. 326 (Passeig de Gràcia 35 ; ⓂPasseig de Gràcia). Contribution de Domènech i Montaner à la Manzana de la Discordia, ce bâtiment moderniste de 1905 est sans doute le moins déroutant des trois édifices composant le pâté de maisons. Sa façade est sculptée dans un style Art nouveau, et dans le vestibule carrelé prédominent les motifs floraux. Il est bien dommage de ne pouvoir visiter l'intérieur (privé), car le 1<sup>er</sup> étage est orné de sculptures tourbillonnantes et de superbes mosaïques.

### FONDATION FRANCISCO GODIA GALERIE

Plan p. 326 (Fundación Francisco Godia ; ☎93 272 31 80 ; www.fundacionfgodia.org ; Carrer de la Diputació 250 ; tarif plein/- de 5 ans/étudiant 6,50 €/gratuit/3,50 € ; ⏰10h-20h lun et mer-dim ; ⓂPasseig de Gràcia). Membre de l'une des grandes familles de Barcelone, Francisco Godia (1921-1990) aimait les voitures de course (il arriva sixième de la saison des Grands Prix en 1956 au volant d'une Maserati) et l'art. Sa collection consiste en un surprenant mélange d'art médiéval, de mosaïques et de peinture moderne.

Elle est installée dans la Casa Garriga Nogués, une étonnante maison moderniste soigneusement restaurée, qui fut construite de 1902 à 1905 par Enric Sagnier pour une riche famille de banquiers.

Au rez-de-chaussée, on peut voir les trophées automobiles (et les lunettes) de Godia, une vidéo relatant ses exploits au volant et des expositions temporaires.

Au 1<sup>er</sup> étage, en haut d'un escalier de marbre aux courbes voluptueuses, les œuvres d'art sont présentées chronologiquement au fil de 17 salles. Les cinq premières renferment principalement des sculptures romanes et gothiques en bois, dont les couleurs sont parfois étonnamment préservées. La gravure sur bois du début du XIV<sup>e</sup> siècle de Joseph d'Arimathie (salle 1), avec son costume rouge vif aux airs de pyjama, vaut le coup d'œil. La *Santa Maria Magdalena* de Jaume Huguet, une Marie-Madeleine vêtue d'une hermine rouge, est exposée salle 5.

La salle 6, une longue pièce rococo aux murs verts, abrite une sélection de la vaste collection de céramiques de Godia, dont les pièces proviennent de tous les centres de production de porcelaine historiques d'Espagne (notamment de Manises, près de Valence, et de Talavera de la Reina, près de Tolède). Admirez le beau vitrail moderniste de la salle 8.

Godia s'intéressait à des artistes très différents, du peintre baroque napolitain Luca Giordano à Joaquim Sorolla, de Valence, en passant par les modernistes catalans. Dans la salle 17, une galerie autour de l'escalier central renferme plusieurs œuvres de peintres modernistes et noucentistes comme Ramon Casas, Santiago Rusiñol et Isidre Nonell. On y voit même un modeste Miró.

### MUSÉE DU PARFUM MUSÉE

Plan p. 326 (Museu del Perfum ; ☎93 216 01 21 ; www.museudelperfum.com ; Passeig de Gràcia 39 ; tarif plein/étudiant et senior 5/3 € ; ⏰10h30-13h30 et 16h30-20h lun-ven, 11h-14h sam ; ⓂPasseig de Gràcia). Ce musée situé à l'arrière de la parfumerie Regia (p. 157) expose tout ce qui a trait au parfum : des anciens flacons égyptiens et de l'époque romaine (datant surtout du I<sup>er</sup> au III<sup>e</sup> siècle) aux bouteilles d'eau de Cologne. Quelque 5 000 flacons de tailles, de formes et d'histoires différentes sont ainsi présentés.

On y découvre une grande variété d'objets, tels des pinces à épiler étrusques en bronze ou des pots-pourris en porcelaine de Sèvres du début du XIX<sup>e</sup> siècle, de vieux catalogues et des affiches publicitaires.

### UNIVERSITÉ DE BARCELONE ARCHITECTURE

Plan p. 326 (Universitat de Barcelona ; ☎93 402 11 00 ; www.ub.edu ; Gran Via de les Corts Catalanes 585 ; ⏰9h-21h lun-ven ; ⓂUniversitat). Une première université avait été fondée sur l'actuelle Rambla au XVI<sup>e</sup> siècle, mais cet édifice, un heureux mélange d'architecture (néo)romane, gothique, islamique et mudéjar, est une fantaisie du XIX<sup>e</sup> siècle construite entre 1863 et 1882. Flânez dans le hall principal, dans le grand escalier, dans les divers cloîtres verdoyants ou dans les jardins à l'arrière.

Au 1<sup>er</sup> étage, la salle Paranimfo, de style mudéjar, est réservée aux grandes occasions.

### GRATUIT MUSÉE ET CENTRE D'ÉTUDES DU SPORT DR MELCIOR COLET MUSÉE

Plan p. 322 (Museu i Centre d'Estudis de l'Esport Dr Melcior Colet ; ☎93 419 22 32 ; Carrer de Buenos Aires 56-58 ; ⏰9h-14h et 15h-17h30 lun-ven ; 🚌27, 32, 59, 66, 67 ou 68). Merveilleusement incongrue, la Casa Company, conçue en 1911 par Puig i Cadafalch, évoque un manoir tyrolien. Ses deux étages présentent une collection hétéroclite de photos, de documents et d'autres objets concernant le sport – depuis le maillot de bain orné d'un squelette d'un champion de water-polo catalan jusqu'à une paire de skis et de chaussures des années 1930.

Au rez-de-chaussée, l'objet le plus curieux est la copie d'une pierre commémorative en latin honorant Lucius Minicius Natal, un jeune Barcelonais qui gagna une course de quadrige (char à quatre chevaux) aux 227$^e$ Jeux olympiques de... 129 av. J.-C. !

**XALET GOLFERICHS**  ARCHITECTURE MODERNISTE

Plan p. 322 (☎93 323 77 90 ; www.golferichs.org ; Gran Via de les Corts Catalanes 491 ; ⊗17h30-21h30 lun-sam ; ⓂRocafort). Cette demeure excentrique semblant d'un autre âge détonne sur ce boulevard, l'un des plus passants de la ville. Le propriétaire, l'homme d'affaires Macari Golferichs, voulait une villa moderniste. La brique, les céramiques et le bois confèrent à cette maison un air résolument gothique. Destinée à être démolie dans les années 1970, elle fut sauvée in extremis par la municipalité et convertie en centre culturel. Les horaires d'ouverture varient en fonction des expositions et autres activités culturelles.

## ⊙ La Dreta de L'Eixample

**LA SAGRADA FAMÍLIA**  ÉGLISE

Voir p. 134.

**LA PEDRERA**  ARCHITECTURE MODERNISTE

Voir p. 139.

**HÔPITAL DE LA SANTA CREU
I DE SANT PAU**  ARCHITECTURE MODERNISTE

(Hospital de la Santa Creu i de Sant Pau ; ☎93 317 76 52 ; www.rutadelmodernisme.com, en français ; Carrer de Cartagena 167 ; visite guidée tarif plein/senior et étudiant 10/5 € ; ⊗visites 10h, 11h, 12h et 13h en anglais, d'autres en catalan, français et espagnol ; ⓂHospital de Sant Pau). Longtemps considéré comme l'un des plus grands centres hospitaliers de la ville, cet hôpital est aussi l'une des créations modernistes les plus abouties du philanthrope architecte Domènech i Montaner. Le complexe, comprenant 16 pavillons, tous uniques, ainsi que le palais de la Musique catalane, qui fait partie du même site

## PACK MODERNISTE

Si vous souhaitez découvrir l'ensemble des joyaux modernistes de L'Eixample, envisagez l'achat du pack Ruta del Modernisme (p. 33). Il comprend un guide (en plusieurs langues) et donne droit à des réductions dans les principaux sites modernistes de la ville.

classé au patrimoine mondial de l'Unesco, est somptueusement décoré.

Domènech i Montaner désirait créer un environnement capable de réconforter les patients. Le prolifique Eusebi Arnau figure parmi les nombreux artistes qui ont contribué aux sculptures, aux céramiques, aux mosaïques et aux vitraux. Les équipements de l'hôpital ont été transférés dans un nouveau complexe situé au même endroit, libérant des structures centenaires aujourd'hui en travaux, destinées à devenir un centre international sur la Méditerranée.

Seules les visites guidées permettent aux curieux de pénétrer dans ce lieu unique – mais le site pourrait un jour ouvrir ses portes pour des visites plus régulières.

**MUSÉE DE LA MUSIQUE**  MUSÉE

Plan p. 322 (Museu de la Música ; ☎93 256 36 50 ; www.museumusica.bcn.cat ; Carrer de Lepant 150 ; tarif plein/senior et étudiant 5/4 €, 15h-20h dim gratuit ; ⊗10h-18h lun et mer-sam, jusqu'à 20h dim ; ⓂMonumental). Pas moins de 500 instruments de musique (mais moins d'un tiers de la collection totale) sont présentés dans ce musée installé au 2$^e$ étage du bâtiment administratif de l'Auditori, la principale salle de concerts classiques de la ville.

Quelques exemples : une guitare baroque du XVII$^e$ siècle, des luths (admirez l'archiluth, il vient de Venise et date de 1641), des violons, des kotos japonais, des sitars indiens, huit orgues (dont certaines datent du XVIII$^e$ siècle), des pianos, des tambours et autres percussions d'Espagne et d'ailleurs. Les instruments sont accompagnés de phonographes et de gramophones en tout genre. On remarque quelques pièces étonnantes, comme un buccin (*buccèn*), une trompe de la famille des cuivres ornée d'une tête de serpent.

Tout au long de l'exposition organisée par thèmes, des installations audiovisuelles permettent de consulter les différents documents et le matériel sonore. Grâce à un ap-

LA SAGRADA FAMÍLIA ET L'EIXAMPLE À VOIR

pareil audio, vous pourrez découvrir le son produit par certains des instruments exposés. Mais l'écoute est parfois perturbée par la musique d'ambiance.

Le musée organise aussi des concerts au cours desquels des musiciens renommés jouent avec des instruments rares de la collection.

### FONDATION SUÑOL
GALERIE D'ART

Plan p. 326 (Fundació Suñol ; ☑93 496 10 32 ; www.fundaciosunol.org ; Passeig de Gràcia 98 ; tarif plein/réduit 5/3 € ; ☺16h-20h lun-sam ; MDiagonal). Cette collection privée comporte 1 200 pièces, en majorité du XXᵉ siècle, qui sont présentées au cours d'expositions tournantes, sur deux étages. Vous verrez peut-être des photographies de Man Ray ou des sculptures d'Alberto Giacometti. De Picasso à Jaume Plensa, les artistes espagnols s'y taillent la part du lion.

La visite est très agréable après la cohue dans les monuments modernistes sur le même boulevard. En outre, vous bénéficierez d'un beau point de vue sur La Pedrera depuis l'arrière du bâtiment.

### GRATUIT PALAIS DU BARON DE QUADRAS
ARCHITECTURE MODERNISTE

Plan p. 326 (Palau del Baró Quadras ; Casa Asia ; ☑93 368 08 36 ; www.casaasia.es ; Avinguda Diagonal 373 ; ☺10h-20h mar-sam, jusqu'à 14h dim ; MDiagonal). Le palais du baron de Quadras fut réalisé par Puig i Cadafalch entre 1902 et 1906 dans un style exubérant d'inspiration gothique. La façade principale est la plus étonnante, avec sa grande galerie vitrée. Regardez les gargouilles et les bas-reliefs, parmi lesquels une paire de poissons dentés et un chevalier tenant une épée : c'est la même signature que celle de l'architecte de la Casa Amatller.

Éclectique, la décoration intérieure est toutefois dominée par les thèmes moyen-orientaux et orientaux. Un décor approprié puisque le bâtiment abrite la Casa Asia, un centre culturel qui promeut les relations entre l'Espagne et la région Asie-Pacifique. La visite d'une exposition temporaire (généralement au 2ᵉ étage) sera l'occasion de jeter un coup d'œil à l'intérieur de ce curieux bâtiment. Profitez aussi de la vue que l'on a depuis la terrasse.

### CASA DE LES PUNXES
ARCHITECTURE MODERNISTE

Plan p. 326 (Casa Terrades ; Avinguda Diagonal 420 ; MDiagonal). La Casa Terrades, de Puig i Cadafalch, est plus connue sous le nom de Casa de les Punxes (maison des pointes) en raison de ses tourelles effilées. Cet immeuble d'habitation qui fut achevé en 1905 ressemble à un château de contes de fées et il est le seul bâtiment moderniste isolé de L'Eixample.

### GRATUIT FONDATION JOAN BROSSA
GALERIE

Plan p. 326 (Fundació Joan Brossa ; ☑93 467 69 52 ; www.fundaciojoanbrossa.cat ; Carrer de Provença 318 ; ☺10h-14h et 15h-19h lun-ven ; MDiagonal). Entrez dans cette galerie en sous-sol pour vous familiariser avec l'univers de Joan Brossa, icône culturelle : artiste, poète, homme de théâtre, nationaliste catalan et grand visionnaire. Vous découvrirez une sélection de ses œuvres (par exemple, *Porró amb Daus*, une carafe à vin typiquement espagnole et un dé) et de ses poèmes visuels.

### MUSÉE ÉGYPTIEN
MUSÉE

Plan p. 326 (Museu Egipci ; ☑93 488 01 88 ; www.museuegipci.com ; Carrer de València 284 ; tarif plein/senior et étudiant 11/8 € ; ☺10h-20h lun-sam, jusqu'à 14h dim ; MPasseig de Gràcia). Le magnat de l'hôtellerie Jordi Clos a passé une grande partie de sa vie à collectionner les antiquités égyptiennes exposées dans ce musée privé. Divisé en sections thématiques (le pharaon, la religion, les pratiques funéraires, la momification, les métiers, etc.), il possède une belle variété de statues, d'objets funéraires, de bijoux (notamment un anneau en or du VIIᵉ siècle av. J.-C.), de céramiques et même un lit fait de bois et de cuir.

Au sous-sol se trouvent un hall d'exposition et une bibliothèque où sont exposées des éditions originales des travaux de Howard Carter, l'égyptologue qui dirigea les fouilles du tombeau de Toutankhamon. Un café plaisant vous attend sur la terrasse du toit.

### ESGLÉSIA DE LA PURÍSSIMA CONCEPCIÓ I ASSUMPCIÓ DE NOSTRA SENYORA
ÉGLISE MÉDIÉVALE

Plan p. 326 (Carrer de Roger de Llúria 70 ; ☺8h-13h et 17h-21h ; MPasseig de Gràcia). On ne s'attend pas à tomber sur une église médiévale dans ce quadrillage de rues qui n'est rien de moins que l'extension de la ville effectuée à la fin du XIXᵉ siècle. Pourtant, elle est bien là. Déplacée pierre par pierre depuis la vieille ville entre 1871 et 1888, cette église du XIVᵉ siècle est agrémentée d'un joli cloître du XVIᵉ siècle et d'un jardin paisible.

Derrière, le clocher roman-gothique (XIᵉ-XVIᵉ siècle) a été prélevé sur une autre église qui n'existe plus aujourd'hui, l'Església de Sant Miquel. Plusieurs autres vieilles églises ont ainsi été transférées bon gré mal gré de leur lieu d'origine jusque dans L'Eixample.

## PALAIS MONTANER — ARCHITECTURE

Plan p. 326 (Palau Montaner ; ☎93 317 76 52 ; www.rutadelmodernisme.com, en français ; Carrer de Mallorca 278 ; tarif plein/enfant et senior 6/3 € ; ⊙visite guidée en anglais 10h30 et en espagnol 12h30 sam, en catalan 10h30 et 12h30, en espagnol 11h30 dim ; ⓜPasseig de Gràcia). Intéressante de l'extérieur et rendue plus attirante encore par son jardin, cette création de Domènech i Montaner est tout aussi spectaculaire à l'intérieur. Achevée en 1896, elle s'enorgueillit d'un magistral escalier couvert par une vaste verrière ornementale. L'intérieur est rempli de sculptures (dont plusieurs d'Eusebi Arnau), de mosaïques et de belles œuvres sur bois. Mieux vaut appeler à l'avance si l'on veut être sûr de faire la visite, car le bâtiment est parfois fermé le week-end.

## GRATUIT MUSÉE DES CORBILLARDS — MUSÉE

Plan p. 322 (Museu de Carrosses Fúnebres ; ☎902 076902 ; Carrer de Sancho d'Ávila 2 ; ⊙10h-13h et 16h-18h lun-ven, 10h-13h sam, dim et jours fériés ; ⓜMarina). Amateurs de corbillards, ce musée vous permettra d'admirer l'élégance des enterrements en grande pompe de la fin du XVIIIe au début du XXe siècle. L'entreprise de pompes funèbres qui gère ce musée affirme qu'il s'agit du plus grand de ce genre au monde.

À la réception, un agent de sécurité vous conduira dans le sinistre sous-sol. Aux côtés d'un corbillard Buick et de quelques fourgons mortuaires motorisés s'alignent 11 calèches-corbillards utilisées au XIXe et au début du XXe siècle. Une reconstitution présente quatre d'entre elles avec des chevaux et des membres du cortège en perruque poudrée et tricorne. Comptez une demi-heure pour parcourir cette étrange exposition.

## ESGLÉSIA DE LES SALESES — ÉGLISE NÉOGOTHIQUE

Plan p. 326 (☎93 265 39 12 ; Passeig de Sant Joan ; ⊙10h-14h et 17h-21h lun-sam ; ⓜTetuan). L'intérêt de cette église néogothique tient avant tout à son bâtisseur. Elle fut érigée entre 1878 et 1885 avec un couvent adjacent (très endommagé pendant la guerre civile et désormais aménagé en école) par Joan Martorell i Montells (1833-1906), le professeur d'architecture de Gaudí. L'église donne à voir des signes précurseurs du modernisme, qu'il s'agisse de l'usage de la brique, des mosaïques ou des vitraux d'une grande sobriété.

# ✖ OÙ SE RESTAURER

La plupart des restaurants de ce vaste quartier sont réunis dans le Quadrat d'Or, entre la Carrer de Pau Claris et la Carrer de Muntaner, l'Avinguda Diagonal et la Gran Via de les Corts Catalanes. Le secteur ne manque pas de bars-restaurants tout à fait acceptables (souvent avec tables en terrasse) offrant des *menús del día* (formules) raisonnables et des plats classiques à la carte. Parmi ces établissements se trouvent de réelles trouvailles, proposant une cuisine locale et internationale.

## ✖ La Dreta de L'Eixample

### ♥ TAPAÇ 24 — TAPAS €€

Plan p. 326 (www.carlesabellan.com ; Carrer de la Diputació 269 ; plats 10-20 € ; ⊙9h-0h lun-sam ; ⓜPasseig de Gràcia). Carles Abellán, patron du Comerç 24 dans La Ribera, tient ce paradis des tapas en sous-sol connu pour ses versions gastronomiques de grands classiques. Parmi les spécialités figurent le *bikini* (croque-monsieur avec jambon fumé et truffe) et un épais *arròs negre de sípia* (riz noir à l'encre de seiche).

L'inventif McFoie-Burguer est succulent et, en dessert, choisissez les *xocolata amb pa, sal i oli* (délicieuses boules de chocolat dans l'huile d'olive avec une touche de sel et une gaufrette). Réservation non acceptée mais l'attente est méritée.

### ♥ ALKÍMIA — CATALAN €€€

(☎93 207 61 15 ; www.alkimia.cat ; Carrer de l'Indústria 79 ; formule 38-84 € ; déj et dîner lun-ven sept-juil ; ⓜVerdaguer). Jordi Vilà, alchimiste culinaire, sert des plats catalans raffinés et revisités dans une élégante salle aux murs blancs, à l'écart des sentiers battus. Les plats tels que l'*arròs de nyore i safrà amb escamarlans de la costa* (riz au safran et au piment doux avec écrevisses) ont valu à Vilà sa première étoile Michelin.

### CAN KENJI — JAPONAIS €

Plan p. 322 (☎93 476 18 23 ; www.cankenji.com ; Carrer del Rosselló 325 ; plats 6-12 € ; ⊙13h-15h30 et 20h30-23h30 lun-sam ; ⓜVerdaguer). C'est l'endroit idéal pour manger japonais à Barcelone. Le chef de ce petit *izakaya* (pub-restaurant japonais) raffiné se fournit en produits frais aux marchés de la ville.

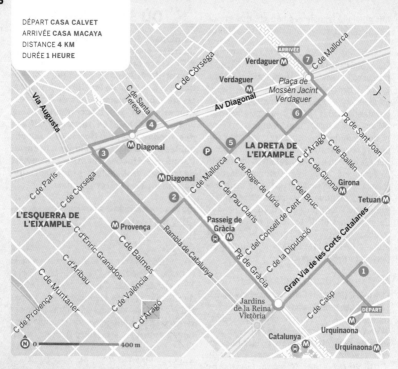

Promenade à pied

# Folie moderniste dans L'Eixample

La contribution la plus conventionnelle de Gaudí à L'Eixample est la ➊ **Casa Calvet**, construite en 1900. D'inspiration baroque, l'élégante façade en pierre de taille est agrémentée de balcons saillants en fer forgé. À l'intérieur, vous admirerez tout en mangeant dans le restaurant chic.

La ➋ **Casa Enric Batlló**, réalisée en 1896 par Josep Vilaseca (1848-1910), fait désormais partie de l'hôtel Comtes de Barcelona. La nuit, l'éclairage magnifie la façade en brique.

Puig i Cadafalch a laissé libre cours à son imagination pour ériger la ➌ **Casa Serra** entre 1903 et 1908. Ce caprice néogothique héberge des services administratifs. Avec sa tour centrale coiffée d'un chapeau de sorcière, ses fenêtres des étages supérieurs richement décorées et son toit carrelé, voilà une bien étrange demeure !

Bâtie en 1911 par Salvador Valeri (1873-1954), la ➍ **Casa Comalatis** est elle aussi saisissante. Sur la façade principale, ornée d'un toit ondulé et de balcons bombés, l'influence de Gaudí est manifeste. Faites

le tour jusqu'à la Carrer de Còrsega pour admirer une façade plus gaie, avec des fenêtres disposées comme un jeu de cartes.

Achevée en 1912, la ➎ **Casa Thomas** est l'une des premières œuvres de Domènech i Montaner. Les détails en céramique sont caractéristiques de son style, et, au rez-de-chaussée, l'énorme décoration en fer forgé est magnifique. Entrez dans le magasin de design Cubiña pour admirer l'intérieur.

On doit la ➏ **Casa Llopis i Bofill** (1902) à Antoni Gallissà (1861-1903). Sa façade couverte de sgraffites attire particulièrement le regard. Les arcs paraboliques sophistiqués du rez-de-chaussée et les balcons en fer forgé sont des éléments résolument modernistes.

Construite en 1901, la ➐ **Casa Macaya** de Puig i Cadafalch est dotée d'une cour magnifique et d'amusantes ornementations pseudo-gothiques caractéristiques de nombreuses réalisations de cet architecte. L'immeuble, qui appartient désormais à la banque La Caixa, est ouvert au public lors d'expositions ponctuelles.

Il ajoute une touche méditerranéenne à sa cuisine japonaise : tempura de sardines avec une purée d'aubergine, de miso et d'anchois, ou *tataki* (poisson légèrement grillé) de *bonito* (thon) avec *salmorejo* (soupe cordouane froide de tomate et de pain). De la cuisine fusion dans toute sa splendeur.

### NOTI                                        MÉDITERRANÉEN €€

Plan p. 326 (☑93 342 66 73 ; http://noti-universal. com ; Carrer de Roger de Llúria 35 ; plats 10-15 €, formules déj 14-24 € ; dîner 36 € ; ⊘déj et dîner lun-ven, dîner sam ; MPasseig de Gràcia). Ancien siège du journal *Noticiero Universal*, Noti possède une vaste salle couverte de miroirs qui semblent multiplier les tables design en métal. Au menu : poisson frais du marché de la Boqueria avec ratatouille de courgettes au citron, ou plat de viande, du steak tartare au poulet au curry. Au bar, démarrez la soirée par le cocktail du jour.

### PATAGONIA                             SUD-AMÉRICAIN €€€

Plan p. 326 (☑93 304 37 35 ; Gran Via de les Corts Catalanes 660 ; repas 40-45 € ; ⊘déj et dîner ; MPasseig de Gràcia). Élégant restaurant proposant un festin de bœuf argentin. Après les *empanadas* (petits chaussons à la viande) et les *achuras* (abats), passez à un copieux plat de viande, comme le juteux *medallón con salsa de colmenillas* (médaillon de bœuf, sauce morilles) ou des classiques tels que le *bife de chorizo* (faux-filet avec chorizo) ou la *picanha* brésilienne (rumsteck). La viande est servie avec un accompagnement parmi cinq au choix.

### CASA CALVET                                    CATALAN €€

Plan p. 326 (☑93 412 40 12 ; www.casacalvet.es ; Carrer de Casp 48 ; plats 15-30 €, menus dégustation jusqu'à 70 € ; ⊘déj et dîner lun-sam ; MUrquinaona). L'un des premiers chefs-d'œuvre de Gaudí aux courbes caractéristiques abrite désormais un restaurant luxueux (à droite de l'entrée principale). La clientèle élégante dîne dans l'intimité d'une *taula cabina* (cabine en bois). Au menu : sole et homard sur purée de poireaux, avec sauce au vinaigre balsamique et pedro ximénez (vin blanc), et chips d'artichauts.

### DE TAPA MADRE                                  CATALAN €€

Plan p. 326 (☑93 459 31 34 ; www.detapamadre. cat ; Carrer de Mallorca 301 ; plats 8-15 € ; ⊘8h-1h lun-sam ; MVerdaguer). L'atmosphère conviviale se fait sentir dès que l'on ouvre la porte. On mange sur les quelques petites tables le long de la devanture, sur la mezzanine, plus vaste, donnant sur les tapas du bar en contrebas, ou au fond, après les pâtes de jambon. L'*arròs caldós amb llagostins* (copieux plat de riz aux crevettes) est délicieux.

### EMBAT                                      MÉDITERRANÉEN €€

Plan p. 326 (☑93 458 08 55 ; www.restaurantembat. es ; Carrer de Mallorca 304 ; plats 10-20 € ; ⊘déj mar et mer, déj et dîner jeu-sam ; MGirona). De jeunes chefs enthousiastes préparent des plats joliment présentés dans ce restaurant en sous-sol, dont le cadre marron et crème n'est pas au goût de tous. Le midi, comptez environ 20 à 25 € pour trois plats de poisson ou de viande.

Prenez des *raviolis de pollo amb bacon i calabassó* (raviolis au poulet sauce aux lardons, courgettes et autres légumes) suivis du fondant *lluç amb pa amb tomàquet, carxofes i maionesa de peres* (épaisse tranche de colin sur du pain gorgé de tomate, avec artichauts et mayonnaise à la poire).

### CASA AMALIA                                     CATALAN €

Plan p. 326 (☑93 458 94 58 ; Passatge del Mercat 4-6 ; plats 8-16 € ; ⊘déj et dîner mar-sam, déj dim sept-juil ; MGirona). Restaurant apprécié pour sa cuisine catalane roborative à base de produits frais, provenant principalement du marché voisin. Le jeudi en hiver, on y sert l'*escudella,* classique des montagnes catalanes. Également quelques plats locaux, comme le *bacallà al allioli de poma* (cabillaud sauce aïoli à la pomme). Le midi, la formule de quatre plats (12 €) est d'un exceptionnel rapport qualité/prix.

L'établissement à la décoration orange et blanc exploite au maximum ses deux niveaux.

### CASA ALFONSO                                  ESPAGNOL €

Plan p. 326 (☑93 301 97 83 ; www.casaalfonso.com ; Carrer de Roger de Llúria 6 ; plats 8 € ; ⊘9h-1h lun-sam ; MUrquinaona). Ouverte depuis 1934, la Casa Alfonso est parfaite pour un café matinal ou une pause tapas au comptoir de marbre. Dans un décor de bois, de vieilles photos et de jambons suspendus, elle attire à toute heure une clientèle fidèle à ses *flautas* (sandwichs flûtes, garniture au choix), ses jambons, ses fromages, ses plats chauds et ses desserts maison. Terminez par un *alfonsito* (petit Irish coffee).

## ✖ L'Esquerra de L'Eixample

### CATA 1.81
TAPAS €€

Plan p. 326 (☑93 323 68 18 ; www.cata181.com ; Carrer de València 181 ; formule déj 16 €, tapas 7-12 €, menus dégustation 28-45 € ; ⊘dîner lun-sam ; Ⓜ Passeig de Gràcia). Une jolie salle (aux multiples petites lumières, parfois enfermées dans des cages à oiseaux) idéale pour savourer du bon vin et des plats délicats tels que les *raviolis amb bacallà* (raviolis de cabillaud) ou la *truita de patates i tòfona negre* (épaisse omelette de pommes de terre saveur truffe). Ici, les vins sont à l'honneur, laissez-vous tenter par de bons crus espagnols.

### TAKTIKA BERRI
BASQUE, TAPAS €€

Plan p. 326 (Carrer de València 169 ; plats 15 € ; ⊘déj et dîner lun-ven, déj sam ; Ⓜ Hospital Clínic). Mieux vaut arriver tôt car les meilleures tapas basques de la ville attirent les foules. Restez à l'affût, à peine sorties de la cuisine, ces petites bouchées sont aussitôt englouties. La salle du fond où l'on peut s'asseoir est également agréable. Le soir, fermeture à 22h30.

### SPEAKEASY
INTERNATIONAL €€

Plan p. 326 (☑93 217 50 80 ; www.drymartinibcn. com ; Carrer d'Aribau 162-166 ; plats 10-15 € ; ⊘déj et dîner lun-ven, dîner sam sept-juil ; Ⓜ Diagonal). Ce restaurant "clandestin" est dissimulé derrière le bar Dry Martini (p. 151). On vous indiquera une porte dans la cuisine conduisant à la "réserve", tapissée de centaines de bons crus. Les couleurs sombres, les quelques œuvres d'art, l'éclairage tamisé, le jazz en fond sonore et le service agréable forment le décor. Au menu, des plats appétissants comme l'énorme morceau de *burrata* aux asperges blanches et lamelles de délicieux *jamón* (jambon fumé).

### ✒ FASTVÍNIC
CAFÉ €

Plan p. 326 (☑93 487 32 41 ; www.fastvinic.com ; Carrer de la Diputació 251 ; sandwichs 6-10 € ; ⊘12h-0h lun-sam ; Ⓜ Passeig de Gràcia). Ici, le développement durable est à l'honneur. La "slow food" est préparée rapidement, avec ingrédients, vin et matériaux catalans. Conçu par Alfons Tost, l'endroit rassemble plantes purificatrices, éclairage basse consommation, et un système de recyclage de l'eau et de la nourriture.

Le menu propose uniquement des sandwichs. Au choix : rosbif, moutarde et miel, ou, plus audacieux, cochon de lait croustillant, sauce banane et coriandre. Distributeur de vins espagnols de qualité en self-service. La salle élégante et calme est bercée par la musique classique. De grandes tables accueillent les groupes, et des coins plus tranquilles, les repas d'affaires. Un conseil : évitez la table située entre la porte coulissante et la machine à recycler les aliments pour ne pas subir les courants d'air chauds/froids et les éclats de nourriture.

### CINC SENTITS
INTERNATIONAL €€

Plan p. 326 (☑93 323 94 90 ; www.cincsentits.com ; Carrer d'Aribau 58 ; plats 10-20 € ; ⊘déj et dîner mar-sam ; Ⓜ Passeig de Gràcia). Ce royaume, un peu trop éclairé, des "Cinq sens" propose un menu dégustation (49 €-69 €), comprenant une série de petits plats expérimentaux. L'établissement n'utilise que des produits locaux frais, comme le poisson de la Costa Brava et le succulent cochon de lait d'Estrémadure. Moins ambitieuse, mais meilleur marché, la formule du midi est à 30 €.

### MELTON
ITALIEN €€

Plan p. 322 (☑93 363 27 76 ; Carrer de Muntaner 189 ; plats 12-20 €, menu dégustation 55 € ; ⊘mar-sam ; Ⓜ Hospital Clínic). Cet élégant restaurant, recommandé par des Italiens, propose des pâtes bien préparées et des risottos (au foie gras, par exemple), ainsi que d'appétissants plats de viande ou de poisson. Pour des plats peu ordinaires, essayez la *lasagnetta de tòfona negra i múrgules* (petites lasagnes à la truffe noire et aux morilles).

### ALBA GRANADOS
ESPAGNOL, MÉDITERRANÉEN €€

Plan p. 326 (☑93 454 61 16 ; Carrer d'Enric Granados 34 ; plats 12 € ; ⊘déj et dîner lun-sam, déj dim ; ⓇFGC Provença). En été, demandez une table romantique pour deux sur le balcon du 1er étage. Surplombant les arbres, l'endroit est exceptionnel, avec peu de circulation. À l'intérieur, les salles sont immenses, avec briques apparentes et parquet sombre. Le menu est éclectique, mais les meilleurs plats sont composés de viande, comme le *solomillo a la mantequilla de trufa con tarrina de patata y beicon* (faux-filet au beurre de truffe, terrine de pommes de terre et bacon).

### TERRABACUS
TAPAS €€

Plan p. 322 (☑93 410 86 33 ; www.terrabacus. com ; Carrer de Muntaner 185 ; plats 12-15 €, *menú del día* 18 € ; ⊘déj et dîner mar-ven, dîner lun et sam ; Ⓜ Hospital Clínic). Ici, c'est la nourriture qui accompagne le vin. Sur cette "Terre de Bacchus", on choisit d'abord parmi la vaste carte des vins puis on sélectionne de quoi grignoter : une assiette de fromages ou de jambon fumé Joselito. Il y a aussi des plats plus conséquents comme le risotto ou le steak tartare.

### CERVESERIA BRASSERIA GALLEGA TAPAS €€

Plan p. 322 (☑ 93 439 41 28 ; Carrer de Casanova 238 ; plats 10-20 € ; ⊘déj et dîner lun-sam ; ⓜHospital Clínic). Ce modeste établissement passe facilement inaperçu. Pourtant, un coup d'œil suffit pour voir qu'il est bondé de locaux en pleine conversation au-dessus de spécialités galiciennes. En entrée, le *pulpo a la gallega* frais (poulpe épicé aux pommes de terre) confirme la qualité de l'endroit.

Les serveurs ne chôment pas mais prennent le temps de plaisanter. Le cadre est simple, les plats de viande sont succulents et la *fideuà* (sorte de paella à base de vermicelles) est pleine de saveurs marines.

### LA BODEGUETA PROVENÇA TAPAS €

Plan p. 326 (☑ 93 215 17 25 ; Carrer de Provença 233 ; plats 7-10 € ; ⊘déj et dîner ; ⓜDiagonal). La "Petite cave à vin" propose des tapas classiques présentées avec classe, des *calamares a la andaluza* (calamars à la romaine) à la *cecina* (viande de veau séchée). L'*ous estrellats* (littéralement "œufs brisés") est la spécialité de la maison : mélange de blanc d'œuf brouillé, de jaune d'œuf, de pommes de terre et d'ingrédients allant du foie gras au *morcilla* (boudin noir). Accompagnez le tout d'un bon Ribera del Duero ou d'une *caña* (petit verre de bière).

### KOYUKI JAPONAIS €€

Plan p. 326 (Carrer de Còrsega 242 ; plats 14 € ; ⊘déj et dîner mar-sam, dîner dim ; ⓜDiagonal). Ce restaurant japonais sans prétention, installé en sous-sol, est une adresse que l'on revisite avec plaisir. Installez-vous à une grande table et choisissez votre plat dans le menu kitsch agrémenté de photos – vous ne serez pas déçu. *Sashimis moriawase* variés, généreux et toujours frais. Le *tempura udon* est un plat de nouilles particulièrement copieux. Le tout s'accompagne d'une bière Sapporo.

### BODEGA SEPÚLVEDA CATALAN €

Plan p. 322 (☑ 93 323 59 44 ; www.bodegasepulveda.net ; Carrer de Sepúlveda 173bis ; tapas 4-12 € ; ⊘déj et dîner lun-ven, dîner sam ; ⓜUniversitat). Cette taverne sert des tapas à des clients ravis depuis 1952. La carte est imposante et mêle classiques traditionnels catalans (comme le *cap i pota* – bœuf en sauce) et plats plus surprenants, comme le *carpaccio de calabacín con bacalao y parmesán* (carpaccio de courgettes au cabillaud et au parmesan). On peut s'y attarder jusqu'à 1h.

La salle principale se trouve en bas, à l'arrière, avec un espace bas de plafond à l'étage.

### CERVESERIA CATALANA TAPAS €

Plan p. 326 (☑ 93 216 03 68 ; Carrer de Mallorca 236 ; plats 8 € ; ⊘déj et dîner ; ⓜPasseig de Gràcia). La "Brasserie catalane" convient pour un café et un croissant au petit-déjeuner, ou des tapas et des *montaditos* (petits sandwichs) à foison au déjeuner ou au dîner. Installez-vous au bar, en terrasse sur le trottoir ou à l'intérieur. Le choix de tapas chaudes, de salades et autres en-cas attire une clientèle élégante locale et étrangère.

### EL RINCÓN MAYA MEXICAIN €

Plan p. 326 (☑ 93 451 39 46 ; Carrer de València 183 ; plats 5-10 € ; ⊘déj et dîner mar-sam, dîner lun ; ⓜPasseig de Gràcia). Il est parfois difficile de trouver une place dans ce restaurant mexicain au cadre simple et chaleureux. On y déguste des petites portions de *nachos*, guacamole et *fajitas* riches en saveurs et des spécialités moins connues comme les *tacos de pibil* (tacos de porc) et la *tinga* (plat au poulet). Plats plus conséquents pour 9,50 €. Le chef et propriétaire a longtemps travaillé dans la restauration à Mexico.

### RESTAURANTE JARDÍN ROSA CHINOIS €

Plan p. 322 (☑ 93 325 71 95 ; Avinguda Mistral 54 ; plats 8 € ; ⊘déj et dîner ; ⓜEspanya). Comme dans toutes les villes, les restaurants chinois bon marché ne manquent pas, mais celui-ci se démarque par son authenticité. On y sert de la soupe de sang de cochon, du poulet noir au gingembre, des cuisses de grenouilles, et des anguilles au poireau. La décoration est sobre, loin du cadre kitsch habituellement associé aux restaurants chinois.

### AMALTEA VÉGÉTARIEN €

Plan p. 322 (www.amalteaygovinda.com, en français ; Carrer de la Diputació 164 ; plats 5 € ; ⊘déj et dîner lun-sam ; 🖻 ; ⓜUrgell). La fresque du ciel bleu au plafond donne le ton dans ce restaurant végétarien populaire. En semaine, la formule du midi (10,50 €) offre une série de plats qui changent fréquemment au fil des saisons. Le soir, le menu de deux plats (15 €) est d'un bon rapport qualité/prix et les desserts maison sont tentants. Propose aussi des cours de yoga, de tai-chi et de danse du ventre.

LA SAGRADA FAMÍLIA ET L'EIXAMPLE OÙ SE RESTAURER

#### CRUSTO
CAFÉ €

Plan p. 326 (📞93 487 05 51 ; www.crusto.es ; Carrer de València 246 ; pain et pâtisserie à partir de 2 € ; ⏱déj et dîner lun-sam ; Ⓜ Passeig de Gràcia). Boulangerie-pâtisserie d'inspiration française où les effluves des baguettes et des croissants chauds et les innombrables pâtisseries suffiront à vous convaincre de prendre place pour un long et savoureux petit-déjeuner.

#### MAURI
PÂTISSERIE €

Plan p. 326 (📞93 215 10 20 ; Rambla de Catalunya 102 ; pâtisseries à partir de 1,50 € ; ⏱8h-21h lun-sam, jusqu'à 15h dim ; Ⓜ Diagonal). Depuis son ouverture en 1929, de nombreux clients salivent devant l'interminable palette de bonbons, de croissants au chocolat et d'autres gourmandises de cette vénérable pâtisserie.

#### CREMERIA TOSCANA
GLACES €

Plan p. 322 (📞93 539 38 25 ; Carrer de Muntaner 161 ; glaces à partir de 1,50 € ; ⏱13h-21h mardim oct-Pâques, 13h-0h mar-dim Pâques-sept ; Ⓜ Hospital Clínic). Oui, on peut manger de bonnes glaces à Barcelone, en fermant les yeux, on se croirait de l'autre côté de la Méditerranée, chez les spécialistes de la crème glacée. *Stracciatella crémeuse, nocciola ondulante*, et quantité d'autres parfums, en cornet ou en pot, vous attendent chez ce glacier authentique.

#### ESCRIBÀ
DESSERTS €

Plan p. 326 (📞93 454 75 35 ; www.escriba.es, en français ; Gran Via de les Corts Catalanes 546 ; pâtisseries à partir de 2 € ; ⏱8h-15h et 17h-21h lun-ven, 8h-21h sam, dim et jours ; Ⓜ Urgell). Antoni Escribà poursuit une tradition familiale (datant de 1906) en faisant fondre le cœur des Barcelonais avec ses remarquables pâtisseries et créations chocolatées. Essayez des *bunyols de xocolata* à Pâques (petits choux fourrés au chocolat). Une autre boutique est installée dans un décor moderniste à La Rambla de Sant Josep 83 (plan p. 307).

#### ORXATERIA SIRVENT
GLACES €

Plan p. 322 (📞93 441 76 16 ; Ronda de Sant Pau 3 ; *horchata* à partir de 3 €, glace à partir de 1,50 € ; ⏱11h-14h et 16h-21h oct-avr, 11h-21h juin-sept ; Ⓜ Sant Antoni ou Paral.lel). Depuis 1926, cette adresse animée sert la meilleure *orxata/ horchata* (boisson à base de souchet) de la ville. Inutile donc de prendre le train jusqu'à Valence, la terre natale de cette boisson. Il y a aussi des glaces, du *granissat* (granité) et du *turrón* (nougat).

## 🍷 OÙ PRENDRE UN VERRE ET FAIRE LA FÊTE

**Les nuits de L'Eixample sont plutôt calmes, à l'exception de certaines rues. La bruyante Carrer de Balmes est bordée d'adresses fréquentées par une clientèle d'adolescents chahuteurs. Les quelques établissements de la Carrer d'Aribau, entre l'Avinguda Diagonal et la Carrer de Mallorca, sont bien plus intéressants. On y trouve des bars à cocktails paisibles aux bars rétro des années 1960. La plupart ne s'animent pas avant minuit et sont généralement fermés ou désertés du dimanche au mercredi. Plus bas, la Carrer del Consell de Cent, la Carrer de la Diputació et leurs alentours abritent le cœur du Gaixample, avec ses bars et clubs homosexuels.**

### 🍷 L'Esquerra de L'Eixample

#### ♥ MONVÍNIC
BAR À VIN

Plan p. 326 (📞932 72 61 87 ; www.monvinic.com ; Carrer de la Diputació 249 ; ⏱bar à vin 13h30-23h30, restaurant 13h30-15h30 et 20h30-22h30 ; Ⓜ Passeig de Gracia). Le *Wall Street Journal* l'a proclamé "meilleur bar à vin du monde" et c'est un incontournable pour le sommelier d'El Bulli : Monvínic est une ode – voire un hymne – à l'amour du vin. Sur le bar, une tablette numérique présente la carte interactive des vins comprenant plus de 3 000 variétés. Possibilité de rechercher par origine, année ou cépage.

L'endroit n'est toutefois pas réservé qu'aux connaisseurs ; les amateurs peuvent aussi y déguster des vins au verre (60 sélections). Les prix commencent à 3,50 € pour un verre d'Albariño, et l'on peut aussi commander une bouteille. Les tarifs sont abordables, mais si l'on souhaite faire des folies, il y a de superbes vins millésimés. N'hésitez pas à discuter avec l'un des six sommeliers qui préparent la liste. Au fond, le restaurant spécialisé dans la cuisine méditerranéenne se fournit auprès des agriculteurs catalans.

#### LA FIRA
BAR

Plan p. 326 (Carrer de Provença 171 ; 8-12 € ; ⏱22h30-3h mer-sam ; ℝFGC Provença). Bar design équipé de miroirs déformants et d'anciennes attractions de fête foraine allemande. La musique va de la house aux tubes des années 1990 en passant par la variété espagnole. Vous pourrez également tester les shots au bar, il en aurait 500 différents (mais nous ne les avons pas comptés).

## DRY MARTINI
BAR

Plan p. 326 (☎93 217 50 72 ; www.drymartinibcn.com ; Carrer d'Aribau 162-166 ; ☺17h-3h ; ⓂDiagonal). Les serveurs souriants préparent les cocktails dont vous rêvez. Celui de la maison, à prendre au bar ou installé dans un somptueux fauteuil de cuir vert, est une valeur sûre. Attention, le gin tonic est servi dans un énorme verre ! Le restaurant Speakeasy (p. 148) se trouve à l'arrière.

## COSMO
CAFÉ

Plan p. 326 (www.galeriacosmo.com ; Carrer d'Enric Granados 3 ; ☺10h-22h lun-jeu, 12h-2h ven et sam, 12h-22h dim ; ☎ ; ⓂUniversitat). Établissement sympathique : ses tables et tabourets sont couverts de couleurs psychédéliques. Grandes salles blanches à l'arrière pour accueillir des expositions et événements. Bon choix de thés, pâtisseries et en-cas. Installé dans une agréable rue piétonne derrière l'université, l'endroit est parfait pour pianoter sur son ordinateur le matin ou boire un verre en soirée dans un cadre arty.

## ÁTAME
BAR GAY

Plan p. 326 (☎93 454 92 73 ; Carrer del Consell de Cent 257 ; ☺19h-3h ; ⓂUniversitat). Agréable pour un café en début de soirée, Átame (Attache-moi) se réchauffe à mesure que la soirée avance et que les hommes viennent s'y amuser. Un spectacle torride est généralement organisé le vendredi soir, *happy hour* le jeudi.

## BACON BEAR
BAR GAY

Plan p. 326 (Carrer de Casanova 64 ; ☺18h-2h30 ; ⓂUrgell). Accueillant bar *bear*. Le week-end, la musique lancée à pleins tubes donne lieu à des danses lascives entre clients.

## CAFÉ SAN TELMO
BAR

Plan p. 322 (☎934 39 17 09 ; www.cafesantelmo.com ; Carrer de Buenos Aires 60 ; ☺9h-14h30 lun-ven, 9h-15h30 sam et dim ; ⓂDiagonal). Petit bar attrayant dont les grandes fenêtres sur la Carrer de Casanova donnent sur la foule et la circulation de l'Avinguda Diagonal voisine. De grands bars et clubs sont situés juste de l'autre côté de l'Avinguda Diagonal.

## DACKSY
BAR GAY

Plan p. 326 (☎93 217 50 72 ; Carrer del Consell de Cent 247 ; ☺13h-2h dim-jeu, jusqu'à 3h ven et sam ; ⓂUniversitat). Dans ce bar détendu au cœur du Gaixample, les beaux barmen sauront vous séduire avec leur choix de cocktails. Une bonne adresse pour démarrer ou finir la soirée.

## LA CHAPELLE
BAR GAY

Plan p. 326 (☎93 453 30 76 ; Carrer de Muntaner 67 ; ☺18h-2h lun-jeu, jusqu'à 3h ven et sam ; ⓂUniversitat). Typique de L'Eixample, ce bar long et étroit aux murs carrelés de blanc abrite plus de niches et crucifix qu'une véritable chapelle. Une adresse gay décontractée pour faire des rencontres. Ouvert à tous.

## MEDITERRÁNEO
BAR

Plan p. 326 (☎678 211253 ; Carrer de Balmes 129 ; ☺23h-3h ; ⓂDiagonal). Bar enfumé, fréquenté par une clientèle étudiante. Commandez une bière, profitez des fruits secs offerts, et discutez à l'une des minuscules tables pendant que les artistes se préparent à l'arrière. Vous serez parfois surpris par le talent des jeunes musiciens.

## MILANO
BAR À COCKTAILS

Plan p. 326 (www.camparimilano.com ; Ronda de la Universitat 35 ; ☺12h-2h30 ; ⓂCatalunya). On ne sait pas à quoi s'attendre quand on descend les escaliers de ce bar à cocktails, puis l'on est surpris par son immensité et sa clientèle nombreuse, installée à une table ou au bar sur la droite.

## MUSEUM
BAR GAY

Plan p. 322 (Carrer de Sepúlveda 178 ; ☺18h30-3h ; ⓂUniversitat). "Le kitsch en folie" est le thème artistique du lieu, avec lustres, fausses sculptures Renaissance et pop légère. Les boissons sont servies au bar qu'il est parfois difficile d'atteindre après 1h30. Jeunes Adonis et gros bras se mêlent joyeusement dans ce bar parfaitement situé pour continuer la soirée au Metro.

## PLATA BAR
BAR

Plan p. 326 (☎93 452 46 36 ; Carrer del Consell de Cent 235 ; ☺20h-3h ; ⓂUniversitat). En été, la terrasse en angle de ce grand bar ouvert attire de nombreux garçons faisant la tournée des bars gays. À l'intérieur, des tabourets aux selles métalliques sont alignés le long du bar et des tables hautes, la musique reste entre dance et trance et les serveurs concoctent des boissons derrière les candélabres du bar.

### PREMIER
BAR

Plan p. 326 (Carrer de Provença 236 ; ☺18h-2h30 lun-jeu, jusqu'à 3h ven et sam ; ℝFGC Provença). L'ambiance est à l'échange dans ce sympathique petit bar à vin tenu par des Français. La carte limitée présente principalement des vins français, mais on peut aussi boire une bière Moritz ou un *mojito* au bar, dans un fauteuil ou sur la mezzanine. Tard le soir, un DJ est aux platines.

### PUNTO BCN
BAR GAY

Plan p. 326 (☎93 453 61 23 ; www.arenadisco.com ; Carrer de Muntaner 63-65 ; ☺18h-3h ; ⓂUniversitat). Ce grand bar à succès sur deux étages est fréquenté par une clientèle allant de 20 à 40 ans et plus et est bondé les vendredi et samedi soir. C'est une adresse chaleureuse pour commencer la soirée, il y a même un billard.

### QUILOMBO
BAR

Plan p. 326 (☎93 439 54 06 ; Carrer d'Aribau 149 ; ☺19h-2h30 tlj juin-sept, mer-dim oct-mai ; ℝFGC Provença). La formule de ce bar fonctionne depuis les années 1970 : quelques guitares dans le fond, des tables, des chaises, des *mojitos* bon marché, des cacahuètes, et les clients, nombreux, font le reste, créant un vrai *quilombo* (chahut).

### AIRE
CLUB LESBIEN

Plan p. 326 (☎93 487 83 42 ; www.arenadisco.com ; Carrer de València 236 ; ☺23h-3h jeu-sam ; ⓂPasseig de Gràcia). Dans cette boîte appréciée des homosexuelles, la piste de danse est vaste et un DJ s'occupe généralement du son, qui va des tubes des années 1980 et 1990 à la techno. Normalement, les seuls hommes acceptés à l'intérieur sont les amis des clientes, mais en réalité la foule est plutôt mixte. Parfois, le jeudi soir, des concerts réchauffent l'ambiance.

### ARENA CLASSIC
CLUB

Plan p. 326 (☎93 487 83 42 ; www.arenadisco.com ; Carrer de la Diputació 233 ; 6-12 € ; ☺0h30-6h30 ven et sam ; ⓂPasseig de Gràcia). Plus calme que l'Arena Madre, plus agité et presque exclusivement gay, installé à l'angle de la rue, l'Arena Classic attire une clientèle plutôt mixte. Côté musique, la house commerciale est à l'honneur.

### ARENA MADRE
CLUB GAY

Plan p. 326 (☎93 487 83 42 ; www.arenadisco. com ; Carrer de Balmes 32 ; 6-12 € ; ☺0h30-5h30 ; ⓂPasseig de Gràcia). Fréquenté par un public jeune, Arena Madre est l'un des clubs barcelonais préférés des garçons qui aiment les garçons. Spectacles de strip-tease le lundi et drag-queens le mercredi. Musique disco et rythmes latinos pour se déhancher. Les hétéros sont les bienvenus mais sont minoritaires.

### CITY HALL
CLUB

Plan p. 326 (☎93 238 07 22 ; www.grupo-ottozutz. com ; Rambla de Catalunya 2-4 ; 12 € ; ☺0h-5h lun-jeu, jusqu'à 6h ven et sam ; ⓂCatalunya). Un couloir mène à la piste de danse de ce club installé dans un ancien théâtre. La house et d'autres sonorités électroniques dominent, notamment le mardi, avec la session funk "Get Funkd!". Soirée électro-house le mercredi, et divers DJ invités le jeudi. La terrasse à l'écart de la piste est reposante.

### LA BASE
CLUB GAY

Plan p. 322 (Carrer de Casanova 201 ; ☺22h-3h lun-ven, 0h-5h sam et dim ; ⓂHospital Clínic). Il y en a pour tous les goûts dans ce bar-club très chaud : soirées nudisme, soirées cuir et *backroom*. Il y a même de la musique !

### METRO
CLUB GAY

Plan p. 322 (☎93 323 52 27 ; www.metrodiscobcn. com ; Carrer de Sepúlveda 185 ; ☺1h-5h lun, 0h-5h dim et mar-jeu, 0h-6h ven et sam ; ⓂUniversitat). Avec deux pistes de danse, trois bars et une salle très sombre, Metro attire une clientèle gay décontractée. Spectacles et soirées sont organisés, des défilés de mannequins aux soirées bingo (le jeudi, avec parfois des lots intéressants). Spectacle érotique le mercredi.

### OPIUM CINEMA
CLUB

Plan p. 326 (☎93 414 63 62 ; Carrer de París 193-197 ; ☺21h-2h30 mar-jeu, jusqu'à 3h ven et sam ; ⓂDiagonal). Rouge, rose et jaune dominent dans cet ancien et magnifique cinéma. Le beau monde de Barcelone, jeune et moins jeune, se retrouve pour prendre un verre autour du bar central rectangulaire, danser et s'observer. Certains viennent plus tôt pour dîner. R'n'B et musique brésilienne le mercredi.

### ROXY BLUE
CLUB

Plan p. 326 (☎93 272 66 97 ; www.roxyblue.es ; Carrer del Consell de Cent 294 ; ☺0h-5h mer et jeu, jusqu'à 6h ven et sam ; ⓂPasseig de Gràcia). Le bleu domine effectivement dans ce petit club sur deux niveaux. La musique oscille entre rythmes new-yorkais et soirées brésiliennes le dimanche. Le week-end voit s'entasser une foule de jeunes gens d'une vingtaine d'années. Reposez-vous sur un canapé de cuir ou explorez les différents bars.

## 🍷 La Dreta de L'Eixample

### LES GENS QUE J'AIME BAR

Plan p. 326 (Carrer de València 286 ; ⊙18h-2h30 dim-jeu, jusqu'à 3h ven et sam ; MPasseig de Gràcia). Installé en sous-sol, ce bar intimiste des années 1960 suit une formule en apparence simple : jazz en fond sonore, éclairage tamisé provenant de diverses lampes achetées aux puces, et fauteuils confortables en velours rouge répartis autour de minuscules tables sombres.

### CAFÈ DEL CENTRE CAFÉ

Plan p. 326 (☎93 488 11 01 ; Carrer de Girona 69 ; ⊙8h30-0h lun-ven ; MGirona). Remontez un siècle en arrière dans ce café, ouvert depuis 1873. Le bar en bois s'étend sur la droite face à une série de tables en marbre et de chaises en bois foncé. Le jour, il y règne presque une atmosphère mélancolique, mais l'endroit est bondé le soir.

### GARAJE HERMÉTICO BAR

Plan p. 326 (Avinguda Diagonal 440 ; ⊙23h-4h ; MDiagonal). Bar nocturne populaire et rock'n'roll avec billard, où les noctambules n'aimant pas le disco viennent prendre un verre ou deux quand la plupart des autres bars de Barcelone sont fermés. Un lieu pratique et plein de vie après 3h.

### NEW CHAPS BAR GAY

Plan p. 326 (☎93 215 53 65 ; www.newchaps.com ; Avinguda Diagonal 365 ; ⊙21h-3h dim-jeu, jusqu'à 3h30 ven et sam ; MDiagonal). Les adeptes du cuir pratiquent le contact rapproché sur la piste de danse, et plus encore dans le *backroom*, située en bas, derrière les toilettes sombres dans la cave voûtée. En bref, un bar érotique fréquenté par des moustachus.

### DBOY CLUB GAY

Plan p. 326 (☎93 453 05 10 ; Ronda de Sant Pere 19-21 ; ⊙0h-6h sam ; MUrquinaona). Avec ses rayons laser roses et une foule compacte de jeunes hommes, c'est l'une des bonnes adresses pour danser le samedi soir. La musique électronique domine et, malgré la fermeture à 6h, pour beaucoup, la "soirée" ne fait que commencer. Élégance impérative pour passer l'entrée sélective.

## ⭐ OÙ SORTIR

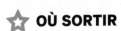

### BEL-LUNA JAZZ CLUB

Plan p. 326 (☎93 302 22 21 ; www. ; Rambla de Catalunya 5 ; 5-15 € ; ⊙2... jusqu'à 3h ven et sam ; MCatalunya). ... taurant-club en sous-sol n'est pas ... plus joli qui soit, mais il propose une programmation intégralement jazz, sept jours sur sept, avec aussi bien des concerts d'artistes locaux que d'invités. Possibilité de dîner sur place, mais… mieux vaut autant manger ailleurs. Après le dernier concert, l'endroit se transforme en sorte de "discothèque avant-club" qui passe des succès des années 1980 et 1990.

### DIETRICH GAY TEATRO CAFÉ CABARET

Plan p. 326 (☎93 451 77 07 ; Carrer del Consell de Cent 255 ; ⊙22h30-3h ; MUniversitat). Dédié à Marlene Dietrich, cet établissement aux allures de cabaret propose au moins un cabaret de drag-queens par nuit, à 1h. La programmation musicale privilégie la house assez douce. Il y a un jardin intérieur. Entre deux prestations, des gogo boys réchauffent l'ambiance.

### L'AUDITORI MUSIQUE CLASSIQUE

Plan p. 322 (☎93 247 93 00 ; www.auditori.org ; Carrer de Lepant 150 ; 10-60 € ; ⊙billetterie 15h-21h lun-sam ; MMonumental). L'Auditori (dessiné par Rafael Moneo) est une salle moderne qui séduit les mélomanes avertis grâce à ses innombrables spectacles de musique de chambre, symphonique, religieuse ou autre. Le bâtiment n'est peut-être pas très beau vu de l'extérieur (les plus sévères le comparent à un tas de ferraille rouillée), mais il est joliment aménagé à l'intérieur. Il est la résidence de l'Orquestra Simfònica de Barcelona i Nacional de Catalunya.

### PALAIS ROBERT MUSIQUE CLASSIQUE

Plan p. 326 (Palau Robert ; ☎93 238 40 00 ; www. gencat.cat/palaurobert ; Passeig de Gràcia 107 ; 4 € ; MDiagonal). Des concerts sont organisés une fois par mois dans les jardins paisibles situés à l'arrière de ce bel édifice ou dans sa salle principale. Ils ont en général lieu le mercredi vers 20h. Vous devez vous procurer les billets la veille (entre 17h et 19h) ou le matin du concert (de 10h à 12h), car le nombre de places est limité.

### THEATRE NACIONAL DE CATALOGNE
ARTS DU SPECTACLE

Plan p. 322 (Teatre Nacional De Catalunya ; ☑93 306 57 00 ; www.tnc.cat ; Plaça de les Arts 1 ; 12-32 € ; ☺billetterie 15h-19h mer-ven, 15h-20h30 sam, 15h-17h dim et 1 heure avant le spectacle ; ⓂGlòries ou Monumental). Le bâtiment a été conçu par l'architecte barcelonais Ricardo Bofill dans un style néoclassique. La programmation est constituée de pièces de théâtre plutôt classique (*Le Roi Lear* en catalan ou une pièce montée par la troupe catalane La Fura dels Baus par exemple), ainsi que de spectacles de danse ou d'autres événements.

### TEATRE TÍVOLI
THÉÂTRE

Plan p. 326 (☑902 332211 ; www.grupbalana.com ; Carrer de Casp 8-12 ; 20-50 € ; ☺billetterie 17h-début du spectacle ; ⓂCatalunya). Ce beau théâtre à l'ancienne, pourvu de trois rangées de balcons, programme des pièces et comédies musicales qui restent rarement à l'affiche plus de quelques semaines d'affilée.

### MÉLIÈS CINEMES
CINÉMA

Plan p. 326 (☑93 451 00 51 ; www.cinesmelies.net ; Carrer de Villarroel 102 ; 3-5 € ; ⓂUrgell). Dans les deux salles intimistes de ce cinéma, on peut voir de vieux classiques du cinéma hollywoodien et des films européens.

### RENOIR FLORIDABLANCA
CINÉMA

Plan p. 322 (☑93 426 33 37 ; www.cinesrenoir.com ; Carrer de Floridablanca 135 ; ⓂSant Antoni). Ce cinéma de sept écrans fait partie d'une petite chaîne espagnole d'art et d'essai qui programme des films de qualité. Il est bien situé juste à côté d'El Raval, où vous êtes sûr de trouver un lieu pour prolonger la soirée.

 **SHOPPING**

**Le quartier de L'Eixample abrite la plupart des boutiques les plus chic de Barcelone, en particulier le Passeig de Gràcia, la Rambla de Catalunya, ainsi que les rues adjacentes. S'y trouve aussi toute une gamme de magasins spécialisés.**

### VINÇON
ARTICLES DE MAISON DESIGN

Plan p. 326 (☑93 215 60 50 ; www.vincon.com ; Passeig de Gràcia 96 ; ☺10h-20h30 lun-sam ; ⓂDiagonal). Le haut lieu du design à Barcelone présente ce qui se fait de plus raffiné en matière de meubles et d'objets pour la maison (en particulier les luminaires), tant espagnols qu'étrangers. Rien d'étonnant puisque le bâtiment appartenait jadis au peintre moderniste Ramon Casas. Depuis les fenêtres et la terrasse de l'espace meubles, à l'étage, vous verrez de près La Pedrera.

### ELS ENCANTS VELLS
MARCHÉ AUX PUCES

Plan p. 322 (Fira de Bellcaire ; ☑93 246 30 30 ; www.encantsbcn.com ; Plaça de les Glòries Catalanes ; ☺7h-18h lun, mer, ven et sam ; ⓂGlòries). Aussi appelé Fira de Bellcaire ("foire de Bellcaire"), ce marché aux puces est le plus important du genre à Barcelone. Il se tenait jadis dans l'Avinguda Mistral, près de la Plaça d'Espanya, d'où il a déménagé en 1928. Le gros de l'offre (meubles, fripes, jouets anciens...) ne vaut pas tripette, mais on peut tomber sur une *ganga* (affaire).

Les enchères publiques ont lieu de 7h à 9h les lundi, mercredi et vendredi et c'est le moment le plus intéressant pour s'y rendre. Il est question depuis des années que le marché déménage, mais, lors de nos recherches, il était encore fermement ancré au nord de la Plaça de les Glòries Catalanes.

### EL BULEVARD DELS ANTIQUARIS
ANTIQUITÉS

Plan p. 326 (☑93 215 44 99 ; www.bulevarddelsantiquaris.com ; Passeig de Gràcia 55-57 ; ☺10h30-20h30 lun-sam ; ⓂPasseig de Gràcia). Installées au-dessus de la galerie marchande du Bulevard Rosa, plus de 70 boutiques (ouvertes pour la plupart de 11h à 14h et de 17h à 20h30) proposent des antiquités très diverses, de la poupée en porcelaine aux objets en cristal, du meuble asiatique aux bibelots français, mais aussi de l'art africain et des bijoux.

### XAMPANY
VINS

Plan p. 326 (☑610 845011 ; Carrer de València 200 ; ☺16h30-22h lun-ven, 10h-14h sam ; ⓂPasseig de Gràcia). Depuis 1981, cette "cathédrale du *cava*", véritable caverne d'Ali Baba, vend du vin pétillant. Des bouteilles sont entreposées jusqu'au plafond et dans tous les recoins de ce local sombre et vraiment désordonné.

### CASA DEL LLIBRE
LIBRAIRIE

Plan p. 326 (☑902 026407 ; www.casadellibro.com ; Passeig de Gràcia 62 ; ☺9h30-21h30 lun-sam ; ⓂPasseig de Gràcia). La "maison du livre" est une librairie généraliste bien fournie qui possède des boutiques un peu partout en Espagne. Elle dispose de rayons en langues étrangères, notamment de littérature française. Bon site Internet.

### LAIE
LIBRAIRIE

Plan p. 326 (☎93 318 17 39 ; www.laie.es ; Carrer de Pau Claris 85 ; ⊙10h-21h lun-ven, 10h30-21h sam ; Ⓜ Catalunya ou Urquinaona). Cette librairie propose des romans et des ouvrages sur l'architecture, l'art et le cinéma, en français, espagnol, catalan et anglais. Le lieu comprend aussi, à l'étage, un sympathique café où vous pourrez déballer vos derniers achats et feuilleter la presse mise à la disposition des clients, dans un style très Mitteleuropa.

### CACAO SAMPAKA
CHOCOLAT

Plan p. 326 (☎93 272 08 33 ; www.cacaosampaka. com ; Carrer del Consell de Cent 292 ; ⊙9h-21h lun-sam ; Ⓜ Passeig de Gràcia). Le paradis des accros du chocolat. Avant de faire vos emplettes dans la boutique, direction le bar à l'arrière pour déguster l'emblématique *xocolata calenta* (chocolat chaud) et/ou grignoter de délicieux gâteaux au chocolat, des tartes, des bonbons, des glaces et des sandwichs.

### NORMA COMICS
BD

Plan p. 322 (☎93 244 84 23 ; www.normacomics. com ; Passeig de Sant Joan 7-9 ; Ⓜ Arc de Triomf). Le plus grand magasin de bandes dessinées de tout le pays décline un vaste choix d'albums espagnols et étrangers, des indémodables *Tintin* aux titres de science-fiction les plus bizarroïdes, en passant par des bandes dessinées érotiques. Également très prisées, tous âges confondus, des légions de petites figurines sont en vente, représentant les superhéros et autres personnages de ces histoires.

### EL CORTE INGLÉS
GRAND MAGASIN

Plan p. 326 (☎902 400222 ; www.elcorteingles.es ; Plaça de Catalunya 14 ; Ⓜ Catalunya). Fleuron des grands magasins espagnols, El Corte Inglés vend de tout : vêtements et accessoires, articles pour la maison, électroménager, ordinateurs... Le restaurant au dernier étage bénéficie d'une vue fabuleuse sur le centreville. Autres adresses à Barcelone : **Portal de l'Àngel** (plan p. 307), **Avinguda Diagonal 617** (plan p. 329) et **Avinguda Diagonal 471-473** (plan p. 322), près de la Plaça de Francesc Macià.

### CUBIÑA
ARTICLES DE MAISON

Plan p. 326 (☎93 476 57 21 ; www.cubinya.es ; Carrer de Mallorca 291 ; Ⓜ Verdaguer). À ceux pour qui la décoration intérieure n'est pas une passion, venez simplement admirer l'édifice de Domènech i Montaner. Aux autres, bienvenue dans le temple du mobilier, des lampes et de tous les accessoires possibles et ima-

### DE JOUR COMME DE NUIT

Un petit creux à 4h du matin ? Vous avez oublié d'acheter le journal ? C'est dimanche ? Qu'importe ! **Open 25** (plan p. 326 ; www.open25.es ; Carrer de Còrsega 241 ; Ⓜ Diagonal) est ouvert 24h/24 (c'est le seul magasin de ce type à Barcelone). Vous y trouverez toutes sortes d'articles, des en-cas et barres chocolatées aux journaux.

ginables pour la maison. Sur la façade, admirez les énormes décorations alambiquées en fer forgé et, à l'intérieur, le merveilleux plafond, les boiseries, les colonnes en brique et les fenêtres.

### ADOLFO DOMÍNGUEZ
MODE

Plan p. 326 (☎93 487 41 70 ; www.adolfodominguezshop.com ; Passeig de Gràcia 32 ; Ⓜ Passeig de Gràcia). Vedette de la mode espagnole, le Galicien Adolfo Domínguez dessine des vêtements classiques pour hommes et femmes dans des matières de grande qualité. Des somptueuses robes de soirée jusqu'aux vêtements pour enfants (qui semblent sortis tout droit des armoires de l'aristocratie britannique), les lignes et les coupes sont d'une élégance et d'une sobriété loin de tout esprit rebelle.

### ANTONIO MIRÓ
MODE

Plan p. 326 (☎93 487 06 70 ; www.antoniomiro.es ; Carrer del Consell de Cent 349 ; ⊙10h-20h lun-sam ; Ⓜ Passeig de Gràcia). Antonio Miró compte parmi les rois du prêt-à-porter de luxe barcelonais. L'entrée de ce magasin spacieux, avec son parquet en bois sombre, s'apparente à un hall d'hôtel chic. Le créateur privilégie les fibres naturelles légères pour ses modèles hommes et femmes d'une élégance sobre. Les splendides robes du soir et les élégants costumes chatoyants tiennent le haut de l'affiche. Mais on peut se contenter d'un T-shirt Antonio Miró.

### ARMAND BASI
MODE

Plan p. 326 (☎93 215 14 21 ; www.armandbasi. com ; Passeig de Gràcia 49 ; ⊙10h-20h lun-sam ; Ⓜ Passeig de Gràcia). Basi, la star locale du design, vise une clientèle de trentenaires et de quadragénaires ayant un penchant pour le confort et l'élégance. Nul besoin d'ajouter une cravate aux costumes qui se suffisent à eux-mêmes et impressionneront vos amis lors d'un dîner ou dans une discothèque

## AFFAIRES À FAIRE !

Pour un dernier round de shopping à moindre coût, prenez la direction de **La Roca Village** (☑93 842 39 39 ; www.larocavillage.com, en français ; ◷11h-20h30 lun-jeu, 11h-21h ven, 10h-22h sam), une localité tout entière dédiée à la frénésie de consommation, où se concentrent une ribambelle d'enseignes espagnoles et étrangères. Ces dernières prétendent accorder sur leurs articles (vêtements, chaussures, accessoires, objets de décoration) jusqu'à 60% de réduction par rapport au prix de détail habituel.

Pour vous y rendre depuis Barcelone, empruntez l'autoroute à péage AP-7 vers le nord, prenez la sortie 12 (marquée "Cardedeu") et suivez les panneaux indiquant La Roca. La **compagnie de bus Sagalés** (☑902 130014 ; www.sagales.com) organise des navettes au départ de la Plaça de Catalunya (12 € l'aller-retour, 40 minutes, 10h, 16h et 18h lun-sam mai-sept, lun, ven et sam oct-avr). Vous pouvez aussi prendre un bus Sagalés plus lent au départ de la station de métro de Fabra i Puig (2,90 € l'aller, jusqu'à 4 départs lun-ven, ne fonctionne pas en août) ou un train *rodalies* pour Granollers, d'où vous prendrez la navette (lun-ven uniquement) ou un taxi.

branchée. Ils sont même assortis aux robes de soirée. Pour une tenue plus décontractée, faites votre choix parmi les chemises, les pantalons, les hauts et les jupes. La touche finale : les vestes en cuir et les chaussures.

### GI JOE
MODE

Plan p. 322 (☑93 329 96 52 ; Ronda de Sant Antoni 49 ; ⓂLiceu). Récemment installé à cette nouvelle adresse, c'est le meilleur surplus militaire du centre. Vous y trouverez treillis et T-shirts, et pourrez même y dénicher un holster ou un masque à gaz...

### LOEWE
MODE

Plan p. 326 (☑93 216 04 00 ; www.loewe.com ; Passeig de Gràcia 35 ; ◷10h-20h30 lun-sam ; ⓂPasseig de Gràcia). Fondée en 1846, Loewe est l'une des plus importantes et des plus anciennes maisons de mode en Espagne. Spécialisée dans la maroquinerie de luxe (chaussures, accessoires et bagages), elle propose également une ligne de parfum, des lunettes de soleil, des boutons de manchettes, des foulards en soie et des bijoux. Ce point de vente a ouvert en 1943 dans un édifice moderniste, la Casa Lleó Morera.

### PURIFICACIÓN GARCÍA
MODE

Plan p. 326 (☑93 487 72 92 ; www.purificaciongarcia.es ; Passeig de Gràcia 21 ; ◷10h-20h30 lun-sam ; ⓂPasseig de Gràcia). Mme García propose un large choix de vêtements dans une vaste boutique d'angle sur deux niveaux. Le bâtiment est extraordinaire, tout comme ses collections d'une diversité incroyable. On y trouve des gilets pour femmes, des cravates pour hommes, ainsi que des robes d'été et des jeans.

### FLORISTERÍA NAVARRO
FLEURISTE

Plan p. 326 (☑93 457 40 99 ; www.floristerianavarro.com ; Carrer de València 320 ; ◷24h/24 ; ⓂDiagonal). On peut avoir besoin de fleurs à tout moment. Pas de problème, puisque ce fleuriste ne ferme jamais.

### JOAN MURRIÀ
ÉPICERIE FINE

Plan p. 326 (☑93 215 57 89 ; www.murria.cat ; Carrer de Roger de Llúria 85 ; ⓂPasseig de Gràcia). Les publicités de style moderniste de la devanture centenaire ont été dessinées par Ramon Casas. Dans ce temple de la gastronomie, les gourmands vénèrent depuis un siècle les spécialités de Catalogne et d'ailleurs.

### NOSOTRAOS
GAY ET LESBIEN

Plan p. 326 (☑93 451 51 34 ; Carrer de Casanova 56 ; ⓂUrgell). En plein cœur du "Gaixample", cette boutique hétéroclite propose toutes sortes d'articles gays et lesbiens, des calendriers lesbiens aux T-shirts *bear* et aux livres.

### BAGUÉS
BIJOUX

Plan p. 326 (☑93 216 01 74 ; www.bagues.com ; Passeig de Gràcia 41 ; ⓂPasseig de Gràcia). Cette bijouterie, en activité depuis le XIXe siècle, est en parfaite harmonie avec le local moderniste qu'elle occupe dans la Casa Amatller. Les courbes modernistes se retrouvent d'ailleurs dans certains des bijoux classiques sortant des ateliers Bagués.

### SERGIO ARANDA
BIJOUX

Plan p. 326 (☑93 451 44 04 ; Carrer de València 201 ; ⓂDiagonal). Formé en Suisse, le joaillier Aranda fabrique toute une gamme d'articles, notamment de bijoux, à partir de pièces anciennes. Il s'est également spécialisé dans les perles, avec lesquelles il réalise toutes sortes de colliers originaux, voire audacieux, et d'autres articles pour les femmes qui cherchent à conjuguer extravagance, originalité et classicisme.

### REGIA
PARFUMS

Plan p. 326 (☑93 216 01 21 ; www.regia.es ; Passeig de Gràcia 39 ; ☺9h30-20h30 lun-ven, 10h30-20h30 sam ; ⓜPasseig de Gràcia). Ouverte depuis 1928, Regia est réputée pour être l'une des meilleures parfumeries de la ville. Elle propose toutes les grandes marques et possède même son propre musée (p. 142) à l'arrière de la boutique. Outre divers parfums, Regia offre un grand choix de crèmes de beauté, de lotions et d'eaux de Cologne, et a créé sa propre ligne de produits pour le bain.

### CAMPER
CHAUSSURES

Plan p. 326 (☑93 215 63 90 ; www.camper.com ; Carrer de València 249 ; ⓜPasseig de Gràcia). Ce qui n'était au départ qu'une modeste affaire de famille à Majorque (l'île a une longue tradition de fabrication de chaussures) est devenu au fil du temps une véritable *success story*. Pour pieds sensibles ou pour *fashion victims*, les Camper, connues pour leur robustesse, sont exportées dans le monde entier. Barcelone compte huit succursales.

### FARRUTX
CHAUSSURES

Plan p. 326 (☑93 215 06 85 ; www.farrutx.es ; Carrer de Rosselló 218 ; ⓜDiagonal). Un autre chausseur majorquin spécialisé dans le haut de gamme pour une clientèle féminine venant des beaux quartiers. Attention à votre porte-monnaie, vous pourriez bien craquer pour des sandales d'été à hauts talons ou pour d'élégantes bottes d'hiver. On y vend également des vestes en cuir et des sacs assortis, et même quelques modèles pour hommes.

# 🏃 SPORTS ET ACTIVITÉS

### ANTILLA BCN ESCUELA DE BAILE
COURS

Plan p. 326 (☑610 900558, 93 451 45 64 ; www.antillasalsa.com, en français ; Carrer d'Aragó 141 ; 10 cours de 1 heure 120 € ; ⓜUrgell). C'est la *salsateca* de la ville, le haut lieu pour écouter du son cubain, *merengue*, salsa et autres mélopées. Les novices se sentiront peut-être un peu ridicules (surtout les garçons), mais il est possible d'avoir droit à quelques cours gratuits (notamment les filles). Les garçons pourront revenir plus tard pour prendre des leçons payantes.

### BABYLON IDIOMAS
COURS D'ESPAGNOL

Plan p. 326 (☑93 467 36 36 ; www.babylon-idiomas.com ; Carrer del Bruc 65 ; ⓜGirona). Une petite école qui se distingue par sa flexibilité – possibilité de s'inscrire aussi bien pour une semaine que pour 2 trimestres de cours intensifs. Principal avantage : la taille des classes (maximum 8 étudiants). Comptez 260 € pour une semaine de 30 heures plus 5 heures de culture.

### BARCELONA WALKING TOURS
CIRCUITS PÉDESTRES

Plan p. 326 (☑93 285 38 34 ; www.barcelonaturisme.com, en français ; Plaça de Catalunya 17-S ; ⓜCatalunya). L'Oficina d'Informació de Turisme de Barcelone organise des circuits pédestres guidés. L'un d'eux permet d'explorer le **Barri Gòtic** (adulte/enfant 14/5 € ; ☺en anglais 9h30 tlj) ; un autre suit les traces de **Picasso** (adulte/enfant 20/7 € ; ☺en anglais 15h mar, jeu et dim), pour finir au musée Picasso (visite incluse dans le prix) ; enfin, un troisième fait le tour des joyaux du **Modernisme** (adulte/enfant 14/5 € ; ☺en anglais 16h ven et sam oct-mai, 18h ven et sam juin-sept). Est également proposé un **circuit "gourmet"** (adulte/enfant 20/7 € ; ☺en anglais 10h ven et sam, en espagnol et catalan 10h30 sam) conduisant dans les établissements traditionnels de délices de la vieille ville (dégustations incluses).

# Gràcia et le parc Güell

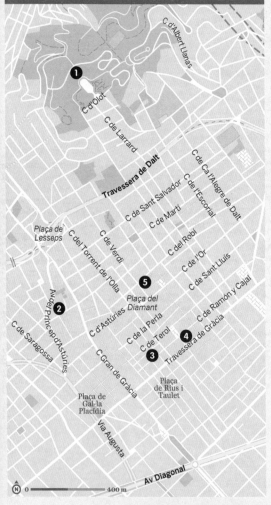

## Notre sélection

**1** Une balade dans les allées sinueuses du **parc Güell** (p. 160) à la découverte de ses sculptures plus vraies que nature, de ses mosaïques et de ses colonnes, avant de refaire surface sur l'une de ses places ensoleillées.

**2** Les arabesques ornant la façade de la **Casa Vicens** (p. 162), l'une des premières constructions de Gaudí.

**3** Un bain de soleil sur l'une des nombreuses **places** de Gràcia (p. 163).

**4** Un bon chocolat chaud avec les gens du quartier à **La Nena** (p. 164).

**5** Le plein de mets et de vins portugais chez **A Casa Portuguesa** (p. 168).

Pour un plan plus détaillé, reportez-vous p. 328 ➡

## Découvrir Gràcia et le parc Güell

Ancien village situé au nord de L'Eixample, Gràcia devint au XIXᵉ siècle un faubourg industriel célèbre pour son esprit républicain et libéral. Il fut intégré à la ville de Barcelone en 1897, au grand mécontentement des habitants. Aujourd'hui encore, une atmosphère bohème imprègne les lieux, où se côtoient toutes les classes sociales.

En arrivant de L'Eixample, on sait que l'on est dans Gràcia dès que l'on aperçoit le dédale de ruelles étroites qui caractérisent ce quartier. Son cœur est délimité par la Carrer de Còrsega et l'Avinguda Diagonal au sud, la Via Augusta et l'Avinguda del Príncep d'Astúries à l'ouest, la Carrer de Sardenya à l'est et la Travessera de Dalt au nord. Mais Gràcia est bien plus étendu et comprend la zone résidentielle de Vallcarca, à la limite du parc Güell.

Débutez votre exploration par le parc Güell, avant de descendre dans le centre de Gràcia. Plongez dans ses rues étroites et ses petites places bordées de bars et de restaurants. Les plus animées sont la Carrer de Verdi, jalonnée de formidables cafés, bars et boutiques ; la Plaça del Sol, une place bruyante entourée de bars sympathiques ; la Plaça de la Vila de Gràcia (ancienne Plaça de Rius i Taulet), constellée de cafés et de restaurants ; la Plaça de la Revolució de Setembre de 1868, prisée des familles avec son aire de jeux et son marchand de glaces ; et l'adorable Plaça de la Virreina, plantée d'arbres et bordée de cafés et de boutiques, à l'atmosphère détendue.

Gràcia est agréable de jour comme de nuit, pour déjeuner sur ses places inondées de soleil ou pour y boire un verre en terrasse la nuit venue.

### Vivre comme un Barcelonais

➡ **Marchés** Les gens du coin font leurs emplettes au marché de la Llibertat (p. 162), le garde-manger emblématique de Gràcia. À vos paniers !

➡ **Boutiques indépendantes** Promenez-vous dans la Carrer de Verdi : ses trottoirs arborés sont bordés d'une myriade de petites boutiques et épiceries locales.

➡ **Tapas gourmets** À Gràcia, de nombreux bars de quartier sans prétention servent une excellente cuisine ; c'est notamment le cas du Sureny (p. 164).

### Depuis/vers Gràcia et le parc Güell

➡ **Métro** La ligne 3 du métro (station Fontana) vous laisse au milieu de la Carrer Gran de Gràcia, non loin de différentes places animées.

➡ **À pied** Il est plaisant de remonter le Passeig de Gràcia depuis la Plaça de Catalunya pour rejoindre Gràcia, mais il faut compter environ 45 minutes de marche.

## Bon plan  Planet

Pour s'imprégner de l'atmosphère de Gràcia, rien de tel que la terrasse d'un restaurant ou d'un café sur l'une de ses nombreuses places. Installez-vous à la tombée du jour pour voir le quartier prendre vie.

###  Le top des restaurants

➡ Botafumeiro (p. 162)
➡ Sureny (p. 164)
➡ O'Gràcia! (p. 164)
➡ La Nena (p. 164)

Voir détails p. 162 ➡

###  Le top des bars et cafés

➡ La Cigale (p. 166)
➡ Raïm (p. 166)
➡ Le Journal (p. 166)

Voir détails p. 166 ➡

###  Les meilleurs spectacles et concerts

➡ Heliogàbal (p. 167)
➡ Sala Beckett (p. 167)
➡ Teatreneu (p. 167)

Voir détails p. 167 ➡

## LES INCONTOURNABLES
# LE PARC GÜELL

**Aménagé au nord de Gràcia, à 4 km environ de la Plaça de Catalunya, le parc Güell (Park Güell) permit à Gaudí de déployer ses talents de paysagiste. C'est un lieu étrange et enchanteur, où la passion de l'artiste moderniste pour les formes naturelles prit réellement son envol, à tel point que l'artificiel semblerait presque plus naturel que le naturel lui-même.**

### Un parc urbain

En 1900, le comte Eusebi Güell se porta acquéreur d'une colline arborée, El Carmel, alors située à l'extérieur de Barcelone, et demanda à Gaudí de créer une petite cité-jardin pour personnes aisées au milieu d'un parc paysager. Le projet fut abandonné en 1914 mais, entre-temps, Gaudí avait créé 3 km de routes, d'allées et d'escaliers, deux pavillons et une place dans son style inimitable. En 1922, la municipalité racheta le terrain et le transforma en jardin public. Depuis 2004, ce dernier figure sur la liste du patrimoine mondial de l'Unesco.

L'entrée principale, dans la Carrer d'Olot, est facilement reconnaissable aux deux pavillons de garde qui semblent tout droit sortis d'un conte de Grimm. Le Centre d'interpretació (centre d'information), récemment rénové, est installé dans le Pavelló de Consergeria, l'ancienne maison du gardien, aux courbes typiques du style gaudien, qui abrite désormais une exposition sur les techniques de construction de Gaudí et sur l'histoire du parc. Le dernier étage offre un beau panorama.

### À NE PAS MANQUER

➡ L'exposition sur les techniques de construction de Gaudí au Centre d'Interpretació

➡ La forêt en pierre de la Sala Hipóstila

➡ Un aperçu de la vie de l'artiste à la maison-musée de Gaudí

### INFOS PRATIQUES

➡ ☎93 413 24 00
➡ Carrer d'Olot 7
➡ Entrée libre
➡ ⊙10h-21h juin-sept, 10h-20h avr, mai et oct, 10h-19h mars et nov, 10h-18h déc-fév
➡ 🚌24, MLesseps ou Vallcarca

## La Sala Hipóstila

Gardé par une salamandre en mosaïque (dont vous trouverez la reproduction dans les magasins de souvenirs du centre-ville), l'escalier de l'entrée conduit à la Sala Hipóstila (également connue sous le nom de temple dorique). Cette forêt de 84 colonnes de pierre (certaines inclinées comme de gros arbres centenaires) devait à l'origine abriter un marché. Une galerie tout en ondulations s'échappe sur la gauche. Ses colonnes nervurées et son toit de pierre évoquent un cloître enfoui au milieu des racines d'un arbre, un thème que l'on retrouve tout au long du parc.

La vaste esplanade en surplomb de la Sala Hipóstila est délimitée par le banc de Trencadís, un long banc en mosaïque qui ondule comme un serpent multicolore. Il a été conçu par le bras droit de Gaudí, l'architecte Josep Maria Jujol (1879-1949). Avec Gaudí, rien n'est fait au hasard. Cette plate-forme géante a été conçue pour recueillir les eaux de pluie ruisselant à flanc de colline. L'eau est filtrée à travers une couche de pierres et de sable et s'écoule le long des colonnes jusqu'à un réservoir souterrain.

## La maison-musée de Gaudí

La maison au toit hérissé de flèches à la droite de l'entrée est la maison-musée de Gaudí (Casa-Museu Gaudí), dans laquelle l'architecte résida les vingt dernières années de sa vie (1906-1926). Elle renferme des meubles qu'il a conçus (dont certains ont autrefois orné La Pedrera, la Casa Batlló et la Casa Calvet) et d'autres objets personnels. Le bâtiment fut construit en 1904 par Francesc Berenguer i Mestres pour servir de prototype à la soixantaine de maisons prévues à l'origine sur le site.

En grande partie encore arboré, le parc fourmille de petites allées. Explorez le secteur qui s'étend au sud-ouest de la croix du Turó del Calvari pour jouir des plus beaux panoramas de la ville.

**SE RENDRE AU PARC GÜELL**

Le parc est indiqué depuis la station de métro Lesseps La marche est toutefois légèrement moins longue depuis l'arrêt Vallcarca, d'autant que des escalators facilitent la montée. Le bus n°24 vous dépose à l'entrée, près du sommet du parc.

**Le parc est extrêmement fréquenté (environ 4 millions de visiteurs par an, dont 86% de touristes) et il est question d'en limiter l'accès pour réduire les dommages causés par une telle pression. Il fait la joie des photographes avec ses coins et ses recoins, tant et si bien qu'il est parfois difficile de prendre une photo sans qu'un autre photographe n'apparaisse dans le cadre.**

GRÀCIA ET LE PARC GÜELL LE PARC GÜELL

## GAUDÍ CONFIDENTIEL

Gaudí était un homme fort occupé. Outre les grands travaux qu'il réalisa pour son principal client, Eusebi Güell, il travailla également sur des projets plus modestes. La Casa Vicens (p. 162), à Grácia, en fournit un bon exemple, tout comme le **Col.legi de les Teresianes** (plan p. 330 ; ☎93 212 33 54 ; Carrer de Ganduxer 85-105 ; 🚉FGC Tres Torres), auquel il ajouta quelques touches personnelles en 1889. L'aile qu'il dessina (à droite après le portail) est en partie visible depuis l'extérieur, mais les détails les plus intéressants sont les plus difficiles à voir, comme l'enfilade d'arcades de l'intérieur. Malheureusement, on ne peut plus visiter le collège. Les inconditionnels de l'architecte iront aussi voir **Bellesguard** (plan p. 330 ; Carrer de Bellesguard ; 🚉FGC Avinguda Tibidabo, 🚌60), une maison particulière qu'il bâtit en 1909 sur le site de l'ancien palais du roi de Catalogne, Martin Ier. On peut se faire une bonne idée de la maison en l'observant depuis le bas-côté de la route. Son allure de château est renforcée par l'aspect de la maçonnerie, le fer forgé et la haute tour. Gaudí y adjoignit également quelques mosaïques colorées, caractéristiques de son style.

## 👁 À VOIR

**PARC GÜELL**     PARC
Voir p. 160.

**GRATUIT** **MARCHÉ DE LA LLIBERTAT**    MARCHÉ
Plan p. 328 (Mercat de la Llibertat ; ☎93 217 09 95 ; Plaça de la Llibertat ; 🕐8h-20h30 lun-ven, 8h-15h sam ; 🚉FGC Grácia). Construit dans les années 1870, ce "marché de la Liberté" fut couvert en 1893 dans un style typiquement moderniste, avec son abondance de fer forgé, par Francesc Berenguer i Mestres (1866-1914), qui fut longtemps l'assistant de Gaudí. Sa rénovation en 2009 l'a privé d'une partie de son charme suranné, mais ce lieu débordant de vie et de produits frais est emblématique du quartier de Grácia.

**FUNDACIÓ FOTO COLECTANIA**    GALERIE D'ART
Plan p. 328 (☎93 217 16 26 ; www.colectania.es ; Carrer de Julián Romea 6 ; 3 € ; 🕐11h-14h et 17h-20h30 lun-sam, fermé en août ; 🚉FGC Grácia). Environ trois fois par an, une nouvelle exposition est présentée pour le plus grand plaisir des amateurs de photographie. Une fois que vous avez atteint ce qui ressemble à un immeuble de bureaux, traversez le rez-de-chaussée jusqu'au fond, et vous découvrirez les espaces d'exposition organisés sur deux niveaux. La fondation expose parfois des clichés de sa collection de photographes espagnols et portugais des années 1950 à nos jours, mais vous y verrez plus probablement des expositions temporaires.

**CASA VICENS**    ARCHITECTURE
(www.casavicens.es ; Carrer de les Carolines 22 ; 🚉FGC Plaça Molina). Avec ses tourelles et son style inspiré du mudéjar, l'anguleuse Casa Vicens fut l'une des premières commandes de Gaudí (1888). Nichée à l'ouest de l'artère principale de Grácia, la Carrer Gran de Grácia, cette maison privée (en vente lors de notre passage, elle est en outre fermée au public) offre une profusion de formes et de couleurs très originales.

Comme souvent, Gaudí chercha l'inspiration dans les styles passés, en l'occurrence les constructions en brique de l'architecture mudéjar, typiques des régions d'Espagne où Arabes et Berbères furent autorisés à rester après la Reconquête.

## 🍴 OÙ SE RESTAURER

**Ce quartier animé offre toutes sortes d'établissements appétissants, des simples bars à tapas aux restaurants de fruits de mer de premier choix. Grácià compte de nombreux restaurants moyen-orientaux et, dans une moindre mesure, grecs, aussi sympathiques que bon marché. Vous y trouverez aussi plusieurs tavernes catalanes traditionnelles très appréciées de la population locale. Les abords du parc Güell sont d'un intérêt bien moindre.**

**BOTAFUMEIRO**    POISSON ET FRUITS DE MER €€
Plan p. 328 (☎93 218 42 30 ; www.botafumeiro.es ; Carrer Gran de Grácia 81 ; repas 15-25 € ; 🕐13h-1h ; 🚇Fontana). Il serait difficile de ne pas citer ce haut lieu des spécialités de la mer à la galicienne, qui attire depuis longtemps les VIP de passage. Pour alléger un peu l'addition, le

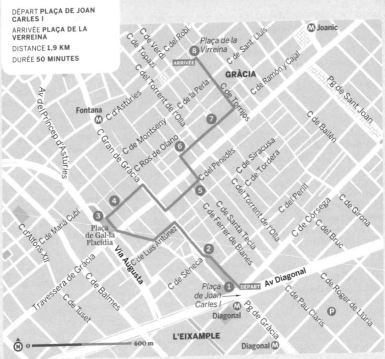

DÉPART **PLAÇA DE JOAN CARLES I**

ARRIVÉE **PLAÇA DE LA VERREINA**

DISTANCE **1,9 KM**

DURÉE **50 MINUTES**

Promenade à pied

## Les places de Gràcia

➡ L'obélisque de la ① **Plaça de Joan Carles I** est un hommage à l'actuel roi d'Espagne qui a déjoué un coup d'État en février 1981, six ans après la mort de Franco. Sous la dictature, l'avenue qui traverse la place était appelée Avenida de Francisco Franco, mais les Barcelonais l'avaient rebaptisée la "Diagonal". Le nom est resté.

La ② **Casa Fuster** (p. 222), prestigieux édifice moderniste abritant un hôtel, s'élève à l'endroit précis où la Carrer Gran de Gràcia débouche dans le quartier de Gràcia.

La ③ **Plaça de Gal.la Placidia** évoque le bref séjour de la future impératrice romaine Galla Placidia, tenue prisonnière ici et mariée au roi des Wisigoths au Vᵉ siècle. Elle avait été enlevée en Italie, où elle retourna immédiatement après la mort de son ravisseur de mari.

La ④ **Plaça de la Llibertat** (place de la Liberté) accueille le bouillonnant marché moderniste du même nom. Ce dernier fut conçu par l'un des collaborateurs de Gaudí, Francesc Berenguer.

La populaire ⑤ **Plaça de la Vila de Gràcia** portait il y a peu le nom de Francesc Rius i Taulet, le maire qui assista à l'intégration de Gràcia par Barcelone. Elle est bordée par l'hôtel de ville local (dessiné par Berenguer). Au milieu s'élève la tour de l'Horloge (Torre del Rellotge), symbole de l'agitation républicaine.

L'une des places les plus emblématiques de Gràcia – et l'une des plus tumultueuses –, la ⑥ **Plaça del Sol** (place du Soleil) est entourée de restaurants et s'anime l'été.

La ⑦ **Plaça de la Revolució de Setembre de 1868** commémore la chute de la reine Isabelle II, qui entraîna une véritable liesse dans ce bastion de la classe ouvrière.

La ⑧ **Plaça de la Virreina**, piétonne est réputée pour ses arbres offrant une ombre bienvenue et pour ses agréables terrasses. Elle est dominée par l'Església de Sant Joan, (XVIIᵉ siècle), saccagée par des anarchistes pendant les troubles de la Semaine tragique (Setmana Tràgica) de 1909. Reconstruite par Berenguer, elle subit à nouveau des dommages pendant la guerre civile.

mieux est de partager à deux quelques *medias raciones* ou une *safata especial del Mar Cantàbric* (plateau de fruits de mer). C'est aussi l'occasion de goûter les *percebes*, ou pouce-pieds, des crustacés que l'on ramasse sur la côte galicienne et que beaucoup d'Espagnols considèrent comme le summum en matière de fruits de mer.

### SURENY
CATALAN €

Plan p. 328 (☎93 213 75 56 ; Plaça de la Revolució de Setembre de 1868 ; repas 8-10 € ; ☺mar-dim ; Ⓜ Fontana). Les apparences sont parfois trompeuses : ce restaurant sans prétention est en effet passé maître dans l'art des tapas et *raciones* gastronomiques, des délicieuses *vieiras* (saint-jacques) au *secreto ibérico*, pièce de porc particulièrement savoureuse. Le *menu del día* à 9,90 € offre un bon rapport qualité/prix.

### O'GRÀCIA!
MÉDITERRANÉEN €€

Plan p. 328 (Plaça de la Revolució de Setembre de 1868, 15 ; repas 10-12 € ; ☺mar-sam ; Ⓜ Fontana). Une adresse particulièrement appréciée à l'heure du déjeuner, avec un *menú del día* d'un excellent rapport qualité/prix à 10,50 €. L'*arròs negre de sepia* (riz noir à la seiche) constitue une bonne entrée, suivie d'un choix limité de viandes ou de poissons, avec légumes en accompagnement. Les portions sont correctes, la présentation soignée et le service attentionné. Un menu dégustation plus élaboré (24,50 €) est également proposé.

### LA NENA
CAFÉ €

Plan p. 328 (☎93 285 14 76 ; Carrer de Ramon i Cajal 36 ; ☺9h-14 et 16-22h lun-sam, 10h-22h dim et jours fériés ; Ⓜ Fontana). C'est à une équipe française que l'on doit cet établissement délicieusement chaotique où l'on déguste de savoureux chocolats chauds (baptisés *suïssos*) accompagnés d'une assiette de crème fouettée maison et de *melindros* (un genre de biscuits à la cuillère), de bons desserts et même quelques plats salés (dont des crêpes). L'endroit est rempli de livres, et l'arrière équipé pour occuper les enfants, ce qui en fait une adresse idéale pour les familles.

### ROIG ROBÍ
CATALAN €€

Plan p. 328 (☎93 218 92 22 ; www.roigrobi.com ; Carrer de Sèneca 20 ; repas 15-20 € ; ☺déj et dîner lun-ven, dîner mar-sam ; Ⓜ Diagonal). Un temple de la cuisine traditionnelle raffinée. Les *textures de carxofes amb vieires a la plantxa* (artichauts aux saint-jacques grillées) sont extraordinaires. Le Roig Robí propose aussi

plusieurs plats à base de riz et produits de la mer, et, si l'appétit vous manque, on peut commander une demi-portion.

### CON GRACIA
FUSION €€€

Plan p. 328 (☎93 238 02 01 ; www.congracia.es ; Carrer de Martínez de la Rosa 8 ; formule 59 € ; ☺déj et dîner mar-ven, dîner sam ; Ⓜ Diagonal). Ce petit établissement (20 couverts maximum) a l'originalité de proposer une cuisine méditerranéenne teintée d'influences asiatiques. Les clients ont le choix entre un menu dégustation surprise qui change régulièrement ou un menu fixe "traditionnel", comportant des plats comme la *sopa de foie y miso con aceite de trufa blanca* (soupe miso et foie gras à l'huile de truffe blanche) et un beau bar chilien. Seuls les groupes sont acceptés le midi. Réservation obligatoire.

### IPAR-TXOKO
BASQUE €€€

Plan p. 328 (☎93 218 19 54 ; Carrer de Mozart 22 ; repas 40-50 € ; ☺mar-sam sept-juil ; Ⓜ Diagonal). L'atmosphère à l'intérieur de ce restaurant basque est traditionnelle et chaleureuse. De lourdes poutres soutiennent le plafond voûté catalan et le bar (avec tapas) arbore des colonnes vertes. Natif de Getxo, Mikel est un spécialiste de la cuisine du nord de l'Espagne et prépare notamment un succulent *chuletón* (côte de bœuf pour deux... voire plus !) ou une délicieuse *tortilla de bacalao* (omelette épaisse à la morue).

À la carte figurent également quelques plats peu communs, comme les *kokotxas de merluza*, morceaux découpés en forme de cœurs dans le cou du merlu. La carte des vins est intimidante, mais Mikel se fera un plaisir de vous conseiller.

### BILBAO
ESPAGNOL €€

Plan p. 328 (☎93 458 96 24 ; Carrer del Perill 33 ; repas 10-15 € ; ☺lun-sam ; Ⓜ Diagonal). Derrière une devanture qui ne paie pas de mine, le Bilbao est en fait une véritable institution, où il est impératif de réserver. La salle située à l'arrière, avec ses murs tapissés de bouteilles, ses solides tables en bois et son éclairage jaune évoquant une taverne de campagne, fera surtout le bonheur des amateurs de viande, quoique quelques poissons figurent également à la carte. Le *chuletón* (côte de bœuf) est une valeur sûre, surtout arrosé d'un bon vin rouge espagnol.

### TIBET
CATALAN €€€

(☎93 284 50 45 ; Carrer de Ramiro de Maetzu 34 ; repas 35 € ; ☺déj et dîner lun et mer-sam, déj dim ;

🚇24 ou 39, Ⓜ️Alfons X). Dans un cadre semi-rustique proche du parc Güell, ce restaurant n'a, curieusement, aucun rapport avec le Tibet. Depuis un demi-siècle, la maison propose grillades et escargots (l'une de ses spécialités).

### CAL BOTER
CATALAN €

Plan p. 328 (📞93 458 84 62 ; Carrer de Tordera 62 ; repas 10 € ; ⊙mar-dim ; Ⓜ️Joanic). Une adresse élégante très prisée qui attire les familles et les groupes avec ses *cargols a la llauna* (escargots sautés), son *filet de bou a la crema de foie* (filet de bœuf, sauce au foie gras et à l'orange) et autres spécialités catalanes, notamment de curieuses combinaisons *mar I muntanya* (mer et montagne) comme les *bolets i gambes* (champignons et crevettes). Le *menú del día* (du mardi au vendredi, le midi) est à 9,80 € seulement.

### ENVALIRA
CATALAN €

Plan p. 328 (Plaça del Sol 13 ; repas 8 € ; ⊙déj et dîner mar-sam, déj dim ; Ⓜ️Fontana). Entourée de bars décontractés, de restaurants libanais et de petits bars de quartier, la modeste entrée de ce merveilleux vestige du passé est facile à rater. Rejoignez la salle au fond, où la décoration semble inchangée depuis les années 1950. On y sert toutes sortes de plats à base de riz et de produits de la mer, comme l'*arròs a la milanesa* (riz savoureux au poulet et au porc, légèrement gratiné au fromage) ou le *bullit de lluç* (tranche de colin pochée, riz aux herbes et palourdes).

### LAC MAJÙR
ITALIEN €€€

Plan p. 328 (📞93 285 15 03 ; Carrer de Tordera 33 ; repas 25 € ; ⊙lun-sam ; Ⓜ️Verdaguer). À l'intérieur de ce confortable petit coin d'Italie du Nord vous attendent toutes sortes de délices, notamment les spécialités de la maison : les gnocchis et les *trofie*. Ces dernières sont des petites pâtes torsadées, habituellement servies avec du pesto venant de Ligurie. Essayez la variante mascarpone-jambon, suivie, par exemple, d'une *saltimbocca alla romana* (escalope de veau cuisinée avec du jambon, de la sauge et du marsala).

### LA PANXA DEL BISBE
TAPAS €€€

Plan p. 328 (📞93 213 70 49 ; Carrer de Rabassa 37 ; repas 25 € ; ⊙mar-sam ; Ⓜ️Joanic). Avec ses éclairages tamisés et son ambiance branchée, la "panse de l'évêque" est un endroit idéal pour déguster des tapas gastronomiques, arrosées d'un bon vin, comme de l'Albariño, vin blanc de Galice.

### EL GLOP
CATALAN €€€

Plan p. 328 (📞93 213 70 58 ; www.tavernaelglop.com ; Carrer de Sant Lluís 24 ; repas 25 € ; Ⓜ️Joanic). Un restaurant de style catalan rustique, avec ses nappes à carreaux et sa cuisine simple et savoureuse de plats roboratifs, comme le *bistec a la brasa* (steak à la braise), pourquoi pas précédé d'*albergínies farcides* (aubergines farcies) ou de *calçots* (variété d'oignons blancs et tendres que l'on mange grillés et trempés dans une sauce spéciale) en hiver, avant de finir par un *tocinillo*, dessert caramélisé. Ouvert jusqu'à 1h, c'est un endroit parfait pour dîner tard.

### LA LLAR DE FOC
CATALAN €€

Plan p. 328 (📞93 284 10 25 ; Carrer de Ramón i Cajal 13 ; repas 20 € ; Ⓜ️Fontana). Pour un repas copieux à prix doux, difficile de battre cet établissement. Le midi, le *menú del día* est à 9 €. Vous pourrez commencer par une salade mixte ou une *empanadita* (grosse part de tourte au thon), à faire suivre d'un curry au poulet doux ou de *costelles* (côtelettes). Pour le dessert, préférez le flan aux glaces, qui sont en bâtonnets.

### HIMALI
NÉPALAIS €€

Plan p. 328 (📞93 285 15 68 ; Carrer de Milvà i Fontanals 60 ; repas 15-20 € ; ⊙mar-dim ; ✏️ ; Ⓜ️Joanic). Simple et spacieux, avec un service quelque peu bougon et des sets de table en papier, l'Himali est toutefois une excellente adresse pour les amateurs de cuisine népalaise et les végétariens. Le menu végétarien servi au dîner coûte 14,95 €, et sa version pour carnivores, 16,95 €. Ces derniers pourront aussi choisir l'assortiment de grillades avec riz et *naan*, ou le *kukhurako fila* (poulet rôti, sauce aux noix). Comptez 8-10 € le plat.

### NOU CANDANCHÚ
TAPAS €

Plan p. 328 (📞93 237 73 62 ; Plaça de la Vila de Gràcia 9 ; repas 5-7 € ; ⊙mer-lun ; Ⓜ️Fontana). Adresse la plus animée de la place, le Nou Candanchú connaît de longue date un franc succès pour différentes raisons. Nombreux sont d'abord ceux qui se regroupent sur sa terrasse ensoleillée pour prendre un verre. Pour accompagner les boissons, la maison propose tout un choix d'*entrepans* (sandwichs) géants, qui font la renommée de l'établissement. On y sert aussi un choix limité de tapas et quelques viandes grillées correctes.

### EL ROURE
TAPAS €

Plan p. 328 (📞93 218 73 87 ; Carrer de la Riera de Sant Miquel 51 ; repas 7-9 € ; ⊙lun-sam ; Ⓜ️Fontana). Tâchez de vous frayer un chemin jusqu'au bar ou tirez une petite chaise en bois pour savourer des tapas bon marché, à arroser d'une bière bien fraîche. Le choix est vaste. Les *bunyols de bacallà*, de délicieuses boulettes de morue, ne restent jamais bien longtemps dans l'assiette. La plupart du temps, l'établissement est plein à craquer.

### VRENELI
CAFÉ €

Plan p. 328 (☎93 217 61 01 ; Plaça de la Vila de Gràcia 8 ; ⊙8h-21h mar-ven, 9h-21h sam et dim ; gâteau à partir de 3 € ; ⓂFontana). Un bar long et étroit, baignant dans une musique douce, idéal par un après-midi d'hiver pour se réchauffer avec un café et/ou un gâteau aux carottes ou à la banane.

### CANTINA MACHITO
MEXICAIN €

Plan p. 328 (☎932 17 34 14 ; Carrer Torrijos 47 ; repas 8-11 € ; ⊙13-16h, 19h-1h30 ; ⓂFontana ou Joanic). Le long de la verdoyante Carrer Torrijos, ce restaurant coloré visiblement dévoué au culte de Frida Kahlo attire une foule de gens du coin. Les tables de sa terrasse sont plaisantes pour manger et boire jusque tard. On y sert tous les grands classiques de la cuisine mexicaine (*quesadillas, tacos, enchiladas*, etc.) ainsi que de l'eau glacée parfumée au miel et au citron, à la menthe et aux fruits, incroyablement rafraîchissante.

### MONTY CAFÉ
CAFÉ, ITALIEN €€

Plan p. 328 (☎93 368 28 82 ; www.montycafe.com ; Carrer de la Riera de Sant Miquel 29 ; repas 6-19 € ; ⊙8h-22h lun et mar, 8h-0h mer et jeu, 8h-2h ven et sam ; ⓪; ⓂDiagonal). Tenu par des Italiens et agréablement décontracté, ce café au carrelage en terre cuite, aux tables en marbre et aux murs tapissés d'œuvres d'art offre aussi divers canapés d'un côté et un bar à l'arrière. Une bonne adresse pour prendre un café, avec aussi une belle carte de thés et de cocktails. Le Monty sert également un assortiment de plats, des pâtes aux *bruschette*. Le lieu idéal pour surfer tranquillement sur Internet avec son ordinateur portable.

## 🍷 OÙ PRENDRE UN VERRE ET FAIRE LA FÊTE

**Gràcia est un quartier insolite. À bien des égards, c'est un monde à part entière, peuplé de jeunes buveurs de bière,** **avec des bars musicaux branchés et quelques-uns des plus grands clubs de la ville.**

### LA CIGALE
BAR

Plan p. 328 (☎93 457 58 23 ; http://poesialacigale.blogspot.co.uk ; Carrer de Tordera 50 ; ⊙18h-2h30 dim-jeu, 18h-3h ven et sam ; ⓂJoanic). Une adresse chic pour boire un cocktail (ou deux pour 8 € avant 22h) et écouter de la poésie. Accoudez-vous au comptoir en zinc, enfoncez-vous dans un fauteuil de récup' autour d'une petite table ou découvrez l'étage. La musique est douce, les conversations vont bon train et les films de Charlie Chaplin sont souvent diffusés sur la télévision à écran plat. Vous pourrez aussi grignoter des petits plats préparés au wok.

Les patrons sont frères et gèrent également **La Fourmi** (plan p 327 ; ☎93 213 30 52 ; Carrer de Milà i Fontanals 58 ; ⓂJoanic), à deux pas, qui est tout aussi plaisant et ouvre pour le petit-déjeuner.

### RAÏM
BAR

Plan p. 328 (Carrer del Progrés 48 ; ⊙20h-2h30 ; ⓂDiagonal). Mur tapissé de photos en noir et blanc de Cuba, chaises d'une autre époque installées autour de tables en marbre, grands miroirs encadrés accrochés aux murs... bref, un lieu comme on n'en fait plus !

### LE JOURNAL
BAR

Plan p. 328 (☎93 218 04 13 ; Carrer de Francisco Giner 36 ; ⊙18h-2h30 dim-jeu, 18h-3h ven et sam ; ⓂFontana). Les étudiants apprécient ce bar étroit à l'ambiance feutrée où les murs et le plafond sont tapissés de journaux. Allongé dans un vieux fauteuil, vous pourrez lire les gros titres de l'année dernière ! Pour une ambiance plus intimiste, gagnez la mezzanine à l'étage.

### ALFA
BAR

Plan p. 328 (☎93 415 18 24 ; Carrer Gran de Gràcia 36 ; ⊙23h-3h30 jeu-sam ; ⓂDiagonal). Grand classique de Gràcia, ce bar et mini-discothèque attire les amateurs de bon vieux rock. Des disques pendent du plafond, comme pour rappeler que la plupart des morceaux diffusés datent d'avant l'ère du CD, dans les années 1960 à 1980. Les moins courageux pourront boire un verre au bar, tandis que les autres iront se trémousser sur la piste. Il y a un autre bar à l'arrière.

### BAR CANIGÓ
BAR

Plan p. 328 (☑93 213 30 49 ; Carrer de Verdi 2 ; ⏰17h-2h lun-jeu, 17h-3h ven et sam ; ⓂFontana). Un bar de quartier particulièrement accueillant en hiver et qui donne sur la Plaça de la Revolució de Setembre de 1868. Une bonne adresse animée pour boire en toute simplicité une Estrella sur une vieille table en marbre, comme on le fait ici depuis des décennies. Il y a aussi un billard.

### LA BAIGNOIRE
BAR À VIN

Plan p. 328 (Carrer de Verdi 6 ; ⏰19h-2h30 dim-jeu, 19h-3h ven et sam ; ⓂFontana). Ce bar minuscule et accueillant est souvent bondé. Installez-vous autour d'une table haute et commandez du vin au verre, une bière ou un cocktail. Parfait pour boire un verre avant ou après une toile au Verdi, le cinéma voisin.

### MUSICAL MARIA
BAR

Plan p. 328 (Carrer de Maria 5 ; ⏰21h-3h ; ⓂDiagonal). Depuis l'ouverture de ce bar à la fin des années 1970, même la musique est restée la même. La bière coule à flots pendant que l'on écoute de vieux tubes de rock. Il y a un billard à l'arrière et vous trouverez au bar à peu près toutes les marques de la bière locale Estrella Damm.

### NOISE I ART
BAR

Plan p. 328 (☑93 217 50 01 ; Carrer de Topazi 26 ; ⏰18h-2h30 mar et mer, 19h-3h jeu-sam, 18h-1h30 dim ; ⓂFontana). Ce bar rétro vous ramène dans les années 1980. Le rouge, le vert et les couleurs primaires sont à la fête et Boney M défile sur les écrans. Blottissez-vous dans le canapé rond et rouge, savourez un repas léger (servi sur de vieux 33-tours) à côté de la baie vitrée ou installez-vous au bar. Les daiquiris ne seront pas les meilleurs de votre vie, mais sans doute les plus grands !

### SABOR A CUBA
BAR

Plan p. 328 (Carrer de Francisco Giner 32 ; ⏰22h-2h30 lun-jeu, 22h-3h ven et sam ; ⓂDiagonal). Tenu depuis 1992 par Angelito, charismatique enfant de La Havane, ce royaume du *ron y son* (rhum et son) attire une clientèle mêlant Cubains et amoureux de l'île caribéenne, venus boire des *mojitos* et danser. L'endroit est petit, mais l'ambiance est festive.

### SOL SOLER
BAR

Plan p. 328 (☑93 217 44 40 ; Plaça del Sol 21-22 ; ⏰12h-1h ; ⓂFontana). Cet agréable bar au car-

relage ancien, aux murs lambrissés et aux petites tables en marbre est parfait pour discuter autour d'une bière ou d'un verre de vin rouge en début de soirée. Venez plus tôt pour profiter de la connexion Wi-Fi (jusqu'à 18h30) et manger un en-cas (les ailes de poulet sont délicieuses).

##  OÙ SORTIR

### HELIOGÀBAL
CONCERTS

Plan p. 328 (www.heliogabal.com ; Carrer de Ramón i Cajal 80 ; ⏰21h-2h dim-jeu, 21h-3h ven et sam ; ⓂJoanic). Ce bar compact est une véritable ruche, dans laquelle on ne sait jamais à quoi s'attendre. Le programme de concerts très varié réserve d'agréables surprises : les concerts de jazz sont souvent suivis de jam-sessions ouvertes et les expériences musicales de tous poils ont leur chance. La plupart des musiciens sont des environs, mais des artistes étrangers passent aussi parfois.

### SALA BECKETT
THÉÂTRE

Plan p. 328 (☑93 284 53 12 ; www.salabeckett.com ; Carrer de Ca l'Alegre de Dalt 55 ; ⏰billetterie 10h-14h et 16-20h lun-ven et 1h avant le spectacle ; ⓂJoanic). L'un des principaux théâtres alternatifs de la ville. La Sala Beckett est une petite salle qui ne recule pas devant des pièces contemporaines ou autres, et se fend d'une programmation éclectique de pièces étrangères ou locales.

### TEATRENEU
THÉÂTRE

Plan p. 328 (☑93 285 37 12 ; www.teatreneu.com ; Carrer de Terol 26 ; ⏰billetterie 1h avant le spectacle ; ⓂFontana ou Joanic). Une adresse très vivante qui ose le mélange des genres : one-man-show, comédies musicales et concerts de musiques du monde. Deux petits espaces de style café-théâtre servent de scènes plus intimes à des productions plus modestes. Des films y sont aussi parfois projetés.

### CASABLANCA KAPLAN
CINÉMA

Plan p. 328 (☑93 218 43 45 ; Passeig de Gràcia 115 ; ⓂDiagonal). Petit cinéma de quartier où les films étrangers passent toujours en VO.

### VERDI
CINÉMA

Plan p. 328 (☑93 238 79 90 ; www.cines-verdi.com ; Carrer de Verdi 32 ; ⓂFontana). L'un des cinémas indépendants les plus populaires, proche des restaurants et bars de Gràcia. Tous les films sont projetés en VO.

**VERDI PARK** CINÉMA

Plan p. 328 (☑93 238 79 90 ; www.cines-verdi.com ; Carrer de Torrijos 49 ; Ⓜ Fontana). Petit frère du précédent et situé une rue plus loin, ce cinéma suit la même programmation d'art et d'essai.

# SHOPPING

**Une promenade dans les rues étroites du quartier de Gràcia réserve toutes sortes de surprises. De plus en plus de petites boutiques s'y installent, vendant aussi bien des vêtements que des babioles, mais elles tendent à disparaître aussi rapidement qu'elles sont apparues. Aussi ne sait-on jamais, d'une fois sur l'autre, les adresses que l'on va retrouver. La Carrer de Verdi compte beaucoup de boutiques de vêtements intéressantes.**

**A CASA PORTUGUESA** PORTUGAIS

Plan p. 328 (☑933 68 35 28 ; www.acasaportuguesa.com, en espagnol ; Carrer de Verdi 58 ; ⊙17-22h mar-ven, 11h-15h et 17h-22h sam et dim ; Ⓜ Fontana). C'est l'endroit où se rendre pour les meilleurs *pastéis de Belém* (petits flans typiquement portugais) de la ville. Malheureusement, la réglementation draconienne encadrant les restaurants à Barcelone interdit désormais de s'y asseoir pour manger, bien qu'on puisse encore s'y attarder debout autour d'un verre de vin.

Qu'à cela ne tienne : les propriétaires ont récemment inauguré un nouveau bistrot (Carrer d'Aragó 111) où est représentée la grande variété de la gastronomie et des vins portugais, avec un *menú del día* composé de mets typiques. À la boutique de Gracià, vous pourrez faire le plein de fromages, tartelettes et pâtisseries.

**NOSTÀLGIC** PHOTOGRAPHIE

Plan p. 328 (☑933 68 57 57 ; www.nostalgic.es ; Carrer de Goya 18 ; ⊙11h-14h et 17h-21h tlj ; fermé lun matin ; Ⓜ Fontana). Ce bel espace aux murs de brique apparente et au mobilier en bois est spécialisé dans tous types de matériel de photographie, aussi bien moderne qu'ancien. On y trouve des étuis et des tripodes pour amateurs de photo numérique, les inévitables appareils Lomo, ainsi qu'une collection correcte d'ouvrages sur la photographie, à consulter ou acheter.

**ÉRASE UNA VEZ** MODE

Plan p. 328 (☑93 217 29 77 ; Carrer de Goya 7 ; Ⓜ Fontana). "Il était une fois", tel est le nom de cette boutique originale qui saura réveiller la princesse qui sommeille en vous. Vous y trouverez des vêtements pour femmes, presque exclusivement des robes de soirée, pour tous les goûts et toutes les occasions, ainsi que des robes de mariée. Des couturiers locaux comme Llamazares y de Delgado et Zazo & Brull se cachent derrière ces sublimes créations.

# SPORTS ET ACTIVITÉS

**AQUA URBAN SPA** SPA

Plan p. 328 (☑93 238 41 60 ; www.aqua-urbanspa.com ; Carrer Gran de Gràcia 7 ; séance de 75 min 65-99 € ; ⊙9h-21h30 lun-ven, 9h-20h30 sam ; Ⓜ Diagonal). Pour se détendre ou reposer les jambes fatiguées (idéal après un marathon de visites !), ce spa propose des petits bassins et des douches, un bain turc, un bain romain ainsi que des soins de beauté.

**FLOTARIUM** FLOTARIUM

Plan p. 328 (☑93 217 36 37 ; www.flotarium.com ; Plaça de Narcís Oller 3 ; séance de 1h 35 € ; ⊙10h-22h tlj ; Ⓜ Diagonal). Découvrez les joies de la gravité zéro, laissez-vous flotter et oubliez le sens du mot stress ! Chaque flotarium, telle une petite capsule spatiale remplie d'eau, est installé dans une pièce individuelle avec douche, serviettes, shampooing et sels d'Epsom qui vous permettront de flotter comme dans la mer Morte.

# Camp Nou, Pedralbes et La Zona Alta

SANT GERVASI | TIBIDABO | SARRIÀ | PEDRALBES | ZONA UNIVERSITÀRIA

## Notre sélection

❶ Le musée multimédia du stade de **Camp Nou** (p. 171) pour revivre les temps forts de l'une des équipes légendaires du football, ou, mieux encore, assister à l'un de leurs matchs.

❷ Le cloître du XIVᵉ siècle du paisible **musée-monastère de Pedralbes** (p. 172) et les somptueuses fresques.

❸ Le **CosmoCaixa** (p. 176) pour explorer un petit coin d'Amazonie et retracer l'évolution de la Terre..

❹ Les joyaux en céramique exposés dans le fascinant **palais royal de Pedralbes** (p. 173).

❺ Le tram et le funiculaire jusqu'au sommet du **Tibidabo** (p. 174) pour sa vue splendide et son parc d'attractions à l'ancienne.

Pour un plan plus détaillé, reportez-vous p. 330 et p. 332 ➡

## Bon plan
## Lonely Planet

Pour tirer le meilleur parti du quartier, essayez de vous y rendre le week-end : le samedi et le dimanche sont les seuls jours où vous pouvez visiter les pavillons Güell (des visites guidées sont proposées en anglais, catalan et espagnol), au palais royal de Pedralbes. Profitez aussi du week-end pour monter au Tibidabo.

### Le top des restaurants

➡ Via Veneto (p. 175)

➡ Restaurant Molina (p. 176)

➡ Hofman (p. 176)

➡ La Balsa (p. 177)

➡ El Asador de Aranda (p. 177)

Voir détails p. 175 ➡

### Le top des bars et cafés

➡ Mirablau (p. 177)

➡ Elephant (p. 178)

➡ Marcel (p. 178)

Voir détails p. 177 ➡

### Les plus beaux parcs et jardins

➡ Parc de Collserola (p. 174)

➡ Jardins du labyrinthe d'Horta (p. 175)

➡ Parc de la Creueta del Coll (p. 175)

Voir détails p. 173 ➡

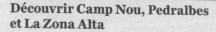

## Découvrir Camp Nou, Pedralbes et La Zona Alta

Ce quartier, qui s'étend au nord de L'Eixample et à l'ouest de Gràcia, recèle des sites insolites, peu connus des touristes. Les collines de la Collserola, rendez-vous des amateurs de plein air, marquent la limite nord de la "haute zone". Le parc de Collserola et son relief accidenté attirent cyclistes et marcheurs. Il compte aussi plusieurs sites historiques.

Non loin, le Tibidabo (512 m), coiffé du majestueux Temple del Sagrat Cor, est le point culminant de la ville. On peut s'y rendre en tram et en funiculaire.

Le quartier huppé de Pedralbes abrite un paisible monastère et les collections du palais royal de Pedralbes.

Au sud, le Camp Nou est le stade du FC Barça, l'une des plus grandes équipes de football au monde.

Au nord-est, rues en briques, minuscules places et édifices médiévaux donnent à Sarrià tout son cachet. Authentique et charmant, épargné par le tourisme, Sarrià offre un visage très différent de Barcelone.

Le seul inconvénient de ce quartier est son éloignement et les distances qui séparent les lieux à visiter. Géographiquement plus proche de Gràcia auquel il ressemble un peu, Sant Gervasi gagne aussi à être exploré à pied à la découverte de ses restaurants haut de gamme.

## Vivre comme un Barcelonais

➡ **Plein air** Parcourez la vaste étendue vallonnée du parc de Collserola (p. 174) au pas de course ou en VTT.

➡ **Vie nocturne** Prenez l'apéritif dans un des bars proches de la Carrer de Muntaner, puis allez vous déhancher à l'Otto Zutz (p. 179).

➡ **Vie de village** Promenez-vous dans les ruelles de Sarrià, et dégustez des pâtisseries chez Foix de Sarrià (p. 177) et des tapas au Bar Tomàs (p. 177).

## Depuis/vers Camp Nou, Pedralbes et La Zona Alta

➡ **Métro** La ligne 3 dessert les jardins du labyrinthe d'Horta (Mundet), le Camp Nou et le palais royal de Pedralbes.

➡ **Train** Les trains FGC sont commodes pour rallier le Tibidabo, le parc de Collserola et leurs environs.

➡ **Tram** Le *tramvia blau* circule entre la gare Avinguda de Tibidabo et la Plaça del Doctor Andreu.

➡ **Funiculaire** Le funiculaire du Tibidabo relie la Plaça del Doctor Andreu et au parc d'attractions du Tibidabo, tandis que le funiculaire de Vallvidrera circule entre Peu del Funicular et Vallvidrera Superior.

## LES INCONTOURNABLES
# LE CAMP NOU

**Comptant parmi les lieux les plus visités de Barcelone, l'immense Camp Nou ("nouveau terrain" en catalan) est le stade du légendaire Futbol Club Barça. Les fans ne pouvant assister à un match se consoleront en visitant le musée, qui propose un fascinant espace multimédia, et en se joignant à une visite guidée du stade.**

## Musée du Football Club Barcelona

Rénové en 2010, ce **musée** (Museu del Futbol Club Barcelona ; ☎93 496 36 00 ; www.fcbarcelona.es ; Carrer d'Aristides Maillol ; adulte/enfant 8,50/6,80 € ; ☉10h-20h lun-sam, 10h-14h30 dim et jours fériés mi-avr à mi-oct, et 10h-18h30 lun-sam, 10h-14h30 dim et jours fériés mi-oct à mi-avr ; Ⓜ Collblanc) offre un aperçu multimédia du club qui permet aux visiteurs de découvrir cette équipe légendaire sous toutes ses facettes.

Les temps forts du musée sont la section photos, les vidéos des meilleurs buts de l'équipe et la vue plongeante sur le stade. On y admire les chaussures en or (littéralement, dans un des cas) des grands buteurs d'antan, et on y découvre les grands joueurs qui se sont illustrés au Barça, comme Maradona, Ronaldinho, Kubala et bien d'autres.

## Stade

Le Camp Nou est un spectacle à lui seul. Construit en 1957 et agrandi pour la Coupe du monde de 1982, il est l'un des plus grands stades du monde : il peut contenir jusqu'à 99 000 spectateurs. Le club compte d'ailleurs le plus grand nombre de membres au monde (173 000 *socios*). La visite guidée du stade (2 heures 30) commence dans les vestiaires, avant de passer dans le tunnel qui débouche sur la pelouse, pour se terminer dans la tribune présidentielle. Vous verrez aussi le studio de télévision, la salle de presse et les cabines des commentateurs.

### À NE PAS MANQUER

➡ L'hymne entraînant du Barça avant l'arrivée des joueurs

➡ Les meilleurs buts de l'équipe retransmis dans le musée

➡ La visite guidée du stade

### INFOS PRATIQUES

➡ Plan p. 330

➡ ☎93 496 36 00

➡ www.fcbarcelona. com

➡ Carrer d'Aristides Maillol

➡ Adulte/enfant 22/17 €

➡ ☉10h-20h lun-sam, 10h-14h30 dim

➡ Ⓜ Palau Reial

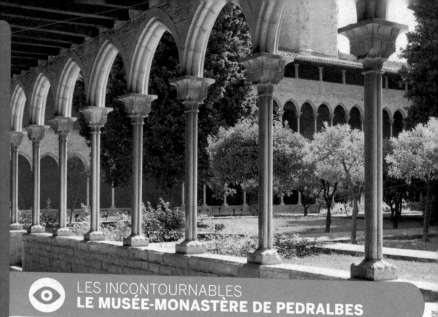

JEAN-PIERRE LESCOURRET / LONELY PLANET IMAGES ©

## LES INCONTOURNABLES
# LE MUSÉE-MONASTÈRE DE PEDRALBES

Ce couvent fondé en 1326, et ouvert au public pour la première fois en 1983, abrite désormais un musée de la vie monastique. Les quelques religieuses qui l'occupaient encore vivent non loin, dans des bâtiments modernes. Avec ses trésors architecturaux, le monastère vous réserve un voyage dans le temps. Perché tout en haut de l'Avinguda de Pedralbes, un secteur animé où s'étendait jadis la campagne, le monastère demeure un coin merveilleusement paisible de Barcelone.

## Cloître et chapelle

Construit au début du XIVᵉ siècle, le cloître à trois niveaux passe pour l'un des joyaux de l'architecture gothique catalane. En suivant la galerie vers la droite, vous découvrirez la chapelle Saint-Michel, dont les **peintures murales** furent exécutées en 1346 par Ferrer Bassá, l'un des plus anciens peintres catalans connus.

## Réfectoire et dortoir

La visite du rez-de-chaussée permet d'avoir un aperçu de la vie monastique au Moyen Âge. On peut voir le réfectoire restauré, les cuisines, les écuries, les celliers et même la reconstitution de l'ancienne infirmerie. Les murs du réfectoir affichent encore les **règles** qui y régnaient : *Silentium* (silence) et *Audi Tacens* (écoutez en silence).

À l'étage, la grande salle abritait le dortoir (*dormidor*) dans lequel s'alignaient de minuscules cellules, désormais disparues et remplacées par une modeste collection d'objets d'art monacal, notamment des ouvrages de prières, et quelques pièces de mobilier.

### À NE PAS MANQUER

➡ Les peintures murales de Ferrer Bassá

➡ Le cloître gothique à trois niveaux

➡ Les règles inscrites sur les murs du réfectoire

### INFOS PRATIQUES

➡ Plan p. 330

➡ ☎93 256 34 34

➡ www.museuhistoria.bcn.cat

➡ Baixada del Monestir 9

➡ Adulte/enfant 7/5 €

➡ ⊙10h-17h mar-sam, 10h-20h dim

➡ ⒭FGC Reina Elisenda, ⒝22, 63, 64 ou 75

# 👁 À VOIR

CAMP NOU         STADE
Voir p. 171.

MUSÉE-MONASTÈRE
DE PEDRALBES       MONASTÈRE
(Museu-Monestir de Pedralbes). Voir p. 172.

PALAIS ROYAL DE PEDRALBES    PALAIS
Plan p. 330 (Palau Reial de Pedralbes ; ☎93 256 34
65 ; Avinguda Diagonal 686 ; toutes les collections
tarif plein/réduit 5/3 €, 1er dim du mois et 15h-18h
dim gratuit ; ⊘musées 10h-18h mar-dim, 10h-15h
jours fériés, parc 10h-18h tlj ; Ⓜ Palau Reial). L'entrée du **parc du Palais royal** se trouve de
l'autre côté de l'Avinguda Diagonal, en face
du principal campus de l'université de Barcelone. Ce parc entoure le palais construit
au début du XXe siècle. Ce dernier appartenait à la famille d'Eusebi Güell (le mécène
de Gaudí), avant d'être cédé à la municipalité en 1926 et converti en résidence royale. Il
accueillit notamment le roi Alphonse XIII,
le président de la Catalogne et le général
Franco.

Le palais abrite trois musées, dont deux
fusionnés en un et installés ici temporairement.

Le **musée de la Céramique** (Museu de
Ceràmica ; plan p. 329 ; www.museuceramica.bcn.
es) rassemble une belle collection de céramiques espagnoles du XIIIe siècle à nos
jours, dont quelques pièces de Picasso et
de Miró. Hérité du savoir-faire arabe, l'art
de la céramique s'est développé en Espagne
jusqu'à devenir une véritable tradition.
Vous pourrez ici juger du travail délicat de
certaines pièces (carreaux de faïence, por-
celaines, etc.) et de la diversité des centres
de production : Talavera de la Reina, dans

la communauté autonome de Castille-La
Manche, Manises et Paterna, dans la province de Valence, et Teruel, dans la communauté autonome d'Aragon.

De l'autre côté du hall, en face du musée
de la Céramique, au 1er étage, le **musée des
Arts décoratifs** (Museu de les Arts Decoratives)
rassemble du mobilier et des objets décoratifs qui remontent à la période romane. Le
**musée du Textile et du Costume** (Museu
Tèxtil i d'Indumentària ; www.museutextil.bcn.es),
au 2e étage, contient quelque 4 000 objets
allant des textiles coptes du IVe siècle aux
broderies catalanes du XXe siècle. L'ensemble de vêtements datant du XVIe siècle
aux années 1930 constitue le point d'orgue
du musée. Ces deux collections vont être
réunies pour former le nouveau musée des
Arts appliqués **Disseny Hub** (www.dhub-bcn.
cat), dont la construction a débuté sur la
Plaça de les Glòries Catalanes et qui doit
ouvrir en 2013.

Les écuries et la maison du gardien dessinées par Gaudí pour la Finca Güell, nom du
vaste domaine de la famille Güell, se dressent un peu plus loin, à proximité de l'Avinguda de Pedralbes. Également connues
sous le nom de **Pavillons Güell** (Pavellons
Güell ; ☎93 317 76 52 ; www.rutadelmodernisme.
com ; visite guidée tarif plein/réduit 6/3 € ; ⊘en
anglais 10h15 et 12h15, en catalan 11h15, en espagnol 13h15 ven-lun), elles datent du milieu des
années 1880 et témoignent du grand intérêt de Gaudí pour l'art mauresque. En dehors des heures d'ouverture, vous pourrez
contempler le superbe portail en fer forgé
et son dragon furieux, tous deux réalisés
par Gaudí.

CAMP NOU, PEDRALBES ET LA ZONA ALTA À VOIR

---

> BOUCHE-À-OREILLE

## BALADE DANS LE VIEUX SARRIÀ

S'étendant pourtant du côté gauche de l'assourdissante Via Augusta, le vieux centre de
Sarrià est un véritable havre de paix pour piétons. Probablement fondé au XIIIe siècle
et incorporé à Barcelone en 1921 seulement, Sarrià s'organise autour de la sinueuse
**Carrer Major de Sarrià**, aujourd'hui un mélange de moderne et d'ancien avec, çà et
là, des boutiques et des restaurants. Tout au bout, la rue s'ouvre sur la belle **Plaça de
Sarrià** (d'où le Passeig de la Reina Elisenda de Montcada part vers l'ouest jusqu'au
musée-monastère de Pedralbes), où vous ne manquerez pas la prestigieuse pâtisserie
Foix De Sarrià (p. 177). En descendant la colline, passez par la **Plaça del Consell de
la Vila**, la **Plaça de Sant Vicenç de Sarrià** et le Carrer de Rocaberti, à l'extrémité de
laquelle s'élève le **monastère de Santa Isabel** avec son cloître néogothique. Construit
en 1886 pour héberger les sœurs clarisses, dont l'ordre s'était d'abord établi à El Raval au
XVIe siècle, le monastère fut abandonné pendant la guerre civile et servit d'abri antiaérien.

# LE TIBIDABO, UN JARDIN DES PLAISIRS

Encadrant le nord de la ville, la colline boisée du Tibidabo, qui s'élève à 512 m, est le point culminant de la Serra de Collserola. Outre la vue magnifique qui s'offre depuis le sommet, le Tibidabo vaut le détour pour son parc de 8 000 ha, son parc d'attractions à l'ancienne, sa tour de télécommunications équipée d'une plate-forme panoramique et une église visible de nombreux endroits de la ville. Le Tibidabo doit son nom au démon, qui, cherchant à faire céder le Christ à la tentation, l'amena sur une hauteur et lui dit, en latin : *"Haec omnia tibi dabo si cadens adoraberis me."* ("Je t'offrirai tout cela, si tu t'agenouilles et me vénères.").

Pour vous rendre à l'église et au parc d'attractions, prenez un train FGC jusqu'à la gare Avinguda de Tibidabo. De là, empruntez le *tramvia blau*, qui longe les belles résidences modernistes jusqu'à la Plaça del Doctor Andreu (aller simple/aller-retour 3/4,70 €, 30 minutes). Depuis la Plaça del Doctor Andreu, le funiculaire du Tibidabo gravit la colline (aller-retour 7,50 €, 5 minutes) de 10h jusqu'à peu de temps après la fermeture du parc d'attractions. Autre possibilité : le bus T2, ou "Tibibús", qui relie la Plaça de Catalunya à la Plaça de Tibidabo (2,80 €, 30 minutes).

Pour vous rendre au parc de Collserola, un train FGC vous dépose à Baixador de Vallvidrera. Vous pouvez aussi descendre une station avant, à Peu del Funicular, et monter jusqu'au sommet en funiculaire. Le bus n°111 circule entre le Tibidabo et Vallvidrera (passant devant la Tour de Collserola).

## Parc de Collserola

Les Barcelonais désireux de s'échapper de la ville sans pour autant aller trop loin se rendent dans les hauteurs, au **parc de Collserola** (☎93 280 35 52 ; www.parcnaturalcollserola.cat ; Carretera de l'Església 92 ; ☺Centre d'Informació 9h30-15h, Can Coll 9h30-15h dim et jours fériés, fermé juil et août ; ℝFGC Peu del Funicular, Baixador de Vallvidrera), aménagé dans les collines. L'endroit est idéal pour les promenades à pied ou à vélo et compte de nombreux petits restaurants. Procurez-vous une carte au centre d'information.

Hormis le cadre naturel, le principal centre d'intérêt du site est le musée-maison de Verdaguer (Museu-Casa Verdaguer), à 100 m du centre d'information et à une courte distance à pied de la gare ferroviaire. C'est dans cette maison de campagne de la fin du XVIIIe siècle que le poète catalan Jacint Verdaguer passa les dernières années de sa vie avant de s'éteindre, le 10 juillet 1902. La maison est remarquablement bien conservée.

## Temple du Sacré-Cœur

Pendant barcelonais de la célèbre basilique montmartroise, le **Temple del Sagrat Cor** (☎93 417 56 86 ; Plaça de Tibidabo ; entrée libre, ascenseur 2 € ; ☺8h-19h, ascenseur 10h-19h) domine la plus haute station du funiculaire. Érigé entre 1902 et 1961, il mélange les styles et une certaine influence moderniste. Tout aussi visible que son homologue parisienne, l'église est bien plus décriée par les esthètes. Elle est constituée de deux lieux de culte superposés, celui du haut étant surmonté d'un Christ colossal. Un ascenseur conduit jusqu'au toit où s'offre une belle vue panoramique.

## Parc d'attractions

Les Barcelonais se rendent au Tibidabo surtout pour son **parc d'attractions** (☎93 211 79 42 ; www.tibidabo.cat ; Plaça de Tibidabo 3-4 ; adulte/enfant 25,20/9 € ; ☺fermé jan-fév), proche de la dernière station du funiculaire. Vous y trouverez des manèges tournoyants et un cinéma 4-D dernier cri, ainsi que des attractions plus vieillottes comme le train à vapeur et le musée des Automates (Museu d'Autòmats), avec sa collection d'automates dont le plus vieux date de 1880. Consultez le site Internet pour connaître les horaires d'ouverture.

## Tour de Collserola

Haute de 288 m, la **Tour de Collserola** (Torre de Collserola ; plan p. 330 ; ☎93 406 93 54 ; www.torredecollserola.com ; Carretera de Vallvidrera al Tibidabo ; adulte/enfant 5/3 € ; ☺12h-14h et 15h15-20h mer-dim juil et août, 12h-14h et 15h15-18h sam, dim et jours fériés sept-juin, fermé jan et fév ; Funicular de Vallvidrera, ▢111) est une tour de télécommunications conçue par Norman Foster et achevée en 1992. La plate-forme panoramique, perchée à 115 m de haut, offre une vue magnifique : on peut voir à 70 km alentour par temps clair.

**VAUT LE DÉTOUR**

## JARDINS DU LABYRINTHE D'HORTA

Dessiné au tout début du XVIIIe siècle par Antoni Desvalls, marquis d'Alfarras i de Llupià, ce parc (Jardins del Laberint d'Horta ; ✆93 413 24 00 ; Passeig del Castanyers 1 ; tarif plein/ étudiant 2,20/1,40 €, mer et dim gratuit ; ⊗10h-coucher du soleil ; Ⓜ Mundet) méticuleusement entretenu demeura une propriété privée jusqu'aux années 1970, lorsqu'il fut ouvert au public. Représentations théâtrales et réceptions mondaines s'y succédèrent avant que ce lieu ne soit reconverti en parc-musée.

Les jardins doivent leur nom au labyrinthe situé en leur milieu, mais d'autres sentiers vous conduiront vers un agréable lac artificiel (*estany*), des cascades, un pavillon néoclassique et un faux cimetière s'inspirant de la fascination mélancolique pour la mort chez les romantiques du XIXe siècle.

Le labyrinthe, au centre de ces jardins (qui ne semblent pas trop à leur place au milieu des immeubles modernes et des voies périphériques alentour), peut se révéler un véritable casse-tête ! Les enfants adoreront rejoindre le centre en partant de l'extrémité située en contrebas avant de ressortir au niveau des étangs et du pavillon néoclassique.

Certaines scènes de l'adaptation cinématographique du *Parfum*, roman de Patrick Süskind, ont été tournées dans les jardins.

Pour vous y rendre, depuis la station de métro Mundet, prenez la sortie de droite par les escaliers ; une fois dans la rue, tournez à droite puis à gauche en suivant la rue principale (qui longe les terrains de football sur la gauche). Tournez de nouveau à gauche et montez (environ 5 minutes) jusqu'aux jardins.

### PARC DE LA CREUETA DEL COLL  PARC

(✆93 413 24 00 ; www.bcn.cat/parcsijardins ; Passeig de la Mare de Déu del Coll 77 ; ⊗10h-coucher du soleil ; Ⓜ Penitents). Non loin du parc Güell, voici un jardin public rafraîchissant doté d'un lac artificiel utilisé comme piscine. La piscine, les balançoires, les douches et le snack-bar constituent un cadre reposant pour une sortie estivale en famille. Vous n'y croiserez que des Barcelonais. Le parc est ouvert toute l'année ; seule la piscine n'ouvre que l'été.

Le parc est aménagé dans une ancienne carrière. Sur l'un de ses côtés est suspendue une énorme sculpture en ciment, *Elogio del Agua* (Éloge de l'eau), d'Eduardo Chillida. Des sentiers sillonnent le haut de la colline et offrent un beau point de vue sur la ville et le Tibidabo. De la station de métro Penitents, il faut compter 15 minutes à pied. L'entrée se fait par la Carrer Mare de Déu del Coll.

### OBSERVATOIRE FABRA  OBSERVATOIRE

Plan p. 330 (Observatori Fabra ; ✆93 431 21 39 ; www.fabra.cat ; Carretera del Observatori ; 10 € ; 🚊FGC Avinguda Tibidabo puis 🚋Tramvia Blau). Inauguré en 1904, cet observatoire moderniste accueille toujours un groupe de chercheurs. Certains soirs, il est ouvert au public, qui peut alors observer les étoiles au moyen d'un immense télescope ancien. Il est absolument indispensable de réserver

pour les visites, la plupart se faisant en catalan ou en espagnol (castillan). De mi-juin à mi-septembre, participez au Sopars amb Estrelles (dîner sous les étoiles) : le repas est servi à l'extérieur, suivi d'une visite du bâtiment, d'un coup d'œil dans le télescope et d'une conférence (en catalan) sur les cieux. La soirée débute à 20h30 et coûte 67 € par personne. Le taxi est le moyen le plus simple de se rendre à l'observatoire.

##  OÙ SE RESTAURER

**La Zona Alta, du Tibidabo à Pedralbes, en passant par Sant Gervasi (jusqu'à l'Avinguda Diagonal, à l'ouest de Gràcia) abrite certaines des meilleures tables de la ville. Vous y trouverez des établissements de qualité diverse proposant des cuisines variées, souvent nichés dans des rues résidentielles calmes, à l'écart de tout site touristique.**

## ✗ Sant Gervasi

### VIA VENETO  CATALAN €€

Plan p. 332 (✆93 200 72 44 ; www.viavenetorestaurant.com ; Carrer de Ganduxer 10 ; plats 30-46 € ; ⊗déj et dîner lun-ven, dîner sam, fermé août ; 🚊FGC La Bonanova). Dalí était un habitué

# LES INCONTOURNABLES
## LE COSMOCAIXA

Ce lumineux musée de la Science (Museu de la Ciència) est installé dans un bâtiment moderniste (achevé en 1909). L'une des attractions phares de la ville, il ravit les enfants, petits et grands. Véritable point fort du musée, la reconstitution, sur plus de 1 km², d'une **mangrove amazonienne** (*Bosc Inundat*). Une centaine d'espèces animales et végétales amazoniennes, dont des anacondas, des dendrobates colorés et quelques caïmans, peuplent ce biotope unique dans lequel vous aurez même l'opportunité de vivre une averse tropicale. Une autre section originale présente le **Mur géologique** (*Mur Geològic*), un mur de 90 tonnes formé de sept immenses blocs de pierre.

Ces éléments et d'autres, présentés au 5ᵉ sous-sol (le musée est en grande partie souterrain), couvrent toutes sortes d'aspects captivants de la science, des fossiles à la physique, de l'alphabet au cosmos. Pour accéder à des sections spéciales, notamment au **planétarium** (*Planetari*), renseignez-vous sur les visites guidées. La plupart des installations sont interactives et destinées aux enfants (adulte/enfant 2/1,50 €). Le planétarium est adapté aux personnes malentendantes et malvoyantes.

À l'extérieur, la vaste Plaça de la Ciència, avec son modeste jardin planté de fleurs méditerranéennes, se prêtera à une agréable balade.

### À NE PAS MANQUER

➡ Un orage tropical en Amazonie
➡ Le Mur géologique
➡ Le planétarium

### INFOS PRATIQUES

➡ Museu de la Ciència
➡ Plan p. 330
➡ 🖉93 212 60 50
➡ www.fundacio.lacaixa.es
➡ Carrer de Isaac Newton 26
➡ Adulte/enfant 3/2 €
➡ ⏲10h-20h mar-dim
➡ 🚌60, 🚇FGC Avinguda Tibidabo

---

des lieux après l'ouverture de ce restaurant huppé en 1967. Le cadre vaguement Art déco (remarquez les miroirs ovales), les nappes rose orangé, les chaises en cuir et les couverts raffinés semblent s'adresser à une clientèle plutôt conservatrice, mais c'est surtout pour la qualité de la cuisine que l'artiste appréciait l'endroit. Les plats catalans dominent la carte où se distinguent le cochon de lait rôti ou le bar en croûte de sel avec riz noir et couteaux.

### RESTAURANT MOLINA                    CATALAN €€

Plan p. 330 (🖉93 417 11 24 ; www.restaurantemolina.net ; Passeig de Sant Gervasi 65 ; plats 9-16 € ; ⏲13h-0h30 lun-ven, 11h-17h sam et dim ; 🚇FGC Avinguda Tibidabo). Avec ses tables en terrasse et son bar sans cachet, rien ne distingue à première vue le Molina des autres bars à tapas, mais l'arrière-salle dissimule l'un des meilleurs restaurants catalans du quartier. Élaborés avec soin et magnifiquement présentés, les plats mêlent foie gras, œufs d'oie et purée de pommes de terre, riz, oursin et calamar, ou encore tataki de thon, mangue et avocat.

### HOFMANN                    MÉDITERRANÉEN €€€

Plan p. 332 (🖉93 218 71 65 ; www.hofmann-bcn.com ; Carrer de Granada del Penedès 14-16 ; plats environ 45 €, déj 3 plats 47 € ; ⏲déj et dîner lun-ven ; 🚇FGC Gràcia). Ici, ce sont des apprentis chefs qui font la cuisine, encadrés par leurs formateurs. Les recettes sont généralement d'élégantes interprétations de grands classiques méditerranéens, et les desserts sont si exquis que certains hôtes font directement suivre leur entrée de deux desserts, en sautant le plat principal.

### FLASH FLASH                    ESPAGNOL €

Plan p. 332 (🖉93 237 09 90 ; www.flashflashbarcelona.com ; Carrer de la Granada del Penedès 25 ; plats 8-12 € ; ⏲13h-1h30 ; 🚇Gracia). Avec son décor graphique en noir et blanc, Flash Flash arbore un look pop et kitsch remontant à 1969 – année de son ouverture. Il sert plus de 50 sortes d'épaisses tortillas (omelettes), sa spécialité, ainsi que de généreux hamburgers.

### LIADÍSIMO                    CAFÉ €

(Carrer de Guillem Tell 23-25 ; plats 5-7 € ; ⏲7h30-21h lun-ven, 8h30-21h sam ; 🚇St Gervasi ou Molina). Ce café lumineux et séduisant présente des œuvres d'art temporaires sur ses murs, de fascinants jeux de lumière et des films projetés sans le son sur un mur noir. L'établissement possède également un jardin luxuriant, agréable pour déguster des jus de fruits frais et des smoothies, des crêpes sucrées ou salées, des pâtes, des sandwichs grillés et un café correct.

## ✕ Tibidabo

**LA BALSA**  MÉDITERRANÉEN €€€

Plan p. 330 (📞93 211 50 48 ; www.labalsarestaurant.com ; Carrer de la Infanta Isabel 4 ; plats 18-24 € ; ⊘déj mar-dim, dîner lun-sam, dîner 21h-0h en août ; 🚉FGC Avinguda Tibidabo). Avec son imposant plafond et sa terrasse entourée d'un jardin odorant, cette table se classe parmi les meilleures de la ville. La carte change fréquemment et mêle tradition catalane et originalité. Avant de passer à table, prenez le temps de siroter un cocktail au bar.

**EL ASADOR DE ARANDA**  ESPAGNOL €€€

Plan p. 330 (📞93 417 01 15 ; www.asadordearanda.com ; Av del Tibidabo 31 ; plats 20-22 € ; ⊘fermé dim dîner ; 🚉FGC Avinguda Tibidabo). Adresse idéale où se rassasier après avoir visité le Tibidabo, El Asador de Aranda occupe un saisissant édifice Art nouveau avec vitraux, arches mauresques en brique et plafonds ouvragés. Vous y trouverez un beau choix d'assiettes de tapas à partager, mais la spécialité demeure la viande (rôti d'agneau, côtelettes, bœuf), magnifiquement préparée au four.

## ✕ Sarrià

**BAR TOMÀS**  TAPAS €

Plan p. 330 (📞93 203 10 77 ; Carrer Major de Sarrià 49 ; tapas 3-5 € ; ⊘12h-22h jeu-mar ; 🚉FGC Sar-

> **VAUT LE DÉTOUR**
>
> **CAN TRAVI NOU**  CATALAN €€€
>
> (📞93 428 03 01 ; www.gruptravi.com ; Carrer de Jorge Manrique 8 ; plats 20-28 € ; ⊘déj et dîner lun-sam, déj dim ; 🅿 ; Ⓜ Montbau). Cette grande demeure du XVIIIᵉ siècle abrite plusieurs salles à manger réparties sur deux étages. Les tons chauds, l'horloge ancienne et l'ambiance simple et rustique forment un cadre idéal pour un bon repas à la catalane.

rià). De nombreux Barcelonais proclament depuis longtemps que le Bar Tomàs est de loin la meilleure adresse de la ville pour les *patatas bravas* (pommes de terre accompagnées d'une sauce tomate légèrement relevée), préparées ici selon une variante particulière de la recette traditionnelle. C'est un bar simple et rustique, mais cela n'empêche pas les habitants aisés de Sarrià d'y affluer, notamment pour déjeuner le week-end.

**FOIX DE SARRIÀ**  PÂTISSERIE €

Plan p. 330 (📞93 203 04 73 ; www.foixdesarria.com ; Plaça de Sarrià 12-13 ; desserts 2-5 € ; ⊘8h-20h ; 🚉FGC Reina Elisenda). Cette pâtisserie d'exception vend de succulents desserts, gâteaux et sucreries depuis 1886. Il est possible de les emporter, ou de les déguster dans le salon de thé à l'arrière, accompagnés d'un thé, d'un café ou d'un chocolat chaud.

## 🍷 OÙ PRENDRE UN VERRE ET FAIRE LA FÊTE

**Le nord de l'Avinguda Diagonal est le royaume des *pijos*, ces "fils à papa" exhibant leur bronzage et leurs vêtements de marque au volant d'une Audi ou d'un 4x4. Vous les verrez partout, des bars de la Carrer de Marià Cubí (et des rues environnantes) aux clubs de la Carrer d'Aribau ou du Tibidabo. Mais la beauté des lieux compense le snobisme de certains.**

## 🍷 Sarrià et Tibidabo

**MIRABLAU**  BAR

Plan p. 330 (Plaça del Doctor Andreu ; ⊘11h-4h30 dim-jeu, 11h-5h ven et sam ; 🚉FGC Avinguda Tibidabo puis 🚋Tramvia Blau). On accède à ce restaurant en terrasse, qui offre une vue imprenable sur la ville, en montant vers le Tibidabo. En bas, la foule se presse sur la minuscule piste de danse. L'été, il est possible de prendre l'air sur la terrasse... encore plus petite !

**CAFFÈ SAN MARCO**  CAFÉ

Plan p. 330 (📞93 280 29 73 ; Carrer de Pedro de la Creu 15 ; ⊘9h-21h30 ; 🚉FGC Reina Elisenda). Sans doute l'un des meilleurs cafés qu'il vous sera donné de déguster. Atmosphère charmante,

**VAUT LE DÉTOUR**

## LE LIQUID : UNE SORTIE RAFRAÎCHISSANTE

Dans la chaleur des nuits d'été, l'une des adresses les plus prisées de la capitale catalane se trouve en réalité en dehors de Barcelone, à L'Hospitalet de Llobregat. Le **Liquid** (☎670 221209 ; www.liquidbcn.com ; Carrer de Manuel Azaña 21-23, Complex Esportiu Hospitalet Nord ; ⊘juin-sept ; MZona Universitaria) porte bien son nom : c'est un méga-club installé au bord d'une piscine bleu azur au milieu de laquelle trône un îlot planté de palmiers. Les candidats au plongeon sont toutefois peu nombreux. La clientèle est assez hétéroclite et vient de toute la ville. Des DJ, locaux et étrangers, assurent l'ambiance dans différents espaces à l'intérieur, ainsi qu'au bord de la piscine.

où l'on peut s'installer pour lire un journal ou observer l'animation de la rue.

## Pedralbes et Zona Universitària

### ELEPHANT CLUB

Plan p. 330 (☎93 334 02 58 ; www.elephantbcn. com ; Passeig dels Til.lers 1 ; ⊘23h30-4h jeu, 23h30-5h ven et sam ; MPalau Reial). Entrer dans cette discothèque donne l'impression d'avoir été invité à une fête privée de Beverly Hills. Les mannequins et les starlettes se mêlent à des garçons fort bien habillés. La grande piste, sous une sorte de chapiteau, est la principale attraction, quoique, en été, les bars du jardin ont également du succès.

### UP AND DOWN CLUB CLUB

Plan p. 330 (☎93 448 61 15 ; http://upanddownbar-celona.com ; Avinguda del Doctor Marañón 17 ; 15 € ; ⊘23h30-5h30 jeu-sam ; MPalau Reial). Ce club haut de gamme a remplacé le Pachá, une institution aux accents d'Ibiza, devenant l'un des lieux phares de la vie nocturne. Le rez-de-chaussée est immense, composé d'une piste et de plusieurs carrés VIP séparés. À l'étage, le salon est plus intimiste, baigné d'une lumière tamisée et meublé de curieux sièges mous disposés au centre.

## Sant Gervasi

### MARCEL BAR

Plan p. 332 (☎93 209 89 48 ; Carrer de Santaló 42 ; ⊘10h-2h lun-jeu, 10h-3h ven et sam ; ℝFGC Muntaner). Éternel lieu de rendez-vous, le Marcel dégage une atmosphère un rien désuète mais conviviale et élégante, avec un bar en bois, un sol carrelé noir et blanc et de hautes fenêtres. On peut commander quelques tapas et en-cas. L'espace est un peu réduit et

l'animation déborde immanquablement sur le trottoir.

### BERLIN BAR

Plan p. 332 (Carrer de Muntaner 240 ; ⊘10h-2h lun-jeu, 10h- 3h ven et sam ; MDiagonal ou Hospital Clínic). Situé à un angle de rue, ce bar élégant offre un beau point de vue sur l'Avinguda Diagonal. Des tables sont regroupées à l'extérieur au rez-de-chaussée et des canapés design sont installés en bas. Le service n'est pas parfait, mais l'emplacement est excellent pour démarrer la nuit. Plus tard, nombre de clients de tous âges et de tous horizons se dirigent au Luz de Gas (p. 179), juste à côté.

### BOCAYMA BAR

Plan p. 332 (☎93 430 28 38 ; Carrer de l'Avenir 50 ; ⊘23h-2h mar et mer, 23h- 3h jeu-sam ; ℝFGC Muntaner). Les soirées du Bocayma débutent de manière assez calme, les clients se rassemblant autour de tables basses alignées d'un côté du bar, au fond. Grâce aux deux bars rétroéclairés, les jeunes gens ne se retrouvent jamais le verre vide. Après 1h, la musique accélère et les clients commencent à s'échauffer pour une nuit de sortie dans les clubs voisins. L'établissement reste souvent ouvert au-delà des horaires officiels.

### BUBBLIC BAR BAR

Plan p. 332 (☎93 414 54 01 ; www.bubblicbar.com ; Carrer de Marià Cubí 183 ; ⊘23h-2h mar et mer, 23h-3h jeu-sam ; ℝFGC Muntaner). Occupant une place privilégiée dans la vie nocturne de La Zona Alta, le Bubblic se répartit sur plusieurs niveaux : un salon un peu exigu à l'étage, une agréable terrasse en été et un sous-sol avec plusieurs bars bordant les pistes de danse où des DJ mixent des sons variés, du rock et de la pop à la house et à la trance.

## OTTO ZUTZ CLUB

Plan p. 332 (www.ottozutz.com ; Carrer de Lincoln 15 ; 15 € ; ⊘0h-6h mar-sam ; ⒭FGC Gràcia). Les *beautiful people* n'ont qu'à se présenter pour accéder à cette discothèque sur trois étages. Au rez-de-chaussée, on se déchaîne sur de la house et en haut, c'est plutôt le funk et la soul qui donnent le ton. Les DJ viennent d'Ibiza et le dernier étage est réservé aux VIP (mais tout ce beau monde finit par se mélanger à un moment ou à un autre). Les vendredi et samedi : hip hop, R&B et funk au rez-de-chaussée ; house au 1er étage.

## SALA BECOOL CLUB

Plan p. 332 (☎93 362 04 13 ; www.salabecool.com ; Plaça de Joan Llongueras 5 ; 10-15 € ; ⊘0h-6h jeu-dim ; ⬛27, 32, 59, 66, 67 ou 68). L'électro est omniprésente dans ce club de taille moyenne où l'on ne peut manquer l'énorme boule à facettes au bout de la scène, qui accueille parfois des concerts en début de soirée (à partir de 21h). L'espace Redrum est plus calme, avec du rock indépendant.

## SUTTON THE CLUB CLUB

Plan p. 332 (www.thesuttonclub.com ; Carrer de Tuset 13 ; 15 € ; ⊘0h-5h mer-jeu, 0h-6h ven et sam, 22h30-4h dim ; ⓂDiagonal). Une discothèque classique : avec les tubes du moment sur la piste, de la house au deuxième bar et une foule de créatures de rêve, on comprend pourquoi les fêtards des bars alentour s'y retrouvent toujours. La piste est alors prise de frénésie. Mieux vaut "présenter bien" pour entrer : les videurs sont pointilleux.

## LUZ DE GAS CLUB

Plan p. 332 (☎93 209 77 11 ; www.luzdegas.com ; Carrer de Muntaner 246 ; entrée jusqu'à 20 € ; ⊘23h30-6h ; ⓂDiagonal puis ⬛6, 7, 15, 27, 32, 33, 34, 58 ou 64). Plusieurs soirs par semaine, ce club installé dans un ancien théâtre accueille des concerts de soul, country, salsa, rock, jazz et pop. Certains resteront dans l'obscurité près des bars, d'autres se déchaîneront devant la grande scène. On se croit un peu dans un concert de rock à l'ancienne. À partir de 2h, les lieux se muent en une discothèque qui séduit une clientèle branchée. La musique varie selon les jours. La Sala B, piste de danse qui ouvre uniquement les vendredi et samedi soir, se transforme vite en fournaise.

## ☆ OÙ SORTIR

### BIKINI MUSIQUE LIVE

Plan p. 332 (☎93 322 08 00 ; www.bikinibcn.com ; Av Diagonal 547 ; 10-20 € ; ⊘0h-6h mer-sam ; ⬛6, 7, 33, 34, 63, 67 ou 68, ⓂEntença). Véritable institution qui, déjà sous Franco, faisait vibrer les nuits barcelonaises, ce club propose des ambiances musicales qui varient sur ses trois espaces et d'un soir à l'autre, allant des sonorités latines et brésiliennes au disco des années 1980. Il accueille souvent des groupes locaux ou étrangers de qualité, de tous les genres. Les concerts commencent vers 20h ou 22h, mais la discothèque à proprement parler n'ouvre qu'à partir de minuit.

### ACCRO AU CHOCOLAT

Depuis le XVIe siècle, l'Espagne fait venir du cacao d'Amérique latine et les chocolatiers de Barcelone ont toujours traité la précieuse fève avec tous les honneurs. L'histoire d'amour entre la ville et le chocolat est illustrée par l'existence d'un musée dédié à cette douceur. Les commerçants traditionnels de chocolats fins travaillent depuis longtemps aux côtés des *granjas* (bars à lait) et d'établissements similaires où l'on vient siroter l'épais chocolat chaud. Depuis les années 1980, une flopée de chocolatiers les a rejoints, dont l'imagination semble sans bornes. Les accros au chocolat pourront essayer les adresses suivantes :

➡ **Enric Rovira** (plan p. 332 ; ☎93 419 25 47 ; www.enricrovira.com ; Avinguda de Josep Tarradellas 113 ; ⊘lun-sam, fermé août ; ⓂEntença)

➡ **Oriol Balaguer** (plan p. 332 ; ☎93 201 18 46 ; www.oriolbalaguer.com ; Plaça de Sant Gregori Taumaturg 2 ; ⒭FGC La Bonanova)

➡ **Pastisseria Natcha** (plan p. 332 ; ☎93 430 10 70 ; www.natcha.cat ; Avinguda de Sarrià 45 ; ⓂHospital Clínic)

➡ **Richart** (plan p. 332 ; ☎93 202 02 40 ; www.richart.com ; Carrer de Muntaner 463 ; ⊘lun-sam ; ⒭FGC La Bonanova)

### RENOIR-LES CORTS

CINÉMA

Plan p. 330 (☎93 490 55 10 ; www.cinesrenoir.com ; Carrer de Eugeni d'Ors 12 ; MⓂ Maria Cristina ou Les Corts). Avec six salles, c'est une alternative, certes éloignée du centre de Barcelone, mais qui programme des films en VO.

##  SHOPPING

**La plupart des Barcelonais huppés descendent de la "zone haute" pour faire leurs emplettes dans L'Eixample, mais beaucoup de petites boutiques branchées sont éparpillées dans La Zona Alta. Le Passeig de la Bonanova, par exemple, concentre un certain nombre de commerces. Le quartier est sans doute trop excentré pour attirer les touristes, mais il offre néanmoins l'occasion d'une intéressante séance de shopping.**

### BEA BEA

MODE

Plan p. 332 (☎93 414 29 55 ; Carrer de Calvet 39 ; ⒻFGC Muntaner). Dans une rue jalonnée de petites boutiques. Les femmes trouveront des vêtements pour tous les goûts et toutes les générations. Le style jeune et décontracté fait se côtoyer jupes, vestes et tenues plus classiques.

### SIETE BESOS

MODE

Plan p. 332 (☎93 200 67 34 ; Carrer d'Amigó 55 ; ⒻFGC Muntaner). Petite boutique entourée de concurrents plus voyants, le "sept baisers" habille les femmes avec anticonformisme et audace s'il le faut, mais sans tomber dans le *vintage* ou le style "jeans". Les petites robes légères côtoient les pantalons et les petits tops, le tout à des prix plutôt raisonnables pour le quartier.

### FC BOTIGA

SOUVENIRS

(☎93 492 31 11 ; http://shop.fcbarcelona.com ; Carrer de Arístides Maillol ; ◷10h-21h lun-sam ; MⓂ Collblanc). Si vous êtes un passionné du ballon rond, ne manquez sous aucun prétexte cette boutique située dans le musée du Football, à côté du stade du Camp Nou. Ballons, maillots, écharpes, chaussettes, portefeuilles, sacs, baskets, boîtiers d'iPhone – tout ici arbore les célèbres couleurs bleu et rouge du Barça. Il existe des succursales partout en ville, notamment au centre commercial Maremàgnum et à la Carrer de Jaume I, 18 (p. 87).

## 🏃 SPORTS ET ACTIVITÉS

### CAMP NOU

SPECTACLE SPORTIF

Plan p. 330 (☎902 189 900 ; www.fcbarcelona.com ; Carrer d'Aristides Maillol ; billets 19-265 € ; ◷billetterie 10h-19h45 lun-sam, 10h-14h15 dim, 11h jusqu'au coup d'envoi les jours de match ; MⓂ Palau Reial ou Collblanc). Assister à un match de football du FC Barça dans le cadre immense du stade du Camp Nou est une expérience inoubliable. Les tickets sont en vente à la billetterie du stade, à la FNAC, chez Carrefour et aux distributeurs automatiques ServiCaixa.

### RITUELS D'ORIENT

SPA

Plan p. 332 (☎93 419 14 72 ; www.rituelsdorient.com ; Carrer de Loreto 50 ; bains seuls 28 € ; ◷femmes seules 13h-21h mar, 10h30-20h mer, 13h-16h ven, mixte 13h-22h jeu, 16h-22h ven, 10h30-20h sam ; MⓂ Hospital Clínic). Avec son décor tout droit sorti d'un rêve marocain, à grands renforts de bois sombre, moucharabiehs, bougies et murs en vieille pierre, Rituels d'Orient remplit ses promesses. L'endroit est idéal pour s'offrir un hammam, des massages, une exfoliation et autres soins.

# Montjuïc

MONTJUÏC | SANTS | EL POBLE SEC

## Notre sélection

**1** Une journée au **musée national d'Art de Catalogne (MNAC)**, qui renferme la plus importante collection d'art roman du monde (p. 183), une superbe section d'art gothique et deux collections privées fascinantes.

**2** La beauté du bâtiment de la **fondation Joan Miró** (p. 188), réalisé par Josep Lluís Sert, qui abrite l'œuvre de l'artiste barcelonais le plus connu du XXᵉ siècle.

**3** Le **CaixaForum** (p. 189), le premier espace artistique exposant la vaste collection d'œuvres internationales de la banque de Barcelone.

**4** Le spectacle de l'eau prenant vie lors de la féerie nocturne de la **Font Màgica** (p. 190).

**5** Une balade en **téléphérique** (p. 190) pour admirer Montjuïc depuis les airs.

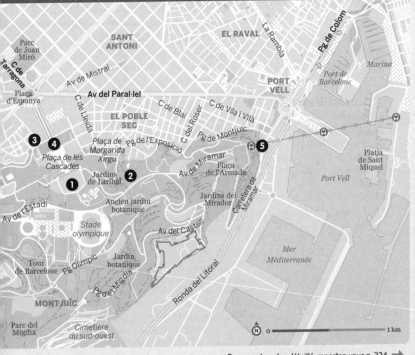

Pour un plan plus détaillé, reportez-vous p. 334.

## Bon plan Lonely Planet

Profitez du téléphérique (*telefèric*) menant au sommet de la colline et traversant Montjuïc – le court trajet est agréablement silencieux et offre une vue imprenable non seulement sur la colline verdoyante mais aussi sur la ville entière.

### 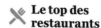 Le top des restaurants

➡ Tickets (p. 193)
➡ Quimet i Quimet (p. 194)
➡ Xemei (p. 194)
➡ Restaurant Evo (p. 194)
➡ Barramòn (p. 194)

Voir détails p. 193 ➡

### 🍷 Le top des bars et cafés

➡ La Caseta del Migdia (p. 196)
➡ Terrazza (p. 197)
➡ Tinta Roja (p. 196)
➡ Barcelona Rouge (p. 196)

Voir détails p. 196 ➡

### 👁 Les meilleurs musées

➡ Musée national d'Art de Catalogne (MNAC) (p. 183)
➡ Fondation Joan Miró (p. 188)
➡ CaixaForum (p. 189)

Voir détails p. 183 ➡

## Découvrir Montjuïc

La colline de Montjuïc accueille certaines des plus belles collections d'art de la ville (CaixaForum, MNAC, fondation Joan Miró), ainsi que d'autres musées et des sites étonnants : le Poble Espanyol, un village artificiel regroupant les styles architecturaux du pays, le château de Montjuïc, la reconstitution du pavillon allemand de Mies van der Rohe (1929) et les installations des JO de 1992. Le soir, vous aurez le choix entre la Font Màgica et les les nombreux théâtres et boîtes de nuit. Ajoutez à cela plusieurs beaux parcs et jardins et vous aurez de quoi remplir deux journées de visite.

La colline est accessible à pied depuis la Plaça d'Espanya grâce à des escaliers mécaniques situés à l'ouest du Palais national et grimpant jusqu'à l'Avinguda de l'Estadi. Vous pouvez aussi prendre le téléphérique à La Barceloneta pour profiter de la vue aérienne sur la colline.

Le rond-point de la Plaça d'Espanya marque la frontière entre Montjuïc et Sants, un secteur résidentiel qui vous permettra de découvrir le quotidien de Barcelone sans les touristes.

Sur le versant nord de Montjuïc, le dédale des rues du quartier populaire d'El Poble Sec présente peu de sites touristiques, mais renferme des bars et restaurants sympathiques où l'on va surtout l'été pour profiter des terrasses. L'Avinguda del Paral.lel, qui fut jusque dans les années 1960 le centre de la vie nocturne de Barcelone, abrite encore quelques théâtres et cinémas.

## Vivre comme un Barcelonais

➡ **Restaurants** Direction la Carrer de Blai, ses bars à tapas, en particulier, le Barramòn (p. 194).

➡ **Vie nocturne** Assistez à un spectacle décalé au club Sala Apolo et goûtez à la vie nocturne animée du quartier Paral.lel.

➡ **Verdure** Joignez-vous aux habitants pour une balade dans les jardins de Montjuïc et appréciez l'art en chemin.

## Depuis/vers Montjuïc

➡ **Métro** La ligne 3 traverse El Poble Sec, s'arrêtant aux stations Espanya, Poble Sec et Paral.lel.

➡ **Bus** La ligne n°55 traverse la ville en passant par la Plaça de Catalunya, pour arriver à l'Estació Parc Montjuïc du funiculaire. Le bus n°193 (Parc de Montjuïc) dessine une boucle entre la Plaça d'Espanya et le château de Montjuïc.

➡ **Funiculaire** Empruntez le métro (ligne 2 ou 3) jusqu'à la station Paral.lel, puis le funiculaire, intégré au réseau du métro, jusqu'à l'Estació Parc Montjuïc. De là, un téléphérique (*telefèric*) mène encore plus haut.

➡ **Téléphérique** Le Transbordador Aeri relie la Torre de Sant Sebastiá, dans La Barceloneta, à Montjuïc (voir p. 190).

## LES INCONTOURNABLES
# LE MUSÉE NATIONAL D'ART DE CATALOGNE

Visible depuis l'autre bout de la ville, la silhouette majestueuse du Palais national (Palau Nacional) trône au milieu d'un versant de la colline de Montjuïc. Construit pour l'Exposition universelle de 1929 et restauré en 2005, il abrite le musée national d'Art de Catalogne (Museu Nacional d'Art de Catalunya, MNAC), une exceptionnelle collection d'art catalan, allant du début du Moyen Âge au début du XXᵉ siècle. Elle comprend en particulier de splendides fresques romanes.

### Chefs-d'œuvre romans

La section d'art roman, considérée comme la plus importante collection d'art médiéval au monde, est le véritable point d'orgue du musée. Constituée au début du XXᵉ siècle à partir d'œuvres provenant de petites églises rurales abandonnées de la Catalogne du Nord, la collection comporte 21 fresques murales, sculptures sur bois et devants d'autel peints (bas-reliefs en bois, précurseurs des retables élaborés qui plus tard décorèrent les églises). L'intérieur de certaines églises a été recréé et les fresques – certaines fragmentées, d'autres dans un état de conservation incroyable – ont été replacées telles qu'elles étaient *in situ*.

Les deux plus belles fresques du musée se suivent. La première, dans la salle 5, est une magnifique représentation du Christ en majesté datant de 1123 environ. Inspiré d'un texte de l'Apocalypse, le Christ est peint trônant sur un arc-en-ciel, le monde à ses pieds. Entouré des quatre évangélistes, il tient un livre ouvert sur lequel est écrit *Ego Sum Lux Mundi* (Je suis la lumière du monde). Cette fresque provient de l'abside de l'Església de Sant Climent de Taüll, dans le nord-ouest de la Catalogne. La seconde fresque, qui représente

## À NE PAS MANQUER

⇒ Les chefs-d'œuvre de la section d'art roman

⇒ La collection d'art gothique

⇒ Les peintures du legs de Francesc Cambò et de la collection Thyssen-Bornemisza

⇒ Les meubles et objets décoratifs modernistes

## INFOS PRATIQUES

⇒ Plan p. 334

⇒ ☎93 622 03 76

⇒ www.mnac.es

⇒ Mirador del Palau Nacional

⇒ Tarif plein/réduit/ senior et moins de 15 ans 10/7 €/gratuit, gratuit 1ᵉʳ dim du mois

⇒ ⏰10h-19h mar-sam, 10h-14h30 dim et jours fériés, bibliothèque 10h-18h lun-ven, 10h-14h30 sam

⇒ Ⓜ Espanya

## LES PILLEURS DE FRESQUES

Les frères Stefanoni, restaurateurs d'art italiens, importèrent le secret du *strappo* (technique permettant de détacher les fresques d'un mur) en Catalogne au début des années 1900. Employés au départ par des collectionneurs italiens désireux de prélever les plus belles œuvres d'art roman des églises des Pyrénées pour les envoyer à des collectionneurs et à des musées américains, les frères Stefanoni furent ensuite engagés par les musées barcelonais. Ils recouvraient la fresque d'un tissu appliqué avec une colle fabriquée à partir de cartilage. Une fois la colle sèche, il devenait possible de retirer la fresque du mur et de la rouler. Pendant trois ans, les frères Stefanoni écumèrent les Pyrénées, dépouillant églises et chapelles, et envoyant les rouleaux à Barcelone où ces derniers étaient replacés sur des murs et dans des absides recréant leur cadre d'origine.

**Le musée national d'Art de Catalogne n'expose que 20% de ses trésors. Le reste est conservé dans des réserves que l'on peut découvrir depuis 2010 dans le cadre de visites guidées (5 €). Comptez une journée pour la visite des réserves.**

Marie et l'Enfant Jésus, se trouve dans la salle 7. Elle a été réalisée à la même époque et provient de l'abside de l'Església de Santa Maria de Taüll, non loin de la précédente. Plus que de simples décorations, ces images servaient à inculquer les bases de la foi chrétienne à la population locale.

## Collection gothique

En face de la collection d'art roman, au rez-de-chaussée, se tiennent les sections consacrées à l'art gothique. Dans ces salles, l'art pictural catalan côtoie celui d'autres régions espagnoles et méditerranéennes. Ne manquez pas les œuvres de Bernat Martorell, dans la salle 32, et de Jaume Huguet, dans la salle 34. Parmi les œuvres de Martorell, vous pourrez admirer les représentations des martyres de saint Vincent et de saint Lucien (Llúcia en catalan). N'oubliez pas *La Consécration de saint Augustin*, de Jaume Huguet, où l'artiste donne une grande importance aux détails.

## Legs de Francesc Cambò et collection Thyssen-Bornemisza

Le legs de Francesc Cambò couvre l'histoire de la peinture européenne du XIVe siècle au début du XIXe siècle. La collection Thyssen-Bornemisza présente quant à elle une sélection de peintures et sculptures européennes réalisées entre le XIIIe et le XVIIIe siècle, prêtées au MNAC par le musée Thyssen-Bornemisza de Madrid. La *Vierge d'humilité* de Fra Angelico est la pièce maîtresse de la collection Thyssen-Bornemisza, tandis que le legs de Francesc Cambò comprend d'admirables œuvres des maîtres de la Renaissance vénitienne, Véronèse, Titien et Canaletto, ainsi que de Rubens et de l'Anglais Gainsborough. Enfin, on trouve aussi des tableaux de Francisco de Goya.

## Art moderne catalan

À l'étage supérieur, la collection appartenant à Carmen Thyssen-Bornemisza s'intéresse à l'art moderne catalan. Assez inégale, elle mérite tout de même que l'on s'intéresse aux peintres modernistes Ramon Casas (salle 71) et Santiago Rusiñol (salle 72), ainsi qu'à Antoni Tàpies, décédé récemment. Sont aussi exposés des meubles et objets décoratifs modernistes, dont une peinture murale de Ramon Casas, *Ramon Casas et Pere Romeu sur un tandem*, qui ornait autrefois le légendaire cabaret Els Quatre Gats.

Pour clore votre visite, faites une pause dans le restaurant du musée, qui jouit d'une vue magnifique en direction de la Plaça d'Espanya, au nord.

## MUSÉE NATIONAL D'ART DE CATALOGNE

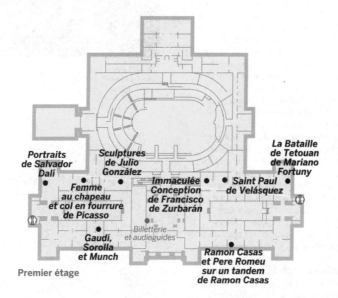

**Portraits de Salvador Dalí**

**Sculptures de Julio González**

**La Bataille de Tetouan de Mariano Fortuny**

**Femme au chapeau et col en fourrure de Picasso**

**Immaculée Conception de Francisco de Zurbarán**

**Saint Paul de Velásquez**

*Billetterie et audioguides*

**Gaudí, Sorolla et Munch**

**Ramon Casas et Pere Romeu sur un tandem de Ramon Casas**

Premier étage

**Vierge de l'Humilité de Fra Angelico**

**Saint Pierre et saint Paul d'El Greco**

**Fresques de l'Església de Santa Maria de Taüll**

**Collection gothique**

**Fresques de l'Església de Sant Climent de Taüll**

*Sortie* *Entrée*

**Tête du Christ de Jaume Cascalls**

Rez-de-chaussée

*Restaurant*

LES INCONTOURNABLES
**LE MUSÉE NATIONAL D'ART DE CATALOGNE**

## ITINÉRAIRE D'UNE JOURNÉE

Colline verdoyante surplombant la ville et la mer, Montjuïc fut peut-être une colonie préromaine. Elle abrite d'importantes collections d'art, une forteresse et un stade olympique. Comptez une bonne journée pour parcourir cet itinéraire qui permet de découvrir les sites majeurs.

Descendez à la station Espanya pour rejoindre le **CaixaForum** 1, qui accueille d'excellentes expositions gratuites. Le **pavillon Mies van der Rohe** 2 voisin est un bâtiment futuriste, réalisé dans les années 1920 par l'un des plus grands architectes du XXe siècle. Un peu plus loin, vous découvrirez l'incontournable **musée national d'Art de Catalogne** 3 dont le restaurant offre un cadre agréable pour déjeuner. Des escaliers mécaniques conduisent plus haut, vers le **stade olympique** 4, où se déroulèrent les Jeux de 1992. De là, rejoignez à l'est la **fondation Joan Miró** 5, consacré au maître du surréalisme espagnol. Admirez les vestiges de l'Antiquité au **Musée archéologique de Catalogne** 6, puis accordez-vous une pause dans les **jardins de Mossèn Cinto Verdaguer** 7, les plus jolis de la colline, avant de prendre le téléphérique pour le **château de Montjuïc** 8. Vous pourrez peut-être assister, en soirée, au spectacle son et lumière de **La Font Màgica** 9, puis prendre un verre et danser dans une discothèque en plein air du **Poble Espanyol** 10.

## LES BONS PLANS

➡ **Vues aériennes** Depuis La Barceloneta, le Transbordador Aeri offre une vue imprenable sur Montjuïc. Pour une vue plus aérienne encore, prenez le Teleféric de Montjuïc jusqu'au château.

➡ **Animations estivales** En été, des séances de cinéma en plein air et des concerts sont proposés au château de Montjuïc (voir http://salamontjuic.org).

➡ **Magnifiques floraisons** Colorés et paisibles à souhait, les jardins de Mossèn Cinto Verdaguer sont magnifiques, couverts de plantes à bulbe, notamment des tulipes, et de plantes aquatiques.

JEAN-PIERRE LESCOURRET

**CaixaForum**
Conçue par Josep Puig i Cadafalch, cette ancienne usine et caserne tout en briques est un remarquable édifice moderniste.

Piscines
Bernat
Picornell

Tour
de Montjuïc

**Poble Espanyol**
Après avoir admiré les reconstitutions des bâtiments et paysages urbains les plus caractéristiques de l'architecture traditionnelle espagnole réalisées pour l'Exposition universelle de 1929 à Barcelone, prenez le temps de contempler les œuvres d'art exposées à la fondation Fran Daurel.

NEIL SETCHFIELD

**Pavillon Mies van der Rohe**
Admirez l'inventivité du grand architecte allemand Ludwig Mies van der Rohe en contemplant la reconstitution de son pavillon allemand avant-gardiste réalisé pour l'Exposition universelle de 1929.

## La Font Màgica
Les soirs d'été, la "fontaine magique" prend vie lors d'un exceptionnel spectacle son et lumière de 15 minutes, où l'eau se pare de couleurs sur fond musical.

## Musée national d'Art de Catalogne
Ne manquez pas la collection d'art roman, et notamment la fresque représentant le Christ en majesté, polychrome du XIIᵉ siècle découvert dans l'abside d'une chapelle rurale au nord-ouest de la Catalogne.

**9**

**3**

**6**

**Musée d'ethnologie**

**Théâtre grec**

**5**

**Musée olympique et du sport**

**4**

**Stade ympique**

**7**

**Jardin botanique**

**8**

**Jardins de Mossèn Cinto Verdaguer**

## Château de Montjuïc
Profitez de la vue imprenable sur la mer et la ville du haut de cette forteresse du XVIIᵉ siècle, ancienne prison politique et longtemps synonyme de répression.

## Fondation Joan Miró
Admirez quelques grandes toiles de Joan Miró et découvrez des œuvres moins connues réalisées à ses débuts dans la sala Joan Prats et la sala Pilar Juncosa.

## Musée archéologique de Catalogne
La mosaïque romaine représentant les Trois Grâces est l'une des plus belles pièces de ce musée consacré au passé antique de la Catalogne et ses régions alentour.

Joan Miró, l'un des plus grands artistes espagnols du XXᵉ siècle, légua cette fondation à sa ville natale en 1971. Le bâtiment baigné de lumière est l'œuvre de son ami, l'architecte Josep Lluís Sert, qui dessina aussi l'atelier de l'artiste à Majorque. La fondation est consacrée à l'œuvre de Miró, de ses premiers croquis timides aux peintures de ses dernières années.

### Le temple de Sert consacré à l'art de Miró

Ce "temple" d'un blanc chatoyant, conçu pour l'un des plus grands artistes espagnols, est l'un des édifices muséaux les plus remarquables au monde. L'architecte l'a réalisé après avoir passé plusieurs années aux États-Unis pendant la dictature de Franco en tant que directeur de l'École de design de l'université de Harvard. La fondation, postée en hauteur au milieu de la verdure, possède la plus importante collection au monde des œuvres de Miró : 220 tableaux, plus de 180 sculptures, des œuvres textiles et plus de 8 000 dessins. Seule une petite partie est exposée.

### La collection

Les pièces exposées donnent une vue d'ensemble de l'évolution artistique de Miró. Les deux premières salles (11 et 12) contiennent des œuvres hétérogènes, notamment une tapisserie géante déclinant ses couleurs primaires caractéristiques. De la salle 13 (Espai 13), on accède aux expositions temporaires en sous-sol.

La salle 16, la Sala Joan Prats, abrite les œuvres des premières années de l'artiste jusqu'en 1931. On y voit comment le jeune Miró, influencé par le surréalisme, s'éloigna de son réalisme relatif (par exemple dans son tableau de 1917, *Ermita de Sant Joan d'Horta*) pour créer son propre style, composé des couleurs primaires et de formes symbolisant la lune, la femme et les oiseaux.

Ce thème se poursuit à l'étage dans la salle 17, la Sala Pilar Juncosa (du nom de sa femme), qui couvre les années 1932-1955, ses années surréalistes. Les salles 18 et 19 contiennent des chefs-d'œuvre des années 1956-1983, et la salle 20 une série de peintures sur papier. La salle 21 conserve une partie de la collection privée Katsuka des œuvres de Miró de 1914 aux années 1970. La salle 22 complète l'exposition par des tableaux et bronzes des années 1960 et 1970. En chemin, vous découvrirez la *Fontaine de Mercure* d'Alexander Calder, une œuvre créée à l'origine pour le pavillon espagnol de l'Exposition universelle de Paris de 1937. Les salles 14 et 15 au sous-sol, appelées *Homenatge a Joan Miró* (Hommage à Joan Miró), présentent des photos de l'artiste, un document vidéo de 15 minutes sur sa vie et une série d'œuvres de certains de ses contemporains, comme Henry Moore, Antoni Tàpies, Eduardo Chillida, Yves Tanguy, Fernand Léger et d'autres. La bibliothèque du musée renferme la collection personnelle de livres de Miró.

### Le jardin

Du côté est du musée se trouve le jardin des Sculptures (Jardí de les Escultures), un petit jardin orné de plusieurs sculptures modernes. Cet endroit ainsi que l'espace vert autour du musée sont parfaits pour un pique-nique à l'ombre après une longue journée de visites.

## À NE PAS MANQUER

- ➡ L'esthétique architecturale de Josep Lluís Sert
- ➡ Les chefs-d'œuvre des salles 18 et 19
- ➡ Le passage de Miró au surréalisme, salle 16
- ➡ Le joli jardin des Sculptures

## INFOS PRATIQUES

- ➡ Plan p. 334
- ➡ www.bcn.fjmiro.es
- ➡ Plaça de Neptu
- ➡ Tarif plein/réduit 10/7 €
- ➡ ⊙10h-20h mar, mer, ven et sam, 10h-21h30 jeu, 10h-14h30 dim et jours fériés
- ➡ 🚌50, 55, 193, ⓂParal.lel

# ⊙ À VOIR

**MUSÉE NATIONAL D'ART DE CATALOGNE (MNAC)**  MUSÉE D'ART
Voir p. 183.

**FONDATION JOAN MIRÓ**  MUSÉE
(Fundació Joan Miró). Voir p. 188.

**CAIXAFORUM**  GALERIE D'ART
Plan p. 334 (www.fundacio.lacaixa.es ; Avinguda de Francesc Ferrer i Guàrdia 6-8 ; tarif plein/réduit 3/2 €, gratuit 1er dim du mois ; ⊙10h-20h mar-ven et dim, 10h-22h sam ; Ⓜ Espanya). La banque Caixa s'enorgueillit du soutien qu'elle apporte au monde de l'art, notamment contemporain. Cet espace d'exposition, l'un des meilleurs de Barcelone, renferme une partie de sa vaste collection d'art moderne, qui comprend des œuvres du monde entier.

Le CaixaForum est installé dans une ancienne usine entièrement rénovée, la Fàbrica Casaramona, un remarquable bâtiment moderniste en brique conçu par Puig i Cadafalch. De 1940 à 1993, il accueillit les 120 chevaux du premier escadron de l'unité de cavalerie de la police.

Désormais, cet espace est consacré à des expositions majeures, l'occasion parfois de voir une partie des 800 pièces de la collection d'art moderne et contemporain de la Caixa. Le plus souvent, toutefois, de grandes expositions internationales sont à l'affiche.

La cour où l'on faisait boire les chevaux est désormais ornée d'un bel arbre en acier, dessiné par l'architecte japonais Arata Isozaki. Des récitals de musique ont parfois lieu dans le musée, surtout l'été.

**GRATUIT CHÂTEAU DE MONTJUÏC**  FORTERESSE ET JARDINS
Plan p. 334 (Castell de Montjuïc ; ⊙9h-21h mar-dim avr-sept, 9h-19h mar-dim oct-mars ; Ⓜ Telefèric). Montjuïc est dominé dans sa partie sud-est par le fort (*castell* en catalan) de Montjuïc, d'où l'on a une superbe vue sur la Méditerranée. Ce que l'on voit aujourd'hui du château date des XVIIᵉ et XVIIIᵉ siècles. Le fort servit de tour de guet sur la ville, de prison politique et de lieu d'exécution.

Les anarchistes y étaient fusillés à la fin du XIXᵉ siècle, les fascistes durant la guerre civile, et les républicains ensuite, dont le célèbre Lluís Companys, en 1940. L'ouvrage est ceint par un réseau de fossés et de murailles, et stratégiquement placé au-dessus du port et de la ville.

Jusqu'en 2009, le château abritait un musée militaire poussiéreux, fermé depuis que le ministère de la Défense a cédé la forteresse à la ville. L'artillerie jadis installée dans la cour centrale a été déplacée, mais quelques canons dirigés vers la mer demeurent.

Il est prévu dans les prochaines années de créer un centre international pour la paix dans le fort, et d'y installer une exposition dédiée à son histoire. Un centre d'interprétation consacré à la colline de Montjuïc doit aussi y voir le jour. En attendant, une modeste exposition temporaire est proposée dans l'un des bastions, immédiatement à droite en entrant. Baptisée **Barcelona Té Castell** (Barcelone a un château), celle-ci évoque l'histoire du site et détaille le projet de reconversion. Quand ces projets auront pris forme, espérons que les pierres tombales de l'ancien cimetière juif de Montjuïc (dont certaines datent du XIᵉ siècle) seront mieux mises en valeur que dans la morne salle qui leur était consacrée dans le musée militaire.

Le panorama depuis le château et la zone environnante, qui embrasse la mer, le port et la ville, est le principal attrait de l'expédition.

Les visiteurs parlant espagnol et catalan peuvent participer à des visites guidées gratuites du château le samedi et le dimanche (11h30 en catalan, 13h en espagnol). Des visites en groupes peuvent aussi être réservées (également en anglais et en français).

Un chemin exposé au vent, le **Camí del Mar**, contourne la base du château, côté mer, offrant un panorama splendide sur la ville et la mer. Installés au pied de cette partie de Montjuïc, mais en léger surplomb de la grande route très passante menant à Tarragone, les **jardins de Mossèn Costa i Llobera** (plan p. 334 ; entrée libre ; ⊙10h-coucher du soleil) débordent de plantes tropicales et abritent une véritable forêt de cactus. À côté de la station Estació Parc Montjuïc du funiculaire/téléphérique s'étendent les beaux **jardins de Mossèn Cinto de Verdaguer**. Cet espace vert en pente est égayé de multiples fleurs à bulbes et plantes aquatiques. La plupart des bulbes (quelque 80 000) doivent être replantés chaque année. Vous reconnaîtrez entre autres des tulipes, des narcisses, des crocus, et diverses variétés de dahlias. Parmi les plantes aquatiques, on remarque des lotus et des nénuphars.

### ℹ️ MAR I MUNTANYA : DU FRONT DE MER À LA COLLINE DE MONTJUÏC

Pour accéder à la colline depuis la plage, le plus rapide est d'emprunter le **Transbordador Aeri** (plan p. 334 ; www.telefericodebarcelona.com ; Av de Miramar, Jardins de Miramar ; aller/aller-retour 10/15 € ; ⊙11h-19h ; 🚌50 et 153), le téléphérique qui relie la Torre de Sant Sebastiá, dans La Barceloneta, à l'arrêt Miramar, à Montjuïc (de mi-juin à mi-septembre uniquement).

Des **jardins del Mirado**, en face de la station Mirador du téléphérique Transbordador Aeri, on a une belle vue sur le port de Barcelone. Un peu plus bas sur la colline, les **jardins de Joan Brossa** (plan p. 334 ; entrée libre ; ⊙10h-coucher du soleil), joliment paysagés, sont situés à l'emplacement d'un ancien parc d'attractions, à côté de la **Plaça de la Sardana** (plan p. 334). Ces jardins sont plantés d'espèces méditerranéennes, notamment des cyprès, des pins et quelques palmiers. Ils comprennent en outre des balançoires, des sentiers thématiques et un beau panorama sur la ville.

#### STADE OLYMPIQUE · STADE

Plan p. 334 (Estadi Olímpic ; Avinguda de l'Estadi ; ⊙10h-20h ; 🚌50, 61 ou 193). Inauguré en 1929 puis restauré en 1992, le stade olympique fut le site principal des Jeux olympiques de Barcelone. Si vous avez regardé les Jeux à la TV, ce stade d'une capacité de 65 000 places et le réceptacle de la flamme olympique, dans lequel un archer tira de manière spectaculaire une flèche enflammée lors de la cérémonie d'ouverture, vous paraîtront peut-être étonnamment petits.

#### MUSÉE OLYMPIQUE ET DU SPORT · MUSÉE

Plan p. 334 (Museu Olímpic i de l'Esport ; www.museuolimpicbcn.com ; Avinguda de l'Estadi 60 ; tarif plein/réduit 4/2,50 € ; ⊙10h-20h ; 🚌50, 61 ou 193). Ce musée interactif, très instructif, est consacré à l'histoire du sport et des Jeux olympiques. Après la billetterie, on descend le long d'une rampe qui serpente jusqu'au sous-sol, tout en profitant des pièces présentées ayant trait aux différentes disciplines sportives depuis l'Antiquité.

#### FONT MÀGICA · FONTAINE

Plan p. 334 (Avinguda de la Reina Maria Cristina ; ⊙toutes les 30 minutes 19h-21h ven et sam oct-fin juin, 21h-23h30 jeu-dim fin juin-sept ; MEspanya). La Font Màgica, la plus grande des fontaines qui se succèdent sur la colline depuis l'Avinguda de la Reina Maria Cristina jusqu'à l'imposante façade du Palais national, offre un spectacle exceptionnel durant lequel l'eau jaillit en gerbes de couleur.

Cette idée concoctée pour l'Exposition universelle de 1929 a recommencé à attirer la foule depuis les Jeux olympiques de 1992. Les soirs d'été, un spectacle son et lumière de 15 minutes (répété plusieurs fois dans la soirée) fait jaillir l'eau en gouttelettes colorées sur fond musical. Le dernier soir des Festes de la Mercè, en septembre, le spectacle, particulièrement saisissant, est accompagné de feux d'artifice.

#### POBLE ESPANYOL · CENTRE TOURISTIQUE, ART ET ARTISANAT

Plan p. 334 (Village espagnol ; www.poble-espanyol.com ; Avinguda de Francesc Ferrer i Guàrdia ; adulte/enfant 9,50/5,60 € ; ⊙9h-20h lun, 9h-2h mar-jeu, 9h-4h ven, 9h-5h sam, 9h-0h dim ; 🚌50, 61 ou 193, MEspanya). Bienvenue en Espagne ! Ce Village espagnol, qui fut construit pour représenter l'"artisanat espagnol" lors de l'Exposition universelle de 1929, est à la fois un parc à thème et une merveilleuse et intéressante reconstitution des bâtiments et paysages urbains les plus caractéristiques des différentes régions d'Espagne.

L'entrée se fait par la porte d'une tour médiévale de la ville d'Ávila. À l'intérieur, sur la droite, un centre d'information propose des plans gratuits. Poursuivez tout droit jusqu'à la Plaza Mayor, la grand-place entourée d'édifices principalement castillans et aragonais. L'été, des concerts y ont parfois lieu. Plus loin, un quartier andalou côtoie une rue basque, des quartiers galiciens et catalans, et même un couvent dominicain à l'extrémité est. Les bâtiments abritent quantité de restaurants, cafés, bars, boutiques, ateliers d'artisanat et magasins de souvenirs.

Gardez un peu de temps pour voir la **Fondation Fran Daurel** (Fundació Fran Daurel ; plan p. 334 ; www.fundaciofrandaurel.com ; entrée libre ; ⊙10h-19h), qui présente une collection éclectique de 300 œuvres d'art, notamment des sculptures, gravures, céramiques et tapisseries d'artistes modernes allant de Miró et Picasso à des artistes plus contemporains comme Miquel Barceló. La fondation possède également un jardin de sculptures orné de 27 œuvres, situé non loin, dans l'enceinte du Poble Espanyol (repérez la porte Montblanc). Il s'enrichit d'autres pièces lors de fréquentes expositions temporaires.

La nuit, les restaurants, les bars et surtout les discothèques font du Poble un quartier très vivant de la Barcelone noctambule.

Les enfants peuvent participer, en groupe, au Joc del Sarró : accompagnés par des adultes, ils explorent le village à la recherche des solutions à divers mystères figurant dans un kit remis à chaque groupe. Le jeu se pratique en plusieurs langues.

## PAVILLON MIES VAN DER ROHE ARCHITECTURE

Plan p. 334 (Pavelló Mies van der Rohe ; 🗹 93 423 40 16 ; www.miesbcn.com ; Avinguda de Francesc Ferrer i Guàrdia ; tarif plein/réduit/enfant 4,75/2,60 €/ gratuit ; 🕙 10h-20h, visite guidée gratuite 10h sam ; Ⓜ Espanya). En plus d'être une œuvre d'une beauté et d'une simplicité époustouflantes, le pavillon Mies van der Rohe est un bâtiment majeur et emblématique de l'architecture moderne. Sa structure a fait l'objet de nombreuses études et interprétations, et a inspiré plusieurs générations d'architectes.

Conçu en 1929 par Ludwig Mies van der Rohe (1886-1969), le Pavelló Alemany (pavillon allemand) de l'Exposition universelle fut démonté après l'exposition puis reconstruit seulement en 1980, en raison de la reconnaissance de son statut d'œuvre majeure de l'architecture moderne. L'originalité de Mies van der Rohe se reflète aussi dans le choix des matériaux utilisés, le verre, l'acier et le marbre, dont il admirait la rigueur et la précision visuelles, et qui pour lui symbolisaient la modernité.

Mies van der Rohe dessina également, pour meubler le pavillon, la chaise Barcelone, une chaise emblématique que l'on retrouve dans les espaces design du monde entier. Une superbe copie de la statue *Alba* (*Aube*) du sculpteur berlinois Georg Kolbe (1877-1947) se tient dans l'un des espaces extérieurs.

## MUSÉE ARCHÉOLOGIQUE
## DE CATALOGNE (MAC) MUSÉE

Plan p. 334 (Museu d'Arqueologia de Catalunya ; www.mac.cat ; Passeig de Santa Madrona 39-41 ; tarif plein/réduit 3/2,10 € ; 🕙 9h30-19h mar-sam, 10h-14h30 dim ; 🚌 55 ou 193). Installé dans l'ancien palais des Arts graphiques de l'Exposition universelle de 1929, le Musée archéologique est consacré à la Catalogne

et aux autres régions d'Espagne. L[es pièces] présentées incluent des copies de [crânes] prénéandertaliens, des colliers carth[aginois] et de riches croix wisigothes.

Les îles Baléares sont bien représentées (salles X à XIII), de même que la ville d'Ampurias (Empúries, cité gréco-romaine de la Costa Brava ; salles XIV et XVII). Les pièces romaines exposées à l'étage ont été trouvées pour la plupart à Barcelone. La plus belle œuvre est une mosaïque dépeignant les Trois Grâces (Les Tres Gràcies), découverte près de la Plaça de Sant Jaume au XVIIIᵉ siècle. La dernière salle, consacrée au crépuscule du monde romain, se distingue par un magnifique disque d'or dépeignant la Méduse. Le musée a été rénové ces dernières années, aussi les installations sont-elles désormais dotées d'un design plus moderne et de dispositifs interactifs.

## MUSÉE D'ETHNOLOGIE MUSÉE

Plan p. 334 (Museu Etnològic ; www.museuetnologic.bcn.cat ; Passeig de Santa Madrona 16-22 ; tarif plein/réduit 3,50/1,75 € ; 🕙 12h-20h mar-sam, 11h-15h dim ; 🚌 55). Le musée d'Ethnologie de Barcelone abrite une collection permanente qui explore les mœurs de diverses sociétés au fil des siècles, au moyen d'un vaste assortiment d'objets traditionnels. Lors de notre passage, le musée était entièrement fermé pour d'importantes rénovations.

Avant les travaux, l'exposition commençait par une vision d'ensemble de l'ethnologie dans une section d'introduction, Orígens (Origines). Le visiteur voyageait ensuite dans la région des Pyrénées en Catalogne (à l'aide d'instruments traditionnels et d'images d'archives de danses folkloriques), puis à Salamanque, dans le centre de l'Espagne, pour découvrir une société rurale qui a aujourd'hui quasiment disparu. D'autres collections évoquaient le Japon, la province du Nouristan (entre le Pakistan et l'Afghanistan), le Maroc, l'Éthiopie, l'Australie, la Papouasie-Nouvelle-Guinée et les Amériques

## LÀ-HAUT SUR LA COLLINE

Pour connaître les expositions temporaires organisées dans les principaux centres artistiques de Montjuïc (le musée national d'Art de Catalogne, le CaixaForum et la fondation Joan Miró), jetez un coup d'œil à **ArtMontjuïc** (www.artmontjuic.cat).

## COLÒNIA GÜELL

Outre la Sagrada Família, le dernier grand projet entrepris par Gaudí fut la création d'une sorte de cité ouvrière idéale à l'extérieur de Barcelone, la **Colònia Güell** (☑93 630 58 07 ; www.coloniaguellbarcelona.com ; Carrer de Claudi Güell 6 ; tarif plein/réduit 8/6,60 € ; ⊗10h-19h lun-ven, 10h-15h sam et dim ; ®lignes FGC S4, S7, S8 ou S33), à Santa Coloma de Cervelló, pour le compte du financier Eusebi Güell. Gaudí eut principalement en charge la conception de la chapelle de la communauté. Le chantier débuta en 1908, mais le projet s'enlisa huit ans plus tard, et Gaudí n'acheva que la crypte, qui sert encore d'église de nos jours.

Rarement visitée, cette construction représente pourtant une étape importante dans l'œuvre de Gaudí. Elle permet en outre de mieux comprendre le projet de la Sagrada Família. Les colonnes habillées de briques qui soutiennent les voûtes à nervures, par exemple, sont inclinées exactement comme le seraient les arbres d'une forêt. Leurs angles sont conçus de façon à ce que le poids se répartisse depuis les arcades du plafond jusqu'au sol, sans qu'il y ait besoin de contreforts. La Sagrada Família procède du même principe, puisque sa construction finale dépassera en hauteur tout ce qui fut fait au Moyen Âge, sans recourir pourtant au moindre contrefort. On reconnaît la main du maître jusque dans la conception sinueuse des bancs de l'église. Les vitraux aux couleurs primaires, conçus également par Gaudí, évoquent les formes végétales en vogue à l'époque où la crypte fut bâtie.

Près de l'église se dressent les jolies maisons en brique destinées aux ouvriers de l'usine. Elles sont toujours habitées. À quelques minutes de là, les 23 bâtiments d'usine d'un complexe industriel moderniste, désaffecté depuis les années 1970, ont été ramenés à la vie au début des années 2000, quand boutiques et entreprises se sont installées dans le complexe rénové.

Une exposition de cinq salles équipées de matériel audiovisuel et interactif présente de manière très colorée l'histoire et la vie de la colonie industrielle et de l'église de Gaudí.

(en particulier la région amazonienne de l'Équateur). Habituellement, le musée n'expose qu'une partie de ses collections à la fois, présentant plusieurs pays à différents intervalles, notamment lors d'expositions temporaires.

### JARDIN BOTANIQUE                    JARDIN BOTANIQUE

Plan p. 334 (Jardí Botànic ; www.jardibotanic.bcn. es ; Carrer del Doctor Font i Quer 2 ; tarif plein/ réduit 3,50/1,70 € ; ⊗10h-20h ; ⬜50, 61 ou 193). Ce jardin botanique a pour thème la flore méditerranéenne et regroupe environ 1 500 espèces (40 000 plantes) poussant sous des climats de type méditerranéen : Méditerranée orientale, Espagne (y compris les îles Baléares et les Canaries), Afrique du Nord, Australie, Chili, Californie et Afrique du Sud.

Le jardin est en constant développement, l'objectif étant d'y rassembler 4 000 espèces.

### PLAÇA D'ESPANYA
### ET ALENTOURS                        QUARTIER, PLACE

(Ⓜ Espanya). L'étourdissant rond-point de la Plaça d'Espanya, qui se distingue par ses tours vénitiennes (ainsi surnommées parce qu'elles rappellent vaguement le campanile de la place Saint-Marc à Venise), fut construit pour l'Exposition universelle de 1929 et constitue la jonction de plusieurs artères importantes.

Il est flanqué au nord par la façade des anciennes arènes de la Plaça de Braus Les Arenes. Construites en 1900 et, pendant un temps, l'une des trois arènes de la ville, elles ont récemment été reconverties en centre commercial et de loisirs par l'architecte britannique Richard Rogers. La terrasse du 4e étage offre une jolie vue sur la ville.

Le **parc de Joan Miró** (plan p. 334), derrière les arènes, ne présente pas d'intérêt en dehors de la gigantesque sculpture **Dona i Ocell** (*Femme et oiseau* ; plan p. 334) de Miró, dans le coin ouest. Le parc est également connu sous le nom de Parc de l'Escorxador (parc des abattoirs), car il a été construit sur l'emplacement d'anciens abattoirs dans les années 1980.

Le **parc d'Espanya Industrial** (plan p. 334 ; Carrer de Sant Antoni, Sants ; ⊗10h-coucher du soleil ; Sants Estació) s'étend un peu à l'ouest, au sud de la gare Estació Sants. Avec ses mares, ses petites cascades, ses espaces verts, ses arbres, ses balançoires, son bar et ses tours étranges aux allures de miradors, c'est un parc des plus insolites.

## CIMETIÈRE DU SUD-OUEST ✓

CIMETIÈRE

(Cementiri del Sud-Oest ; ☉8h-18h ; 🚌193). Le flanc méridional de la colline, au sud de l'Anneau olympique (ensemble des installations olympiques de 1992), est occupé par un vaste cimetière datant de 1883. De somptueux mausolées y côtoient de modestes sépultures. De nombreux artistes et hommes politiques catalans y sont enterrés.

Parmi ses hôtes célèbres, citons Joan Miró, Carmen Amaya (la star du flamenco de La Barceloneta), Jacint Verdaguer (prêtre et poète du XIX$^e$ siècle à qui l'on attribue le renouveau de la littérature catalane), Francesc Macià et Lluís Companys (tous deux présidents nationalistes de la Catalogne, le dernier ayant été exécuté au château de Montjuïc par les hommes du général Franco en 1940), Ildefons Cerdà (concepteur de L'Eixample) et Joan Gamper (alias Hans Gamper, fondateur du FC Barcelone). De nombreuses victimes de l'"épuration" franquiste d'après-guerre reposent dans des tombes sans inscription, la dernière datant de 1974. Le cimetière se trouve à 800 m environ au sud-ouest de l'arrêt du bus n°193. Sinon, le bus n°38 qui part de la Plaça de Catalunya s'arrête, lui, tout près de l'entrée du cimetière.

## MUHBA REFUGI 307

SITE HISTORIQUE

Plan p. 334 (✆93 256 21 22 ; www.museuhistoria.bcn.cat ; Carrer Nou de la Rambla 169 ; 3 € visite guidée incluse ; ☉visites 11h-14h sam et dim ; Ⓜ Paral.lel). Cet abri antiaérien, qui fait partie du musée d'Histoire de Barcelone (Museu d'Història de Barcelona, MUHBA), date de l'époque de la guerre civile. Barcelone était alors la ville la plus touchée par les bombardements aériens, et elle se dota de plus de 1 300 abris en prévention des attaques aériennes. Les habitants du quartier commencèrent à creuser celui-ci à Montjuïc en mars 1937.

En deux ans, le réseau de galeries atteignit progressivement 200 m, avec, en théorie, une capacité d'accueil de 2 000 personnes. Il était interdit de venir dormir dans l'abri, car, en l'absence de raids aériens, les travaux se poursuivaient. Les galeries, étroites et sinueuses, étaient également voûtées, afin de répartir le poids du plafond sur les murs de briques d'argile (l'argile étant poreuse, cela permettait aux briques d'absorber, sans se briser, les ondes de choc provoquées par la chute des bombes). Enduites de chaux pour assurer l'étanchéité et peintes en blanc pour limiter la sensation de claustrophobie,

ces galeries devinrent u[...] pour beaucoup d'habitar[...]

À la fin de la gue[...] qui envisageait d'enga[...] Seconde Guerre mondia[...] fit réaliser quelques e[...] abandonna cette idée, [...] des autres furent en [...] donnés. Au cours des rudes p[...] famine et de rationnement des années 1940 et 1950, des familles de Grenade s'installèrent ici plutôt que dans les bidonvilles qui surgissaient un peu partout pour accueillir les migrants démunis venus du sud de l'Espagne. Plus tard, un individu entreprenant y fit pousser des champignons qu'il revendait au marché noir.

Les visites de 30 minutes (en catalan ou en espagnol – il faut réserver pour une visite en français ou en anglais) relatent ces anecdotes et bien d'autres.

## 🍴 OÙ SE RESTAURER

**Composé principalement de parcs et de jardins, Montjuïc ne compte pas de restaurants notables. En revanche, dans le vieux quartier d'El Poble Sec, on trouve d'excellentes tables, allant des tavernes historiques proposant des spécialités catalanes à quelques établissements chic et modernes. Les options sont plus rares dans le quartier de Sants, mais on dénombre toutefois quelques adresses intéressantes.**

## 🍴 El Poble Sec

### ♥ TICKETS

CATALAN €€

Plan p. 334 (www.ticketsbar.es ; Avinguda del Paral.lel 164 ; tapas à partir de 4-12 € ; ☉déj et dîner tlj ; Ⓜ Paral.lel). Établissement remarquable, le Tickets est le nouveau bar à tapas des frères Adrià : Ferran, du légendaire El Bulli, et Albert. Et contrairement à El Bulli, les tarifs sont ici abordables. Il faut toutefois pouvoir réserver une table (par Internet uniquement, et deux mois à l'avance).

Le cadre extravagant et moderne joue sur le thème du cirque et des lumières de théâtre, tandis qu'au menu, on retrouve certaines merveilles d'El Bulli telles que l'"air baguette" – une baguette creuse recouverte de jambon ibérique, ou le délirant

## ES ÉTOILES
## TEMENT

........................................

our une expérience dînatoire divine
à 105 m au-dessus du sol, direction le
**Restaurant Evo** (☑93 413 50 30 ; www.
evorestaurante.com ; Avinguda Gran Via 144,
L'Hospitalet de Llobregat ; formules midi
lun-ven 38 € et 70 €, plats 31-54 €, menu
dégustation 146 € ; ⊘10h-0h lun-sam ;
Ⓜ Hospital de Bellvitge, ☐46, 94 et 95,
ⓇFGC Bellvitge), perché dans la tour
de l'Hotel Hesperia à L'Hospitalet de
Llobregat. Vous dînerez littéralement
sous les étoiles (dont une attribuée par
le guide Michelin !). Dans votre assiette,
une cuisine méditerranéenne à base de
produits du marché, joliment présentée
– essayez le *consomé de faisà amb
els seus raviolis de foie i tòfona negra*
(consommé de faisan et ses raviolis de
foie gras et truffes noires).

"cotton candy tree" (arbre de barbe à papa),
composé de nuages de barbe à papa parse-
més de fruits. Huîtres, ventrèche de thon et
délicates peaux de poisson servies dans des
cônes en papier sont proposées au bar de
fruits de mer. À l'arrière, derrière le rideau,
pénétrez dans le bar 41° pour des cocktails
classiques un peu particuliers : on a retiré
l'oxygène des glaçons, ce qui les fait briller
comme des diamants.

### QUIMET I QUIMET
TAPAS €€

Plan p. 334 (Carrer del Poeta Cabanyes 25 ; tapas
3-11 € ; ⊘déj et dîner lun-ven, 12h-18h sam ; Ⓜ Paral.
lel). Les générations se succèdent à la tête
de Quimet i Quimet. L'espace, tapissé de
bouteilles, est très réduit et l'on ne tient que
debout, mais c'est un véritable paradis pour
le palais. De nombreuses tapas gourmandes
vous attendent ! Laissez-vous conseiller par
les serveurs.

### XEMEI
ITALIEN €€

Plan p. 334 (☑93 553 51 40 ; Passeig de l'Expo-
sició 85 ; plats 10-20 € ; ⊘mer-lun ; Ⓜ Paral.lel).
Xemei ("jumeaux", car l'endroit est tenu par
deux frères vénitiens) est une porte ouverte
sur Venise en plein Barcelone. Bercé par la
douce musique jazz, vous pourrez déguster une entrée composée de *cicheti* (tapas
marines vénitiennes) variés, suivie d'un
*bigoi in salsa veneziana* (spaghettis épais,
sauce anchois et oignons).

### BARRAMÒN
CANARIEN €

Plan p. 334 (☑934 42 30 80 ; www.barramon.es ;
Carrer de Blai 28 ; plats 6-14 € ; Ⓜ Paral.lel). Excellent petit bar rock'n'roll servant une cuisine
canarienne dans la Carrer de Blai animée.
Essayez la *Ropa Vieja* (beaucoup plus
savoureuse que le plat éponyme cubain),
délicieux bouillon de pois chiches et de porc
effilé ; les *papas arrugadas* (pommes de
terre nouvelles sauce épicée cuites au four) ;
et l'*almogrote* (fromage fumé recouvert
d'huile d'olive, d'ail et de poivron rouge).

### LA TOMAQUERA
CATALAN €

Plan p. 334 (☑93 441 85 18 ; Carrer de Margarit 5 ;
plats 7 € ; ⊘déj et dîner mar-sam ; Ⓜ Poble Sec).
Établissement classique où les serveurs
affairés déposent les carafes de vin sans
ménagement sur les longues tables en bois.
Les réservations ne sont pas acceptées,
mieux vaut donc arriver tôt (il y a souvent
la queue). Les escargots sont la spécialité
de la maison, qui sert aussi de copieux plats
de viande. Les quelques produits marins,
comme la *cassola de cigales* (cassolette
d'écrevisses), sont également tentants.
Règlement en espèces.

### ROSAL 34
TAPAS €€

Plan p. 334 (☑93 324 90 46 ; www.rosal34.com ;
Carrer del Roser 34 ; plats 15-20 € ; ⊘déj et dîner
mar-sam ; Ⓜ Poble Sec). Murs en brique et
en pierre apparentes, bar tout en courbes
et musique *lounge* composent le décor de
ce restaurant. Deux menus dégustation
(48/60 €) et plats à la carte comme le *salte-
jat de xipironets de platja amb trompeta
de la mort i ou escalfat* (sauté de petits
couteaux de plage aux trompettes-de-la-
mort et œuf).

### TAVERNA CAN MARGARIT
CATALAN €€

Plan p. 334 (Carrer de la Concòrdia 21 ; plats
8-10 € ; ⊘dîner lun-sam ; Ⓜ Poble Sec). Depuis
des décennies, cette ancienne cave à vin
reconvertie en taverne accueille des groupes
dans une atmosphère souvent bruyante
mais conviviale. La cuisine traditionnelle
catalane est à l'honneur. Entouré de vieux
tonneaux de vin, installez-vous sur un banc
à une table et commandez un *conejo a la
jumillana* (sauté de lapin servi avec de l'ail,
de l'oignon, du laurier, du romarin, de la
menthe, du thym et de l'origan).

### LA BELLA NAPOLI
PIZZERIA €

Plan p. 334 (☑93 442 50 56 ; www.bellanapoli.
net ; Carrer de Margarit 14 ; pizzas 7-21 € ; ⊘déj

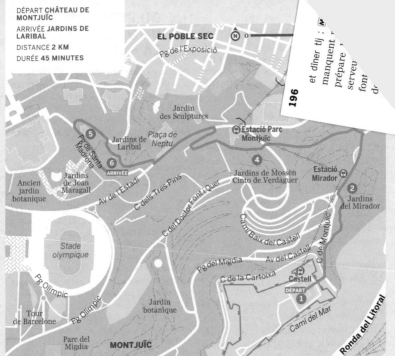

DÉPART **CHÂTEAU DE MONTJUÏC**

ARRIVÉE **JARDINS DE LARIBAL**

DISTANCE **2 KM**

DURÉE **45 MINUTES**

## Promenade à pied
## Points de vue et jardins de Montjuïc

Bien que le longtemps synonyme de répression, le ➊ **château de Montjuïc** parvient à nous faire oublier sa sombre histoire grâce au splendide panorama qu'il offre sur la ville et la mer. Le téléphérique est un excellent moyen de s'y rendre.

Une courte descente par la route ou par le sentier piéton Camí del Mar, qui la longe parallèlement, mène aux ➋ **jardins del Mirador**, autre point de vue superbe sur la ville et la mer. Profitez des bancs pour faire une pause ou combler un petit creux en improvisant un pique-nique.

Les ➌ **jardins de Joan Brossa** s'étagent plus bas sur la colline (l'entrée se fait sur la gauche juste derrière la Plaça de la Sardana, au niveau de la sculpture représentant des danseurs folkloriques catalans). Admirez la vue sur la ville, ainsi que les innombrables plantes et arbres méditerranéens.

En sortant des jardins de Joan Brossa du côté ouest, traversez le Camí Baix del Castell et entrez dans les ➍ **jardins de Mossèn Cinto de Verdaguer**, méticuleusement entretenus. Un cadre ravissant pour flâner parmi les parterres de tulipes et les nénuphars.

En pente derrière la fondation Joan Miró, les ➎ **jardins de Laribal** se composent de terrasses reliées par des sentiers et des escaliers. Les rigoles joliment sculptées qui flanquent certains escaliers sont inspirées de l'Alhambra, le célèbre palais de Grenade, chef-d'œuvre de l'architecture islamique.

Enfin, reprenez des forces en vous accordant un en-cas au café du ➏ **Centre Gestor del Parc de Montjuïc** (centre d'information).

aral.lel). Les pizzerias ne
... as à Barcelone, mais celle-ci
... pizza comme à Naples. Les
... sont presque tous italiens et le
...savoir ! Les pizzas, savoureuses, vont
... la simple *margherita* à une divine
spécialité aux truffes noires.

### ELCHE
ESPAGNOL €€

Plan p. 334 (📞93 441 30 89 ; http://elcherestaurant.es/ ; Carrer de Vila i Vilà 71 ; plats 10-12 € ; 🕙déj et dîner ; Ⓜ Paral.lel). Ici, les tables sont réparties sur deux niveaux dans un cadre à l'ancienne. Depuis les années 1960, on y sert l'une des meilleures paellas de Barcelone (il en existe de différentes sortes, dont la *fideuá*, une paella où les vermicelles remplacent le riz).

## ✖ Montjuïc

### MIRAMAR
MÉDITERRANÉEN, ASIATIQUE €€

Plan p. 334 (📞93 443 66 27 ; www.club-miramar.es ; Carretera de Miramar 40 ; plats 10-15 €, formule 3 plats le midi 19,50 € ; 🕙déj et dîner mar-sam, déj dim ; 🚌50 et 193). La vue sur le front de mer de Barcelone est le principal attrait de ce restaurant doté de plusieurs terrasses et d'une salle à manger design. Installé au-dessus de la station du téléphérique Transbordador Aeri, vous pourrez prendre un café ou un repas élaboré agrémenté d'une touche de créativité catalane et méditerranéenne, ou choisir parmi les nombreux plats asiatiques.

## ✖ Sants

### ZARAUTZ
BASQUE €

Plan p. 334 (📞93 325 28 13 ; Carrer de l'Elisi 13 ; plats 10 € ; 🕙8h-23h30 lun-sam sept-juil ; Ⓜ Tarragona). Au bar d'un établissement qui ne paie pas de mine, à quelques pas de la gare, on savoure de délicieuses tapas basques à toute heure. Le restaurant sert des plats comme le *carpaccio de carn amb formatge Idiazábal* (carpaccio de bœuf et fromage basque épicé). Le propriétaire étant un spécialiste des desserts, gardez un peu de place pour la fin du repas.

## 🍷 OÙ PRENDRE UN VERRE ET FAIRE LA FÊTE

**Quelques bars étonnants d'El Poble Sec (qui signifie "village sec" !) constituent une bonne entrée en matière avant de rejoindre les clubs du fantaisiste Poble Espanyol. Plusieurs boîtes de nuit en bas de l'Avinguda del Paral.lel méritent également le détour.**

## 🍷 El Poble Sec

### ♥ LA CASETA DEL MIGDIA
BAR

Plan p. 334 (📞617 956572, 93 301 91 77 ; www.lacaseta.org ; Mirador del Migdia ; 🕙18h-2h30 jeu-sam, 12h-1h dim juin-sept, 12h-19h sam et dim oct-mai ; Ⓜ Paral.lel). Vos efforts pour parvenir à ce simple *chiringuito* (café-bar de plage) seront récompensés. La journée, on peut y savourer une bière ou un café en contemplant la mer. Au coucher du soleil, l'atmosphère change, et une musique d'ambiance (de la samba au funk) flotte au-dessus des hamacs.

Pour vous y rendre, suivez le chemin de terre longeant les murs du château de Montjuïc ou empruntez le Passeig del Migdia – repérez les panneaux pour le **Mirador del Migdia** (plan p. 334).

### TINTA ROJA
BAR

Plan p. 334 (Carrer de la Creu dels Molers 17 ; 🕙20h30-2h jeu, 20h30-3h ven et sam ; Ⓜ Poble Sec). La succession de coins et de recoins, aménagés avec un mobilier que l'on croirait chiné aux puces, et l'éclairage tamisé violet, rouge et jaune, font de l'"Encre rouge" un endroit intimiste pour prendre un verre et assister, à l'occasion, à un spectacle donné dans l'arrière-salle – tout est possible, du théâtre aux acrobaties. On ne sait jamais à quoi s'attendre dans cette ancienne *vaqueria* (petite laiterie), où l'on gardait les vaches à l'arrière pour vendre du lait frais à l'avant !

### BARCELONA ROUGE
BAR

Plan p. 334 (📞93 442 49 85 ; Carrer del Poeta Cabanyes 21 ; 🕙23h-2h mar-jeu, 23h-3h ven et sam ; 🛜 ; Ⓜ Poble Sec). Atmosphère décadente dans ce bar à cocktails tout de rouge, où flottent des airs d'acid jazz, de drum'n'bass et d'autres rythmes apaisants. Les murs sont habillés de tableaux aux cadres imposants, d'éclairages tamisés et de miroirs, et les chaises sont toutes différentes. Mieux vaut se contenter de boissons simples, car les cocktails sophistiqués à 10 € sont plutôt dilués.

### GRAN BODEGA SALTÓ BAR

Plan p. 334 (http://bodegasalto.net ; Carrer de Blesa 36 ; ⊙19h-3h mer-sam, 12h-2h dim ; ⓂParal.lel). Comme en témoignent les rangées de tonneaux, ce bar appartenait autrefois à un marchand de vins. Après un relooking psychédélique, avec d'étranges lampes, des figurines et de vieilles publicités pour de la bière chinoise, l'établissement attire une clientèle éclectique et sympathique.

## 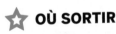 Montjuïc

### TERRAZZA CLUB

Plan p. 334 (www.laterrazza.com ; Avinguda de Francesc Ferrer i Guàrdia ; 10-20 € ; ⊙0h-5h jeu, 0h-6h ven et sam ; ⓂEspanya). Une des meilleures adresses de la ville pour danser en été, la Terrazza attire en masse les *beautiful people*, aussi bien barcelonais qu'étrangers, pour les nuits de musique et de cocktails, (en partie) sous les étoiles, dans le complexe du Poble Espanyol.

### ONE CLUB

Plan p. 334 (www.theonebarcelona.com ; Avinguda de Francesc Ferrer i Guàrdia ; 18 € ; ⊙0h-6h ven et sam ; ⓂEspanya). Club incontournable dans le fantaisiste Poble Espanyol. La piste de danse principale offre jeux de lumière et écrans dernier cri. De minuit à 3h30, des navettes transportent les fêtards depuis la Plaça de Catalunya et la Plaça d'Espanya, le retour se faisant de 5h à 6h30.

## ☆ OÙ SORTIR

### SALA APOLO CLUB-SALLE DE CONCERT

Plan p. 334 (☑93 441 40 01 ; www.sala-apolo.com ; Carrer Nou de la Rambla 113 ; 6-12 € ; ⊙0h30-6h ven et sam, 0h-5h dim-jeu ; ⓂParal.lel). Dans ce beau théâtre ancien revêtu de velours rouge, on se croirait revenu aux Années folles. Les "Nasty Mondays" et "Crappy Tuesdays" sont destinés à qui souhaite prolonger la fête le lundi et le mardi. Plus tôt dans la soirée, il y a généralement des concerts très éclectiques, des groupes locaux aux grands noms de la scène internationale. Le mercredi soir est consacré à la rumba dans la salle 2, le plus petit des deux espaces.

### SANT JORDI CLUB CONCERTS

Plan p. 334 (Passeig Olimpic 5-7 ; 🚌50, 55, 193). Avec une capacité de plus de 4 500 personnes, cette salle de concert attachée au palais Sant Jordi (plan p. 334) sert aux grands concerts qui n'atteignent toutefois pas la portée des "concerts géants" internationaux. Le programme apparaît généralement dans les sections spéciales des journaux et magazines, comme le *Guía del Ocio*. Prix du billet et horaires variables selon les concerts.

### TEATRE LLIURE THÉÂTRE

Plan p. 334 (☑93 289 27 70 ; www.teatrelliure.com ; Plaça de Margarida Xirgu 1 ; 13-26 € ; ⊙billetterie 17h-20h ; ⓂEspanya). Installé dans le splendide édifice de l'ancien palais de l'Agriculture sur le Montjuïc (en face du musée d'Archéologie), le "théâtre libre" possède deux espaces modernes (Espai Lliure et Sala Fabià Puigserver). La programmation allie théâtre de qualité (presque exclusivement en catalan), danse contemporaine et musique.

### TEATRE VICTÒRIA THÉÂTRE

Plan p. 334 (☑93 329 91 89 ; www.teatrevictoria.com ; Avinguda del Paral.lel 67-69 ; 15-45 € ; ⊙billetterie 17h-début du spectacle ; ⓂParal.lel). Ce théâtre moderne, installé sur l'avenue jadis considérée comme le Broadway de Barcelone, programme régulièrement de la danse classique, de la danse contemporaine et même du flamenco.

**MONTJUÏC OÙ SORTIR**

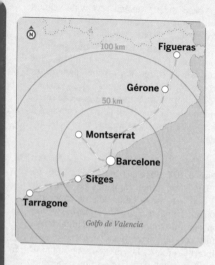

# Excursions

### Gérone p. 199

Une splendide cathédrale, un dédale de ruelles pavées et le plus beau quartier juif médiéval de Catalogne : voici quelques-uns des atouts de cette ville sise en bordure de fleuve.

### Figueras p. 202

Le théâtre-musée Dalí, ultime demeure du grand artiste, est un lieu incontournable pour ses admirateurs.

### Montserrat p. 205

Haut lieu de pèlerinage en Catalogne, ce monastère à flanc de montagne mérite notamment la visite pour son chœur, le plus vieux d'Europe, et les splendides sentiers de randonnée qui l'entourent.

### Sitges p. 207

De superbes plages, une vie nocturne trépidante et un carnaval hédoniste attendent les visiteurs de la première station balnéaire de la Costa Daurada (côte dorée).

### Tarragone p. 209

Cette ville portuaire ensoleillée à l'excellente offre gastronomique abrite un superbe centre-ville médiéval et les ruines romaines les plus étendues d'Espagne.

# Gérone (Girona)

Le principal attrait de Gérone est sa vieille ville, un enchevêtrement de vieilles maisons à arcades, d'églises grandioses et d'étroites rues pavées en pente. Rejoignez directement son monument phare, la cathédrale, en suivant les berges sinueuses du fleuve Onyar ou en empruntant la route longeant les remparts médiévaux. Poursuivez avec une visite d'El Call (le quartier juif médiéval) et de l'excellent musée d'Histoire des juifs de Gérone, avant de déjeuner dans un restaurant des rues environnantes.

Une fois repu, reprenez votre exploration des curiosités de la vieille ville, comme les bains arabes étonnamment bien conservés ou le monastère de Sant Pere de Galligant, puis installez-vous à un bar du côté de la Plaça Independencia pour y clore la journée.

## Le meilleur

➡ **Site touristique** La cathédrale (ci-contre)
➡ **Restaurant** El Celler de Can Roca (p. 201)
➡ **Bar** Lola Cafe (p. 202)

## Notre conseil

Pour un panorama inégalé de Gérone, promenez-vous le long de ses remparts médiévaux, dont l'accès se situe en face des bains arabes, ou du côté de la Plaça Catalunya.

## Depuis/vers Gérone

➡ **Voiture** Prenez la route AP-7 qui passe par Granollers.
➡ **Train** Plus de 20 trains rallient chaque jour Gérone depuis la gare Estació Sants de Barcelone (à partir de 9,70 €, 1 heure 30 environ).

## Renseignements

➡ **Indicatif téléphonique** 972
➡ **Situation** À 85 km au nord-est de Barcelone
➡ **Office du tourisme** (☎972 22 65 75 ; www.girona.cat/turisme ; Rambla de la Llibertat 1 ; ⊙9h-20h lun-ven, 9h-14h et 16h-20h sam, 9h-14h dim)

### CINQ EN UN

La carte **GironaMuseus** (www.gironamuseus.cat) est valable dans les cinq principaux musées de Gérone pendant six mois. Vous payez plein tarif votre entrée au premier musée pour l'obtenir, et bénéficiez ensuite d'une réduction de 50% pour les autres musées.

## ◉ À VOIR

### ♥ CATHÉDRALE                    ÉDIFICE RELIGIEUX

(www.catedraldegirona.org ; Plaça de la Catedral ; musée adulte/enfant 5/1,20 €, gratuit dim ; ⊙10h-20h avr-oct, 10h-19h nov-mars). La façade baroque de la cathédrale, surplombant la Plaça de la Catedral du sommet d'un majestueux escalier de 86 marches, impressionne par sa grandeur. Bien que le superbe **cloître** roman date du XIIe siècle, l'édifice a été maintes fois remanié au fil des siècles et possède la nef gothique la plus large (23 m) de la chrétienté après celle de Saint-Pierre de Rome. Le musée de la cathédrale abrite de nombreux trésors ecclésiastiques, notamment une pièce romane exceptionnelle, le *Tapís de la Creació* (tapisserie de la Création) et le *Beatus*, un inestimable manuscrit enluminé mozarabe daté de 975.

### ♥ MUSÉE D'HISTOIRE DES JUIFS DE GÉRONE                    MUSÉE

(Museu d'Història dels Jueus de Girona ; Carrer de la Força 8 ; adulte/enfant 2 €/gratuit ; ⊙10h-20h lun-sam, 10h-14h dim juil et août, horaires réduits le reste de l'année). Abrité dans le Centre Bonstruc ça Porta, du nom d'un illustre philosophe cabaliste et mystique géronais du XIIIe siècle, l'excellent musée d'Histoire des juifs de Gérone présente l'héritage juif de la ville avec fierté, sans toutefois en occulter les aspects plus sombres, tels que les persécutions de l'Inquisition ou les conversions forcées. Des expositions bien faites évoquent la contribution de la communauté juive à l'astronomie et à la médecine médiévales, son mode de vie et ses rituels, la synagogue et la diaspora juive. Les pièces phares du musée sont des dalles funéraires et les documents originaux ordonnant l'expulsion des juifs hors d'Espagne.

# Gérone (Girona)

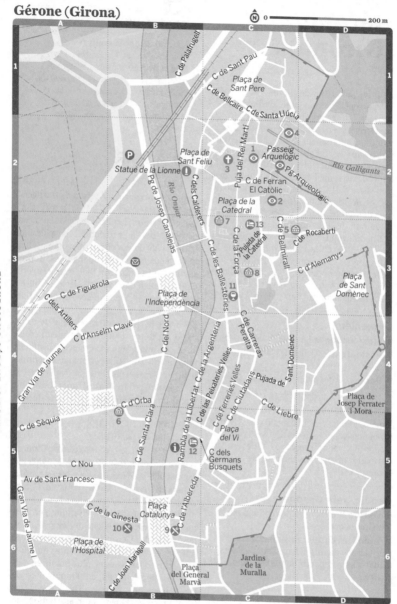

## BAINS ARABES

BAINS TURCS

(Banys Àrabs ; www.banysarabs.org ; Carrer de Ferran Catòlic ; adulte/enfant 2/1 € ; 10h-19h lun-sam avr-sept, horaires réduits le reste de l'année, 10h-14h dim et jours fériés). Bien que conçus sur le modèle des thermes romains et des hammams musulmans d'antan, ces bains arabes sont en réalité une construction romane du XIIe siècle. Il s'agit des seuls bains publics médiévaux de l'Espagne chrétienne découverts à ce jour. Ils se composent d'un *apodyterium* (vestiaire), suivi d'un *frigidarium* (salle froide), d'un *tepidarium* (salle tiède) et d'un *caldarium* (salle chaude).

# Gérone (Girona)

## MONASTÈRE DE SANT PERE DE GALLIGANTS
MONASTÈRE

(Monestir de Sant Pere de Galligants ; www.mac.cat/cat/Seus/Girona ; Carrer de Santa Llúcia ; tarif plein/senior et enfant/jeunes 16-18 ans 2,30/gratuit/1,61 € ; ☉10h30-13h30 et 16h-19h mar-sam juin-sept, 10h-14h et 16-18h mar et sam oct-mai, 10h-14h dim et jours fériés). Ce monastère bénédictin de style roman, des XIe et XIIe siècles, possède un joli cloître dont les chapiteaux sont sculptés de créatures mythologiques. Il abrite le **Musée archéologique** (Museu Arqueològic ; tarif plein/senior et enfant 2,30 €/gratuit), dont les expositions couvrent la période qui s'étend de la préhistoire au Moyen Âge.

## MUSÉE D'HISTOIRE DE LA VILLE
MUSÉE

(Museu d'Història de la Ciutat ; www.girona.cat ; Carrer de la Força 27 ; tarif plein/réduit/enfant 4/2 €/gratuit ; ☉10h-14h et 17h-19h mar-sam, 10h-14h dim et jours fériés). Agréable et bien conçu, ce musée retrace admirablement l'histoire de Gérone depuis ses origines romaines, et traite aussi bien du siège de la ville par les troupes de Napoléon que de la *sardane* (danse traditionnelle catalane) et de l'art contemporain d'avant-garde.

## GRATUIT ESGLÉSIA DE SANT FELIU
ÉGLISE

(Plaça de Sant Feliu ; ☉9h30-14h et 16h-19h lun-sam, 10h-12h dim). La façade principale du XVIIe siècle du second grand édifice religieux de Gérone, dominée par un clocher gothique, donne sur la Plaça de Sant Feliu. La nef fut commencée au XIIIe siècle. Sur les arches romanes sont venus se greffer des niveaux supérieurs, de style gothique, du

**VAUT LE DÉTOUR**

## LA RÉVOLUTION EN CUISINE

➡ Ancien bar-restaurant accroché à un piton rocheux au-dessus de la plage de Cala Montjoi et uniquement accessible par un chemin de terre partant de la ville de Roses, à 6 km à l'ouest, **El Bulli** (www.elbulli.com) a obtenu 3 étoiles au Michelin et s'est vu décerner le titre de "meilleure table du monde" à cinq reprises grâce au talent de son chef, le célèbre Ferran Adrià, surnommé le "Dalí de la gastronomie", passé maître dans l'art de présenter des saveurs traditionnelles sous des formes très inhabituelles. El Bulli a fermé ses portes en 2011 pour accueillir El Bulli Foundation (une école de cuisine dont l'ouverture est prévue en 2014), mais que les gourmands se consolent, la Catalogne compte encore trois établissements trois fois étoilés au Michelin, dont le très acclamé El Celler de Can Roca, qui fut prompt à prendre la place d'El Bulli.

➡ **El Celler de Can Roca** (☎972 22 21 57 ; www.cellercanroca.com ; Carrer Can Sunyer 48 ; menu 5/9 plats 130/160 € ; ☉déj et dîner mar-sam). Aménagé un peu à l'écart du centre de Gérone dans une maison de campagne rénovée avec goût, cet établissement tenu par trois frères (Joan, Josep et Jordi) propose une "cuisine émotionnelle" dont l'ambition est de faire resurgir d'heureux souvenirs de l'enfance au travers d'emprunts sans cesse renouvelés à la cuisine méditerranéenne. Le style est badin – essayez un "dry gambini" (dry Martini où une crevette joue le rôle de l'olive) – et les menus dégustation (5 et 9 plats) sont relativement abordables (130 à 160 €, plus le vin).

## OÙ SE LOGER À GÉRONE

→ **Casa Cúndaro** (☎972 22 35 83 ; www.casacundaro.com ; Pujada de la Catedral 9 ; d 60-80 € ; 🛜). Abrités dans une maison du quartier juif médiéval, cinq superbes chambres et quatre appartements avec cuisine mêlant le charme de murs de pierre nue et le confort le plus moderne (TV sat). Juste au-dessus de la cathédrale.

→ **Bed & Breakfast Bells Oficis** (☎972 22 81 70 ; www.bellsoficis.com ; Carrer dels Germans Busquets 2 ; ch avec petit-déj 40-85 € ; ✽🛜). Six superbes chambres, dont certaines donnent sur la rue, abritées dans un bâtiment du XIXᵉ siècle. Dans certaines, la salle de bains est ornée d'étranges œuvres d'art en galets ; d'autres partagent une même salle de bains.

XIVᵉ au XVIᵉ siècle. La chapelle nord abrite un chef-d'œuvre en albâtre de la sculpture gothique catalane, le **Christ gisant** (*Crist Jacent*) d'Aloi de Montbrai.

### MUSÉE D'ART                    GALERIE D'ART

(Museu d'Art ; www.museuart.com ; Plaça de la Catedral 12 ; 2 € ; ☉10h-19h mar-sam mars-sept, 10h-18h oct-fév, 10h-14h dim et jours fériés). Le musée d'Art s'enorgueillit d'une collection d'environ 8 500 œuvres de la région de Gérone, allant de sculptures en bois romanes à des tables en vitraux, en passant par des sculptures de Miquel Blay, artiste moderniste originaire d'Olot, et des toiles du début du XXᵉ siècle signées Francesc Vayreda.

### MUSÉE DU CINÉMA                MUSÉE

(Museu del Cinema ; www.museudelcinema. cat ; Carrer de Sèquia 1 ; adulte/enfant 5 €/ gratuit ; ☉10h-20h juil-août, horaires réduits et fermé lun le reste de l'année). Aménagé dans La Casa de les Aigües, c'est le seul musée espagnol consacré au 7ᵉ art. La collection Tomás Mallol (du nom du réalisateur géronais) retrace l'histoire du cinéma depuis les frères Lumière à la fin du XIXᵉ siècle, et propose aux visiteurs de s'essayer aux jeux d'ombres, illusions d'optique et autres phénomènes : les enfants adorent.

# OÙ SE RESTAURER ET PRENDRE UN VERRE

### L'ALQUERIA                        CATALAN €€

(☎972 22 18 82 ; www.restaurantalqueria.com ; Carrer de la Ginesta 8 ; plat 18-22 € ; ☉déj et dîner mer-sam, déj mar et dim). Cette élégante *arroceria* (restaurant spécialisé dans les plats à base de riz) au décor minimaliste sert les meilleurs *arrós negre* (riz à l'encre de seiche) et *arrós a la catalana* (paella catalane, préparée sans safran dans un plat en terre) de la ville, ainsi qu'une vingtaine d'autres plats succulents à base de riz. Réservez pour le dîner.

### +CUB                              TAPAS €

(Plaça Catalunya ; 3 tapas 10,40 € ; ☉déj tlj, dîner lun-sam ; 🖉). Ce café-bar on ne peut plus central se démarque par un service amical, des tapas innovantes (du boudin noir aux pistaches à la salade au sorbet de figue noire) et une carte des boissons complète avec jus de fruits et milk-shakes frais et bières La Moska typiquement géronaises.

### LOLA CAFE                         BAR

(Carrer de la Força 7 ; ☉18h-3h). Au cœur de la Gérone médiévale, ce bar recrée l'atmosphère voluptueuse d'une nuit latine avec d'occasionnels concerts de salsa et de rumba. Si vous avez un faible pour les *caipirinhas*, *mojitos* et autres cocktails exotiques, cet endroit est fait pour vous.

# Figueras (Figueres)

L'extraordinaire théâtre-musée Dalí appartient à ceux qui se lèvent tôt. Car en milieu de matinée, des cars entiers venus de la Costa Brava déversent leurs flots de touristes dans les couloirs exigus du deuxième musée le plus populaire d'Espagne. Vous n'aurez pas trop d'une matinée entière pour tout admirer, tant l'extérieur du bâtiment et ses étranges ornements que les œuvres emblématiques de Dalí qu'il renferme. Vous pourrez ensuite découvrir le meilleur de la gastronomie régionale juste à l'extérieur de la ville, ou vous contenter d'un déjeuner sur le pouce à proximité du musée.

Figueras est intimement liée à Dalí, mais si vous avez encore un peu d'énergie l'après-midi, la ville vous réserve d'autres surprises : l'imposant château de Sant Ferran, idéal pour une petite promenade, et deux musées divertissants.

## Le meilleur

➡ **Site touristique** Théâtre-musée Dalí (p. 204)

➡ **Restaurant** El Motel (p. 205)

➡ **Bar** Sidrería Txot's (p. 205)

## Notre conseil

Pour visiter le théâtre-musée Dalí, il est préférable d'éviter les week-ends et jours fériés. Au printemps et en début d'été, le mieux est d'arriver à l'ouverture des portes en dormant à Figueras la veille.

## Depuis/vers Figueras

➡ **Voiture** Prenez l'AP-7 qui passe par Granollers et Gérone.

➡ **Train** Au moins 18 trains quotidiens desservent Figueras depuis la gare Estaciò Sants de Barcelone, via Gérone (9,40-12,80 €, de 1 heure 30 à 2 heures 15).

## Renseignements

➡ **Indicateur téléphonique** 972

➡ **Situation** 139 km au nord-est de Barcelone

➡ **Office du tourisme** (☎972 50 31 55 ; www.figueresciutat.com ; Plaça del Sol ; ☺9h-20h lun-sam, 10h-14h dim juil-sept, horaires réduits le reste de l'année)

---

**VAUT LE DÉTOUR**

### ITINÉRAIRE POUR "DALÍMANIAQUES"

Salvador Dalí est né à Figueras en 1904. Bien que sa carrière l'ait mené à Madrid, à Barcelone, à Paris et aux États-Unis, il resta fidèle à ses origines et a laissé son empreinte dans divers lieux de Catalogne, notamment dans sa résidence de Port Lligat, en bordure de mer, et dans son "château", le Castell de Púbol.

**Port Lligat**, à 1,25 km de marche au nord de Cadaqués, est un petit village de pêcheurs au calme enchanteur. Dalí passa plus de la moitié de sa vie adulte ici (de 1930 à 1982), dans une vieille cabane de pêcheur aux murs chaulés abritant désormais la **maison-musée Salvador Dalí** (Casa-Museu Salvador Dalí ; ☎972 25 10 15 ; www.salvador-dali.org ; adulte/enfant 11 €/gratuit ; ☺réservation indispensable), un entremêlement excentrique de chambres, de couloirs exigus et de terrasses à l'intrigant mobilier. Il n'était pas venu par choix mais parce que son père lui avait interdit de retourner dans la maison familiale de Cadaqués après la présentation d'un tableau qu'il jugeait inacceptable. Sur l'image du Sacré-Cœur de Paris, le peintre avait écrit : *Parfois je crache par plaisir sur le portrait de ma mère.* Le père ne pardonna jamais à son fils l'insulte faite à son épouse décédée.

Le **Castell de Púbol** (www.salvador-dali.org ; Plaça de Gala Dalí ; tarif plein/réduit 8/5 € ; ☺10h-20h tlj mi-juin à mi-sept, horaires réduits le reste de l'année) dans le village de La Pera, juste au sud de la route C-66 entre Gérone et Palafrugell, est une demeure gothique et Renaissance que Dalí acheta en 1969 pour sa femme, Gala, qui y vécut jusqu'à sa mort en 1982, à l'âge de 88 ans. Inconsolable, Dalí emménagea dans la bâtisse mais en fut délogé par ses amis en 1984 après un début d'incendie qu'il avait provoqué. Bien que le château ait été essentiellement décoré au goût de Gala, Dalí a laissé son empreinte sous la forme de statues d'éléphants aux longues pattes fines dans le jardin, d'une table transparente en dessous de laquelle apparaît un cheval, et d'une girafe naturalisée veillant dans la crypte sur la tombe de Gala.

Les bus pour Palafrugell au départ de Gérone (2,50 € ; 40 minutes) desservent le Castell de Púbol. Descendez au deuxième arrêt La Pera sur la C-66, et parcourez à pied les 2 km qui vous séparent du château. Pour Port Lligat, prenez un bus Sarfa reliant Cadaqués au départ de Figueras (5,30 €, 1 heure, 3-7/jour) ou Gérone (3,50 €, 1 heure 45, 2-3/jour).

#  À VOIR

### CHÂTEAU DE SANT FERRAN    CHÂTEAU

(Castell de Sant Ferran ; www.lesfortalesescatalanes.
info ; 6 € ; ⊘10h30-20h semaine de Pâques et
juil à mi-sept, 10h30-18h mi-sept à oct et avr-juin,
10h30-15h le reste de l'année). Cette imposante
forteresse du XVIII<sup>e</sup> siècle, la plus grande
d'Europe, domine les plaines environnantes
du haut de sa petite colline située à 1 km au
nord-ouest du centre-ville. Édifiée en 1750
pour repousser l'envahisseur français, elle
pouvait héberger jusqu'à 16 000 hommes
mais tomba néanmoins aux mains des
Gaulois à deux reprises, en 1794 et 1808. Après
avoir fui Barcelone pendant la guerre civile,
le gouvernement républicain tint son dernier
conseil (le 8 février 1939) dans le donjon. Jetez
un œil aux écuries pour vous faire une idée
de l'ampleur de la cavalerie qu'abritait jadis
le château. Comptez environ 45 minutes pour
faire le tour du château à pied.

### MUSÉE DU JOUET    MUSÉE

(Museu del Joguet ; www.mjc.cat ; Carrer de Sant
Pere 1 ; adulte/enfant 5,80 €/gratuit ; ⊘10h-19h
lun-sam, 11h-18h dim juin-sept, horaires réduits le
reste de l'année). L'un des plus grands musées
de ce genre en Espagne compte plus de
3 500 jouets d'antan, du premier jeu de
société utilisant des pierres colorées au
bilboquet (cet indémodable classique !), en
passant par des maisons de poupées sophis-
tiquées, des poupées des années 1920, des
petites voitures Dinky Toys et des processions
de petits personnages religieux fabriqués en
Catalogne et à Valence. Passionnant, et pas
seulement pour les enfants !

### MUSÉE DE L'AMPURDAN    MUSÉE

(Museu de l'Empordà ; www.museuemporda.org ;
La Rambla 2 ; adulte/enfant 2 €/gratuit ; ⊘11h-20h
mar-sam mai-oct, 11h-19h mar-sam nov-avr, 11h-14h
dim et jours fériés). Ce musée régional mêle
vestiges archéologiques grecs, romains et
médiévaux, et renferme également une
importante collection d'œuvres d'art, catalanes pour la plupart, bien qu'on y trouve
également quelques toiles prêtées par le
musée du Prado de Madrid. L'entrée est
gratuite pour les détenteurs du billet pour
le théâtre-musée Dalí.

## ⊚ LES INCONTOURNABLES
## LE THÉÂTRE-MUSÉE DALÍ

Cette bâtisse rose aux allures de château, surmontée des
sculptures en forme d'œufs géants emblématiques de
Gaudí et de statuettes stylisées rappelant celle des Oscars,
et à la façade parsemée de petits pains en forme de
tricornes, est une dernière demeure tout à fait appropriée
pour le maître du surréalisme. L'entrée en est gardée par
des armures médiévales balançant des baguettes au-
dessus de leurs têtes.

À l'intérieur, le rez-de-chaussée (1<sup>er</sup> niveau) abrite un
jardin en hémicycle. En son centre trône un petit chef-
d'œuvre de bizarrerie intitulé **Taxi pluvieux** (*Taxi plujós*),
composé d'une vieille Cadillac ; si vous glissez une pièce
dans la fente, de l'eau jaillit dans l'habitacle. La **salle
des Poissonneries** (*Sala de Peixateries*) renferme une
collection de peintures à l'huile de Dalí, dont le fameux
**Autoportrait mou avec lard grillé** (*Autoretrat Tou
Amb Tall de Bacon Fregit*). Au pied de l'ancienne scène de
théâtre s'ouvre la crypte qui abrite la tombe du maître,
située "au centre spirituel de l'Europe", comme l'avait décrit
Dalí avec modestie.

La présence de Gala, femme et muse de l'artiste, se fait
sentir tout au long de la visite, de la toile **Gala regardant
la Méditerranée** (*Gala mirando el Mar mediterráneo*) au
2<sup>e</sup> niveau, qui se métamorphose en un portrait d'Abraham
Lincoln quand on l'observe de loin, au célèbre **Léda
Atomique** (*Leda atómica*).

### À ne pas manquer

➡ L'extérieur saugrenu du musée
➡ L'œuvre *Taxi pluvieux*
➡ La toile *Gala regardant la Méditerranée*

### Infos pratiques

➡ Teatre-Museu Dalí
➡ www.salvador-dali.org
➡ Plaça de Gala i Salvador Dalí 5
➡ Adulte/enfant 12 €/gratuit
➡ ⊘9h-20h juil-sept, 9h30-18h mars-juin et oct, horaires réduits le reste de l'année

➡ **Hotel Durán** (📞972 50 12 50 ; www.
hotelduran.com ; Carrer de Lasauca 5 ;
s/d à partir de 74/89 € ; 🅿❄📶).
Restez dans une thématique
dalinienne en séjournant dans cet
hôtel du XIX^e siècle où l'artiste et
son épouse avaient leurs habitudes.
Les chambres modernes au décor
beige, marron et blanc ne présentent
pas un grand intérêt, mais le
restaurant aux allures de salle de
réception royale propose un service
impeccable et une formidable
formule déjeuner (20 €) aux mets
raffinés, tels que steak de thon grillé
ou encore longe de lapin.

➡ **Mas Pau** (📞972 54 61 54 ; www.
maspau.com ; Avinyonet de Puigventós ;
s/d à partir de 80/100 € ; 🅿❄). Ce
charmant mas du XVI^e siècle abrite
des chambres chic et rustiques,
et un restaurant étoilé au Michelin
dont la carte saisonnière met les
ingrédients locaux à l'honneur.

## ✖ OÙ SE RESTAURER ET PRENDRE UN VERRE

 EL MOTEL                          CATALAN €€€

(📞972 50 05 62 ; www.elmotel.cat ; Avinguda Salvador Dalí i Domènech 170, Hotel Empordá ; menu
dégustation 35-55 €, s/d à partir de 93/109 € ; 🕐déj
et dîner). En bordure d'une route passante à
1 km du centre-ville de Figueras, le restaurant
de l'Hotel Empordà est depuis des décennies
un lieu culte pour les gastronomes. Son chef
et propriétaire Jaume Subirós est largement
acclamé pour avoir contribué à faire de la
cuisine catalane traditionnelle la cuisine
innovante et raffinée qu'elle est aujourd'hui.
On s'y rend pour ses oursins de Cadaqués,
son cabillaud à la truffe ou encore sa joue de
veau au vin rouge.

SIDRERÍA TXOT'S                            BASQUE €€

(www.sidreriatxots.com ; Avinguda Salvador Dalí 114 ;
plat 12-20 € ; 🕐déj et dîner). Perché sur un
tabouret en bois, dégustez votre cidre servi
directement du tonneau, avant de vous
attaquer à la charcuterie, au fromage et à la
salade, ou encore à des plats comme le chorizo
au cidre ou aux tartines d'anchois de L'Escala.

# Montserrat

Bien que le complexe monastique en
lui-même soit assez compact, il est recommandé de consacrer une journée entière à
cette excursion si vous souhaitez profiter
des superbes randonnées alentour. Prenez
le premier train à crémaillère (*cremallera*)
ou le premier téléphérique de la journée
pour éviter la foule, et commencez par le
monastère et sa Vierge, sans oublier l'excellent musée de Montserrat. Selon la saison,
vous aurez peut-être la chance d'assister à
une représentation du plus ancien chœur
de garçons d'Europe (p. 207) dans la basilique. Vous trouverez une cafétéria sur place
pour le déjeuner.

L'après-midi, rendez-vous en funiculaire
ou à pied jusqu'à la Santa Cova, la grotte
où fut découverte la statue de la Vierge, ou
grimpez au Sant Jeroni, le sommet de la
montagne, pour un superbe panorama sur
la vallée en contrebas.

### Le meilleur

➡ **Site touristique** Monastère de
Montserrat (p. 206)

➡ **Restaurant** Hotel Abat Cisneros (p. 206)

➡ **Randonnée** Sant Jeroni (p. 206)

### Notre conseil

Pour vous recueillir dans le calme auprès de
La Moreneta (la Vierge noire) et profiter du
silence et de la solitude de la montagne, le
mieux est de dormir sur place et d'arriver à
l'ouverture de la chapelle à 7h.

### MONTSERRAT TOUT-EN-UN

Pour 39,95 €, le ticket forfaitaire
**Tot Montserrat** comprend le train
au départ de la Plaça d'Espanya de
Barcelone, le train à crémaillère, les
funiculaires, l'entrée au musée, un
repas complet à la cafétéria et l'entrée à
l'espace audiovisuel, ce qui représente
une économie de quelques euros si vous
avez l'intention de tirer le meilleur parti
de votre visite.

EXCURSIONS MONTSERRAT

## Depuis/vers Montserrat

➡ **Train, train à crémaillère et téléphérique** Les trains **FGC** (www.fgc.net) de la ligne R5 desservent Montserrat toutes les heures à partir de 8h36 au départ de la gare de la Plaça d'Espanya à Barcelone (de 52 à 56 minutes). Descendez à la station Montserrat Aeri pour prendre ensuite le **téléphérique Aeri de Montserrat** (☎93 835 00 05 ; www.aeridemontserrat.com ; aller simple/aller-retour 5/7,90 €, 17 minutes, de 9h40 à 19h mars-oct, de 10h10 à 17h45 lun-sam, de 10h10 à 18h45 dim et jours fériés nov-fév) ou à la station Monistrol de Montserrat pour une correspondance avec le **train à crémaillère** (Cremallera ; ☎90 231 20 20 ; www.cremallerad04montserrat.com ; aller simple/aller-retour 6/9 €, 5 minutes).

## Renseignements

➡ **Indicatif téléphonique** 938
➡ **Situation** 50 km au nord-ouest de Barcelone
➡ **Office du tourisme** (☎938 77 77 01 ; www. montserratvisita.com ; ⊙9h-17h45 lun-ven, 9h-18h45 sam et dim)

##  À VOIR

**SANT JERONI**       MONTAGNE

Explorez les hauteurs qui surplombent le monastère en empruntant le réseau de sentiers qui mènent à certains pics et à 13 petites chapelles aujourd'hui abandonnées. Le funiculaire de Sant Joan (aller simple/aller-retour 5,05/8 € ; ⊙toutes les 20 minutes 10h-18h50, fermé jan et fév) vous déposera à 250 m au-dessus du monastère. Si vous préférez marcher, comptez environ 1 heure (3 km) pour rejoindre la station d'en haut du funiculaire en suivant la route qui passe devant sa station d'en bas.

---

##  LES INCONTOURNABLES
## LE MONASTÈRE DE MONTSERRAT

Fondé en 1025 pour commémorer une apparition de la Vierge à des bergers dans la montagne, le monastère de Montserrat (Monestir de Montserrat) est le deuxième plus grand centre de pèlerinage d'Espagne après Saint-Jacques-de-Compostelle. La Vierge noire, qui aurait été sculptée par saint Luc et cachée dans la montagne par saint Pierre pour la protéger des Maures, ne fut découverte que plus tard. Les pèlerins viennent de loin pour vénérer la Vierge de Montserrat, affectueusement surnommée **La Moreneta** ("la petite noire") et patronne de la Catalogne depuis 1881. Les jeunes mariés viennent lui demander bénédiction, et le FC Barcelone lui dédie ses victoires.

Composé de deux parties, le **musée de Montserrat** (Museu de Montserrat ; Plaça de Santa Maria ; tarif plein/réduit 6,50/5,50 € ; ⊙10h-18h) renferme une excellente collection hétéroclite, avec notamment une momie égyptienne, des retables gothiques, quelques œuvres d'El Greco, Monet, Degas et Picasso, de l'art moderne et quelques icônes russes du XIVᵉ siècle. De la Plaça de Santa Maria, on pénètre dans la cour de la **basilique** (5 € ; ⊙7h30-20h) du monastère, du XVIᵉ siècle. De là, des escaliers mènent au **Cambril de la Mare de Déu** (⊙7-10h30 et 12h-18h30) où se trouve La Moreneta.

### À ne pas manquer

➡ La Moreneta
➡ Une représentation du chœur des garçons dans la basilique
➡ Une promenade jusqu'au Sant Jeroni, le sommet de la montagne

### Infos pratiques

➡ www. abadiamontserrat. net
➡ ⊙9h-18h

De la station haute du funiculaire, il faut compter 20 minutes à pied (le chemin est balisé) pour rejoindre la **chapelle Sant Joan**, d'où l'on a une belle vue. Plus intéressante, une marche d'une heure en direction du nord-ouest conduit au plus haut sommet du Montserrat, le Sant Jeroni, d'où une impressionnante falaise tombe à pic du côté nord.

### SANTA COVA

Pour visiter la grotte où fut découverte la statue de la Vierge (abritant aujourd'hui une réplique de La Moreneta), empruntez le funiculaire de Santa Cova (aller simple/aller-retour 2/3,20 € ; toutes les 20 minutes 10h-17h30) ou suivez le sentier de montagne escarpé offrant un superbe panorama sur la vallée en contrebas.

 ## OÙ SE RESTAURER

**CAFÉTÉRIA** RESTAURATION RAPIDE €
(repas 15-20 € ; ⊘déj 12h-16h). Cafétéria centrale en self-service, où vous pourrez avaler un sandwich ou opter pour des plats plus consistants : *calamares a la romana* (anneaux de calamars frits), boulettes de viande, hamburgers, etc.

 ## OÙ SORTIR

### CHŒUR DE GARÇONS DE MONTSERRAT

(www.escolania.cat ; ⊘représentations 13h et 18h45 lun-jeu, 13h ven, 12h et 18h45 dim fin août-fin juin). Le chœur de garçons de l'Escolania de Montserrat, qui serait l'école de musique la plus ancienne d'Europe, se produit tous les jours (sauf le samedi) dans la basilique. Lors de ses brèves apparitions, le chœur a pour habitude d'interpréter *Virolai*, du poète catalan Jacint Verdaguer. Âgés de 10 à 14 ans, les 40 à 50 *escolanets* étudient dans un internat de la ville et subissent des épreuves de sélection pendant deux ans avant de rejoindre le chœur. Les horaires des représentations pouvant varier, mieux vaut consulter le site Internet.

# Sitges

Aux beaux jours, les adeptes du soleil et des promenades en bord de mer investissent en masse les plages centrales de Sitges. Heureusement, la ville en compte de nombreuses autres (dont une plage nudiste pour les moins pudiques) où passer la matinée avant de déjeuner dans un restaurant de fruits de mer à proximité.

Si l'art contemporain et le Modernisme vous intéressent, le musée Cau Ferrat (p. 208) mérite que vous lui consacriez une partie de l'après-midi, de même que la fondation Stämpfli/musée d'Art contemporain (p. 208) (du vendredi au dimanche uniquement). Prenez un dernier verre dans un bar à tapas du centre avant de rentrer ou, si le cœur vous en dit, restez faire la fête jusqu'à l'aube dans l'un des nombreux clubs situés en lisière de Sitges.

### Le meilleur

➜ **Site touristique** Plages (p. 208)
➜ **Restaurant** eF & Gi (p. 208)
➜ **Bar** Sweet Pachá (p. 209)

### Notre conseil

Pour vous informer sur les clubs et bars gays à la mode, adressez-vous au Parrots Hotel (p. 208) ; si vous prévoyez de passer une semaine bachique à Sitges à l'occasion de son carnaval (février/mars), pensez à réserver bien à l'avance.

### Depuis/vers Sitges

➜ **Voiture** La meilleure route au départ de Barcelone est l'autoroute à péage C-32. Plus pittoresque mais souvent lente et embouteillée, la C-31 rejoint la C-32 après Castelldefels.
➜ **Train** Quatre trains *rodalies* R2 circulent toutes les heures entre Barcelone (Estació Sants et Passeig de Gràcia) et Sitges (3,60 €, 27 à 46 minutes, selon le nombre d'arrêts intermédiaires), de 6h à 22h environ.

### Renseignements

➜ **Indicatif téléphonique** 938
➜ **Situation** 32 km au sud-ouest de Barcelone

## OÙ SE LOGER À SITGES

⇒ **Parrots Hotel** (☎93 894 13 50 ; www.parrots-group.com ; Calle Joán Torrida 16 ; s/d à partir de 96/106 € en haute saison ; ✽☎). Difficile de rater la façade bleu vif de cet établissement gay. Chambres ultramodernes avec TV par câble et clim (une bénédiction en été), balcons pour observer les passants et sauna.

⇒ **Hotel Romàntic** (☎93 894 83 75 ; www.hotelromantic.com ; Carrer de Sant Isidre 33 ; s/d à partir de 70/100 € en haute saison ; ✽). Style moderniste pour cet établissement composé de trois villas attenantes du XIXᵉ siècle, avec une jolie cour verdoyante en guise de salle à manger. Le service est sympathique, mais les chambres sont plutôt exiguës et gagneraient à être rafraîchies. Au coin de la rue, l'**Hotel de la Renaixença** (☎93 894 06 43 ; www.hotelromantic.com ; Carrer d'Illa de Cuba 45 ; s/d à partir de 70/100 € en haute saison), des mêmes propriétaires, offre un meilleur rapport qualité/prix.

⇒ **Pensió Maricel** (☎93 894 36 27 ; www.milisa.com ; Carrer d'En Tacó 13 ; d 60-70 € en haute saison). En retrait de la plage dans une petite allée, cette adresse est sans doute la plus économique de la ville. Ses 10 chambres sont propres et spartiates. Les chambres intérieures sont moins chères mais "sans vue" ; depuis les chambres extérieures "avec vue", on aperçoit la mer en se penchant à la fenêtre.

⇒ **Office de tourisme** (☎938 11 06 11 ; Passeig de la Ribera ; ⊙10h-14h et 16h-20h)

 **À VOIR**

 **FONDATION STÄMPFLI MUSÉE D'ART CONTEMPORAIN** GALERIE D'ART

(Fundació Stämpfli Museu d'Art contemporani ; www.fundacio-stampfli.org ; Plaça Ajuntament ; adulte 3,50 € ; ⊙9h30-14h et 16h-19h ven et sam, 10h-15h dim). Inaugurée fin 2010, cette excellente galerie s'intéresse essentiellement à l'art du XXᵉ siècle, à partir des années 1960. Les œuvres, de remarquables toiles et sculptures d'artistes du monde entier (dont Richard "Buddy" di Rosa, Oliver Mosset et Takis), occupent deux bâtiments historiques rénovés.

**PLAGES** PLAGES

Sitges ne compte pas moins de 12 plages. Flanquée d'un agréable **Passeig marítim** (promenade de front de mer) et de nombreux *chiringuitos* (bars de plage), la plage principale est divisée en neuf sections différentes par des jetées. À l'est du promontoire rocheux, bordé de musées et dominé par l'imposante **Església de Sant Bartomeu i Santa Tecla**, s'étendent les plages de Sant Sebastiá, Balmins et Aiguadolç. Si Bassa Rodona était autrefois la "plage gay" de Sitges, aujourd'hui les baigneurs gays ne s'y cantonnent plus. La plage de Balmins est une baie abritée prisée des nudistes.

**MUSÉE CAU FERRAT** MUSÉE

(Museu Cau Ferrat ; Carrer de Fonollar). Édifiée dans les années 1890 pour servir de maison-atelier au peintre Santiago Rusiñol (un pionnier du mouvement Art nouveau dont la statue orne la plage principale), cette grande villa chaulée abrite les œuvres de son ancien propriétaire et de certains de ses contemporains, notamment son ami Picasso et El Greco. L'intérieur est charmant avec ses plafonds voûtés et ses murs décorés d'azulejos. Fermé pour travaux lors de notre visite, le musée devrait avoir rouvert ses portes à l'heure où vous lirez ces lignes.

 **OÙ SE RESTAURER ET PRENDRE UN VERRE**

**EF & GI** INTERNATIONAL €€

(www.efgirestaurant.com ; Carrer Major 33 ; repas 35-50 € ; ⊙dîner mar-sam mi-jan à mi-déc). Fabio et Greg (eF & Gi) n'ont pas peur d'expérimenter, et le résultat est succulent. Essentiellement méditerranéenne, la carte apporte une touche asiatique pour offrir des délices tels que le bœuf grillé parfumé à la citronnelle et au combava ou la longe de thon incrustée de cacahuètes et d'olives de Kalamata avec son chutney de mangue. Gardez de la place pour le dessert.

### EL POU

(www.elpoudesitges.com ; Carrer de Sant Pau 5 ; repas 30 € ; ⊙déj et dîner mer-lun). Les mini-hamburgers au bœuf de Kobé de cet accueillant bar à tapas gastronomique sont un vrai régal, à l'image du reste de la carte. Aux tapas traditionnelles viennent s'ajouter des propositions originales, comme le *mojama* (thon en salaison) aux amandes, aubergines frites et mélasse. Avec des succulentes boulettes de viande au calamar, l'extase est garantie.

### SWEET PACHA

(www.sweetpacha.com ; Avinguda Port d'Aiguadolç 9). Les sièges en cuir blanc du Sweet Pacha sont parfaits pour savourer un cocktail entre deux sessions de danse. Pour une soirée plus tranquille, l'établissement abrite également un restaurant de fruits de mer convenable. Juste en retrait du port de plaisance d'Aiguadolç, à 1,2 km vers l'est en suivant la côte.

### L'ATLÀNTIDA

(www.clubatlantida.com ; Platja de Les Coves ; ⊙ven et sam plus deux autres nuits par semaine juin-sept). Sur la plage, un club immense digne d'Ibiza avec sa vaste piste de danse en plein air, à environ 3,5 km à l'ouest du centre-ville.

# Tarragone (Tarragona)

Le musée d'Histoire de Tarragone étant généralement bondé dès le milieu de la matinée, il est préférable de commencer l'exploration de la ville par son amphithéâtre romain, la tour del Pretori et le cirque romain, ou par l'excellent musée national d'Archéologie de Tarragone. Plus tard, découvrez la cathédrale, avant de vous arrêter pour le déjeuner dans l'un des nombreux établissements gastronomiques que compte la ville.

Les sites romains sont dispersés : pour rejoindre les nécropoles paléochrétiennes et l'impressionnant aqueduc du pont du Diable en début d'après-midi, vous souhaiterez peut-être prendre un taxi. Autrement (surtout avec la carte Tarrago!na), réservez les autres ruines romaines pour le lendemain matin et flânez plutôt le long du Passeig Arqueològic

Muralles, un sentier archéologique flanqué de deux murs d'enceinte. Pour un dîner de fruits de mer, dirigez-vous vers Serallo, le quartier des pêcheurs.

## Le meilleur

➡ **Site touristique** Musée d'Histoire de Tarragone (p. 210)
➡ **Restaurant** Arcs Restaurant (p. 211)
➡ **Bar** El Candil (p. 211)

## Notre conseil

Pour 15 €, la carte Tarrago!na (valable 48h) vous donne accès à tous les musées de la ville et vous donne droit à des réductions dans certains magasins et restaurants. En vente à l'office du tourisme.

## Depuis/vers Tarragone

**Voiture** Quittez Barcelone en direction de l'ouest et suivez soit l'autoroute à péage C-32 qui longe la côte via Castelldefels, soit l'AP-7 (si vous prenez l'Avinguda Diagonal vers l'ouest).
**Train** Plus de 40 trains régionaux et longue distance circulent chaque jour dans les deux sens entre Barcelone, au départ de la gare Estaciò Sants, et Tarragone (de 5,70 € à 6,40 € pour les trains régionaux et à partir de 19,80 € pour les trains longue distance à grande vitesse ; de 55 minutes à 1 heure 45).

## Renseignements

➡ **Indicatif téléphonique** 977
➡ **Situation** 96 km au sud-ouest de Barcelone
➡ **Office du tourisme** (☎977 25 07 95 ; www.tarragonaturisme.cat ; Carrer Major 39 ; ⊙10h-21h lun-sam, 10h-14h dim juil-sept, 10h-14h et 16h-19h lun-sam, 10h-14h dim et jours fériés oct-juin)

## ◉ À VOIR

### MUSÉE NATIONAL D'ARCHÉOLOGIE DE TARRAGONE

(Museu Nacional Arqueològic de Tarragona ; www.mnat.es ; Plaça del Rei 5 ; adulte/enfant 3,50 €/gratuit ; ⊙10h-20h mar-sam, 10h-14h dim et jours fériés juin-sept, horaires réduits le reste de l'année). Cet excellent musée donne un bel aperçu de la Tarraco romaine. La collection de mosaïques permet de suivre l'évolution des

## LES INCONTOURNABLES
## LE MUSÉE D'HISTOIRE DE TARRAGONE

Le Museu d'Història de Tarragona définit en réalité quatre sites romains distincts (classés au patrimoine mondial de l'Unesco depuis 2000).

Commencez par explorer l'ensemble appelé **Pretori i Circ Romà**, qui comprend, sur la Plaça del Rei, les ruines du cirque romain, où étaient organisées des courses de chars, et la tour del Pretori.

Près de la plage se dresse l'**amphithéâtre romain** (Amfiteatre Romà ; Plaça d'Arce Ochotorena ; ⏱9h-21h mar-sam, 9h-15h dim Pâques-sept, 9h-17h mar-sam, 10h-15h dim et jours fériés oct-Pâques), le joyau des sites romains de Tarragone. Il s'agit en réalité d'une reconstruction partielle, puisque l'édifice original fut en grande partie démantelé et ses pierres utilisées pour construire le port.

La partie nord-est du **forum romain** (Fòrum Romà ; Carrer del Cardenal Cervantes) était occupée par une basilique romaine (tribunal), le reste du forum s'étendait en contrebas vers le sud-ouest. Reliée par une passerelle, une autre zone excavée présente un tronçon de voie romaine.

Ledit **pont du Diable** (Pont del Diable) est en réalité l'aqueduc de les Ferreres (aqueduc des Forgerons), un vestige romain. À son âge d'or, il acheminait l'eau du fleuve Gayo à plus de 200 000 personnes.

### À ne pas manquer

➡ La tour del Pretori et le cirque romain
➡ L'amphithéâtre romain
➡ Le pont du Diable, aqueduc romain

### Infos pratiques

➡ www.museutgn.com
➡ Adulte/enfant par site 3 €/gratuit, accès à tout le MHT 10 €/gratuit
➡ ⏱9h-21h tlj Pâques-sept, horaires réduits le reste de l'année

tendances, depuis les motifs simples en noir et blanc jusqu'aux créations complexes en couleur. L'une de ses œuvres phares est la *Mosaïque aux poissons (Mosaic de Peixos de la Pineda),* une mosaïque presque complète représentant poissons et créatures marines. La section consacrée à la vie quotidienne abrite notamment des fétiches favorisant la fertilité, comme cet immense pénis de pierre symbolisant le dieu Priape.

Le billet d'entrée vous donne également accès au musée de la **nécropole paléochrétienne** (necròpolis paleocristians ; www.mnat. es ; Avinguda de Ramón i Cajal 80 ; ⏱9h-20h30 mar-sam, 10h-14h dim juin-sept, horaires réduits le reste de l'année), un vaste cimetière de plus de 2 000 sépultures sculptées. Bien que ces dernières ne puissent être observées qu'au travers d'un grillage, le musée expose également d'étranges objets funéraires et des sarcophages.

CATHÉDRALE                    ÉDIFICE RELIGIEUX
(Pla de la Seu ; adulte/enfant 4/1,40 € ; ⏱10h-19h lun-sam juin à mi-oct, horaires réduits le reste de l'année). La réouverture de la cathédrale de Tarragone, en grande partie fermée pour travaux de rénovation, était imminente lors de notre visite. La façade principale donnant sur la Pla de la Seu mêle architecture romane et gothique en raison d'une période de construction prolongée (de 1171 à 1331). Ses allures de forteresse suggèrent la crainte d'une invasion maure.

Les voûtes gothiques du cloître sont soutenues par des chapiteaux romans sculptés, dont l'un représente des rats célébrant ce qui semblerait être les funérailles d'un chat... jusqu'à ce que le chat revienne à la vie ! Morale de l'histoire : méfiez-vous de l'eau qui dort. L'importante collection du **Musée diocésain** (Museu Diocesà), hébergée dans les salles adjacentes au cloître, comprend aussi bien des épingles à cheveux

### OÙ SE LOGER À TARRAGONE

➡ **Hotel Plaça de la Font** (☎977 24 61 34 ; www.hotelpdelafont.com ; Plaça de la Font 26 ; s/d 55/70 € ; ❄). Des chambres simples et impeccables donnant sur une terrasse très animée de la Plaça de la Font, en plein cœur de la vieille ville.

romaines que de ravissantes Vierges en bois polychrome allant du XII^e au XIV^e siècle.

À l'intérieur de la cathédrale, le **retable** en albâtre, sculpté au XIII^e siècle, représente des scènes de la vie de sainte Thècle, sainte patronne de Tarragone, dont un bras est conservé sur place.

### SENTIER ARCHÉOLOGIQUE
### DES REMPARTS                    SITE HISTORIQUE

(Passeig Arqueològic Muralles ; 3 € ; ⊙9h-21h mar-sam, 9h-15h dim Pâques-oct, horaires réduits en été). Le Passeig Arqueològic est un paisible sentier contournant une partie de la vieille ville entre deux murs d'enceinte. Le rempart romain intérieur date du III^e siècle av. J.-C., tandis que la muraille extérieure fut édifiée par les Anglais en 1709 durant la guerre de Succession d'Espagne. Admirez les portes gigantesques construites par les Ibères, et grimpez au sommet des remparts en passant par la porte à droite de l'entrée pour une vue panoramique sur la ville. Le sentier part du Portal del Roser sur l'Avenida Catalunya.

## ✖ OÙ SE RESTAURER ET PRENDRE UN VERRE

 **RESTAURANT ARCS**    MÉDITERRANÉEN €€

(☎977 21 80 40 ; www.restaurantarcs.com ; Carrer Misser Sitges 13 ; formule 23 € ; ⊙déj et dîner mar-sam). Abrité dans une caverne médiévale égayée par des toiles contemporaines colorées, l'Arcs sert de somptueux plats typiquement méditerranéens. Au menu : *tartar de atún* (tartare de thon), une inventive soupe de potiron à la *morcilla* (boudin noir) et au fromage de chèvre, et le *salmorejo* (sorte de gaspacho plus épais et plus fort), le meilleur en dehors de l'Andalousie.

### AQ                              CATALAN €€

(☎977 21 59 54 ; Carrer de les Coques 7 ; formule à partir de 18 € ; ⊙déj et dîner mar-sam). Couleurs contrastées (noir, citron et linge de table crème) et lignes épurées pour cet établissement design plein de vitalité proposant d'intéressantes interprétations de plats traditionnels, à l'image de sa *ventresca de tonyina amb ceba caramelitzada, tomàquet, formatge de cabra i olives* (filet de thon aux oignons caramélisés, tomates, fromage de chèvre et olives).

### EL VARADERO        POISSON ET FRUITS DE MER €

(Carrer de Trafalgar 13 ; *raciones* 7-9 € ; ⊙déj et dîner). El Varadero est une adresse informelle prisée des gens du coin pour ses plats de poisson à la fois simples et alléchants, notamment ses *tigres* (moules farcies et gratinées), l'*ostrón* (huître grasse) et les *cigalas a la plancha* (langoustes grillées).

### EL CANDIL                           CAFÉ €

(Plaça de la Font 13 ; chocolat chaud 3 € ; ⊙11h-15h et 17h-0h). La carte de ce café-bar aux allures de grotte propose pas moins de 30 sortes de chocolats chauds, ainsi qu'une bonne sélection de bières et de *cava*.

EXCURSIONS TARRAGONE (TARRAGONA)

# Où se loger

*Établissements de luxe ou petits hôtels de charme, adresses de catégorie moyenne et bon marché, l'offre d'hébergement est excellente à Barcelone. Le cadre est également varié : secteur historique, bord de mer, ou charmants quartiers animés. La crise économique ayant ralenti l'augmentation des tarifs, le rapport qualité/prix est généralement raisonnable.*

## Hôtels

La gamme hôtelière barcelonaise est vaste, allant des établissements les plus simples, proches des *pensiones* et *hostales*, aux luxueux 5-étoiles. Les critères suivants peuvent vous aider dans votre recherche : piscine et bar *lounge* en terrasse, vue (sur la mer ou sur la ville – La Sagrada Família, Montjuïc, Barri Gòtic) et proximité d'un site touristique important. Pour 100-140 €, vous aurez un bon choix de doubles. Dans la catégorie supérieure, comptez 250 € pour une double, et jusqu'à 500 € (et plus pour une suite).

## Pensiones et hostales

Suivant la saison, un lit en dortoir dans une auberge de jeunesse vous coûtera entre 15 et 25 €. Les voyageurs disposant d'un petit budget et que la perspective de dormir en dortoir rebute opteront pour les multiples *pensiones* et *hostales*, ces petits hôtels familiaux (d'une propreté et d'un confort très variables), souvent situés dans des appartements privés reconvertis. Dans les petits établissements, comptez au moins 35/55 € pour une *individual/doble* (simple/double) basique, le plus souvent sans salle de bains privative. (Il est parfois possible de trouver des chambres moins chères, mais elles sont souvent peu engageantes.)

Beaucoup d'adresses dans la gamme économique proposent des triples et quadruples, intéressantes si vous voyagez à trois ou quatre. Si vous désirez un grand lit, précisez *llit/cama matrimonial* (en catalan/espagnol). Si votre budget est serré, consultez les adresses économiques de Barcelona 30.com (en français).

## Location d'appartement et de chambre

Une solution plus confortable (et parfois plus économique) que l'hôtel consiste à louer un appartement. Comptez de 80 à 100 € environ par nuit pour 2 personnes et 160 € la nuit pour 4 personnes.

Le site Air BnB (www.airbnb.com, en français) propose aussi des chambres simples chez l'habitant. Comptez de 30 à 60 € en moyenne pour une chambre.

Autres sites de location d'appartement :
➡ Oh-Barcelona (www.oh-barcelona.com, en français)
➡ Aparteasy (www.aparteasy.com, en français)
➡ Barcelona On Line (www.barcelona-on-line.es, en français)
➡ Friendly Rentals (www.friendlyrentals.com, en français)
➡ Lodging Barcelona (www.lodginginbarcelona.com, en français)
➡ Rent a Flat in Barcelona (www.rentaflatinbarcelona.com)
➡ MH Apartments (www.mhapartments.com, en français)
➡ Only Apartments (www.only-apartments.fr)
Si vous souhaitez échanger votre logement, consultez le site www.loquo.com. Vous préférez dormir sur le canapé d'un Barcelonais ? Direction le site www.couchsurfing.org.

## Voyageurs à mobilité réduite

Les hôtels affirment souvent à tort être équipés pour les handicapés – consultez le site www.barcelona-access.com (en français) pour trouver un hébergement véritablement accessible. Le site www.turismeperatothom.com/ca/ donne des informations pour toute la Catalogne.

## La sélection de Lonely Planet

**Hotel Neri** (p. 215). Bel hôtel historique dans un coin paisible du Barri Gòtic.

**Casa Camper** (p. 216) Élégante demeure dans El Raval, avec meubles de chez Vinçon et hamacs.

**Hotel Arts Barcelona** (p. 218). Luxueuse tour ultramoderne sur le front de mer.

**W Barcelona** (p. 218). Hôtel de luxe en front de mer, magnifique vue et charmante piscine bordée de palmiers.

**Hotel Casa Fuster** (p. 222). Chambres somptueuses dans une demeure moderniste de Gràcia.

**Hotel Omm** (p. 220). Hôtel fantastique, digne de Dalí avec sa façade "en écailles".

## Les meilleures adresses par prix

### €
Hostal Campi (p. 215)
Alberg Hostel Itaca (p. 216)
Sant Jordi Mambo Tango (p. 224)
Pensió 2000 (p. 218)
Hotel Marina Folch (p. 219)

### €€
El Jardí (p. 215)
Barceló Raval (p. 216)
Hotel San Agustín (p. 216)

Hotel Banys Orientals (p. 217)
Hotel Constanza (p. 220)
Hotel Praktik (p. 219)

### €€€
Hotel 1898 (p. 215)
Hotel Majèstic (p. 219)
Hotel Rey Juan Carlos I (p. 223)

## Les meilleures adresses par catégorie

### Chambres avec vue
Hotel Arts Barcelona (p. 218)
W Barcelona (p. 218)
Hotel Rey Juan Carlos I (p. 223)
Eurostars Grand Marina Hotel (p. 218)
Hotel 54 (p. 218)
Hotel Colón (p. 215)

### Avec piscine
Comtes De Barcelona (p. 220)
Hotel Arts Barcelona (p. 218)
Hotel Majèstic (p. 219)
Hotel Rey Juan Carlos (p. 223)
Eurostars Grand Marina Hotel (p. 218)

### Tendance
Barceló Raval (p. 216)
Hotel Banys Orientals (p. 217)
Hotel Sixtytwo (p. 220)
Hotel Axel (p. 221)
Chic & Basic (p. 217)

## BON À SAVOIR

**Guide des prix**
Le symbole € indique le tarif d'une nuit en double en haute saison, avec sdb privative, sauf mention contraire.

| | |
|---|---|
| € | moins de 75 € |
| €€ | 75-200 € |
| €€€ | plus de 200 € |

**Taxe de séjour**
L'hébergement est toujours soumis à une TVA de 8%. Depuis novembre 2012, la ville prélève également une taxe de 0,75 € par nuit.

**Tarifs saisonniers**
Certains hôtels petits budgets et de catégorie moyenne ont les mêmes prix tout au long de l'année. D'autres les font varier en haute saison (*temporada alta*), en saison intermédiaire (*temporada media*) et en basse saison (*temporada baja*, de novembre à Pâques, période de Noël et de Nouvel An exceptée).

**Réservations**
Il est très recommandé de réserver en ligne, en particulier à Pâques, autour de Noël et du Nouvel An, pendant les salons, ainsi qu'en été (août peut être plus calme en raison de la chaleur). Vous pouvez aussi réserver à l'office du tourisme de la Plaça de Catalunya (p. 275).

**Arrivée et départ**
L'arrivée se fait autour de 14h ou 15h. Si vous arrivez plus tôt, vous pouvez laisser vos bagages à la réception. Confirmez toujours votre venue en cas d'arrivée tardive. Le départ est fixé à 12h.

OÙ SE LOGER BON À SAVOIR

| Quartier | Avantages | Inconvénients |
|---|---|---|
| **La Rambla et le Barri Gòtic** | Excellente situation, proche de sites majeurs ; se découvre idéalement à pied ; animation nocturne et restaurants | Très touristique ; bruyant ; certaines chambres petites et sans fenêtre |
| **El Raval** | Situation centrale, vie nocturne animée et accessibilité aux sites touristiques ; atmosphère bohème avec peu de touristes | Parfois bruyant ; certains endroits mal famés et délabrés à éviter ; mieux vaut ne pas se promener la nuit |
| **La Ribera** | Excellents restaurants et quartier à explorer ; situation centrale ; sites majeurs comme le musée Picasso et le palais de la Musique catalane | Parfois bruyant ; bondé ; touristique |
| **La Barceloneta et le front de mer** | Excellents restaurants de fruits de mer ; atmosphère locale décontractée ; promenade et plages facilement accessibles | Peu d'hébergements ; les environs de La Barceloneta, parfois trop éloignés des sites touristiques et de l'animation, conviennent mieux aux voyageurs d'affaires |
| **L'Eixample** | Large choix pour tous les budgets ; proche des sites modernistes ; bons restaurants et vie nocturne ; excellente scène gay (dans le "Gaixample") | Parfois bruyant avec beaucoup de circulation ; peu pratique pour visiter à pied ; un peu loin de la vieille ville |
| **Gràcia** | Ambiance jeune et locale avec bars et restaurants animés | Loin de la vieille ville ; peu d'hôtels (mais beaucoup de chambres à louer) |
| **La Zona Alta** | Vie nocturne animée et bons restaurants dans certains endroits | Très loin de tout ; quartier vaste, nombreux trajets en métro nécessaires ; convient plutôt aux voyageurs d'affaires |
| **Montjuïc, Sants et El Poble Sec** | Près des musées et jardins, vue sur Montjuïc ; El Poble Sec à découvrir ; les hébergements dans El Poble Sec sont pratiques aussi pour visiter El Raval | Un peu à l'écart ; parfois mal famé en montant près de la gare ferroviaire El Sants |

## 🛏 La Rambla et le Barri Gòtic

La Rambla est bordée d'hôtels, de pensions et d'un certain nombre d'établissements qui ne paient pas de mine. Une multitude d'autres sont dissimulés dans les ruelles du Barri Gòtic. La Carrer de Ferran compte beaucoup d'adresses populaires, mais souvent exiguës et bruyantes (un peu trop proches des pubs pseudo-irlandais). Le quartier ne manque donc pas de possibilités d'hébergement, mais il est appréciable de connaître les bonnes adresses.

### HOTEL NERI
HÔTEL DESIGN €€€

Plan p. 308 (🖋93 304 06 55 ; www.hotelneri. com, en français ; Carrer de Sant Sever 5 ; d à partir de 270 € ; ✳@🏠 ; Ⓜ Liceu). Cet hôtel tranquille est installé dans un beau bâtiment séculaire magnifiquement aménagé, dont l'arrière donne sur la Plaça de Sant Felip Neri. Passé (murs en grès et meubles en bois) et futur (équipement à la pointe de la technologie, écrans plasma et lampes à infrarouge dans les sdb habillées de pierre) se mélangent harmonieusement dans les chambres. Vous pourrez prendre un bain de soleil sur le toit en terrasse.

### HOTEL 1898
HÔTEL €€€

Plan p. 308 (🖋93 552 95 52 ; www.hotel1898. com, en français ; La Rambla 109 ; d 230-350 € ; ✳@🏠✳ ; Ⓜ Liceu). L'ancien établissement de la Compagnie des tabacs philippins connaît aujourd'hui une nouvelle vie comme hôtel de luxe accompagné de La Isabala, un idyllique bar en terrasse. Certaines chambres sont un peu petites, mais celles "deluxe" et les suites, parquetées et meublées avec goût, possèdent une terrasse. Toutes combinent confort et élégance, avec des parquets en bois et du mobilier exquis. Certaines suites ont accès à une piscine intérieure particulière (alors que les autres clients n'ont accès qu'à la piscine extérieure).

### HOTEL COLÓN
HÔTEL €€

Plan p. 308 (🖋93 301 14 04 ; www.hotelcolon. es, en français ; Avinguda de la Catedral 7 ; s/d à partir de 110/170 € ; ✳@ ; Ⓜ Jaume I). Sa situation privilégiée, face à la cathédrale, donne à cet hôtel un certain charme. Les chambres offrent un hébergement de qualité, allant des simples modestes aux belles doubles et suites. La décoration varie considérablement (du parquet à la moquette) et les chambres de catégorie supérieure du dernier étage avec terrasse sont magnifiques (comptez environ 300 €).

### HOTEL CONTINENTAL
HÔTEL €€

Plan p. 308 (🖋93 301 25 70 ; www. hotelcontinental.com, en français ; La Rambla 138 ; s/d à partir de 92/102 € ; ✳🏠 ; Ⓜ Catalunya). En 1937, dans une Barcelone déchirée par la guerre civile, George Orwell séjourna dans cet hôtel en rentrant du front. Bien qu'un peu spartiates, les chambres possèdent une petite touche romantique : ventilateur au plafond, têtes de lit en cuivre et linge de lit à dentelles. Comptez un supplément de 20 € pour une double avec balcon donnant sur La Rambla.

### EL JARDÍ
HÔTEL €€

Plan p. 308 (🖋93 301 59 00 ; www.eljardi-barcelona.com ; Plaça de Sant Josep Oriol 1 ; d 65-120 € ; ✳🏠 ; Ⓜ Liceu). L'"hôtel du jardin" n'en possède aucun, mais loue plusieurs doubles agréables, dont les balcons surplombent l'une des plus jolies places de la ville. Si vous en obtenez une, l'ascension des escaliers en vaut la chandelle. Si les chambres avec vue sont réservées, mieux vaut aller ailleurs.

### HOTEL RACÓ DEL PI
HÔTEL DE CHARME €€

Plan p. 308 (🖋93 342 61 90 ; www. hotelh10racodelpi.com, en français ; Carrer del Pi 7 ; d 100-198 € ; ✳@🏠 ; Ⓜ Liceu). Cet élégant hôtel est installé dans un bâtiment historique du Barri Gòtic. Ses 37 chambres totalement insonorisées comportent des poutres de bois foncé, des parquets et des sdb aux murs carrelés de mosaïques colorées. La décoration des chambres est moderne : couleurs claires associées aux draps bleu marine et parfois une reproduction d'art. Superbe emplacement.

### HOSTAL CAMPI
PENSION €

Plan p. 308 (🖋93 301 35 45 ; www.hostalcampi. com, en français ; Carrer de la Canuda 4 ; s/d sans sdb 35/60 €, d avec sdb 70 € ; @🏠 ; Ⓜ Catalunya). Excellente adresse, centrale, sympathique et bon marché, fréquentée surtout par les jeunes voyageurs. Les meilleures chambres sont les doubles, spacieuses et claires, avec toilettes et douches grandes et claires, impeccablement tenues et avec de jolis sols carrelés. Tout près de La Rambla, mais le bruit de la rue est plutôt réduit. L'édifice date de la fin du XVIII<sup>e</sup> siècle.

### ALBERG HOSTEL ITACA  AUBERGE DE JEUNESSE €

Plan p. 308 (☎93 301 97 51 ; www.itacahostel. com, en français ; Carrer de Ripoll 21 ; dort 11-26 €, d 60 € ; @☎ ; MJaume I). Cette belle auberge de jeunesse calme près de la cathédrale propose des dortoirs spacieux (de 6, 8 ou 12 pers), avec parquet au sol, de belles couleurs printanières et deux doubles. Deux petits appartements pour six personnes sont aussi disponibles (120 €/nuit). L'ambiance est animée, mais il y a peu de parties communes en dehors du petit café-lounge à l'entrée.

### REGENCIA COLÓN  HÔTEL

Plan p. 308 (☎93 318 98 58 ; www. hotelregenciacolon.com, en français ; Carrer de Sagristans 13 ; d 80-135 € ; ☎ ; MJaume I). Pas aussi luxueux que son grand frère, l'Hotel Colón, situé à l'angle de la rue, cet hôtel de 6 étages, moderne et pratique, propose des chambres assez grandes, propres et aux couleurs agréables (tons pastel principalement). Douches puissantes et Wi-Fi. Comme ailleurs dans le Barri Gòtic, le bruit de la rue peut déranger, mais l'emplacement – à quelques pas de la cathédrale – est superbe.

### BONIC  B&B €€

Plan p. 308 (☎62 605 34 34 ; www.bonic-barcelona.com, en français ; Carrer de Josep Anselm Clavé 9 ; s 55 €, d 90-95 € ; ✳@☎ ; MDrassanes). Petit B&B confortable comptant huit chambres de styles différents, avec parquet ou carrelage aux motifs floraux, hauts plafonds et charmant mobilier. Plusieurs sont claires et colorées, certaines n'ont pas de fenêtre. Le manque de sdb privée – les clients partagent trois sdb – limite l'occupation maximale à 6 ou 7 personnes par nuit, mais un même groupe d'amis peut réserver le B&B entier.

## 🛏 El Raval

Ce quartier un peu animé de la vieille ville permet d'être au beau milieu de l'action. Les hôtels sont nombreux et variés, des plus délabrés situés dans des allées louches aux établissements design les plus confortables. Les auberges de jeunesse et hôtels bon marché sont légion.

### CASA CAMPER  HÔTEL DESIGN €€€

Plan p. 312 (☎93 342 62 80 ; www.casacamper. com, en français ; Carrer d'Elisabets 11 ; s/d 240/270 € ; ✳@ ; MLiceu). Si l'immense hall d'entrée ressemble à une salle de musée d'art contemporain, les chambres constituent la vraie surprise. Décorées de rouge, de noir et de blanc, chacune dispose d'un coin couchage et d'une sdb, où vous pouvez chausser vos pantoufles Camper, admirer le mobilier Vinçon et profiter de la vue sur les jardins suspendus. Un petit salon privé vous attend aussi avec TV, balcon et hamac. Le toit réserve une vue imprenable sur la ville.

### WHOTELLS  PENSION €€

Plan p. 312 (☎93 443 08 34 ; www.whotells. com ; Carrer de Joaquín Costa 28 ; app à partir de 180 € ; ✳@☎ ; MUniversitat). Appartements confortables au mobilier Muji et accueillant de 4 à 6 personnes. Concoctez de bons petits plats avec des produits achetés au marché voisin de La Boqueria, ou installez-vous devant l'écran LCD. Les propriétaires ont aussi des appartements dans L'Eixample et La Barceloneta. Les prix varient énormément suivant la demande.

### BARCELÓ RAVAL  HÔTEL DESIGN €€

Plan p. 312 (☎93 320 14 90 ; www.barceloraval. com, en français ; Rambla del Raval 17-21 ; d 160-230 € ; ✳@ ; MLiceu). Cette tour ovale est une touche résolument XXI<sup>e</sup> siècle inscrite dans le projet de remise à flot du quartier d'El Raval. Le toit-terrasse offre une vue fabuleuse et le bar-restaurant B-Lounge est la coqueluche de la ville pour les repas et les cocktails. Trois catégories de chambres raffinées (beaucoup de blanc et de taches contrastées vert, jaune ou rouge), dotées de machines Nespresso et de docks pour iPod.

### HOTEL SAN AGUSTÍN  HÔTEL €€

Plan p. 312 (☎93 318 16 58 ; www.hotelsa.com ; Plaça de Sant Agustí 3 ; ch à partir de 80-180 € ; ✳@☎ ; MLiceu). Ouvert en 1840 dans un ancien monastère du XVIII<sup>e</sup> siècle, le plus vieil hôtel de la ville est situé sur une place étonnante. Il jouit d'une situation idéale, à une courte distance de La Rambla. Ses chambres sont pour la plupart spacieuses et claires. Choisissez une double sous les combles (134 €) pour bénéficier de la vue.

**HOTEL ESPAÑA** HÔTEL €€

Plan p. 312 (☑93 318 17 58 ; www.hotelespanya. com, en français ; Carrer de Sant Pau 9-11 ; s 100 €, d 125-155 € ; ✱ ; Ⓜ Liceu). Renommé surtout pour ses excentriques restaurants modernistes, où ont œuvré l'architecte Domènech i Montaner, le sculpteur Eusebi Arnau et le peintre Ramon Casas, cet hôtel propose des chambres propres et ordonnées dans un bâtiment qui évoque encore l'ambiance d'autrefois. Dans les années 1920, il était très prisé des toreros.

**HOSTAL CHIC & BASIC** AUBERGE DE JEUNESSE €€

Plan p. 312 (☑93 302 51 83 ; www.chicandbasic. com, en français ; Carrer de Tallers 82 ; s 80 €, d 103-124 € ; ✱ @ ; Ⓜ Universitat). Une pension design à la décoration presque entièrement blanche, à quelques exceptions près, comme le frigo orange vif de la cuisine et la zone commune. Les équipements accentuent le côté moderne : TV à écran plasma, possibilité de brancher son lecteur MP3 sur la stéréo de la chambre, etc. La rue peut être bruyante.

**HOSTAL GAT RAVAL** AUBERGE DE JEUNESSE €

Plan p. 312 (☑93 481 66 70 ; www. gataccommodation.com, en français ; Carrer de Joaquín Costa 44 ; s/d sans sdb 63/82 € ; ✱ @ 🛜 ; Ⓜ Universitat). Cette pension jeune et branchée, au décor vert vif et jaune citron, se cache dans une ruelle, à l'étage, tout près d'un quartier de bars fréquenté par la population immigrée et des groupes d'étudiants. Les chambres individuelles sont agréables et sûres, mais seules quelques-unes ont une sdb. L'établissement gère aussi le plus haut de gamme **Gat Xino** (Plan p. 312 ; ☑93 324 88 33 ; www.gataccommodation.com ; Carrer de l'Hospital 149-155 ; s/d 80/115 €, ste avec terrasse 140 € ; ✱ @ 🛜 ; Liceu), situé à proximité.

**HOTEL PENINSULAR** HÔTEL €

Plan p. 312 (☑93 302 31 38 ; www.hpeninsular. com, en français ; Carrer de Sant Pau 34 ; s/d 55/78 € ; ✱ @ 🛜 ; Ⓜ Liceu). Aménagé dans un ancien couvent (relié par un tunnel à l'Església de Sant Agustí), cet hôtel est une véritable oasis en bordure du Barri Xinès. L'atrium débordant de plantes souligne sa hauteur et une bonne partie de sa longueur. Les 60 chambres sont simples, carrelées, propres et, pour la plupart, spacieuses.

## 🛏 La Ribera

Plusieurs bons hôtels sont installés aux abords du secteur animé d'El Born et un nombre croissant d'immeubles, parfois ostentatoires, de l'assourdissante Via Laietana abritent des hôtels de luxe.

**CHIC & BASIC** HÔTEL DESIGN €€

Plan p. 316 (☑93 295 46 52 ; www.chicandbasic. com, en français ; Carrer de la Princesa 50 ; s 96 €, d 132-192 € ; ✱ @ ; Ⓜ Jaume I). Hôtel très cool composé de 31 chambres d'un blanc immaculé avec des rideaux lumineux aux couleurs changeantes. Plafonds hauts et lits immenses. Nombre de beaux éléments du bâtiment d'origine ont été conservés, comme l'escalier en marbre. Chic & Basic gère aussi une pension dans El Raval (ci-contre).

**HOTEL BANYS ORIENTALS** HÔTEL DE CHARME €€

Plan p. 316 (☑93 268 84 60 ; www. hotelbanysorientals.com, en français ; Carrer de l'Argenteria 37 ; s/d 88/105 €, ste 130 € ; ✱ @ ; Ⓜ Jaume I). Mieux vaut réserver bien à l'avance pour être sûr d'obtenir une place dans cet antre du design très prisé. Les tons bleus se combinent aux sols sombres pour donner à cet hôtel un charme tranquille. Toutes les chambres, qui sont plutôt petites, donnent sur la rue ou les ruelles arrière. Des suites plus spacieuses sont proposées dans deux autres bâtiments proches.

**GRAND HOTEL CENTRAL** HÔTEL DESIGN €€

Plan p. 316 (☑93 295 79 00 ; www.grandhotelcentral. com, en français ; Via Laietana 30 ; d 235 € ; ✱ @ ✖ ; Ⓜ Jaume I). Avec ses chambres parfaitement insonorisées (pas moins de 21 m² chacune), cet hôtel design avec piscine sur le toit fait un sans-faute. Les chambres sont hautes de plafond et élégamment décorées, parquet et éclairage subtil.

**PENSIÓN FRANCIA** AUBERGE DE JEUNESSE €

Plan p. 316 (☑93 319 03 76 ; www.pensionfrancia-barcelona.com ; Carrer de Rere Palau 4 ; s/d 32/48 € ; 🛜 ; Ⓜ Barceloneta). Une bonne odeur de lessive flotte dans cette petite auberge idéalement située près de la mer, du parc de la Ciutadella et des établissements nocturnes d'El Born. Les 11 chambres sont simples, propres et sans fioritures. Celles avec balcon jouissent d'une lumière

OÙ SE LOGER LA RIBERA

naturelle et sont relativement calmes car l'établissement est installé à l'écart des artères bruyantes voisines.

### PENSIÓ 2000 PENSION €

Plan p. 316 (☎ 93 310 74 66 ; www.pensio2000.com, en français ; Carrer de Sant Pere més Alt 6 ; s/d avec sdb 60/80 € ; @ ; Ⓜ Urquinaona). Cette pension familiale toute simple occupe un 1er étage face au palais de la Musique catalane. Sept doubles de bonnes dimensions (pouvant être louées en simples) sont proposées, dont deux avec sdb. Petit-déjeuner servi dans la cour.

## 🛏️ La Barceloneta et le front de mer

Les quelques adresses en bord de mer autour de Port Vell et de La Barceloneta vont de l'auberge de jeunesse bruyante à deux grands 5-étoiles, dont l'un est destiné à devenir un incontournable repaire du front de mer.

Bénéficiant d'une localisation incroyable sur le Port Olímpic, l'Hotel Arts Barcelona s'impose depuis des années comme l'établissement le plus prisé de Barcelone. Il affronte actuellement la concurrence des complexes hôteliers du Fòrum qui attirent principalement une clientèle d'affaires et sont réputés moins onéreux.

### W BARCELONA HÔTEL DE LUXE €€€

Plan p. 318 (☎ 93 295 28 00 ; www.w-barcelona. com, en français ; Plaça de la Rosa del Vents 1 ; ch à partir de 310 € ; Ⓟ ❄ @ 🛜 🏊 ; 🚌 17, 39, 57 ou 64, Ⓜ Barceloneta). Cette tour de verre en forme de spinnaker (voile de bateau) contient 473 chambres et suites du dernier cri. Tout est prévu pour votre confort et vous pouvez papillonner de la salle de gym à la piscine donnant sur la mer (avec bar), en passant par le sauna. Des repas avant-gardistes sont servis au 2e étage dans le restaurant Bravo de Carles Abellán, et des cocktails au bar Eclipse branché du dernier étage.

### HOTEL ARTS BARCELONA HÔTEL DE LUXE €€€

Plan p. 320 (☎ 93 221 10 00 ; www. hotelartsbarcelona.com ; Carrer de la Marina 19-21 ; ch à partir de 480 € ; Ⓟ ❄ @ 🛜 🏊 ; Ⓜ Ciutadella Vila Olímpica). L'un des hôtels les plus tendance de Barcelone occupe une haute tour donnant sur le Port Olímpic. Ses 450 chambres jouissent d'une vue imprenable. Les prix varient fortement selon la taille de la chambre, son orientation et la saison. Les services proposés vont du spa attrayant au restaurant gastronomique, Arola, tenu par Sergi Arola, étoilé au Michelin.

### EUROSTARS GRAND MARINA HOTEL HÔTEL €€

Plan p. 318 (☎ 902 932424 ; www. grandmarinahotel.com, en français ; Moll de Barcelona ; ch 240-350 € ; ❄ @ 🛜 🏊 ; Ⓜ Drassanes). Installé dans le World Trade Center, le Grand Marina propose une ambiance marine dans ses chambres. Les baignoires sont équipées de jets d'hydromassage. Des deux côtés de l'établissement, certaines chambres offrent une vue splendide sur la ville, le port et la mer. Belle perspective également depuis la salle de gym aménagée sur la terrasse et de la piscine à ciel ouvert.

### MARINA VIEW B&B €€

Plan p. 318 (☎ 678 854456 ; www.marinaviewbcn. com ; Passeig de Colom ; d avec/sans vue 139/116 €, tr 165/136 € ; ❄ 🛜 ; Ⓜ Drassanes). B&B bien situé, entre la vieille ville et le front de mer offrant 6 chambres spacieuses et confortables, certaines avec petit balcon offrant une vue ensoleillée de la marina. L'accueil est chaleureux, et Paddy, le propriétaire irlandais, vous indique des restaurants du quartier et comment profiter au maximum de votre séjour. Réservation par téléphone recommandée.

### HOTEL DEL MAR HÔTEL €€

Plan p. 318 (☎ 93 319 30 47 ; www.gargallo-hotels.com, en français ; Pla del Palau 19 ; s/d 113/130 € ; ❄ @ 🛜 ; Ⓜ Barceloneta). Bâtiment agréablement modernisé, très bien situé entre Port Vell et El Born. Certaines chambres possèdent un balcon donnant sur le front de mer. Le quartier est assez calme, à seulement 10 minutes à pied des plages, des restaurants de fruits de mer de La Barceloneta, mais aussi des bars et de l'animation d'El Born.

### HOTEL 54 HÔTEL €€

Plan p. 318 (☎ 93 225 00 54 ; www. hotel54barceloneta.com, en français ; Passeig de Joan de Borbó 54 ; s/d 140/150 € ; ❄ @ 🛜 ; Ⓜ Barceloneta). Les chambres modernes, au sol carrelé sombre et sdb design sont surtout recherchées pour leur vue sur le front de mer et les couchers de soleil. Les autres chambres (moins chères) donnent sur les rues de La Barceloneta, mais vous pouvez aussi bien vous rendre sur la terrasse pour profiter de la vue sur le port.

### HOTEL MARINA FOLCH HÔTEL €

Plan p. 318 (📞93 310 37 09 ; www. hotelmarinafolchbcn.com ; Carrer del Mar 16 ; s/d/tr 45/65/85 € ; ✳🛰 ; MBarceloneta). Adresse simple au-dessus d'un restaurant de fruits de mer très fréquenté, cet hôtel ne propose qu'une petite simple et dix doubles, de tailles et de qualités variables. Les plus attrayantes sont celles qui donnent sur le front de mer. Les chambres sont assez rudimentaires, mais très propres, et l'hôtel n'est qu'à quelques minutes de la plage.

### EQUITY POINT
### SEA HOSTEL AUBERGE DE JEUNESSE €

Plan p. 318 (📞93 231 20 45 ; www.equity-point. com, en français ; Plaça del Mar 1-4 ; dort 19-28 € ; ✳🛰 ; 🚌17, 39, 57 ou 64, MBarceloneta). Directement sur la plage, dans une tour assez affreuse, cette auberge de jeunesse est prisée des voyageurs à petit budget. Les chambres sont étroites, basiques et bruyantes (apportez des bouchons d'oreille), mais vous ne trouverez pas plus proche de la plage. L'établissement organise des activités telles que des circuits à vélo (et propose donc aussi des vélos à louer). Des casiers, draps et serviettes sont disponibles moyennant un supplément.

### HOTEL ME HÔTEL €€

Plan p. 320 (📞902 144440 ; www.me-barcelona. com ; Carrer de Pere IV 272-286 ; ch 185-255 € ; P✳@🛰 ; MPoblenou). Cette tour aux lignes fines et audacieuses conçue par Dominique Perrault est constituée de deux blocs de verre, et donne sur le Parc del Centre del Poblenou, dessiné par Jean Nouvel. Le blanc, le crème et le rouge dominent dans les chambres décorées par des créateurs, déclinant toute une gamme de tailles et de niveaux de confort. Vue sur la ville ou sur la mer. L'Angels & Kings Club du 6ᵉ étage devient parfois très animé.

### POBLENOU BED & BREAKFAST HÔTEL €€

Plan p. 320 (📞93 221 26 01 ; www. hostalpoblenou.com ; Carrer del Taulat 30 ; s 60 €, d 80-120 € ; ✳@🛰 ; MLlacuna). Ce quartier bariolé de la classe ouvrière, non loin de la plage, s'embourgeoise de plus en plus. Cette maison de 1930, avec ses hauts plafonds et ses magnifiques carrelages, propose 10 chambres fraîches, chacune dans un style différent et toutes décorées de couleurs claires, pourvues de lits confortables et parfois d'un petit balcon.

## 🛏 L'Eixample

Ce vaste quartier bourgeois offre un très large choix d'hébergements pour quasi tous les budgets. Dans ses avenues en damier se tiennent certains des plus grands hôtels de la ville, ainsi que de nombreuses adresses correctes de catégorie moyenne.

### HOTEL PRAKTIK HÔTEL €€

Plan p. 326 (📞93 343 66 90 ; www. hotelpraktikrambla.com, en français ; Rambla de Catalunya 27 ; ch à partir de 80-170 € ; ✳@🛰 ; MPasseig de Gràcia). Ce joyau moderniste renferme un magnifique hôtel de charme. Les hauts plafonds et une grande partie du carrelage d'origine ont été préservés. Les 43 chambres sont ornées de céramiques audacieuses, de spots et d'œuvres d'art contemporain. Salle de lecture paisible et terrasse en bois. L'emplacement est pratique, sur un boulevard bordé d'arbres.

### HOTEL MAJÈSTIC HÔTEL €€€

Plan p. 326 (📞93 488 17 17 ; www.hotelmajestic. es, en français ; Passeig de Gràcia 68 ; d à partir de 410 € ; P✳@🛰 ; MPasseig de Gràcia). Ce grand établissement central a le charme des grands hôtels européens. Détendez-vous dans la piscine du toit en profitant de la vue magnifique, ou prenez soin de vous dans le spa après un passage dans la salle de gym. Les chambres standard (pas de simples) sont petites mais confortables et dotées de sdb en marbre.

### MANDARIN ORIENTAL HÔTEL DESIGN €€€

Plan p. 326 (📞93 151 88 88 ; www. mandarinoriental.com, en français ; Passeig de Gràcia 38 ; d à partir de 375 € ; P✳@🛰 ; MPasseig de Gràcia). Dans cette ancienne banque imposante, 98 chambres associent style de créateur contemporain et touches orientales subtiles. Des lignes droites, beaucoup de blanc et de couleurs sourdes dominent l'ensemble. De nombreuses chambres standard (32 m² au minimum) ont des sdb aux baignoires séduisantes et toutes donnent soit sur le Passeig de Gràcia, soit sur un jardin de sculptures intérieur.

### HOTEL OMM
HÔTEL DESIGN €€€

Plan p. 326 (☎93 445 40 00 ; www.hotelomm.es, en français ; Carrer de Rosselló 265 ; d à partir de 360 € ; P✴@✆ ; MDiagonal). Le design avec une petite touche de folie. Les balcons sont comme autant d'accrocs sur la façade lisse, ce qui aurait certainement plu à Dalí. En entrant, vous découvrirez un espace bar minimaliste. Les tons clairs dominent dans les chambres ultramodernes, déclinées en plusieurs catégories.

### HOTEL HISPANOS SIETE SUIZA
HÔTEL €€€

Plan p. 322 (☎93 208 20 51 ; www. hispanos7suiza.com, en français ; Carrer de Sicilia 255 ; ch 2-5 pers 200-260 € ; P✴@✆ ; MSagrada Família). Une option originale à deux pas de la Sagrada Família. Après avoir admiré au passage les sept voitures Hispano-Suiza, vous accéderez à l'un des appartements équipés de deux chambres doubles avec sdb privative, d'un salon, d'une cuisine entièrement aménagée, d'un lave-linge/sèche-linge et d'une terrasse.

### COMTES DE BARCELONA
HÔTEL €€

Plan p. 326 (☎93 445 00 00 ; www. condesdebarcelona.com, en français ; Passeig de Gràcia 73-75 ; s/d 177/260 € ; P✴@✆✆ ; MPasseig de Gràcia). La moitié la plus agréable de l'établissement, aussi connu par son nom espagnol (Condes de Barcelona), occupe la Casa Enric Batlló (1890). En face du bâtiment moderniste, de l'autre côté de la route, se dresse une extension plus moderne. La décoration des deux bâtiments est très design, épurée, avec parquet, touches architecturales rappelant l'extérieur moderniste et chambres luxueuses. La piscine sur le toit est idéale pour se détendre après une journée de visite.

### HOTEL SIXTYTWO
HÔTEL DESIGN €€

Plan p. 326 (☎93 272 41 80 ; www.sixtytwohotel. com, en français ; Passeig de Gràcia 62 ; d 170-265 € ; P✴@✆ ; MPasseig de Gràcia). Cet établissement au cadre très XXIᵉ siècle (dans un bâtiment des années 1930 bien préservé) propose des chambres équipées de TV haut de gamme et de grands lits doucement éclairés. Le bâtiment abrite un joli jardin japonais, et vous pouvez opter pour un massage dans votre chambre. Toutes ont le même décor élaboré par un créateur (et des produits de bain Etro), mais les plus tentantes (et les plus onéreuses) jouissent de balcons ou de petites terrasses privées.

### FIVE ROOMS
HÔTEL DE CHARME €€

Plan p. 326 (☎93 342 78 80 ; www.thefiverooms. com ; Carrer de Pau Claris 72 ; s/d à partir de 115/135 €, app à partir de 175 € ; ✴@✆ ; MUrquinaona). Comme son nom l'indique, cet appartement au 1ᵉʳ étage situé quasi à la frontière entre L'Eixample et le quartier gothique possède cinq chambres. Chacune est décorée différemment, avec de grands lits fermes, des briques apparentes, des mosaïques restaurées et un décor minimaliste. Il y a aussi deux appartements.

### HOTEL HCC ST MORITZ
HÔTEL €€

Plan p. 326 (☎93 481 73 50 ; www.hcchotels. com ; Carrer de la Diputació 262bis ; s/d 180/195 € ; P✴@✆ ; MPasseig de Gràcia). Cet hôtel haut de gamme, sis dans un bâtiment du XIXᵉ siècle, compte 91 chambres entièrement équipées, un restaurant élégant, un bar en terrasse et une petite salle de gym. Certaines des chambres les plus grandes, avec sdb en marbre, disposent d'un vélo d'appartement. Il est possible de dîner dans le petit jardin en terrasse.

### SUITES AVENUE
APPARTEMENT €€

Plan p. 326 (☎93 487 41 59 ; www.derbyhotels. es, en français ; Passeig de Gràcia 83 ; app à partir de 192 € ; P✴@✆✆ ; MDiagonal). De petits appartements chic et tout équipés sont proposés ici. Les résidents ont accès à la terrasse, à la salle de gym et à la piscine (sans oublier le mini-musée d'Art hindou et bouddhiste) derrière une façade audacieuse imaginée par l'architecte japonais Toyo Ito.

### HOTEL ASTORIA
HÔTEL €€

Plan p. 326 (☎93 209 83 11 ; www.derbyhotels. es, en français ; Carrer de Paris 203 ; s/d à partir de 130/140 € ; P✴@✆✆ ; MDiagonal). Situé près du Passeig de Gràcia, ce 3-étoiles est bien placé pour passer une longue nuit dans les restaurants, bars et clubs de la Carrer d'Aribau voisine. La décoration diffère grandement d'une chambre à l'autre (carrelage noir et blanc ou parquet sombre, par exemple). L'hôtel a sa propre mini-salle de sport, et arbore des peintures de l'artiste catalan Richard Opisso.

### HOTEL CONSTANZA
HÔTEL DE CHARME €€

Plan p. 326 (☎93 270 19 10 ; www.hotelconstanza. com, en français ; Carrer del Bruc 33 ; s/d 130/150 € ; ✴@ ; MGirona or Urquinaona). Ce petit bijou a conquis plus d'un visiteur. Les détails design abondent et des petits plus, comme les fleurs dans la sdb, ajoutent encore au charme du lieu. Suites et studios également disponibles. La terrasse, qui donne sur les toits de L'Eixample, est parfaite pour la détente.

### MARKET HOTEL — HÔTEL DE CHARME €€

Plan p. 322 (☎93 325 12 05 ; www.forkandpillow. com, en français ; Passatge de Sant Antoni Abad 10 ; s 110 €, d 120-130 €, ste 145 € ; ❄ @ ; Ⓜ Sant Antoni). Joliment installé dans un bâtiment rénové dans une allée étroite au nord de l'ancien marché Sant Antoni (fermé pour rénovation), cet établissement distille un charme chic et simple. La décoration des chambres arbore des teintes blanc, marron foncé, bois clair et rouge.

### HOTEL D'UXELLES — HÔTEL €€

Plan p. 326 (☎93 265 25 60 ; http://hostalduxelleshotelbarcelona.priorguest.com, en français ; Gran Via de les Corts Catalanes 688 ; s/d 90/109 € ; ❄ @ ; Ⓜ Tetuan). Charme et simplicité caractérisent les chambres de cet hôtel aux lits en fer forgé. Le décor des chambres varie, avec une note vaguement andalouse dans les sdb. Certaines disposent de petites terrasses

(supplément de 16 €). Préférez celles qui donnent sur l'arrière car la Gran Via est incroyablement bruyante.

### HOSTAL GOYA — PENSION €€

Plan p. 326 (☎93 302 25 65 ; www.hostalgoya. com, en français ; Carrer de Pau Claris 74 ; s 70 €, d 96-113 € ; ❄ ; Ⓜ Passeig de Gràcia). Un vrai petit bijou à prix doux de ce côté de L'Eixample. Dans les sdb, le carrelage d'origine a été en grande partie conservé et associé à des éléments de design contemporain. Les doubles les plus chères ont un balcon.

### HOSTAL CENTRAL — PENSION €€

Plan p. 326 (☎93 245 19 81 ; www. hostalcentralbarcelona.com, en français ; Carrer de la Disputació 346 ; s/d/tr 50/85/106 € ; ❄ 🛜 ; Ⓜ Tetuan). Ce joli immeuble du début du XX$^e$ siècle loue 13 chambres rénovées (toutes non fumeur et la plupart avec sdb privative). Elles ne sont pas très spacieuses, mais elles sont très propres et agréables.

### HOSTAL OLIVA — PENSION €€

Plan p. 326 (☎93 488 01 62 ; www.hostaloliva. com ; Passeig de Gràcia 32 ; s/d sans sdb 38/66 €, d avec sdb 85 € ; ❄ 🛜 ; Ⓜ Passeig de Gràcia). Un vieil ascenseur vous mènera péniblement jusqu'au 4$^e$ étage où se situe

## HÉBERGEMENTS GAYS

Barcelone compte quelques hébergements exclusivement gays. Vous en trouverez notamment un, assez simple, en plein cœur de la vieille ville et un autre, très design, dans le "Gaixample" (quartier gay de L'Eixample). Vous pouvez commencer votre recherche de logement à **Gay Apartments Barcelona** (www.gayapartmentbarcelona.com).

➡ **Hotel Axel** (Plan p. 326 ; ☎93 323 93 93 ; www.axelhotels.com, en français ; Carrer d'Aribau 33 ; ch à partir de 142 € ; ❄ @ 🛜 ❄ ; Ⓜ Universitat). Apprécié par une clientèle gay et/ou très mode, Axel occupe un bâtiment d'angle et offre des touches modernes dans ses 105 chambres design – TV à écran plasma, éclairage bien pensé, lit king-size (dans les doubles), etc. La piscine sur le toit, le sauna finlandais et le spa sont idéaux pour se détendre. Le bar sur le toit, Skybar, est ouvert de mai à septembre.

➡ **Hotel California** (Plan p. 308 ; ☎93 317 77 66 ; www.hotelcaliforniabcn.com, en français ; Carrer d'en Rauric 14 ; s/d 70/120 € ; ❄ @ 🛜 ; Ⓜ Liceu). Cet hôtel central et sympathique propose 31 chambres simples mais très propres, dans des tons neutres et clairs, avec TV sat et lits de bonne taille. Le double vitrage vous garantit une bonne nuit de sommeil et, vu la modestie des tarifs, les chambres disposent d'équipements surprenants, des sèche-cheveux par exemple. Salle du petit-déjeuner conviviale et room-service disponible 24h/24.

➡ **Casa de Billy Barcelona** (Plan p. 326 ; ☎93 426 30 48 ; www.casabillybcn.com, en français ; Gran Via de les Corts Catalanes 420 ; d 70-120 € ; @ ; Ⓜ Rocafort). Aménagé dans un appartement fantaisiste, à deux pas des bars du Gaixample, se trouve ce curieux établissement. Les chambres sont décorées dans un flamboyant style Art déco et les clients peuvent utiliser la cuisine. Deux nuits au minimum.

cette pension, très bon marché dans ce quartier qui compte parmi les plus chers de la ville. Si quelques simples sont juste assez grandes pour contenir un lit, les doubles sont spacieuses et lumineuses, certaines avec sols carrelés, d'autres avec parquets et vieilles armoires sombres.

### FASHION HOUSE                    B&B €€
Plan p. 326 (📞637 904044 ; www. bcnfashionhouse.com, en français ; Carrer del Bruc 13 ; s/d/tr sans sdb 55/80/125 € ; MUrquinaona). Le nom est un peu emprunté, mais ce vaste appartement au 1er étage, typique de L'Eixample, renferme pas moins de huit chambres, de tailles et de styles différents, avec des plafonds de 4 à 5 m de hauteur et, dans certains cas, une petite galerie donnant sur la rue. Les sdb sont situées dans un large couloir. Il y en a une pour deux chambres.

### HOSTAL CÈNTRIC              PENSION €€
Plan p. 322 (📞93 426 75 73 ; www.hostalcentric. com, en français ; Carrer de Casanova 13 ; s 47-72 €, d 65-99 € ; ✳@ ; MUrgell). Bien situé dans le centre, juste au-delà de la vieille ville, cet *hostal* dispose de chambres allant des plus basiques avec sdb commune aux chambres rénovées, avec sdb privative et climatisation. Celles de la catégorie intermédiaire sont du même acabit, mais légèrement plus anciennes et sans clim.

### SOMNIO HOSTEL        AUBERGE DE JEUNESSE €€
Plan p. 326 (📞93 272 53 08 ; www. somniohostels.com ; Carrer de la Diputació 251 ; dort 25 €, s/d sans sdb 44/78 €, d avec sdb 87 € ; ➡✳@🛜 ; MPasseig de Gràcia). Auberge de jeunesse tranquille et bien tenue proposant 10 chambres blanc et bleu clair (dont deux dortoirs de six lits), Somnio est agréablement située en plein cœur de L'Eixample et près de la vieille ville. Les douches en pluie et les matelas épais ajoutent au charme de l'ensemble.

### HOSTAL MUNTANER              PENSION €
Plan p. 322 (📞93 410 94 74 ; www. hostalmuntaner.com ; Carrer de Muntaner 175 ; s/d 40/75 €, s/d sans sdb 25/40 € ; P✳ ; MHospital Clínic). À cinq rues du Passeig de Gràcia et de Diagonal, cette pension très fréquentée est entourée de restaurants et de bars (surtout dans la Carrer d'Aribau, à une rue seulement). Les chambres sont propres, simples, confortables et lumineuses. Gare au bruit de la circulation

sur le devant. Les chambres à l'arrière vous assureront plus de tranquillité.

## 🛏 Gràcia

En séjournant dans le quartier de Gràcia, vous vous éloignez des secteurs les plus touristiques et percevrez un peu de la "vraie" réalité de la ville. Les sites à visiter ne sont jamais loin en métro et les bars et restaurants de Gràcia n'ont rien à envier à ceux des autres quartiers.

### HOTEL CASA FUSTER        HÔTEL DESIGN €€€
Plan p. 328 (📞93 255 30 00, 902 202345 ; www.hotelcasafuster.com, en français ; Passeig de Gràcia 132 ; s/d à partir de 300/330 € ; P➡✳@🛜🛁 ; MDiagonal). Cette somptueuse demeure moderniste (construite en 1908-1911) à l'extrémité du prestigieux Passeig de Gràcia est devenue l'un des hôtels les plus chics de la ville. Les chambres sont plutôt petites mais luxueuses. Les détails d'époque ont été restaurés à grands frais et complétés par des bains à remous, des TV à écran plasma et des lits king-size. La terrasse sur le toit (avec piscine) offre une vue magnifique. Le Café Vienés, ancien lieu de rendez-vous des intellectuels barcelonais, accueille d'excellentes soirées jazz.

### APARTHOTEL SILVER              HÔTEL €€
(📞93 218 91 00 ; www.hotelsilver.com, en français ; Carrer de Bretón de los Herreros 26 ; s/d 99/123 € ; ✳@🛜 ; MFontana). Dans cet établissement avec jardin, pas moins de cinq types d'hébergements sont proposés, des plus simples aux plus spacieux. Tous sont équipés d'une kitchenette et parfois d'une terrasse ou d'un balcon. Réserver en ligne est le meilleur moyen d'obtenir des réductions.

## 🛏 La Zona Alta

Ce secteur résidentiel, un peu trop éloigné de l'animation de la ville, n'attire guère qu'une clientèle d'affaires. Plusieurs hôtels d'exception séduiront ceux qui ne cherchent pas à être dans le centre à tout prix.

### ABAC BARCELONA          HÔTEL DE LUXE €€€
Plan p. 330 (📞93 319 66 01 ; www.abacbarcelona. com, en français ; Avinguda Tibidabo 1 ; d à partir de 280 € ; ✳@🛜🛁 ; ℝFGC Avinguda Tibidabo). Nouvel hôtel très élégant, apprécié pour

ses chambres joliment décorées, équipées de TV Bang & Olufsen, de douches effet pluie, de jacuzzis avec aromathérapie et d'une somptueuse literie. Un charmant spa et l'un des meilleurs restaurants de la ville (2 étoiles Michelin) complètent cette offre attrayante.

### HOTEL REY JUAN CARLOS I    HÔTEL €€

Plan p. 330 (☑93 364 40 40 ; www.hrjuancarlos. com, en français ; Avinguda Diagonal 661-671 ; d à partir de 130 € ; P✳@☎☲ ; MZona Universitària). Tel un phare ultramoderne posté à la porte sud-ouest de la ville, les tours de verre de ce luxueux hôtel géant abritent plus de 430 chambres spacieuses, la plupart avec vue spectaculaire. De grands jardins, anciens terrains de la ferme qui se dressait jadis ici (jusqu'au XXᵉ siècle), entourent l'hôtel. Le métro est tout proche, permettant de se rendre dans le centre de Barcelone en une vingtaine de minutes.

### HOTEL TURÓ DE VILANA    HÔTEL DESIGN €€

Plan p. 330 (☑93 434 03 63 ; www.turodevilana. com, en français ; Carrer de Vilana 7 ; s/d à partir de 87/97 € ; ✳@☎ ; FGC Les Tres Torres, ☲64). Un établissement design dans la zone résidentielle de Sarrià, avec parquets en bois massif, couleurs chaleureuses, sdb en marbre et beaucoup de lumière naturelle dans ses 20 chambres. Il n'y a pas grand-chose à faire alentour, mais l'endroit séduira ceux qui aiment pouvoir aller dans le centre et en sortir quand bon leur semble.

### HOTEL ANGLÍ    HÔTEL €€

Plan p. 330 (☑93 206 99 44 ; www. eurostarshotels.com, en français ; Carrer d'Anglí 60 ; d à partir de 135 € ; ✳@☎☲ ; Sarrià). Le verre domine les trois étages de ce confortable hôtel d'affaires. La tour semi-transparente s'allume de différentes couleurs la nuit. D'immenses lits fermes vous attendent dans des chambres où les miroirs et les fenêtres allant du sol au plafond ajoutent au jeu des lumières. Le buffet du petit-déjeuner est bon et la piscine sur le toit offre une belle vue sur les hauteurs de Collserola.

### HOTEL MEDIUM PRISMA    HÔTEL €

Plan p. 332 (☑93 439 42 07 ; www.mediumhoteles. com, en français ; Avinguda Josep Tarradellas 119 ; d à partir de 70 € ; ✳☎ ; MEntença). Cet hôtel fait partie d'une chaîne espagnole bon marché. Son personnel est serviable, ses chambres propres et bien tenues mais petites (et les murs sont fins). Il est situé sur un boulevard animé, à proximité de quelques bons restaurants mais la station de métro la plus proche est à 10 minutes.

### HOTEL CONFORTGOLF    HÔTEL €€

Plan p. 332 (☑93 238 68 28 ; www.bestwestern.es, en français ; Travessera de Gràcia 72 ; s/d 90/120 € ; ✳@☎ ; FGC Gràcia). Petit hôtel Best Western de 36 chambres doté de quelques originalités, tel le petit parcours de golf sur le toit. Personnel accueillant et efficace. La situation n'est pas particulièrement centrale mais il y a quelques bars et restaurants chic à proximité. Les chambres, assez quelconques, sont propres, modernes et spacieuses.

### ALBERG MARE DE DÉU
### DE MONTSERRAT    AUBERGE DE JEUNESSE €

(☑93 210 51 51 ; www.xanascat.cat ; Passeig de la Mare de Déu del Coll 41-51 ; dort 22 € ; @ ; ☲28 ou 92, MVallcarca). Cette auberge de jeunesse de 167 lits est située à 4 km au nord du centre-ville de Barcelone. Le bâtiment principal est une superbe demeure ancienne avec un hall de style mudéjar (mauresque). La plupart des chambres peuvent accueillir six personnes. Les aires communes sont spacieuses et l'ambiance est détendue. Le site Internet fournit des renseignements sur toutes les auberges de jeunesse de Barcelone et de Catalogne en général.

## 🛏 Montjuïc, Sants et El Poble Sec

Montjuïc et ses alentours conviennent aux budgets serrés. On trouve plusieurs établissements le long de l'Avinguda del Paral.lel, côté El Poble Sec, et dans ses environs, ainsi que près de la gare ferroviaire de Sants.

### ♥ HOTEL AC MIRAMAR    HÔTEL €€€

Plan p. 334 (☑902 292293, 93 281 16 00 ; www.ac-hotels.com ; Plaça de Carlos Ibáñez 3 ; ch 330-495 € ; ✳☎☲ ; ☲50). Ce 5-étoiles design est l'unique hôtel de la colline. Pour réaliser ce bâtiment vert olive, l'architecte local, Oscar Tusquets, a utilisé la carcasse d'un édifice construit pour l'Exposition universelle de 1929, qui abrita plus tard le siège barcelonais de la TV nationale espagnole (1959-1983). Toutes les chambres disposent d'un large balcon donnant sur le port, la ville ou le parc. Décoration neutre pour des chambres modernes : marron foncé, crème et beige sont les couleurs dominantes.

### URBAN SUITES HÔTEL, APPARTEMENT €€

Plan p. 334 (☎93 201 51 64 ; www.theurbansuites.com, en français ; Carrer de Sant Nicolau 1-3 ; ste à partir de 170 € ; P ❄ @ 🛜 ; Ⓜ Sants Estació). Cet établissement contemporain vise clairement les visiteurs de la foire commerciale, à qui il propose 16 suites et 4 appartements confortables. À votre disposition une chambre, un salon et une cuisine, un lecteur de DVD et le Wi-Fi gratuit. Parfait en famille. Les tarifs varient énormément selon la demande.

### MELON DISTRICT AUBERGE DE JEUNESSE €

Plan p. 334 (☎93 329 96 67 ; www.melondistrict.com, en français ; Avinguda del Paral.lel 101 ; s 55-65 €, d 60-70 € ; P ❄ @ 🛜 ; Ⓜ Paral.lel). Tout est d'un blanc immaculé dans cette résidence étudiante où seules les chaises en plastique vert sont colorées. Cet endroit attire étudiants Erasmus et autres étudiants étrangers. Possibilité de réserver pour une nuit ou pour l'année. Salles de réunion, cuisine, café et laverie.

### SANT JORDI

### MAMBO TANGO AUBERGE DE JEUNESSE €

Plan p. 334 (☎93 442 51 64 ; www.hostelmambotango.com ; Carrer del Poeta Cabanyes 23 ; dort 26 € ; @ 🛜 ; Ⓜ Paral.lel). Auberge de jeunesse internationale sympathique, le Mambo Tango possède des dortoirs rudimentaires (de 6 à 10 pers) et une ambiance chaleureuse, quoique quelque peu chaotique. Vous y trouverez toujours des conseils sur ce qu'il y a à faire et les endroits où sortir.

# Comprendre Barcelone

# Barcelone aujourd'hui

Barcelone est indéniablement confrontée à des défis de taille. La chute des prix de l'immobilier, l'augmentation du nombre de saisies et la menace imminente d'une insolvabilité financière sont à l'ordre du jour, tandis que les mouvements de protestation se déchaînent contre les mesures d'austérité. Malgré ce sombre tableau, la ville continue d'attirer un nombre record de visiteurs, le tourisme contribuant à hauteur de 15% à son PIB. La ville qui enflamma l'imagination de Gaudí, de Miró et de Picasso constitue toujours une source d'innovation en urbanisme, en architecture et dans le domaine du développement durable.

## À voir

**Tout sur ma mère** (Pedro Almodóvar, 1999). Un des films d'Almodóvar les plus appréciés, plein de rebondissements et d'humour noir, avec des prostituées transsexuelles et des nonnes aux yeux de biche.
**Vicky Cristina Barcelona** (Woody Allen, 2008). Allen traite Barcelone façon *Manhattan*, montrant une ville névrosée d'une beauté saisissante.
**L'Auberge espagnole** (Cédric Klapisch, 2001). La belle histoire d'un groupe d'étudiants étrangers qui se rencontrent à Barcelone.
**Biutiful** (Alejandro Gonzáles Inárritu, 2010). Un drame poignant qui montre Barcelone sous un autre aspect, loin des touristes.

## À lire

**Barcelone, la ville des merveilles** (Robert Hughes, 1992). 2000 ans d'histoire racontés de manière amusante et passionnante.
**L'Ombre du vent** (Carlos Ruiz Zafón, 2001). La mystérieuse "adoption" d'un livre à Barcelone, après la guerre civile.
**La Cathédrale de la mer** (Ildefonso Falcones, 2009). Le récit romancé passionnant de la construction d'une des plus belles églises de Barcelone.

## Difficultés économiques

En 2012, l'économie espagnole est tombée en récession pour la deuxième fois en trois ans. À Barcelone, le taux de chômage a atteint plus de 20% (légèrement moins que les 24% du pays). La politique d'austérité imposée par le gouvernement – coupes budgétaires, augmentation des impôts et gel des salaires du secteur public – n'a en rien amélioré la situation.

La colère liée aux réformes du travail et aux importantes restrictions budgétaires a poussé des dizaines de milliers de Barcelonais à descendre dans la rue lors de grèves nationales. L'avenir s'annonce sombre, notamment pour les moins de 25 ans, dont la moitié est sans emploi.

## Quartiers réinventés

Si la crise financière a retardé certains projets, tels que le spectaculaire remodelage à 250 millions d'euros du stade Camp Nou par Norman Foster, d'autres chantiers majeurs sont toutefois maintenus. Les travaux d'extension du métro se poursuivent, avec des projets de nouvelles stations (dont une à l'aéroport) et d'accessibilité totale, améliorant nettement les déplacements des personnes à mobilité réduite.

De nouveaux édifices comme la cinémathèque de Catalogne, dotée d'un espace d'exposition et de salles de projection, sont la preuve de la continuité créatrice de la ville ; ce centre cinématographique est le dernier d'une série d'importants espaces artistiques (dont le Macba conçu par Richard Meier et le très moderne CCCB) qui contribuent au renouvellement d'El Raval. La réouverture du palais Güell et la rénovation du Musée maritime comptent parmi les autres projets-clés de ce quartier autrefois délabré.

À El Poble Nou, la ville envisage la création d'un nouveau centre d'activités, avec la construction d'un musée du design, de nouveaux bâtiments et de nombreux espaces verts. Cet aménagement fait partie d'un projet de longue haleine visant à transformer l'ancien paysage industriel d'El Poble Nou en un quartier d'affaires pour les sociétés high-tech. L'espace de 200 ha, baptisé 22@ *(vint-i-dos arroba)*, est en effet devenu un centre d'innovation et de design où naissent certains des plus beaux projets architecturaux de la ville, telle l'extravagante Torre Espiral (tour en spirale) de Zaha Hadid.

### Initiatives durables

Le premier Smart City Expo and World Congress, un salon portant sur l'urbanisme, l'environnement et de nombreuses autres problématiques urbaines, s'est tenu à Barcelone en 2011. La capitale catalane a été choisie comme ville d'accueil en raison des stratégies intelligentes adoptées pour remodeler son paysage urbain. Depuis 2000, tout nouvel édifice doit par exemple être équipé de panneaux solaires fournissant la majorité de son eau chaude. L'imposant panneau photovoltaïque installé près du parc del Fòrum est le plus grand de toutes les villes européennes. Quant à l'énergie éolienne, la Catalogne projette de multiplier sa capacité par cinq d'ici 2020.

Bicing, le programme barcelonais de vélos en libre-service lancé en 2007, a permis une diminution de la circulation routière. Quelque 120 000 personnes utilisent désormais ce service. Barcelone emploie aussi d'autres méthodes pour réduire son empreinte carbone : la ville, qui s'efforce d'être leader dans le domaine des véhicules électriques, a installé plus de 200 bornes de recharge.

### Sans tabac, sans corrida

Comme un autre moyen de purifier l'air, l'Espagne a mis en place une loi anti-tabac, entrée en vigueur en 2011. Bars, restaurants et discothèques, ainsi que le Camp Nou, sont désormais non-fumeurs. Notons également qu'en 2012, la Catalogne a interdit la corrida, devenant ainsi la première région d'Espagne continentale à proscrire cette pratique.

### Catalogne indépendante

La question de l'identité régionale n'est jamais totalement absente des débats politiques espagnols, notamment parce que selon l'opinion publique, la Catalogne contribue de manière substantielle aux finances de l'État mais ne perçoit proportionnellement que d'infimes bénéfices. En 2011, Barcelone, peut-être agacée par cette situation, a organisé un référendum symbolique concernant l'indépendance de la Catalogne. À peine

## Population (au km²)

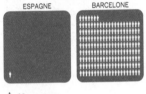

ESPAGNE    BARCELONE

👤 ≈ 90 personnes

## Religions
(en % de la population)

90                    10

Catholiques          Autres

## Sur 100 habitants de Barcelone

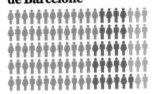

62 sont Catalans
24 sont Espagnols d'une autre région
14 ne sont pas Espagnols

plus de 20% des électeurs se sont présentés, mais 90% d'entre eux ont voté en faveur de l'indépendance.

## Gastronomie innovante

Après la fermeture de son El Bulli, Ferran Adrià, le génie de la cuisine moléculaire, a ouvert un nouveau restaurant en ville. Mais d'autres chefs participent à la riche scène culinaire barcelonaise. Nourriture, culture, design, Barcelone est véritablement en pleine effervescence, même si la situation économique est loin d'être favorable. Pourtant, en dépit des difficultés financières, la plupart des Barcelonais ne pourraient pas envisager de vivre ailleurs.

# Histoire

**Depuis sa création il y a plus de 2 000 ans, Barcelone a vu se succéder diverses vagues d'immigrants et de conquérants, parmi lesquels des Romains, des Wisigoths, des Francs puis, plus tardivement, des Catalans. La ville a connu des heures de gloire et des revers de fortune, de l'âge d'or du pouvoir princier au XIVe siècle aux sombres années de la guerre civile et du franquisme. Un vent d'indépendance a toujours soufflé sur Barcelone, qui l'a souvent mené au conflit avec le royaume de Castille – un antagonisme encore d'actualité avec la revendication d'une autonomie accrue (voire d'une indépendance totale pour certains Catalans) vis-à-vis de l'Espagne.**

## TRIBUS PRÉHISTORIQUES, ROMAINS, WISIGOTHS ET FRANCS

Des tribus descendues des Pyrénées à l'âge de pierre furent probablement les premières à entrer en scène, suivies au IIIe siècle av. J.-C. par la tribu celtibère des Laietani, qui établit son campement à l'emplacement de l'actuelle colline de Montjuïc. On sait peu de choses de cette tribu, hormis qu'elle frappait sa propre monnaie. L'histoire connue de Barcelone commence véritablement à l'époque romaine, lorsque Barcino (la future Barcelone) fut fondée sous le règne de César Auguste, au Ier siècle av. J.-C.

Ce qui est aujourd'hui le Barri Gòtic était alors le centre de la colonie romaine. Les Romains érigèrent leur temple sur le mont Tàber. Les vestiges des remparts, des colonnes du temple et de tombes qui ont été exhumés montrent la vitalité de cette implantation. Si l'on en croit le poète latin Ausone, Barcino était prospère, appuyant son économie sur la pêche et la production agricole de l'arrière-pays. Les huîtres, en particulier, figuraient régulièrement sur les tables de l'époque. Le vin, l'huile d'olive et le *garum* (condiment à base de viscères de poisson fermentés dans du sel) étaient également produits et consommés en abondance.

Quand l'Empire romain vacilla, l'Hispania (nom donné par Rome à la péninsule Ibérique) ne tarda pas à en ressentir les effets. Au

En 1991, les restes de 25 squelettes datant de 4 000 ans av. J.-C. furent mis au jour dans la Carrer de Sant Pau, dans le quartier d'El Raval. À l'époque, semble-t-il, la majeure partie d'El Raval formait une baie et une tribu néolithique vivait sur une petite butte (le mont Tàber) correspondant aujourd'hui à la Plaça de Sant Jaume.

| CHRONOLOGIE | vers 4000 av. J.-C. | 218 av. J.-C. | 15 av. J.-C. |
|---|---|---|---|
| | Des outils en jaspe découverts autour de la Carrer del Paradís sont la preuve d'une présence néolithique autour de l'actuelle Plaça de Sant Jaume. | Afin de couper les vivres au général carthaginois Hannibal, alors en guerre contre Rome sur le territoire italien, les troupes romaines dirigées par Scipion débarquent à Empúries, découvrent Tarraco (Tarragone) et prennent le contrôle du littoral catalan. | Auguste accorde à la ville de Barcino, possiblement établie sous ses auspices, le titre de *Colonia Julia Augusta Faventia Paterna Barcino*. |

Persécutée pour sa foi sous le règne de Dioclétien, sainte Eulalie (patronne de Barcelone, 290-304) mourut en martyr après avoir été soumise à 13 tortures, une pour chaque année de sa vie. Elle fut enfermée dans un tonneau rempli de bouts de verre, on lui coupa la poitrine et elle fut crucifiée. Elle est parfois représentée tenant un plateau sur lequel est posée sa poitrine.

IVe siècle, Barcino dut se protéger derrière une muraille (dont il reste aujourd'hui des vestiges). Des envahisseurs francs, bientôt imités par les Wisigoths, un peuple relativement romanisé, et d'autres tribus, mirent la ville à sac ; des vagues successives d'occupants s'abattirent sur tout le pays.

En 711, l'émir Tariq ibn Ziyad débarqua à la tête d'une force expéditionnaire à Gibraltar (la "montagne de Tariq" en arabe). Il n'eut aucun mal à conquérir la totalité de la péninsule et à remonter jusqu'en France, où Charles Martel stoppa sa progression à Poitiers en 732.

Barcelone tomba alors sous la domination musulmane, mais les Maures se résignèrent vite à installer une ligne de défense le long de l'Èbre, au sud. Envoyé par son père, l'empereur Charlemagne, le futur roi franc Louis le Pieux s'empara de Barcelone en 801.

Cette victoire permit à Charlemagne de créer la Marche d'Espagne, la future Catalogne. Il plaça le pouvoir local entre les mains de comtes issus des régions méridionales aux marches de l'Empire franc et Barcelone devint une ville-frontière dans cette zone tampon au sud des Pyrénées.

## LE TRIOMPHE DU "VELU"

Si la Marche d'Espagne était en théorie contrôlée par les Francs, le véritable pouvoir appartenait aux comtes qui régissaient chacun leur territoire. L'un d'eux portait le curieux nom de Wilfred le Velu (Guifré el Pelós), que la légende décrit comme particulièrement poilu. Aidé de ses frères, il conquit la plupart des bastions catalans en 878 et entra dans l'histoire : si la Catalogne peut revendiquer son unité, c'est à l'hirsute Wilfred qu'elle le doit ! Il fonda une dynastie qui perdura près de cinq siècles et se développa en marge des guerres de la Reconquista qui se jouaient dans tout le reste de la péninsule Ibérique.

Les Catalans, qui peuplaient les plaines et les montagnes au nord-ouest de Barcelone bien avant le XIIe siècle, ne furent mentionnés pour la première fois qu'à cette époque. Le catalan est très proche de la *langue d'oc*, la *lingua franca* postlatine du sud de la France dont descend le provençal.

## UN MARIAGE DE RAISON RÉUSSI

Les comtes de Barcelone étendirent graduellement leur territoire vers le sud. En 1137, Ramón Bérenger IV épousa Pétronille, la jeune héritière du trône d'Aragon. En créant un État catalano-aragonais, cette alliance allait permettre à la Catalogne de connaître son âge d'or.

Durant les siècles qui suivirent, le comté se mua en un empire marchand florissant qui arracha Valence et les îles Baléares aux

| 415 | 718 | 801 | 878 |
|---|---|---|---|
| Sous le règne d'Athaulf, qui enleva l'impératrice romaine Galla Placidia et l'épousa, les Wisigoths font de Barcino leur capitale. Elle le restera, avec plusieurs interruptions, jusqu'à ce que les Wisigoths se déplacent à Tolède au VIe siècle. | Seulement sept ans après le débarquement à Gibraltar des armées musulmanes venues du Maroc, Barcelone tombe devant les troupes de Tariq, en majorité arabes et berbères, qui sont alors en marche pour conquérir la France. | Après un siège d'un an, Louis le Pieux, fils de Charlemagne et futur roi des Francs, chasse les musulmans de Barcelone. Charlemagne établit alors la Marche d'Espagne, gouvernée par les comtes de la région. | Wilfred le Velu, dernier comte d'un Empire franc en plein déclin, consolide le pouvoir de la Catalogne et fonde une dynastie ayant Barcelone pour capitale. |

mains des Maures, puis des territoires aussi lointains que la Sardaigne, la Sicile et certaines régions de Grèce.

## LA NAISSANCE DU PARLEMENT

En 1249, Jacques I<sup>er</sup> autorisa l'élection d'un comité de citoyens chargé de conseiller les fonctionnaires royaux. L'idée fit son chemin et, en 1274, le *Consell dels Cent Jurats* (Conseil des cent jurés) forma une sorte de collège électoral au sein duquel fut nommé un corps exécutif de cinq conseillers (*consellers*), occupé à diriger les affaires municipales.

En 1283, les Corts Catalanes se réunirent pour la première fois. Ce Conseil législatif de Catalogne se composait de représentants de la noblesse, du clergé et de la grande bourgeoisie marchande, chargés de faire pendant au pouvoir royal. Les Corts Catalanes disposaient d'un secrétariat permanent appelé Diputació del General ou Generalitat, dont le siège était l'actuel palais de la Generalitat.

Entre-temps, la fortune issue d'un commerce prospère permit à Barcelone d'ériger les édifices gothiques somptueux que l'on peut encore visiter : la cathédrale, la chapelle royale Sainte-Agathe et les églises de Santa Maria del Pi et de Santa Maria del Mar, construites à la fin du XIII<sup>e</sup> ou au début du XIV<sup>e</sup> siècle. Plus tard, le roi Pierre IV (1336-1387) fit édifier les impressionnants Arsenaux royaux (Reials Drassanes) et élargir l'enceinte de la ville pour englober le faubourg d'El Raval, à l'ouest.

## LE DÉCLIN ET LA DOMINATION CASTILLANE

La défense de l'Empire méditerranéen commença à épuiser la Catalogne. Les guerres maritimes avec Gênes, la résistance en Sardaigne, l'essor de l'Empire ottoman et la perte du commerce de l'or finirent par vider les coffres de la ville. Le commerce périclita. Au XIV<sup>e</sup> siècle, la peste noire et la famine dépeuplèrent la région de la moitié de ses habitants. En 1391, la communauté juive fut victime d'un pogrom.

En 1410, à la mort de Martin l'Humain (Martí I), dernier descendant de Wilfred le Velu, le royaume resta sans héritier. Barcelone perdit de son rayonnement lorsque la Catalogne fut rattachée à la Castille comme conséquence de l'union entre Ferdinand, sur le trône aragonais, et d'Isabelle, reine de Castille.

Appauvrie et lassée par les exigences financières croissantes de la Couronne espagnole, la Catalogne se révolta au XVII<sup>e</sup> siècle lors de

Selon une légende médiévale, Barcelone aurait été fondée par Hercule en personne. Bien que les versions diffèrent, toutes mentionnent neuf *barcas* (bateaux), dont l'un aurait été séparé des autres par une tempête. Hercule l'aurait alors conduit jusqu'à un superbe endroit sur la côte, où il découvrit une ville qu'il baptisa Barca Nona (neuvième bateau).

HISTOIRE LE DÉCLIN ET LA DOMINATION CASTILLANE

| 985 | 1060 | 1137 | 1225-1229 |
|---|---|---|---|
| Al-Mansour (le Victorieux) dévaste le territoire catalan et saccage Barcelone au cours d'une campagne fulgurante. La ville est en grande partie rasée et la majorité de ses habitants, réduits en esclavage, sont déplacés à Cordoue. | Près de 200 ans avant la Grande Charte, le comte Raimond Bérenger I<sup>er</sup> approuve les *Usatges de Barcelona*, un code établissant l'égalité de tous les hommes libres face à la loi. | Le mariage du comte Raimond Bérenger IV avec Pétronille, à peine âgée d'un an et fille du roi d'Aragon, entraîne la création d'un nouveau royaume, la Couronne d'Aragon. | À 18 ans, Jacques I<sup>er</sup> prend les rênes du royaume et, quatre ans plus tard, arrache Majorque aux mains des musulmans. C'est la première d'une incroyable série de conquêtes qui lui vaudra le surnom d'El Conqueridor (le Conquérant). |

## TRAGÉDIE À EL CALL

Les ruelles médiévales d'El Call, à l'écart du reste du Barri Gòtic, abritaient autrefois une communauté juive florissante. Les juifs s'installèrent dans la Barcino romaine dès le IIe siècle, et contribuèrent à la prospérité de la ville dans les siècles qui suivirent. Ils étaient essentiellement marchands, érudits, cartographes ou professeurs. Au XIe siècle, la communauté juive d'El Call était forte de 4 000 membres.

Malgré les contributions civiques apportées par les juifs, une vague d'antisémitisme s'abattit sur la Catalogne (et d'autres régions d'Europe) au XIIIe siècle. En 1243, Jacques Ier isola El Call du reste de la ville et ordonna à tous les juifs de porter un insigne distinctif. Une famine frappa Barcelone dans les années 1330, suivie de la peste en 1348, laissant derrière elles une ville dévastée pleurant ses plusieurs milliers de morts. De nombreux habitants firent porter le chapeau aux juifs, les accusant d'empoisonner les puits, de sacrifier des nouveau-nés et autres grotesques affabulations de même nature. Les juifs furent torturés par centaines pour leur faire avouer leurs "crimes". La persécution se poursuivit durant plusieurs décennies.

L'antisémitisme atteint son paroxysme en 1391, date à laquelle une foule déchaînée mit les rues d'El Call à feu et à sang, pillant et détruisant les maisons et assassinant des centaines de juifs, peut-être même un millier, sur leur passage. Le quartier ne s'en remit jamais, et la plupart des survivants fuirent la ville. Le peu de vie juive subsistant à Barcelone fut réduit à néant en 1492, lorsque la couronne édicta l'expulsion de tous les juifs hors d'Espagne.

---

Dans le folklore catalan, l'idée du drapeau catalan (rayures rouge et jaune) serait née lors d'une bataille, lorsque le roi Louis le Pieux aurait plongé quatre doigts dans la blessure mortelle de Wilfred Le Velu et les aurait passés sur son bouclier doré. Et peu importe que Louis soit mort bien avant la naissance de Wilfred !

la *Guerra dels Segadors* (guerre des Moissonneurs, 1640-1652, dont le chant de marche est devenu l'hymne national catalan) et se déclara "république" indépendante sous la protection de la France. Villes et campagnes furent dévastées, et Barcelone, assiégée, dut finalement rendre les armes.

## LA GUERRE DE LA SUCCESSION D'ESPAGNE

La Catalogne, qui ne jouissait que d'une autonomie limitée à la fin du XVIIe siècle, perdit encore en liberté au début du XVIIIe siècle. Elle choisit en effet d'apporter son soutien au fils de l'empereur d'Autriche, l'archiduc Charles de Habsbourg alors que la France allait imposer au trône d'Espagne un Bourbon absolutiste, Philippe V. Malgré le couronnement de ce dernier en 1713, Barcelone décida de résister mais finit par se rendre le 11 septembre 1714 au terme d'un siège de 18 mois. Philippe V établit alors un État de Castille unifié.

| 1283 | 1323 | 1348 | 1383 |
|---|---|---|---|
| Les Corts Catalanes, Conseil législatif de Catalogne, se réunirent pour la première fois afin de limiter les pouvoirs des souverains et d'accroître l'influence des nobles et de la puissante bourgeoisie commerçante dans les villes. | Les forces catalanes débarquent en Sardaigne et débutent une campagne qui ne s'achèvera pas avant 1409. Leur plus farouche ennemie est Eleonora de Arborea, la Jeanne d'Arc sarde. | Une épidémie de peste décime Barcelone. Plus de 25% des habitants meurent. D'autres assauts de la "mort noire", une invasion de criquets en 1358 et un tremblement de terre en 1373 fragilisent encore la cité. | Au terme de plus de 50 ans de travaux de construction, l'imposante église de Santa Maria del Mar domine La Ribera. C'est l'un des nombreux trésors architecturaux gothiques à Barcelone édifiés au XIVe siècle. |

Pour se venger de la Catalogne, le nouveau roi abolit la Generalitat, et rasa tout un quartier de la Barcelone médiévale pour y ériger un gigantesque fort (la Ciutadella) afin de commander la ville. Il interdit l'enseignement et l'écriture du catalan, et le peu qui restait des possessions de la Catalogne fut réparti entre les grandes puissances victorieuses.

## UN NOUVEL ESSOR

Finalement, le règne des Bourbons correspondit à un nouvel essor pour la région. La levée de l'interdiction du commerce avec l'Amérique, en 1778, fut l'amorce d'un grand tournant pour Barcelone. Dans la ville même, la croissance s'avéra modeste mais soutenue. La présence de petites entreprises favorisa l'embauche et les salaires augmentèrent peu à peu. Un souci d'urbanisation vit le jour avec la création d'un nouveau quartier ouvrier au quadrillage régulier, La Barceloneta.

Mais, avant que la révolution industrielle (fondée sur le commerce du coton avec l'Amérique) prenne véritablement son essor, Barcelone et le reste de l'Espagne durent affronter quelques épreuves. La première incursion française eut lieu en 1793-1795 : cette tentative ratée ne fut qu'un prélude aux guerres napoléoniennes. Celle d'Espagne, qui fit endurer mille souffrances à Barcelone et à la Catalogne, dura de 1808 à 1814, date à laquelle les Français furent repoussés. Barcelone fut la dernière ville espagnole aux mains des Français, qui l'évacuèrent en septembre.

Barcelone aborda le début du XIXe siècle en se tournant vers les industries du vin, du liège et du fer. Des bateaux à vapeur sortirent des chantiers navals dès le milieu des années 1830. La première ligne de chemin de fer espagnole, longue d'une trentaine de kilomètres, fut inaugurée en 1848 entre Barcelone et Mataró.

## UN RENOUVEAU URBAIN

Toutefois, l'industrialisation progressive ne profita pas à toutes les classes sociales. Les familles ouvrières vivaient dans des conditions d'insalubrité et d'exiguïté croissantes. La malnutrition, le manque de soins et la maladie étaient la norme dans les quartiers ouvriers. Les émeutes, fréquentes, étaient réprimées sans ménagement. Le soulèvement de 1842 fut même écrasé à coups de canon tirés depuis le château de Montjuïc.

La justice médiévale était plus rude qu'aujourd'hui. Ainsi, selon une loi de 1060 : "En ce qui concerne les femmes, que les dirigeants rendent justice en leur coupant le nez, les lèvres, les oreilles et les seins, et en les condamnant au bûcher si nécessaire..."

| 1387 | 1469 | 1478 | 1640-1652 |
|---|---|---|---|
| D'après les archives historiques de la ville, Barcelone organise sa première corrida sous le règne de Jean Ier. Mais ce n'est qu'au XIXe siècle que la tauromachie devint à la mode. | Isabelle, héritière du trône de Castille, épouse Ferdinand, héritier du trône d'Aragon, réunissant ainsi les deux plus puissants royaumes d'Espagne et soumettant la Catalogne à l'État de Castille. | Isabelle et Ferdinand, les Rois Catholiques, ravivent la bigoterie et instaurent l'Inquisition espagnole qui condamnera à mort plusieurs milliers de personnes avant d'être abolie en 1834. | Les paysans catalans, las de devoir héberger les troupes du royaume de Castille pendant la guerre de Trente Ans, déclarent leur indépendance sous la protection de la France. L'Espagne finit par étouffer la rébellion. |

En 1869, le projet de l'architecte Ildefons Cerdà fut retenu pour la création du quartier de L'Eixample (l'Extension). Quadrillage régulier entrecoupé de jardins publics et de parcs, ce quartier vint se greffer sur la vieille ville au nord de la Plaça de Catalunya. Ce projet révolutionnaire mettait fin à l'interdit de bâtir dans les plaines situées entre la ville de Barcelone et le village de Gràcia, jadis zone militaire. Le nombre d'usines se mit à augmenter à Barcelone (en particulier dans La Barceloneta) et dans les villes voisines comme Gràcia, Sant Martí, Sants et Sant Andreu (absorbées depuis par l'agglomération barcelonaise).

L'Eixample devint, et reste encore dans une large mesure, le quartier le plus recherché par les investisseurs immobiliers. Les espaces verts y furent peu à peu sacrifiés pour faire face à la poussée démographique. La bourgeoisie s'y offrit de somptueuses demeures, construites pour la plupart dans le style moderniste.

Sur sa lancée, la ville accueillit l'Exposition universelle de 1888. Mais bien que l'exposition ait drainé plus de deux millions de visiteurs, elle ne rencontra pas la reconnaissance internationale escomptée.

Néanmoins, la Barcelone moderne avait pris l'habitude de modifier son paysage urbain. La Rambla de Catalunya et l'Avinguda del Paral.lel furent percées en 1888. Le monument à Colomb et l'Arc de triomphe, aussi incongrus l'un que l'autre quand on sait que Colomb n'avait guère de liens avec Barcelone et que les triomphes n'y étaient pas légion, virent également le jour cette même année.

## LA RENAIXENÇA

Barcelone bénéficia d'une paix relative durant presque toute la seconde moitié du XIXᵉ siècle, sans rester pour autant inactive sur le plan politique. Cette sérénité et la richesse croissante apportée par sa réussite commerciale contribuèrent à ranimer l'intérêt pour tout ce qui était catalan.

Le mouvement appelé la Renaixença ("renaissance") reflète cette confiance en soi retrouvée. Politiciens et intellectuels, après un examen approfondi des institutions et des lois de l'ancienne Catalogne, réclamèrent leur rétablissement. La langue catalane fut à nouveau parlée dans les classes moyennes et supérieures, phénomène qui s'accompagna d'un renouveau de la littérature catalane.

En 1892, l'*Unió Catalanista* (Union catalaniste) se constitua pour exiger le rétablissement des Corts Catalanes dans un manifeste connu sous le nom de *Bases de Manresa*. En 1906, la suppression de

De nombreux chefs-d'œuvre gothiques furent édifiés au milieu du XIVᵉ siècle, une période sombre pour Barcelone. La perte d'une récolte de blé en 1333 entraîna une famine qui se solda par plus de 10 000 morts (un quart de la population de la ville). Dans les années 1340, la peste dévasta la ville, tuant quatre conseillers sur les cinq que comptait Barcelone, parmi tant d'autres habitants.

| 1714 | 1770 | 1808 |
| --- | --- | --- |
| Fin de la guerre de la Succession d'Espagne. Barcelone capitule devant le roi bourbon Philippe V et perd son autonomie. | Un cyclone touche Barcelone et cause des dommages considérables. Les rafales de vent détruisent entre autres plus de 200 des 1 500 lampadaires à gaz de la ville. | En juin, lors de la bataille de Bruc, les miliciens catalans défont les forces napoléoniennes. Cependant, Barcelone, Figueras et le littoral demeurent sous contrôle français jusqu'à ce que Napoléon soit évincé d'Espagne en 1814. |

RICHARD CUMMINS / LONELY PLANET IMAGES ©

*Monument du Fossé des mûriers*

## UN SOUS-MARIN CATALAN

Cela aurait pu être l'arme secrète de la marine espagnole à la fin du XIXᵉ siècle. Narcís Monturiol i Estarriol (1819-1885), éditeur à ses heures et utopiste à plein temps, était fasciné par le monde marin. En 1859, il conçut à Barcelone son premier sous-marin, l'*Ictíneo*. Le manque d'air n'autorisait que de courtes plongées, mais Monturiol connut avec cette invention une certaine célébrité. Malheureusement, aucun investisseur ne fut intéressé.

Croyant dur comme fer à son projet, Monturiol s'endetta encore plus pour concevoir l'*Ictíneo II*. C'était une véritable innovation. Long de 17 m, ce dernier avait été assemblé par un mécanisme à vapeur et Monturiol avait même créé un système pour renouveler l'oxygène à l'intérieur de l'appareil. Les essais eurent lieu en 1864, mais, une fois de plus, le projet n'intéressa ni la marine ni les investisseurs privés. En 1868, pour répondre à la colère des créanciers, l'engin fut envoyé à la casse.

Qui sait ce qu'il serait advenu si les Espagnols avaient pu disposer de tels engins lors de leur bataille contre les Américains à Cuba ou aux Philippines en 1898 ?

journaux en catalan entraîna la formation du mouvement nationaliste *Solidaritat Catalana* (Solidarité catalane), qui attira bon nombre de Catalans, y compris au-delà des cercles nationalistes.

Ce fut probablement dans le monde de l'art que l'expression de cette "renaissance" se manifesta avec le plus de dynamisme. Berceau du mouvement moderniste, version catalane de l'Art nouveau, Barcelone bourdonnait d'activité quand le reste de l'Espagne s'étiolait. Elle constituait l'un des centres de l'avant-garde et entretenait des liens étroits avec Paris. C'est là que Picasso déploya ses ailes de jeune artiste en fréquentant le célèbre café de la bohème, Els Quatre Gats.

Un événement devait cependant porter un coup au commerce barcelonais : la courte et vaine guerre contre les États-Unis, en 1898, qui se solda pour l'Espagne par la perte de sa flotte et de ses dernières colonies (Cuba, Puerto Rico et les Philippines). Le commerce barcelonais souffrit beaucoup de cet échec.

## LE CHAOS

Le prolétariat de Barcelone augmentait : la population totale passa de 115 000 habitants en 1800 à plus de 500 000 en 1900, puis à plus d'un million en 1930. Cette croissance avait débuté au début du XIXᵉ siècle avec l'arrivée massive d'immigrants pauvres venus des campagnes catalanes, bientôt suivis par des paysans issus des autres régions espagnoles.

Toujours à la pointe, Barcelone devança le reste de l'Espagne en imprimant le premier quotidien du pays, en ouvrant le premier cinéma, en se dotant des premiers téléphones publics et de la première ligne aérienne (reliant Majorque). C'est également la deuxième ville du monde à s'être équipée d'un métro (Londres fut la première).

| 1869 | 1873 | 1888 | |
|---|---|---|---|
| Ildefons Cerdà dévoile le projet de L'Eixample (l'Extension), un quartier dont les larges boulevards forment un quadrillage régulier qui servit de vitrine aux créations des architectes modernistes. | Antoni Gaudí, âgé de 21 ans et installé à Barcelone depuis 1869, s'inscrit à l'École d'architecture, d'où il sort diplômé cinq ans plus tard, en ayant d'ores et déjà conçu les lampadaires de la Plaça Reial. | Pour faire montre de ses récentes créations modernistes (notamment l'Eixample), Barcelone accueille l'Exposition universelle, qui prend place dans un parc de la Ciutadella flambant neuf. |  |

*Arc de triomphe*

**L'Espagne franquiste au cinéma**

Le Labyrinthe de Pan (2006)

L'Esprit de la ruche (1973)

Bienvenue monsieur Marshall ! (1952)

Les 13 roses (2007)

La ville devint un foyer actif d'anarchistes, de républicains, d'indépendantistes d'origine bourgeoise, de gangsters, de policiers terroristes et de *pistoleros* (mercenaires). À la fin du XIXᵉ siècle, une bombe posée par des anarchistes fit une vingtaine de morts au Liceu, l'Opéra sur La Rambla. On accusa les anarchistes d'être aussi à l'origine de la *Setmana Tràgica* (Semaine tragique) en juillet 1909, où, à la suite d'une décision de Madrid d'envoyer des Barcelonais rétablir l'ordre au Maroc, la foule saccagea 70 édifices religieux. En représailles, de nombreux ouvriers furent abattus dans la rue.

À l'issue de la Première Guerre mondiale, le syndicalisme se développa de manière intensive. Le mouvement, mené par la *Confederación Nacional del Trabajo* (CNT, Confédération nationale du travail), anarchiste, regroupait 80% des ouvriers de la ville. Pendant les grandes grèves de 1919 et de 1920, certains patrons allèrent jusqu'à embaucher des hommes de main pour éliminer des responsables syndicaux. Après son coup d'État de 1923, le général-dictateur Miguel Primo de Rivera s'opposa à la fois au nationalisme catalan de la bourgeoisie et au radicalisme de la classe ouvrière, interdisant la CNT et faisant fermer le club de football de Barcelone, puissant symbole du catalanisme. En revanche, il soutint l'organisation de la seconde Exposition universelle de Barcelone qui eut lieu à Montjuïc en 1929.

À la chute de Primo de Rivera en 1930, la frustration des éléments les plus radicaux de Catalogne éclata. Dans les jours qui suivirent la formation de la Seconde République d'Espagne en 1931, les nationalistes catalans de gauche (ERC, *Esquerra Republicana de Catalunya*), conduits par Francesc Macià et Lluís Companys, proclamèrent la Catalogne république au sein d'une "fédération ibérique" imaginaire. Madrid les pressa aussitôt d'accepter un État espagnol unitaire. Lorsque le Front populaire de gauche remporta les élections générales en février 1936, la Catalogne bénéficia alors, brièvement, d'une réelle autonomie. Le président Lluís Companys entreprit des réformes foncières et organisa des olympiades à Barcelone pour contrer l'organisation officielle des Jeux olympiques de Berlin par le régime nazi.

La situation allait cependant bientôt échapper à tout contrôle. Dans toute l'Espagne, la gauche et la droite semblaient se préparer à un affrontement inévitable.

| 1895 | 1898 | Juillet 1909 | 1914 |
| --- | --- | --- | --- |
| Né à Málaga, Picasso arrive à Barcelone avec sa famille à l'âge de 13 ans. Son père, professeur de dessin, trouve du travail à l'École des beaux-arts, où Picasso sera plus tard étudiant. | L'Espagne perd toute sa flotte, ainsi que ses dernières colonies (les Philippines, Cuba et Puerto Rico), dans deux vaines batailles contre les États-Unis. C'est un coup terrible pour le commerce barcelonais. | À la suite de l'envoi de troupes de réserve au Maroc, une foule de Barcelonais s'en prend aux propriétés de la ville. Plus de cent personnes trouvent la mort durant cette *Setmana Tràgica* (Semaine tragique). | La Mancomunitat de Catalunya, une première tentative timide d'autogouvernement (limité aux aspects administratifs), est créée en avril par le nationaliste catalan Enric Prat de la Riba. |

## BARCELONE SOUS LES BOMBES

Il importait peu à Benito Mussolini, l'autoritaire compagnon d'armes du général Franco, que Barcelone possède peu de cibles militaires dignes d'intérêt, à l'exception du port et du chemin de fer, ou qu'elle ait été déclarée ville ouverte justement pour l'épargner de la ruine.

Des bombardiers italiens basés à Majorque (rejoints à la fin de la guerre par les terrifiants bombardiers allemands JU87 ou Stuka) menèrent sur la ville des frappes d'essai laissant présager les horreurs qui touchèrent l'Europe pendant la Seconde Guerre mondiale. Ils lancèrent des attaques aériennes sur la ville quasiment sans défense (sur l'ensemble de la guerre, seuls trois avions italiens furent abattus au-dessus de Barcelone). Les bombardements se poursuivirent régulièrement du 16 mars 1937 au 24 janvier 1939, la veille de l'arrivée des troupes nationalistes. Mussolini intimait l'ordre d'attaquer avec ou sans l'accord de Franco, qui d'ailleurs était rarement consentant, conscient que ces attaques aveugles sur des civils ne feraient rien pour améliorer sa popularité. Ainsi, Franco interdit les raids sur les villes en mars 1938, après trois jours de bombardements incessants qui coûtèrent la vie à près de 1 000 personnes, mais les Italiens firent la sourde oreille. À la fin de la guerre, le bilan fut très lourd pour les Barcelonais : près de 3 000 morts, 7 000 blessés et 1 800 immeubles détruits.

Dans un message radio délivré le 18 juin 1940, alors que la bataille d'Angleterre était sur le point de commencer, Winston Churchill déclara : "Je ne sous-estime pas la difficulté de l'épreuve qui nous attend, mais je pense que nos compatriotes sauront faire face de la même façon que les hommes courageux de Barcelone." Sans doute aurait-il dû mentionner également les femmes et les enfants, qui avaient constitué la majorité des victimes des bombes.

# LA GUERRE CIVILE

Le 17 juillet 1936, un soulèvement de l'armée au Maroc déclencha la guerre civile espagnole. Se ralliant à Franco, la garnison de Barcelone tenta de prendre la ville, mais se heurta aux anarchistes, ainsi qu'à la police restée fidèle au gouvernement.

Très vite, les troupes nationalistes de Franco s'emparèrent de la majeure partie du sud et de l'ouest de l'Espagne. La Galice, la Navarre, au nord, tombèrent également. Une grande partie de l'Est et du Nord industrialisé se rangea aux côtés de Madrid et de la République. Une fois enrayées les premières offensives lancées contre la capitale, les deux camps s'installèrent dans l'horreur d'une guerre civile qui allait durer près de trois ans.

Pendant pratiquement un an, Barcelone fut dirigée par des anarchistes et par la milice POUM (*Partido Obrero de Unificación Marxista*, Parti ouvrier d'unification marxiste), Companys n'occupant que symboliquement la fonction de président. Les propriétaires

**Le top des ouvrages historiques**

*Barcelone, la ville des merveilles* (Robert Hughes)

*Barcelones* (Manuel Vázquez Montalbán)

*Hommage à la Catalogne* (George Orwell)

*Barcelone : mémoire et identité, 1830-1930* (Stéphane Michonneau)

| Juillet 1936 | Mars 1938 | 1939 | 1940 |
|---|---|---|---|
| Le général Franco déclenche la guerre civile au Maroc. À Barcelone, le général Goded tente de prendre la ville pour le compte de Franco, mais se heurte à l'alliance entre anarchistes, ouvriers et la police, restée fidèle au gouvernement. | En trois jours, des attaques aériennes menées jour et nuit par les bombardiers de l'Italie fasciste, basés à Majorque qui est alors sous contrôle franquiste, font 979 morts et 1 500 blessés à Barcelone. | Le 26 janvier, les premières troupes franquistes pénètrent dans Barcelone par le Tibidabo et paradent aux côtés des chars italiens dans l'Avinguda Diagonal. Des milliers de personnes fuient en direction de la frontière française. | Heinrich Himmler, bras droit d'Hitler et chef des SS, vient à Barcelone, loge au Ritz, assiste à un spectacle folklorique au Poble Espanyol et se fait voler son portefeuille. |

des usines et les militants de droite fuirent la ville. Les syndicats s'emparèrent des usines et des services publics ; les hôtels et les demeures particulières furent transformés en hôpitaux et en écoles. Les bars et les cafés furent collectivisés, les tramways et les taxis repeints en rouge et noir (couleurs des anarchistes). On ignora même les sens uniques, considérés comme des vestiges de l'ancien système !

Les anarchistes, d'origines assez disparates, comptaient dans leurs rangs aussi bien de doux idéalistes que des militants purs et durs qui dressaient des listes de personnes à éliminer, organisaient des tribunaux clandestins, abattaient des prêtres, des moines et des religieuses (plus de 1 200 d'entre eux furent massacrés dans la province de Barcelone pendant la guerre civile), incendiaient et saccageaient les églises. C'est la raison pour laquelle tant d'églises de Barcelone sont aujourd'hui si dépouillées. En mai 1937, les communistes (dirigés depuis Moscou par Staline) écartèrent les anarchistes à la suite de querelles intestines qui firent 1 500 morts à Barcelone.

À l'automne 1937, Barcelone devint la capitale nationale des républicains. Durant l'été 1938, la défaite de ces derniers à la bataille de l'Èbre, dans le sud de la Catalogne, priva Barcelone de défense. L'épuisement, mais également la désunion provoquèrent l'effritement de la résistance républicaine. En 1938, les nationalistes catalans commencèrent à négocier à part avec les nationalistes de Franco. En effet, le dernier signe d'opposition déployé à Barcelone fut le 5e régiment et ses 2 000 soldats qui avaient jusqu'alors combattu à Madrid ! La ville tomba le 25 janvier 1939.

## L'OCCUPATION

La première année de Barcelone sous le régime franquiste fut quelque peu surréaliste. Deux semaines après la chute de la ville, une douzaine de cinémas étaient en activité et le mois d'après, on pouvait y voir des comédies hollywoodiennes entre deux films de propagande nationaliste. Les habitants étaient même incités à danser en public la sardane, la danse traditionnelle catalane (les nationalistes de Franco pensaient que leur "générosité" ne pouvait que leur attirer la sympathie des Barcelonais).

Mais d'un autre côté, la ville présentait une image de désolation. Le métro circulait mais pas les bus, qui avaient tous été réquisitionnés sur le front. Presque tous les animaux du zoo municipal étaient morts de faim ou des suites de blessures. Des pannes d'électricité se

| 1957 | 1980 | 1992 | 2010 |
|---|---|---|---|
| Le franquiste Josep Maria de Porcioles devient maire de Barcelone et le restera jusqu'en 1973. Il lance des travaux de construction hasardeux dans la ville et fait aménager les premiers ronds-points (*rondas*). | À la tête de la coalition CiU, le nationaliste catalan de droite Jordi Pujol est élu président du gouvernement catalan ressuscité. Il occupera ce poste sans interruption jusqu'en 2003. | Barcelone occupe le devant de la scène internationale en accueillant les Jeux olympiques d'été. En vue de cet événement, la ville entreprend un immense programme de rénovation qui se poursuit encore aujourd'hui. | Encore grisée par sa victoire à l'Euro 2008 de football, l'Espagne arrache aux Pays-Bas son premier titre de champion du monde lors de la Coupe organisée en Afrique du Sud. |

produisaient fréquemment, un phénomène qui perdura un certain nombre d'années.

En 1940, la Seconde Guerre mondiale sévissait en Europe et Franco durcit son régime. Les franquistes catalans menaient les opérations pour rassembler les futures victimes dont 35 000 furent fusillées au cours des purges. Dans le même temps, des petits groupes de combattants résistants continuèrent à tourmenter les nationalistes dans les Pyrénées pendant une bonne partie des années 1940. Arrêté en France par la Gestapo en août 1940, Lluís Companys fut remis à Franco et fusillé le 15 octobre à Montjuïc. Il est resté célèbre pour avoir crié "Visca Catalunya !" ("Vive la Catalogne !") juste avant de mourir.

Les exécutions se poursuivirent jusque dans les années 1950. Les Barcelonais réagirent de diverses façons. La plupart se résignèrent, s'efforçant de parer au quotidien, tandis que des opportunistes s'appropriaient les appartements abandonnés par les "rouges" obligés de fuir. Les spéculateurs et industriels alliés avec Franco s'enrichirent grassement, tandis que les Barcelonais souffraient de la pauvreté qui frappait l'ensemble du pays.

## LA VIE SOUS FRANCO

Franco avait aboli la Generalitat en 1938. Après Companys, le gouvernement catalan en exil au Mexique eut à sa tête Josep Irla, puis le charismatique Josep Tarradellas, de 1954 à la mort du dictateur en 1975.

Pendant ce temps, Franco entreprit un vaste programme de castillanisation de la Catalogne. Il interdit l'usage du catalan dans les lieux publics et fit rebaptiser l'ensemble des villes, des villages et des rues en espagnol. Si la publication de livres en catalan fut de nouveau autorisée à partir du milieu des années 1940, l'espagnol resta la langue officielle dans l'enseignement, ainsi qu'à la radio, à la télévision et dans la presse.

Le franquiste Josep Maria de Porcioles conquit la mairie de Barcelone en 1957 où il se maintint jusqu'en 1973. L'année de son élection, il obtint une "charte municipale" qui étendait les pouvoirs du maire, octroyait des compétences supplémentaires à la ville en matière d'urbanisme, de levée d'impôt et de dépense des recettes fiscales. Il permit enfin à Barcelone de repousser ses limites métropolitaines et d'absorber les territoires environnants. C'est à lui que l'on doit les affreux bâtiments municipaux en béton sur la Plaça

Barcelone fut sur le point d'accueillir les Olympiades populaires en 1936, en protestation contre les Jeux olympiques organisés dans l'Allemagne fasciste. Environ 6 000 athlètes de 23 pays répondirent à l'appel, mais la guerre civile éclata juste avant leur lancement. Certains athlètes déjà sur place choisirent de rester et d'intégrer des milices pour défendre la république.

| Janvier 2012 | Mars 2012 | Sept 2012 |
|---|---|---|
| La corrida est interdite en Catalogne sur décision parlementaire. C'est la première région de la péninsule espagnole à bannir cette pratique, après les îles Canaries en 1991. | Avec un taux de chômage national de 23%, des milliers de personnes descendent dans la rue à Barcelone (et dans d'autres villes) pour protester contre les coupes budgétaires et les hausses d'impôts du gouvernement conservateur. | Un million et demi de personnes manifestent en faveur de l'indépendance de la Catalogne à Barcelone.. |

CHRISTOPHER GROENHOUT / LPI ©

*La Sagrada Família*

de Sant Miquel, dans le Barri Gòtic. Son passage au pouvoir fut une période triste pour Barcelone.

Dans les années 1950, l'opposition organisa des manifestations et des grèves massives mais pacifiques. En 1960, le public de la salle de concert du palais de la Musique catalane entonna, en présence de Franco, un air catalan interdit. Parmi les leaders figurait un jeune banquier catholique, Jordi Pujol, qui allait devenir célèbre après la mort de Franco. Le fait d'avoir poussé la chansonnette lui valut tout de même une courte peine de prison.

Durant la dictature franquiste, 1,5 million d'immigrants fuyant les régions d'Espagne les plus pauvres, notamment l'Andalousie, l'Estrémadure et le Nord-Ouest, vinrent s'installer en Catalogne (750 000 à Barcelone) en quête d'un emploi. La plupart vivaient dans des conditions épouvantables. Si certains firent des efforts pour apprendre le catalan et s'intégrer à la société locale, la majorité d'entre eux formèrent des poches de population de langue castillane dans les quartiers ouvriers les plus déshérités de la ville et de sa banlieue. Aujourd'hui encore, l'atmosphère de ces lieux est plus andalouse que catalane et les nationalistes catalans vous diront qu'il s'agissait d'un plan franquiste délibéré pour saper l'identité de la région.

## VERS UN RÉTABLISSEMENT

En 1977, deux ans après la mort de Franco, Josep Tarradellas fut invité à Madrid afin de négocier le dossier catalan dans le cadre d'une politique d'autonomie régionale. Dix-huit jours plus tard, le roi Juan Carlos Ier décrétait le rétablissement de la Generalitat et reconnaissait Josep Tarradellas comme son président. Vingt ans après son séjour dans les prisons franquistes, Pujol fut élu président de la Catalogne en 1980, lors des premières élections régionales libres organisées depuis la guerre civile. Fortement opposé au centralisme madrilène, il s'engagea pendant un quart de siècle, et avec des succès divers, dans une guerre d'usure afin d'acquérir davantage d'autonomie sur le plan fiscal et politique, et de promouvoir un programme de "recatalanisation".

En dehors de la politique, le grand événement de la Barcelone postfranquiste a été le succès des Jeux olympiques de 1992, sous la conduite du populaire maire socialiste Pasqual Maragall. Les Jeux ont marqué la reprise des grands travaux et apporté une nouvelle vie à des quartiers comme Montjuïc, où se sont déroulées les manifestations les plus prestigieuses. Le front de mer, auparavant peu engageant, fut réaménagé et dispose, depuis, de promenades,

**2026**
Date prévue d'achèvement des travaux de construction de La Sagrada Família, pour le centenaire de la mort de son créateur Gaudí (1852-1926), soit plus de 140 ans après leur lancement.

de plages, de marinas, de restaurants, d'activités de loisirs et de nouveaux ensembles d'habitation.

Depuis le début du XXIᵉ siècle, Barcelone continue son renouveau urbain, avec des projets ambitieux, tels que le secteur high-tech 22@ dans l'ancien quartier industriel El Poblenou, l'aménagement de l'espace d'expositions commerciales Fira M2 sur la route de l'aéroport, ainsi que du front de mer du Diagonal Mar, autour du Parc del Fòrum, à l'extrémité nord-est de la ville.

## LA FRACTURE ESPAGNE-CATALOGNE

Pujol resta au pouvoir jusqu'en 2003, date à laquelle il se retira et fut remplacé par Pasqual Maragall, ancien maire socialiste de Barcelone. La principale réussite de Maragall fut de parvenir à un accord entre les différents partis pour définir un nouveau statut d'autonomie (*Estatut*). Depuis la mort de Franco, l'Espagne octroie un pouvoir considérable à ses régions, officiellement appelées *comunidades autónomas* (communautés autonomes). Les Catalans approuvèrent le nouvel *Estatut* par référendum en 2006, mais, quelques mois plus tard, le Partido Popular, de droite, estimant qu'il accordait trop d'autonomie, demanda son abrogation à la Cour constitutionnelle.

Au terme de quatre ans de querelles, la cour rendit finalement son verdict en 2010. Ce dernier décrétait l'inconstitutionnalité de 14 articles, notamment ceux ayant trait à la langue, aux impôts, et à la reconnaissance de la Catalogne comme nation, notamment d'un point de vue juridique. Les Catalans descendirent en masse dans les rues pour protester contre cette décision, qui exacerba les tensions entre Barcelone et Madrid.

Alors que la crise économique fait payer un lourd tribut à l'Espagne, les tensions entre régions s'aggravent, comme l'a montré l'immense manifestation en faveur de l'indépendance de la Catalogne organisée à Barcelone en septembre 2012.

# Architecture gothique

**Le premier grand boom architectural de Barcelone se produisit au Moyen Âge, avec la construction de magnifiques églises gothiques, de belles demeures et de chantiers navals. Les vestiges de cette période constituent le Barri Gòtic d'aujourd'hui (quartier gothique), l'un des plus grands centres-villes médiévaux d'Europe. Bien que la plupart de ces trésors architecturaux soient concentrés dans la Ciutat Vella (vieille ville), vous en trouverez également quelques exemples en dehors, comme le musée-monastère de Pedralbes, à Sarrià.**

**Chefs-d'œuvre gothiques**

......................

*Cathédrale*
*(Barri Gòtic)*

......................

*Església de*
*Santa Maria*
*del Mar*
*(La Ribera)*

......................

*Església de Santa*
*Maria del Pi*
*(Barri Gòtic)*

......................

*Saló del Tinell*
*(musée d'Histoire*
*de Barcelone,*
*Barri Gòtic)*

......................

*Arsenaux royaux*
*(Musée maritime,*
*La Barceloneta)*

## ORIGINES HISTORIQUES

Le style gothique est né en France dans la seconde moitié du XII$^e$ siècle, puis a très vite essaimé dans toute l'Europe. À Barcelone, son émergence coïncide avec le règne de Jacques I$^{er}$ et la reconquête des Baléares, ainsi qu'avec l'apparition d'une classe bourgeoise de marchands et le développement d'un empire commercial. Cette prospérité économique fournit ainsi les fonds nécessaires au financement de coûteuses constructions.

C'est au milieu du XIV$^e$ siècle, sous le règne de Pierre III, que les plus grands édifices gothiques de Barcelone furent érigés. Cela peut paraître paradoxal, car bien que les coffres de la ville fussent pleins et l'Empire méditerranéen à son apogée, Barcelone fut alors victime d'une série de famines, d'épidémies de peste et de pogroms.

De cette époque datent pourtant la cathédrale, les Arsenaux royaux, la Bourse (Llotja), le Saló del Tinell (dans le Palais royal), la Casa de la Ciutat (aujourd'hui l'hôtel de ville) et nombre d'édifices de moindre importance auxquels s'ajoute une partie des remparts de la ville. C'est à la fin du XIV$^e$ siècle que furent achevées l'Església de Santa Maria del Pi et l'Església de Santa Maria del Mar.

## CARACTÉRISTIQUES ARCHITECTURALES

C'est l'amélioration des techniques de construction qui permit le développement de l'architecture gothique. L'introduction des voûtes sur croisée d'ogives et des arcs-boutants, qui remplaçaient les contreforts, permit aux ingénieurs de bâtir des édifices plus élevés et plus clairs qu'ils ne l'avaient jamais été auparavant. L'arc brisé se diffusa, tandis que les grandes rosaces laissaient entrer la lumière à l'intérieur de ces imposants édifices.

Il faut penser à la précarité des conditions de vie de l'époque pour comprendre le sentiment d'humilité que les grandes cathédrales pouvaient faire naître chez les gens. Leur construction était extrêmement longue : il fallut plus de 160 ans pour achever la cathédrale, un délai classique à l'époque, même si sa façade ne date que du XIX$^e$ siècle. C'est donc un véritable record que réalisèrent les bâtisseurs de l'Església de Santa Maria del Mar en ne mettant que 59 ans pour élever cet édifice au moins aussi beau que la cathédrale !

## DU GOTHIQUE... QUELLE HORREUR !

Aujourd'hui, les grandes églises gothiques et autres édifices de l'Europe médiévale impressionnent et suscitent l'admiration des visiteurs. Au XVI<sup>e</sup> siècle en revanche, lorsque les artistes et les architectes de la Renaissance se tournèrent vers les lignes épurées de l'Antiquité classique pour y puiser leur inspiration, tout ce qui relevait de l'architecture médiévale devint soudain rude et vulgaire, pour ne pas dire barbare ! Dans toute l'Europe, le terme de "gothique" sonna alors comme une insulte. À Barcelone, de nombreuses maisons privées bâties dans le style gothique se firent ainsi "lifter" dans le style baroque. Fort heureusement, la plupart des grands monuments furent épargnés. Il fallut attendre le XIX<sup>e</sup> siècle pour que cet extraordinaire héritage suscite à nouveau l'admiration des historiens d'art. Dans certains pays d'Europe du Nord, on assista même finalement à une renaissance de l'architecture gothique !

## GOTHIQUE CATALAN

Le style gothique catalan possède ses caractéristiques propres. L'ornementation y occupe une place plus limitée que dans le nord de l'Europe, sa grande originalité résidant dans la priorité donnée à la largeur de l'édifice plutôt qu'à sa hauteur. Quand les cathédrales du nord de l'Europe pointent vers le ciel, celles du sud s'assoient solidement sur leurs contreforts, étirant au maximum le dessin de leurs voûtes.

Les voûtes du Saló del Tinell, la salle de banquet du Palais royal, s'étendent sur plus de 15 m. Elles comptent parmi les plus larges qui aient jamais été construites sans renforts. Les Arsenaux royaux (Reials Drassanes), qui abritent aujourd'hui le Musée maritime, sont un autre excellent exemple du gothique catalan. L'Església de Santa Maria del Mar et l'Església de Santa Maria del Pi montrent bien, quant à elles, la forme plus ramassée et l'espace latéral plus vaste des églises catalanes par rapport à celles du reste de l'Europe.

Une autre différence notable avec ce que l'on trouve de l'autre côté des Pyrénées est l'absence de flèches et de pinacles. Le toit des clochers est souvent plat, ou presque. Certaines exceptions confirment néanmoins la règle, comme la façade principale de la cathédrale qui, avec ses trois flèches dentelées, n'est pas sans rappeler celles de Chartres ou de Cologne. Il s'agit en fait d'un ajout du XIX<sup>e</sup> siècle, inspiré par un dessin du Moyen Âge.

## GOTHIQUE FLAMBOYANT

Les constructions d'inspiration gothique se sont poursuivies à Barcelone bien plus tard qu'ailleurs en Europe. Au début du XV<sup>e</sup> siècle, alors que la Generalitat n'avait pas encore d'édifice digne de ce nom, l'architecte Marc Safont fut chargé de dessiner le bâtiment actuel de la Plaça de Sant Jaume. Un siècle plus tard, en pleine Renaissance, les agrandissements réalisés appartiennent encore largement à la tradition gothique, même si apparaissent ici ou là certains éléments Renaissance, par exemple la façade principale, assez décevante, du côté de la Plaça de Sant Jaume.

Dans le quartier de La Ribera, la Carrer de Montcada n'est ni plus ni moins que le résultat d'un plan d'urbanisation datant de la fin du Moyen Âge. Cette rue fut bordée d'hôtels particuliers appartenant à la bourgeoisie des XV<sup>e</sup> et XVI<sup>e</sup> siècles, dont un grand nombre sont occupés aujourd'hui par des musées et des galeries d'art. Bien que la plupart aient été remaniés à la mode baroque, ils gardent un caractère gothique indéniable. La relative austérité de leurs façades cache d'agréables cours et de superbes escaliers.

Au XIV<sup>e</sup> siècle, le vaste empire marchand de Catalogne contribua au boom de Barcelone. Toutes sortes de biens y transitaient, en direction ou en provenance de Sardaigne, des Flandres, d'Afrique du Nord et d'ailleurs. Les juifs catalans jouaient un rôle prépondérant dans ce commerce ; les derniers pogroms, l'Inquisition et l'expulsion des juifs eurent des conséquences financières désastreuses et contribuèrent à réduire Barcelone à la famine.

# Antoni Gaudí et les modernistes

**À la fin du XIX<sup>e</sup>, début du XX<sup>e</sup> siècle, une flamboyante invention architecturale catalane fit son apparition : le mouvement moderniste, essentiellement incarné par l'œuvre visionnaire d'Antoni Gaudí, un grand nom de l'architecture. Ses créations au dynamisme et à l'originalité débordantes, ainsi que les œuvres de ses confrères Josep Puig i Cadafalch et Lluís Domènech i Montaner, ornent la ville de dizaines de chefs-d'œuvre, parmi lesquels une église emblématique intimement liée à l'image de la ville.**

## UNE PAGE BLANCHE

Dans les années 1850, Barcelone connut une période de forte expansion nourrie par l'industrialisation, et sa population se trouva bientôt à l'étroit dans les ruelles de Ciutat Vella, la vieille ville de Barcelone. Le temps était venu d'en raser les murs d'enceinte et d'agrandir radicalement la ville. En 1869, l'architecte Ildefons Cerdà fut choisi pour concevoir un nouveau quartier, L'Eixample (l'Extension).

Il traça de larges boulevards formant un quadrillage régulier, et imagina un espace urbain troué de nombreux espaces verts. Face à une spéculation échevelée, les urbanistes balayèrent malheureusement ce dernier objectif d'un revers de main. Les architectes répondirent nombreux à l'appel, stimulés par la page blanche qui s'offrait à eux et par la demande enthousiaste d'une haute bourgeoisie désireuse de se faire construire de nouvelles demeures sur mesure. Ce que les urbanistes n'avaient pas prévu, en revanche, fut le calibre de ces architectes.

## ANTONI GAUDÍ

Le chef de file en était Antoni Gaudí. Né à Reus dans une famille où l'on était dinandier de père en fils, Gaudí fut d'abord initié au travail du métal. Enfant de constitution fragile, il souffrait entre autres de rhumatismes, et devint rapidement végétarien. Il n'avait rien d'un étudiant prometteur, et lorsqu'il décrocha son diplôme d'architecture en 1878, le directeur de l'école aurait dit : "Seul l'avenir nous dira si nous avons accordé un diplôme à un fou ou à un génie."

### La grand livre de la nature

Jeune homme, Gaudí n'aimait rien tant que se promener dans la nature, et il se passionnait pour les plantes, les animaux et la géologie. Cette profonde admiration pour le monde naturel aura une grande influence sur son travail. "Cet arbre est mon professeur", annonça-t-il un jour. "Tout vient du grand livre de la nature." Dans son œuvre, il chercha à imiter l'harmonie qu'il observait dans la nature, fuyant les lignes droites auxquelles il préférait les courbes et les formes plus organiques.

On peut deviner la spirale d'un nautilus dans ses escaliers et les ornements de ses plafonds, le bourgeon d'une fleur dans ses cheminées et les fioritures de ses toits, tandis que ses arcs ondulants évoquent une grotte, le chevauchement de ses tuiles imite les écailles d'un tatou et les courbes de ses murs s'apparentent à des vagues. Branches d'arbre, toiles d'araignée, stalactites, rayons de miel, étoiles de mer, ailes chatoyantes d'un scarabée et bien d'autres éléments empruntés à la nature sont la signature de Gaudí.

## Catholique et catalan

Gaudí était un fervent catholique et un nationaliste catalan. En dehors de la nature, il tirait son inspiration des grandes églises médiévales de Catalogne et s'enorgueillissait d'employer les matériaux présents dans la campagne catalane : argile, pierre et bois. Contrairement à ce que son architecture pourrait laisser croire, Gaudí menait une existence simple et n'hésitait pas à frapper aux portes et à littéralement faire l'aumône pour financer la construction de sa cathédrale.

En poussant ses recherches toujours plus loin, Gaudí s'imposa comme une figure à part dans ce mouvement. Ses convictions religieuses devinrent sa principale motivation et lorsqu'il entreprit la conception de la Sagrada Família, il entra dans une sorte de retraite mystique, vivant en reclus au cœur même du chantier. Il mourut en 1926, renversé par un tramway alors qu'il se rendait à l'église Sant Felip Neri comme tous les matins. Pris pour un mendiant en raison de son aspect négligé et de ses poches vides (à l'exception d'une pelure d'orange), Gaudí fut conduit à un hôpital voisin où il fut confié à une unité pour indigents. Il rendit l'âme deux jours plus tard. Des milliers de personnes assistèrent à ses funérailles, une longue procession jusqu'à la crypte de La Sagrada Família où il fut enterré.

À l'instar de son chef-d'œuvre, La Sagrada Família, l'histoire de Gaudí est loin d'être terminée. En mars 2000, le Vatican engagea son procès en béatification et des pèlerins se rendent déjà sur sa tombe pour lui rendre hommage. L'un des sculpteurs-clés travaillant sur le chantier de la Sagrada Família, le Japonais Etsuro Sotoo, s'est converti au catholicisme par adoration pour Gaudí.

## Les créations de Gaudí

Malgré un ancrage pragmatique, l'œuvre de Gaudí est caractérisée par une forte dimension chimérique, presque surréaliste. La Casa Batlló, immeuble d'habitation privé, en est un parfait exemple : les lignes droites n'y ont pas droit de cité. Le réel et l'irréel se confondent, le rêve et la réalité s'enchevêtrent. En fonction de l'endroit d'où vous observez la façade, vous apercevrez saint Georges (l'un des saints patrons de Barcelone) combattant un dragon, un superbe poisson aux couleurs chatoyantes (symbole des peuples de la Méditerranée) ou les éléments d'un joyeux défilé de carnaval.

Gaudí semble avoir pris un plaisir tout particulier à composer ses toits. Sur celui du palais Güell, toutes sortes de cheminées en mosaïque colorée, aux formes fantastiques, se dressent tels de gigantesques bourgeons que l'on croirait tout droit sortis d'*Alice au pays des merveilles*.

## La Sagrada Família

L'ultime chef-d'œuvre de Gaudí est la Sagrada Família, dont les travaux débutèrent en 1882. On y perçoit l'aboutissement de nombreuses idées développées par l'architecte au fil des ans. Son échelle massive évoque

L'écrivain britannique George Orwell était insensible aux charmes de la Sagrada Família, qu'il décrivit comme "l'un des édifices les plus laids du monde". Au sujet de l'une de ses visites à Barcelone pendant la guerre civile espagnole, il écrit : "Je trouve que les anarchistes ont fait preuve de mauvais goût en n'y posant pas de bombe."

ANTONI GAUDÍ ET LES MODERNISTES ANTONI GAUDÍ

la grandeur des cathédrales gothiques de Catalogne, tandis que ses éléments organiques mettent en avant une harmonie avec la nature.

La façade de la Nativité, la seule achevée du vivant de Gaudí, reproduit des dizaines d'espèces de plantes et des tortues soutiennent deux des piliers principaux. À l'intérieur, d'imposants piliers hélicoïdaux s'élancent tels de gigantesques troncs d'arbres à des angles dynamiques, déployant leurs branches à mesure qu'ils approchent du plafond pour figurer un feuillage. Les superbes vitraux créent un jeu de lumières colorées, du rouge flamboyant au doré, en passant par des verts et des bleus profonds ; certains n'ont pas été teintés pour symboliser la pureté.

L'édifice est truffé de symboles, reflétant la foi catholique de Gaudí au moyen de truchements architecturaux : les 18 clochers symbolisent Jésus, la Vierge, les quatre évangélistes et les douze apôtres. Les trois façades représentent la vie de Jésus, sa mort et sa résurrection. Même leur orientation a été pensée : la façade de la Nativité fait face à l'est où le soleil se lève ; celle de la Passion évoquant la mort du Christ se trouve à l'ouest où le soleil se couche.

Les costumiers de George Lucas se seraient inspirés des étranges cheminées de la Pedrera pour concevoir le personnage de Dark Vador et les soldats de l'Empire.

## DOMÈNECH I MONTANER

Bien qu'éclipsé par Gaudí, Lluís Domènech i Montaner (1850-1923) fut l'un des grands maîtres du mouvement moderniste. Ce grand voyageur était d'une intelligence rare, et ses connaissances multiples et variées allaient de la minéralogie à l'héraldique médiévale. Professeur d'architecture, c'était également un écrivain prolifique et un politicien nationaliste. La question de l'identité catalane et de l'instauration d'une architecture nationale habitait Domènech i Montaner, qui conçut plus d'une douzaine d'œuvres d'envergure au cours de sa vie.

L'exubérant palais de la Musique catalane à l'ossature d'acier est l'un de ses chefs-d'œuvre. La façade, trouée de fenêtres gothiques ouvragées, est ornée de motifs floraux (Domènech i Montaner étudia également la botanique) et de sculptures représentant aussi bien des personnages du folklore catalan et des célébrités du monde de la musique que des Barcelonais ordinaires. À l'intérieur, le visiteur est soufflé par ses colonnades recouvertes de délicats motifs floraux, ses murs et son plafond de verre coloré, et son avant-scène roulante conçue comme une gigantesque sculpture rendant hommage aux grandes épopées musicales.

L'autre grand chef-d'œuvre de Domènech i Montaner est l'hôpital de la Santa Creu i de Sant Pau, à la façade recouverte de mosaïques étincelantes, dont les vitraux distillent une lumière dorée dans le vestibule (à l'instar de Matisse, Domènech i Montaner croyait aux pouvoirs thérapeutiques de la couleur). Les ornements floraux, la prolifération de sculptures et les dômes ouvragés créent une remarquable impression de beauté structurelle.

## PUIG I CADAFALCH

Comme Domènech i Montaner, Josep Puig i Cadafalch (1867-1956) était un esprit universel. Cet archéologue expert en art roman fut également l'un des architectes les plus prolifiques de Catalogne. En tant qu'homme politique – et, plus tard, en tant que président de la Mancommunitat de Catalunya – il contribua à façonner le mouvement nationaliste catalan.

## MODERNISME ET IDENTITÉ CATALANE

Le mouvement moderniste ne s'est pas limité à Barcelone. Il eut pour équivalent le Modern Style en Grande-Bretagne, l'Art nouveau en France, le style Liberty en Italie, le Jugendstil (Jeune style) en Allemagne et la Sezession (Sécession) en Autriche. Ces mots – moderne, nouveau, liberté, jeune et sécession – caractérisaient en effet parfaitement le dynamisme et l'esprit de rébellion de ce style. Dénominateur commun de ces tendances, les courbes prédominaient, symboles de mouvement, de lumière et de vitalité. On les retrouve dans la peinture, la sculpture et les arts décoratifs. Ce leitmotiv a largement imprégné la pensée Art nouveau, également influencée par des principes ancestraux de l'art japonais.

Il y a toutefois quelque chose de trompeur dans l'appellation "modernisme", qui suggère l'adoption de nouveaux modèles et le rejet des anciens. Rien de plus faux en réalité. Gaudí et les architectes modernistes qui lui ont succédé se sont largement inspirés du passé. Attachés à faire la synthèse des styles gothique, islamique et Renaissance, ils en transcendèrent les règles pour créer des assemblages nouveaux et imprévus.

Mis à part l'esthétique, le mouvement moderniste est directement lié à la politique car il devint un moyen d'expression de l'identité catalane. Il ne toucha guère le reste de l'Espagne, et les bâtiments modernistes en dehors de la Catalogne sont souvent l'œuvre d'architectes catalans.

Près de 2 000 édifices à Barcelone et en Catalogne affichent des éléments modernistes. De nombreux types d'édifices, des riches demeures bourgeoises aux églises, en passant par des hôpitaux et des usines, furent construits dans ce "style", un terme qui ne rend pas justice à l'ampleur flamboyante de l'éclectisme auquel on assista.

L'un de ses nombreux chefs-d'œuvre modernistes est la Casa Amatller, qui offre un contraste saisissant avec son édifice voisin, la Casa Batlló de Gaudí. Chez Puig i Cadafalch, la ligne droite est maîtresse et les influences étrangères incontestables (les pignons s'inspirent de ceux que l'on trouve aux Pays-Bas). En l'ornant de sculptures gothiques, Puig i Cadafalch obtint un bâtiment d'une beauté et d'une inventivité saisissantes.

Parmi les plus grandes œuvres de Puig i Cadafalch figure également la Casa Martí (plus connue sous le nom d'Els Quatre Gats), l'un des premiers édifices modernistes de Barcelone (à partir de 1896), avec des fenêtres gothiques ouvragées et de fantasques ornements en fer forgé. L'architecte était passionné de design industriel, comme en témoigne la Fàbrica Casaramona (usine Casaramona), un imposant bâtiment de brique s'apparentant davantage à une forteresse médiévale qu'à une usine. Elle abrite désormais l'excellent musée CaixaForum.

La technique du *trencadís* fut inventée par les Arabes, mais Gaudí fut le premier architecte à l'employer. Elle consiste en la création d'une gaine aux allures de mosaïque à partir de morceaux de céramique, de verre ou de poterie brisés pour recouvrir des toits, plafonds, cheminées, bancs, sculptures ou toute autre surface.

## MATÉRIAUX ET DÉCORATIONS

Les techniques traditionnelles et artisanales furent remises à l'honneur par les modernistes, qui n'utilisaient jamais le béton – contrairement à ce qui se fait aujourd'hui à la Sagrada Família. Ces architectes d'avant-garde utilisaient la brique brute pour les murs, le fer et l'acier apparents dans les charpentes, le verre, la céramique et la mosaïque dans la décoration. C'est d'ailleurs dans la décoration que l'originalité du mouvement moderniste s'affirme souvent le plus.

Les artisans appelés sur les chantiers, dignes héritiers des corporations médiévales, appliquaient leur savoir-faire à des matériaux comme l'acier et le fer forgé. Soucieux de perpétuer leurs techniques ancestrales, Gaudí fit du chantier de la Sagrada Família une véritable école dans laquelle il les enseigna.

C'est aussi à l'époque du mouvement moderniste que se développa l'architecture métallique. Les grandes halles de Barcelone, comme le marché de la Boqueria, le marché de Sant Antoni et le marché de la Llibertat, furent construites pour protéger les denrées du soleil par leurs grandes voûtes de fer. Mais, au-delà de cet aspect pratique, ces architectures métalliques inscrivent dans l'espace la modernité de Barcelone, en imposant des matériaux nouveaux dans les lieux publics.

Le sculpteur Eusebi Arnau (1864-1933), formé à Rome, fut appelé à travailler sur les chantiers modernistes de Barcelone. On lui doit notamment la décoration de l'hôpital de la Santa Creu i de Sant Pau, et il a contribué à celle du palais de la Musique catalane et de la Casa Amatller.

# Architecture olympique et contemporaine

**La dernière révolution architecturale barcelonaise commença dans les années 1980. La nomination par le gouvernement socialiste d'un ponte de l'architecture, Oriol Bohigas, à la tête du projet d'urbanisme de la ville marqua un tournant. Barcelone entama alors l'une de ses plus grandes phases de rénovation urbaine depuis la grisante époque de L'Eixample.**

## BARCELONE DEPUIS LES JEUX OLYMPIQUES

La plus grande métamorphose urbaine de ces dernières années se produisit dans la période qui précéda les Jeux olympiques de 1992. Plus de 150 architectes travaillèrent d'arrache-pied sur près de 300 projets ! La ville changea radicalement de visage avec la construction d'immenses axes routiers et la rénovation de quartiers entiers qui en avaient cruellement besoin. Utilisant une manœuvre plutôt habile, la ville utilisa des fonds nationaux pour financer des travaux d'amélioration urbaine que Madrid n'aurait jamais approuvés en temps normal. Des kilomètres de front de mer en friche, notamment le Port Vell, furent transformés en des plages flambant neuves : soudain, Barcelone disposait de biens immobiliers de luxe en bord de mer. La longue route qui menait à un Montjuïc renaissant de ses cendres prit toute son ampleur avec le réaménagement du stade olympique et la construction de bâtiments emblématiques comme la Torre Calatrava de Santiago Calatrava.

Après 1992, le rythme ralentit, mais l'on continua à construire des édifices en des points stratégiques, l'idée étant d'aider les quartiers concernés à émerger par leurs propres moyens. La plus emblématique de ces réalisations est le musée d'Art contemporain de Barcelone (Macba), qui a ouvert en 1995. Imaginé par l'architecte américain Richard Meier, le musée incorpore tous les éléments caractéristiques qui ont fait sa renommée – minimalisme géométrique, utilisation pénétrante d'un blanc omniprésent, du verre et de l'acier – et reste l'objet de débat dans les cercles architecturaux.

Un accueil plus unanime fut réservé au Théâtre national de Catalogne, superbe édifice mi-néoclassique mi-moderne inauguré en 1996. Flanqué de 26 colonnes, surmonté d'un toit à pignon unique et précédé d'imposantes marches, le théâtre rappelle les temples grecs, bien que son extérieur de verre apporte une impression d'ouverture et de lumière.

Le World Trade Center d'Henry Cobb, à la pointe d'un quai avançant dans les eaux du Port Vell, a été éclipsé par le nouvel hôtel W de Ricardo Bofill, aux allures de voile de bateau, tourné vers la mer, à l'extrémité sud des plages de La Barceloneta.

**Les bâtiments contemporains les plus réussis**

*Torre Agbar (p. 123) (La Barceloneta)*

*Théâtre national de Catalogne (p. 154) (L'Eixample)*

*Marché de Santa Caterina (p. 107) (La Ribera)*

*W Barcelona (p. 218) (La Barceloneta)*

*Santos Porta Fira (Llobregat)*

*Edifici Fòrum (Plaça de Llevant)*

*Las Arenas (Plaça d'Espanya)*

## L'ART EN PLEIN AIR

Barcelone s'enorgueillit d'une myriade de sculptures de rue, de *Dona i Ocell* (*Femme et oiseau*), de Miró, datant de 1983 et installé dans le parc dédié à l'artiste, à *Peix* (*Poisson*) de Frank Gehry, un poisson sans tête couleur cuivre, qui scintille face au Port Olímpic. Au milieu de La Rambla, à hauteur de la Plaça de la Boqueria, vous pourrez marcher sur la *Mosaïque de Miró*.

Picasso a laissé son empreinte sur la façade du Col.legi de Arquitectes, en face de la cathédrale dans le Barri Gòtic. En chemin, vous croiserez *La Cara de Barcelona* (Le Visage de Barcelone) de Roy Lichtenstein, au Port Vell, au bout de la Via Laietana, et l'énorme *El Gat* (Le Chat) de Fernando Botero sur la Rambla del Raval.

Rejoignez le front de mer de La Barceloneta à pied pour jeter un œil à l'empilage précaire de cubes rouillés composant l'*Homenatge a la Barceloneta* (Hommage à la Barceloneta, 1992) de l'artiste Rebecca Horn, en référence aux vieilles cabanes s'alignant autrefois le long du front de mer. Un peu plus au sud, l'*Homenatge als Nedadors* (Hommage aux nageurs) est une œuvre complexe en métal d'Alfredo Lanz, figurant des nageurs et des plongeurs.

Autre hommage, plus ancien puisqu'il date de 1983, celui d'Antoni Tàpies à Picasso, sur le Passeig de Picasso. L'*Homenatge a Picasso* est un cube de verre rempli... d'ordures, posé dans un bassin. Le *David i Goliat*, d'Antoni Llena, est une énorme sculpture de tubes et de feuilles de métal, érigée dans le parc des Cascades à côté des deux gratte-ciel du Port Olímpic. Elle ressemble vaguement à un cerf-volant d'Halloween. Derrière, l'Avinguda d'Icària est ponctuée par les *Pergoles* d'Enric Miralles – d'étranges éléments en métal tordu.

Et quelle est cette créature pensive, gracieusement assise au bas de La Rambla de Catalunya ? Cette statue d'un taureau en pleine réflexion est sobrement intitulée *Méditation* ; on est bien loin du *Penseur* de Rodin !

L'une des plus célèbres œuvres d'art public est *Gamba* (Crevette, même s'il s'agit en réalité d'une écrevisse), de Xavier Mariscal, sur le Passeig de Colom. Installée en 1989 sur le toit du bar Gambrinus, à une époque où la rue était bordée de bars créés par des designers très prisés, elle est devenue une sorte de symbole des restaurants de fruits de mer (elle a été restaurée en 2004).

Nul ne regrette la période préolympique, lorsque le front de mer n'était qu'un terrain vague dangereux et pollué. Il s'en trouve néanmoins quelques personnes pour déplorer la disparition de ses vieux restaurants délabrés montés sur pilotis, où étaient servis des fruits de mer que les moins difficiles trouvaient succulents.

L'un des projets les plus ambitieux de la dernière décennie est le Diagonal Mar. Un quartier entier a été construit en bord de mer, au nord-est de la ville. On compte surtout des gratte-ciel d'habitation, des tours de bureaux en bord de mer et des hôtels 5-étoiles – dont l'Hotel Me du Français Dominique Perrault. Portant l'immense panneau photovoltaïque qui fournit une partie de l'électricité du quartier, l'Edifici Fòrum, grand bâtiment bleu triangulaire des architectes suisses Herzog et de Meuron, est l'ouvrage le plus frappant. La majeure partie du quartier a été terminée en 2004, mais cette zone continue d'évoluer et de nouveaux bâtiments sont encore construits.

En 2005, un concombre étincelant apparut dans le paysage : la Torre Agbar, conçue par l'architecte français Jean Nouvel, est emblématique de la volonté de la ville de faire une zone high-tech du secteur 22@.

Au sud-ouest, sur la route de l'aéroport, l'espace d'expositions commerciales Fira M2, qui longe la Gran Via de les Corts Catalanes, est désormais agrémenté de deux tours rouges torsadées (l'une abrite l'hôtel Santos Porta Fira, l'autre des bureaux) dessinées par la star de l'architecture japonaise, Toyo Ito, fidèle admirateur de Gaudí.

Le quartier de La Ribera a aussi eu le droit à son dépoussiérage avec le marché de Santa Caterina, flambant neuf. Le bâtiment, conçu par Enric Miralles, mérite le détour, avec son plafond ondulant en céramique et sa structure tubulaire. L'Edifici de Gas Natural, dernière création de cet architecte mort prématurément en 2000, est une tour en verre de 100 m de hauteur, proche du bord de mer à La Barceloneta. Sa façade semblable à un miroir est extraordinaire, de même que les bâtiments annexes, qui s'apparentent à d'énormes falaises de verre surgissant du côté de la tour principale.

## BARCELONE DEMAIN

Bien que la crise économique ait ralenti le rythme des travaux, d'importants projets prennent lentement tournure à travers la ville. Le réaménagement complet du rond-point de la Plaça de les Glòries Catalanes et de ses environs est le dernier en date, dont l'objectif est de revitaliser le quartier et d'en faire une zone d'attrait touristique. Une métamorphose radicale est prévue, dont la mise en œuvre a été confiée au cabinet d'architectes MBM (Martorell, Bohigas et Mackey). Elle prévoit la démolition d'une disgracieuse autoroute surélevée, l'enfouissement de grandes artères et la création de nouveaux parcs et d'une gare souterraine. Au cœur de cet espace réaménagé trônera le Disseny Hub (musée des Arts appliqués), un projet audacieux et durable, vaguement futuriste, consistant en un bâtiment en porte-à-faux à la structure métallique. Sa silhouette plutôt imposante, aux contours d'enclume, dominera le nouvel espace vert agrémenté d'un petit lac. Plus à l'est, les travaux de la tour Spirale projetée par Zaha Hadid ne font que qu'ajouter au futurisme de la ville, en espérant que cette architecture avant-gardiste stimulera le développement du secteur 22@.

Le paysage change à toute allure dans le secteur Diagonal Mar/ Fòrum, où le dernier ajout en date est un prisme trapézoïdal de 24 étages, d'un blanc éclatant, accueillant le siège de Telefónica, la compagnie téléphonique nationale. Surnommée Torre ZeroZero, l'œuvre d'Enric Massip-Bosch surprend au premier abord par son aspect bidimensionnel. Peu de temps après l'achèvement des travaux en 2011, la tour a reçu le prix LEAF (Leading European Architects Forum) du bâtiment commercial de l'année.

Plus éloigné du centre, le quartier longtemps négligé de La Sagrera verra bientôt la construction d'un échangeur de première importance pour l'AVE, le train à grande vitesse en provenance de Madrid. Le réseau métro-bus sera complété par un projet signé Frank Gehry consistant en cinq tours ondulantes de verre et d'acier, en grande partie alimentées par l'énergie solaire. Une fois terminée La Sagrera sera la plus grande gare ferroviaire d'Espagne.

Dans une démarche de recyclage louable, l'architecte britannique lord Richard Rogers a transformé Las Arenas, les anciennes arènes de la Plaça d'Espanya, en un complexe de loisir original avec boutiques et cinémas inauguré en 2011, tout en conservant la façade originale de brique rouge aux accents mauresques du XIXe siècle. L'attrait principal de l'édifice est probablement son toit, doté d'une promenade et bordé de cafés et de restaurants, qui jouit d'une vue panoramique à 360°.

Des projets plus extravagants ont néanmoins dû être abandonnés avec l'intensification de la crise économique. Ainsi, le nouveau président du Barça a tiré un trait sur l'incroyable projet de restauration du Camp Nou imaginé par Norman Foster. Le projet, qui prévoyait de faire du stade une sorte de génoise phosphorescente et kaléidoscopique, a été définitivement abandonné.

L'éminent architecte et urbaniste britannique lord Richard Rogers a déclaré en 2000 que Barcelone était "peut-être la ville la plus réussie du monde en termes de rénovation urbaine".

# Musique et danse

**Conciliant traditions et avant-garde, la scène musicale et chorégraphique de Barcelone assume sa diversité. Entre la *Nova Cançó*, née aux heures les plus noires de la dictature, la rumba de Catalogne, pétrie d'influences, et les balades rock des années 1970 et 1980 invitant à se déhancher, la musique barcelonaise se réinvente constamment. Les groupes contemporains continuent de transcender les genres musicaux, mêlant des rythmes empruntés au monde entier. Côté danse, le flamenco jouit d'une étonnante popularité, tandis que la *sardane*, danse folklorique traditionnelle, revient en vogue, séduisant un public toujours plus grand.**

À l'époque où la *Nova Cançó* prenait pour cible le régime de Franco, des chanteurs folkloriques d'Amérique latine dénonçaient leurs propres dictatures militaires corrompues. Les chansons d'artistes légendaires comme Victor Jara au Chili, Mercedes Sosa en Argentine et Chico Buarque au Brésil contribuèrent à fédérer le public dans la lutte contre l'oppression.

## MUSIQUE CONTEMPORAINE

### Nova Cançó

Paradoxalement, c'est probablement la répression de Franco qui a le plus contribué au dynamisme de la scène musicale en catalan. Pendant les sombres années 1950, le mouvement *Nova Cançó* (Nouvelle Chanson) est né de la volonté de résister à l'oppression linguistique au moyen de la musique en catalan (pendant longtemps, il était quasiment impossible de la diffuser à la radio). Ainsi sont apparues de véritables stars, qui ont parfois gagné la reconnaissance du public dans toute l'Espagne, comme ce fut le cas pour Raimon (né à Valence en 1940).

Particulièrement apprécié en Catalogne, Lluís Llach était dans les années 1960 un auteur-compositeur contestataire dans la veine de Bob Dylan et dont presque tous les textes exprimaient son opposition au régime. Joan Manuel Serrat est une autre figure de légende, écouté de Barcelone jusqu'à Buenos Aires. Né dans le quartier d'El Poble Sec, ce chanteur-poète est tout aussi à l'aise en catalan qu'en espagnol. À maintes reprises, il a prouvé que les ventes de disques n'étaient pas sa priorité. En 1968, il refusa de représenter l'Espagne à l'Eurovision s'il n'était pas autorisé à chanter en catalan. Il fut accusé d'être antiespagnol, et ses concerts ont pendant longtemps été interdits en Espagne.

---

### NOSTALGIE CUBAINE

La plus ancienne tradition musicale à avoir survécu, dans une certaine mesure, en Catalogne est celle des *havaneres* (de La Havane) – des chansons nostalgiques et des chants de marins mélancoliques, rapportés de Cuba par des Catalans qui y vivaient, y voyageaient et y faisaient des affaires au XIXe siècle. Même après que Cuba se fut libérée du joug espagnol en 1898, la tradition *havanera* (un mélange de rythmes européens et cubains) persista. Une occasion en or pour découvrir ces chansons se présente lors de la *Cantada d'Havaneres*, un concert se tenant en soirée dans la ville de Calella de Palafrugell, sur la Costa Brava, début juillet. Peut-être aurez-vous la chance de tomber sur un spectacle ailleurs sur la côte ou même à Barcelone, mais il n'existe pas de programmation officielle.

**LE RETOUR DE LA RUMBA**

Dans les années 1950, un nouveau son mêlant le flamenco aux rythmes de la salsa et autres sonorités latinos fit son apparition dans les cercles *gitanos* (gitans) des bars de Gràcia et du Barri Gòtic : la rumba catalane. La figure emblématique de ce mouvement fut Antonio González, dit El Pescaílla et marié à la star du flamenco Lola Flores. Malgré la renommée locale que ce dernier acquit, l'homme qui porta ce style éminemment barcelonais devant un plus large public (et même à l'international) fut Peret, un gitan né à Matarò. Cependant, à la fin des années 1970, la rumba catalane commença à s'essouffler. Peret s'était tourné vers la religion et El Pescaílla vivait dans l'ombre de Flores à Madrid. C'est alors que Javier Patricio "Gato" Pérez, né à Buenos Aires, découvrit la rumba en 1977 et lui apporta une touche personnelle. Ses nombreux disques, dont *Atalaya*, remportèrent beaucoup de succès jusqu'au début des années 1980. Avec la disparition de Pérez, la flamme de la rumba semblait complètement éteinte. Et pourtant, ces dernières années, on a vu émerger de nouveaux groupes de rumba, souvent très éclectiques. Papawa, Barrio Negro et El Tío Carlos sont autant de noms à retenir. Certains mixent la rumba avec d'autres sonorités, du reggae au ragga.

## Rock Català

Les années 1980 ont vu émerger une nouvelle tendance rock, le *Rock Català*, qui a pour principale caractéristique d'être chanté en catalan et de s'adresser à un public local. Parmi les groupes les plus populaires des dernières années, citons Sau, Els Pets, Lax'n Busto et Obrint Pas, de Valence.

Le duo barcelonais Pinker Tones a obtenu le succès international grâce à un mélange éclectique de musique électronique, allant de la dance étourdissante aux bandes originales de film. Macaco est un autre groupe de Barcelone dont les influences et la renommée traversent les frontières. Interprété en différentes langues (catalan, espagnol, anglais et portugais, entre autres), leur rock mêle des accents latins et électro. C'est à ce genre de musique que l'expression "*son d'El Raval*" (d'après le nom de ce quartier de la vieille ville resté un rien sulfureux) fait allusion.

Le duo masculin Estopa, originaire de Cornellà, dans la banlieue sud de Barcelone, a fait un tabac à travers toute l'Espagne. Ces deux frères guitaristes jouent un rock espagnol épuré, parfois coloré de touches flamenco. Pastora est un trio barcelonais qui diffuse avec succès une pop espagnole tout en douceur, mélange de sonorités acoustiques et électroniques.

Né à Sabadell, Albert Pla est actuellement l'un des chanteurs-compositeurs les plus controversés de la scène nationale, jonglant entre ses chansons aux paroles sans détour, le théâtre et le cinéma.

Né à El Raval, Cabo San Roque est un groupe plus expérimental encore, intégrant sonorités variées, rythmes puissants et accents mécaniques, employant souvent des instruments insolites, à la John Cage, dans leurs spectacles d'avant-garde. Lors d'un concert, les cinq membres partagèrent la scène avec un lave-linge polyphonique mû par une chaîne de vélo.

Autre grand nom d'El Raval, 08001 porte le nom du code postal du quartier. Ce collectif en perpétuelle évolution réunit des musiciens des quatre coins du monde, mêlant des sons inhabituels empruntés au hip-hop, au flamenco, au reggae et au rock à des styles venus du Maroc, d'Afrique de l'Ouest, des Caraïbes et d'ailleurs.

**Les meilleurs albums**

*Techari*, Ojos de Brujo

*Verges 50*, Lluís Llach

*Wild Animals*, Pinker Tones

*Voràgine*, 08001

*Rey de la Rumba*, Peret

*La Diferencia*, Albert Pla

*X Anniversarium*, Estopa

## CLASSIQUE, OPÉRA ET BAROQUE

La contribution de l'Espagne au monde de la musique classique est relativement modeste. Patrie de quelques compositeurs hors pair, la Catalogne est l'exception qui confirme la règle. L'un des plus connus est probablement Isaac Albéniz (1860-1909), talentueux pianiste-compositeur né à Camprodon, dont le cycle *Iberia* constitue l'œuvre la plus célèbre.

La plus grande voix de Barcelone est évidemment Montserrat Caballé. Née dans le quartier de Gràcia en 1933, la soprano a fait ses débuts à Bâle, en Suisse, en 1956. Quatre ans plus tard, sa ville l'acclamait au Gran Teatre del Liceu. En 1965, elle reçut la consécration au Carnegie Hall de New York. Elle reste aujourd'hui l'une des plus grandes sopranos du monde. Montserrat Martí, sa fille, est également chanteuse et elles se produisent parfois ensemble. Autres voix exceptionnelles, celle de la soprano catalane Victoria de los Ángeles (1923-2005) et celle du célèbre ténor Josep (José) Carreras, qui a lui aussi conquis le monde entier.

Jordi Savall s'attache à redécouvrir les compositeurs baroques et prébaroques européens. Avec la soprano Montserrat Figueras, son épouse aujourd'hui décédée, et des musiciens d'autres pays, il est parvenu à sensibiliser nos oreilles aux harmonies médiévales, Renaissance et surtout baroques. Jordi Savall a fondé en 1987 La Capella Reial de Catalunya et formé deux ans plus tard l'ensemble Le Concert des Nations. Ce dernier se produit parfois dans des lieux magiques, notamment dans l'Església de Santa Maria del Mar.

## DANSE

### Flamenco

Ceux qui pensent que la passion du flamenco constitue l'apanage de l'Andalousie ont tort. Les gitans (*gitanos*) voyagent et certaines stars du flamenco sont originaires de Catalogne. Les gitans étaient d'ailleurs présents dans la région bien avant l'immigration massive des Andalous, dans les années 1960. L'arrivée de ces derniers a toutefois entraîné l'ouverture d'un grand nombre de bars à flamenco.

L'une des plus grandes *bailaoras* (danseuses de flamenco) de tous les temps, Carmen Amaya (1913-1963), est née dans le quartier de l'actuel Port Olímpic. Elle a dansé dans les rues et les bars de La Rambla avant la guerre civile, accompagnée à la guitare par son père. Beaucoup d'autres grands noms du flamenco actuel ont été formés dans des écoles de Barcelone. C'est le cas des danseurs Antonio Canales et Joaquín Cortés. Parmi les autres grandes stars du flamenco catalan, les *cantaores* (chanteurs) Juan Cortés Duquende et Miguel Poveda. Ce dernier, originaire de Badalona, a pris une initiative intéressante en 2006 en enregistrant un album de flamenco, *Desglaç*, en catalan. Autre voix intéressante, celle de Ginesa Ortega Cortés (née en France). Sa maîtrise des genres traditionnels ne l'empêche nullement de s'essayer à d'autres styles de musique. En 2002, son album *Por los Espejos del Agua* contenait une version reggae de flamenco. Elle a également chanté des arrangements flamencos de chansons de Joan Manuel Serrat et de Billie Holiday.

Un ensemble formidable, absolument inclassable, s'est formé à Barcelone en 1996. Ojos de Brujo ("Yeux de sorcier") regroupe sept hommes et une femme produisant un mélange de flamenco, de rumba, de rap, de reggae et de musique électronique.

## Sardane

La sardane (*sardana*) est la danse traditionnelle de la Catalogne. Elle est originaire de la région de l'Ampurdán (Empordà en catalan), à l'extrême nord de la Catalogne. Beaucoup plus sobre que le flamenco, elle s'apparente néanmoins à d'autres danses folkloriques du pourtour méditerranéen.

Placés en cercle, les danseurs se donnent la main et attendent que la dizaine de musiciens qui les accompagnent commencent à jouer. C'est le *flabiol*, une petite flûte de bois, qui débute. Lorsque les autres musiciens se joignent à elle, les danseurs commencent : une série de pas à droite, un pas en arrière, puis la même chose à gauche. Plus le rythme s'accélère, plus les pas se compliquent, plus les danseurs sautent haut et lèvent les bras. Puis ils reviennent peu à peu aux pas initiaux et recommencent. Si d'autres personnes veulent les rejoindre, les danseurs les intègrent à la ronde sans s'arrêter et la danse continue.

# Cuisine catalane

La cuisine pourrait constituer à elle seule une raison de venir à Barcelone, l'un des meilleurs endroits du pays pour découvrir ce que les journalistes spécialisés ont baptisé la *nueva cocina española*, que l'on désigne en France sous l'appellation de "cuisine moléculaire". La Catalogne jouit d'une riche tradition gastronomique et sa cuisine est souvent considérée, avec celle du Pays basque, comme la meilleure d'Espagne.

**Ouvrages sur la cuisine catalane**

*Une journée à El Bulli* (Ferran Adrià)

*Le Carnet de cuisine du pays catalan* (Marie Costa)

*La Cuisine des tapas* (Marie-France Chauvirey)

## L'HÉRITAGE CULINAIRE CATALAN

La contribution des Romains à la ville de Barcino ne se limita pas aux voies rectilignes et au système d'égouts. En effet, c'est aux légions que l'on doit l'importation de la vigne et de l'olivier, ainsi que des deux produits phares de la gastronomie catalane : le vin et l'huile d'olive. La sauce *garum*, une autre spécialité romaine obtenue par décomposition des poissons, n'a heureusement pas connu le même succès !

La longue période d'occupation musulmane a fortement marqué la gastronomie hispanique, et on la retrouve notamment dans l'emploi d'épices comme le safran et le cumin, dans les desserts au miel, dans le recours aux amandes et aux fruits confits. L'Amérique du Sud a également inspiré la cuisine, via l'importation de produits nouveaux comme les tomates ou les pommes de terre, sans parler du café et du chocolat.

## LA CATALOGNE, TERRE D'IMMIGRATION

Attirant depuis longtemps les immigrants – d'abord du reste de l'Espagne puis, depuis les années 1990, du monde entier –, Barcelone ne manque ni de restaurants de fruits de mer galiciens ni de bars à tapas basques, sans parler de restaurants proposant des cuisines de tous les pays. Si les restaurants chinois bon marché sont fréquents depuis les années 1990, ces dernières années ont vu l'apparition de nombreux établissements japonais, thaïlandais et indiens, qui se comptaient jusqu'alors sur les doigts de la main.

Aujourd'hui, Barcelone propose des mets des quatre coins de la planète. Les pizzerias, bars à sushis, kebabs, restaurants indiens, thaïlandais ou coréens sont omniprésents. Le nombre de restaurants "non espagnols" à Barcelone a plus que quadruplé depuis le début du XXIᵉ siècle.

Si un serveur vous propose un "pijama", n'allez pas croire qu'il s'agit d'une invitation à rejoindre son lit ! Le *pijama* est en fait l'un des desserts les plus démoniaques du pays : des tranches de pêche (et parfois d'ananas) au sirop, un flan, deux boules de glace (disons fraise et vanille), le tout couvert de chantilly et de chocolat ! Après cela, vous risquez d'avoir besoin de vous allonger un peu.

## LA GÉNÉROSITÉ CATALANE

La cuisine catalane profite d'une grande diversité de produits. Mêlant viande et produits de la mer, les plats *mar i muntanya* (mer et montagne) en sont une bonne illustration. Vivant au bord de la mer, les Barcelonais ont toujours été friands de ses produits. Des écrits romains laisseraient à penser que les huîtres étaient un mets courant dans l'Antiquité. L'importance des terres, et en particulier des Pyrénées, a aussi été à l'origine de plats plus robustes, depuis les roboratifs ragoûts montagnards jusqu'aux saucisses de toutes sortes, en passant par l'omniprésente charcuterie ou les venaisons.

À ces deux influences majeures s'ajoute celle de la France, très présente à travers les sauces.

### Ingrédients de base

Les ingrédients de base sont simples : le pain, l'huile d'olive et, bien sûr, l'ail. L'association des trois, auxquels on ajoute la tomate, donne le *pa amb tomaquet/pan con tomate* (tranche de pain avec un filet d'huile d'olive, frottée à l'ail et à la tomate), dont raffolent les Catalans.

Parmi les nombreuses marques d'huiles locales présentes sur le marché, Borges, produite depuis 1896 à Tàrrega, dans la province de Lérida, est l'une des meilleures. En général, les épices sont utilisées avec discrétion : un plat *picante* est donc tout au plus un peu relevé.

### Produits de la mer

Le poisson et les fruits de mer constituent, bien entendu, une part essentielle de la cuisine locale. Seuls 15% des produits de la mer consommés dans la région proviennent pourtant des eaux catalanes : une grande partie du poisson qui finit sur les tables barcelonaises vient du nord de l'Espagne, de France, du Royaume-Uni et même d'Afrique du Sud (notamment la morue). En 1996, 15% seulement de tous les produits vendus sur le principal marché de Barcelone (Mercabarna) étaient importés. En 2011, plus de la moitié du poisson provenait de l'étranger.

### Le riz, ingrédient vedette

L'ingrédient de base de la paella, le riz, est cultivé non loin des frontières de la ville, dans la région du delta de l'Èbre, au sud de la Catalogne. Les recettes barcelonaises, à base de poisson de la Méditerranée et de viande en provenance des montagnes voisines, sont parmi les meilleures d'Espagne, à l'exception de Valence, bien évidemment.

### Les champignons à l'honneur

Les *bolets* (champignons sauvages) sont très appréciés des gastronomes et nombre de Catalans se lancent à leur recherche quand vient l'automne. On en trouve un très grand nombre d'espèces, les *rovellons* (lactaires délicieux) étant les plus prisés. Les *trompetas de la muerte* (trompettes-de- la-mort) sont répandues en été et à l'automne. On pourra en apprécier les nombreuses variétés en se rendant au marché de la Boqueria, autour du mois d'octobre.

### Fromages

Les principales zones de production de fromages sont la Seu d'Urgell, la Cerdagne (Cerdanya) et le Pallars, dans le nord-ouest. Les fromages traditionnels se font de plus en plus rares, mais l'on en trouve encore de bons comme le *formatge de tupí*, un fromage de chèvre à l'huile d'olive.

### Influences italiennes

La *coca* catalane est une sorte de galette plate et ovale. Salée, elle sera la plupart du temps agrémentée de tomates, d'oignons, de poivrons et, parfois, de sardines. Sucrée, elle est en général à base d'amandes et se vend souvent lors des fêtes populaires (par exemple en juin, pour la nuit de la Saint-Jean). Les Catalans sont également friands de pâtes et les *canelons* (semblables aux cannellonis italiens) sont un plat courant.

### Tapas

Aux repas conventionnels dans un restaurant, les Barcelonais préfèrent souvent *tapear* (qui se dit aussi *ir de tapeo*, *picar* ou encore *pica-pica*),

Si les végétariens, et surtout les végétaliens, ne sont pas toujours à la fête en Espagne, la capitale catalane ne cesse d'étoffer son offre de restaurants sans viande. Attention, plusieurs salades (comme l'*amanida catalana*) contiennent souvent du jambon ou du thon.

VÉGÉTARIENS

c'est-à-dire grignoter des tapas, ces petits hors-d'œuvre servis dans les bars et que l'on déguste idéalement debout, un verre à la main et en bonne compagnie. Vous pouvez choisir de rester dans un seul établissement ou faire la tournée des bars.

L'origine des tapas viendrait du couvercle (*tapa*) que les cafetiers, particulièrement en Andalousie, posaient autrefois sur les verres afin d'en éloigner les insectes. Il s'agissait alors d'une tranche de pain, à laquelle sont venus s'ajouter divers accompagnements – en général salés pour aiguiser la soif des clients. Si certains bars de Barcelone offrent quelques olives ou autres en-cas gratuits avec les boissons, la règle générale veut que les tapas un tant soit peu élaborées soient payantes.

Les Basques sont installés à Barcelone depuis longtemps, mais, depuis le milieu des années 1990, les bars à tapas basques se sont multipliés de façon exponentielle.

## NUEVA COCINA ESPAÑOLA

Avec leurs laboratoires culinaires, leur vision artistique de la gastronomie et leurs folles variations sur le thème de la cuisine locale traditionnelle, les chefs catalans ont rendu leur région célèbre dans le monde entier.

Ce qui avait commencé comme une petite expérience a donné lieu à une véritable révolution culinaire, en Espagne et dans tous les grands centres gastronomiques du monde. L'un des pontes de la *nueva cocina española* est le chef catalan à l'imagination débridée Ferran Adrià, dont la cuisine servit de laboratoire à de nouvelles méthodes de préparation dès les années 1980-1990.

Il y transformait des mets liquides et solides en mousse, créait des glaces à partir de nitrogène liquide, lyophilisait des aliments pour en obtenir une version concentrée en poudre et employait la sphérification au service de créations ingénieuses et originales. Cette cuisine alchimique fut par la suite baptisée "cuisine moléculaire" et ouvrit la voie à un véritable engouement créatif. De plus en plus de chefs étudièrent les techniques d'Adrià en y ajoutant leurs propres améliorations.

Quel que soit le terme retenu– Adrià préfère qualifier sa technique de "déconstruction" – la créativité y est centrale. Les chefs de la *nueva cocina española* ont pour ambition de créer des plats provocants, mais toujours savoureux. Il s'agit véritablement de gastronomie élevée au rang d'art : les choses les plus familières se muent en quelque chose d'exceptionnel et de nouveau, voire de tout à fait surréaliste.

La traditionnelle *tortilla española* (omelette espagnole) est un bon exemple de déconstruction. Prenez-en les trois ingrédients – œufs, pommes de terre et oignons – et préparez-les séparément en modifiant leur composition traditionnelle. Transformez les pommes de terre en mousse, cuisinez les oignons en purée et créez une sorte de sabayon avec les œufs. Superposez plusieurs couches de ces différents composants, garnissez de miettes de pommes de terre frites et servez dans un verre à xérès : vous obtenez une interprétation inédite de la fameuse *tortilla española*.

Les gastronomes curieux trouveront dans leur assiette du "caviar" d'huile d'olive ; de la glace chaude ; une piña colada à base de mousse de noix de coco, d'ananas lyophilisé et de gel au rhum, servie dans une cuillère ; des olives sphériques (purée d'olives et d'herbes formant une étrange réplique du produit original) ; de la "neige" à base de gaspacho et d'anchois ; du parmesan gélifié transformé en spaghettis ; des gnocchis à la mousse de pomme de terre avec leur consommé de pelures rôties et à crème fouettée, ou des raviolis à la gelée d'eau de mer.

El Bulli, considéré comme l'un des meilleurs restaurants du monde avant sa fermeture en 2011, fit connaître la *nueva cocina española* dans le monde entier. Et pourtant, malgré des prix élevés (formule à 270 € par personne), l'établissement ne généra jamais de bénéfices. Ses seuls profits provenaient de la vente de produits dérivés et des conférences données par son chef Ferran Adrià.

# Vins espagnols et cava

**L'Espagne est, comme la France, un pays d'amateurs de vins et le *vi/vino* (vin) accompagne tout repas digne de ce nom. Qu'il soit *blanc/blanco* (blanc), *negre/tinto* (rouge) ou *rosat/rosado* (rosé), le vin espagnol est souvent assez charpenté, tant à cause du climat que des cépages et des méthodes de vinification. Cela dit, dans de nombreuses régions viticoles, la vieille politique productiviste a cédé la place à une orientation plus qualitative, et ce tout particulièrement en Catalogne.**

**Comme dans le reste de l'Europe viticole, on distingue deux principales catégories de vins : les vins de table et les vins d'appellation d'origine.**

## VINS DE TABLE

Parmi les vins les plus accessibles, le choix va du *vi de taula/vino de mesa* (vin de table) au *vi de la terra/vino de la tierra* (vin de pays), un vin de milieu de gamme provenant d'une région officiellement délimitée. On trouve facilement une bouteille correcte de vin de table pour 5 € dans les supermarchés et chez les cavistes (notamment dans les établissements anciens, espèce en voie de disparition, où les bouteilles sont remplies à la demande). Les tarifs ne sont, bien entendu, pas les mêmes au restaurant. À moins de prendre du *vi/vino de la casa* (vin de la maison), habituellement servi au déjeuner en pichet (litre ou demi-litre), il faut compter un minimum de 10 à 15 € pour une bouteille correcte, et beaucoup plus pour du vin de qualité. Souvent, il est possible de commander du vin *a la copa* (au verre), dans les bars comme dans les restaurants, mais le choix est plus limité.

## VINS D'APPELLATION D'ORIGINE

Si la région et les méthodes de production répondent à des critères stricts, le vin obtient l'appellation *denominación de origen* (ou DO, appellation d'origine) ; la *denominación de origen calificada* (ou DOC, appellation d'origine contrôlée, équivalent de l'AOC française) est attribuée aux meilleurs terroirs. En Catalogne, il existe 12 DO (ou appellations), notamment une régionale (DO Catalunya ; www.do-catalunya.com) et une générale pour le *cava*. Malheureusement, cette classification n'est pas forcément un gage de qualité, et les œnophiles espagnols préfèrent en général se fier à la réputation des producteurs plutôt qu'aux étiquettes.

On pourra, en fin de repas, vous proposer un *chupito* (digestif). Les plus répandus sont la *licor de manzana verde* (à la pomme verte) et la *licor de melocotón* (à la pêche), toutes deux servies glacées et affichant une teneur en alcool de 20 %.

Bien qu'il s'agisse de la boisson la plus appréciée des étudiants espagnols désargentés, le *calimocho*, un mélange de vin premier prix en brique et de Coca-Cola, n'est généralement pas vendu dans les bars.

## TOUS LES CHEMINS MÈNENT AU RHUM

Depuis la fin du XVIIIe siècle, bon nombre d'entrepreneurs catalans se sont enrichis grâce aux plantations de canne à sucre de Cuba ou d'autres anciennes colonies sud-américaines. Cela explique peut-être le goût des Catalans pour le *rom/ron* (rhum). En 1818, la maison Pujol a établi une distillerie de rhum en Catalogne et, depuis, le Ron Pujol est l'une des marques phares de cette boisson. Aujourd'hui, elle produit toutes sortes de rhums et de boissons dérivées, notamment le classique Ron Pujol (42%), le Pujol & Grau (38%, un rhum blanc plus léger) et le Ron 1818, basé sur la recette antillaise d'origine. La Caña Pujol (50%) se rapproche plus de la *cachaça* brésilienne. Mais c'est le *rom cremat* (rhum brûlé), très populaire en été, qui est la recette la plus typiquement catalane : on ajoute au rhum des zestes de citron et de la cannelle, avant de flamber le tout.

## RÉGIONS VITICOLES

On trouve en Catalogne des vins DO de toute la région, mais la plupart sont issus du Penedès, qui produit à lui seul près de deux millions d'hectolitres par an. Le plus grand nom du Penedès est celui de Miguel Torres pour son célébrissime *sangre de toro*, un vin rouge vigoureux vendu dans le monde entier. Les autres zones DO (qui vont de l'Ampurdan, autour de Figueras, au nord, à la Terra Alta, autour de Gandesa, dans le Sud-Ouest) produisent, toutes ensemble, l'équivalent de la moitié de la production du Penedès. Les vins rouges très sombres et intenses du Priorat ont récemment obtenu la DOC, honneur qu'ils ne partagent qu'avec les vins de la province de La Rioja (qui, elle, la détient depuis 1926). Les vins de la région voisine de Montsant sont souvent aussi bons (ou presque) et beaucoup moins chers.

Il y a de nombreux vins catalans à découvrir au-delà du Penedès. Raïmat, dans la zone DO de Costers del Segre (province de Lérida), produit notamment quelques bons vins rouges et plusieurs blancs très corrects. La région de Tarragone offre des vins plus robustes, au contraire de l'Empordà, au nord, qui élabore des vins plus légers et très agréables.

Les principaux cépages utilisés dans les vins catalans sont le macabeo, le grenache et le xarel.lo pour les vins blancs ; le grenache noir, le monastrell et l'ull de llebre (œil de lièvre) pour les rouges. Un nombre croissant de cépages étrangers (chardonnay, riesling, chenin blanc, cabernet sauvignon, merlot, pinot noir...) sont également utilisés.

## CAVA

La majeure partie de la production du Penedès est constituée de vin blanc. Le plus connu est le *cava*, une version locale (et très prisée) du champagne dont les deux plus gros producteurs, Freixenet et Codorníu, jouissent de solides marchés d'exportation. Les connaisseurs préfèrent toutefois les producteurs plus petits et moins connus.

## SANGRIA

Célèbre mélange de vin rouge et de fruits (auquel on ajoute en général de la cannelle et une goutte d'eau-de-vie), la sangria est une délicieuse boisson qui se boit facilement, aussi gare aux têtes qui tournent ! Ses origines remontent à une époque où la qualité du vin laissait grandement à désirer : il fallait le sucrer pour masquer son goût de vinaigre. La *sangría de cava* est une version plus chic de la simple sangria, élaborée à partir du *cava*, le fameux vin blanc pétillant catalan. Le *tinto de verano* est un mélange de vin rouge et de Casera, une marque de *gaseosa* (sorte de limonade), particulièrement apprécié pour son côté rafraîchissant lors des déjeuners d'été.

## ACCORDS METS ET VINS

➡ Rien n'est plus facile à assortir qu'un verre de *cava*, qui se marie notamment parfaitement avec les tapas : moules, crevettes, crabe et autres fruits de mer. Autre excellent choix pour accompagner les tapas, l'*albarino* est un vin léger et un peu fruité provenant du nord-ouest de l'Espagne.

➡ Dans les bars à tapas de style basque, la boisson de prédilection est le *txacolí*, un vin blanc sec légèrement pétillant produit dans le Pays basque (et dans plusieurs autres provinces du Nord). Il accompagne par exemple idéalement les tapas de poissons (notamment les anchois).

➡ Les rosés (*rosats*) catalans sont généralement plus robustes, plus sombres et un peu plus intenses que les autres rosés espagnols. Ils se marient agréablement avec le porc, les fruits de mer et la paella.

➡ La Catalogne produit d'excellents vins rouges, en particulier les régions DO du Priorat et de Montsant. Ces vins complexes, riches et profonds, accompagnent bien la viande – surtout les saucisses et le rôti de porc – ainsi que les plats de fruits de mer en sauce.

# Barcelone pratique

# Transports

## DEPUIS/VERS BARCELONE

### Arriver à Barcelone

La plupart des voyageurs arrivent à Barcelone par l'aéroport d'El Prat. Certaines compagnies aériennes desservent l'aéroport Girona-Costa Brava ou de Reus. Pour les informations concernant les visas, voir p. 274.

### Voie aérienne

**Aéroport d'El Prat**
L'**aéroport d'El Prat** (☎902 404 704 ; www.aena.es) de Barcelone est situé à 17 km au sud-ouest de la Plaça de Catalunya, à El Prat de Llobregat. Il compte deux principaux terminaux, le nouveau T1 et le plus ancien T2, lui-même divisé en 3 zones (A, B et C).

Dans le terminal T1, la principale zone d'arrivée est au 1er étage (avec des espaces distincts pour les arrivées de l'espace Schengen, les arrivées hors UE, et le corridor Barcelone-Madrid). Les portes d'embarquement sont aux 1er et 3e étages.

L'**office du tourisme** principal (☉9h-21h) est situé au rez-de-chaussée du terminal 2B. Ceux qui sont installés au rez-de-

chaussée du terminal 2A et du terminal 1 ont les mêmes horaires. Des consignes (3 tailles) sont aménagées au 1er étage du terminal 1 et à l'entrée du parking face au terminal 2B. Des bureaux d'objets trouvés sont situés près des aires de récupération des bagages au terminal 1 et à l'étage des arrivées dans les terminaux 2A et 2B.

BUS
Le **A1 Aerobús** (☎93 415 60 20 ; www.aerobusbcn.com, en français) relie le terminal 1 à la Plaça de Catalunya (aller simple/aller-retour 5,65 €/9,75 €, 30 à 40 minutes selon la circulation) via la Plaça d'Espanya, la Gran Via de les Corts Catalanes (angle Carrer del Comte d'Urgell) et la Plaça de la Universitat toutes les 5 à 10 minutes de 6h05 à 1h05. Il part de la Plaça de Catalunya de 5h30 à 12h30 et s'arrête à l'angle de la Carrer de Sepúlveda et de la Carrer del Comte d'Urgell, ainsi qu'à la Plaça d'Espanya.

Le A2 Aerobús part du terminal 2 (il s'arrête devant les zones A, B et C) et circule de 6h à 1h toutes les 10 à 20 minutes. Il suit le même itinéraire que le A1.

Les tickets s'achètent à bord ou auprès du personnel aux arrêts. Des bus locaux plus lents (comme le n°46 vers/de la Plaça d'Espanya et un bus de nuit, le N17, de/vers la Plaça de Catalunya) desservent les terminaux 1 et 2.

**Mon-Bus** (www.monbus. cat, en français) propose des bus directs réguliers (partant du centre de Barcelone) entre le terminal 1 uniquement et Sitges (2,90 €). À Sitges, vous pouvez le prendre à Avinguda de Vilanova 14. Le trajet dure environ 35 minutes, toutes les heures.

**Alsa** (☎902 422242 ; www.alsa.es, en français) gère l'Aerobús Rápid qui part plusieurs fois par jour de l'aéroport de Barcelone et dessert plusieurs villes comme Gérone, Figueras,

264

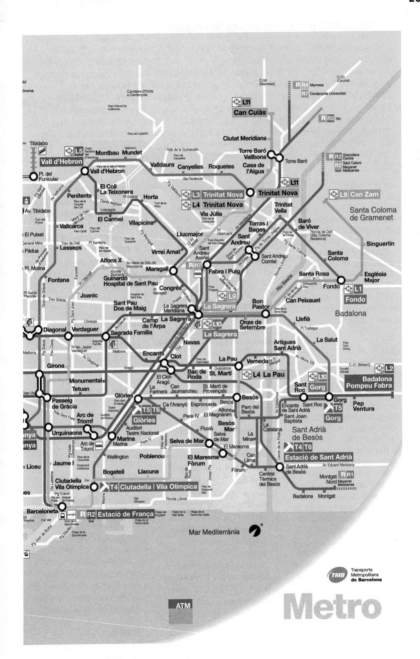

Mar Mediterrània

Transports
Metropolitans
de Barcelona

Metro

ATM

## VOYAGES ET CHANGEMENTS CLIMATIQUES

Tous les moyens de transport fonctionnant à l'énergie fossile génèrent du CO2 – la principale cause du changement climatique induit par l'homme. L'industrie du voyage est aujourd'hui dépendante des avions. Si ceux-ci ne consomment pas nécessairement plus de carburant par kilomètre et par personne que la plupart des voitures, ils parcourent en revanche des distances bien plus grandes et relâchent quantité de particules et de gaz à effet de serre dans les couches supérieures de l'atmosphère. De nombreux sites Internet utilisent des "compteurs de carbone" permettant aux voyageurs de compenser le niveau des gaz à effet de serre dont ils sont responsables par une contribution financière à des projets respectueux de l'environnement. Lonely Planet "compense" les émissions de tout son personnel et de ses auteurs.

Lleida, Reus et Tarragone. Les tarifs varient de 7,66/14,55 € l'aller simple/ retour pour Tarragone, à 26,60/47,90 € l'aller simple/retour pour Lleida.

**Plana** (☎977 35 44 45 ; www.empresaplana.es) dessert l'aéroport et Reus, en faisant halte à Tarragone, à Port Aventura et d'autres destinations de la côte sud-ouest non loin.

### TRAIN

Un train de la compagnie ferroviaire Renfe de la ligne R2 Nord part toutes les 30 minutes de l'aéroport (de 5h42 à 23h38) pour la gare principale, **Estació Sants** (Plaça dels Països Catalans ; Sants Estació) et Passeig de Gràcia dans le centre de Barcelone, après quoi il sort de la ville direction nord-ouest. Le premier train quitte Passeig de Gràcia à 5h08 et le dernier à 23h07. Il passe environ 5 minutes plus tard à Estació Sants. Comptez 25 minutes pour aller de l'aéroport à Passeig de Gràcia. Un aller simple coûte 3,60 € (sauf si vous possédez un pass pour les transports en commun de Barcelone).

La gare ferroviaire desservant l'aéroport est à environ 5 minutes à pied du terminal 2. Des navettes font régulièrement le trajet entre la gare et les terminaux 2 et 1 – comptez 15 à 20 minutes supplémentaires.

### TAXI

Un taxi entre l'un des 2 terminaux et le centre-ville – environ une demi-heure en fonction de la circulation – coûte entre 20 et 26 €. Les tarifs sont affichés côté passager dans le taxi – assurez-vous que le compteur est allumé.

### Aéroport de Girona-Costa Brava

L'aéroport **Girona-Costa Brava** (☎902 404704 ; www.aena.es) se trouve à 12 km au sud de Gérone et à 92 km au nord-est de Barcelone. Vous trouverez un office du tourisme, des DAB et un service bagages au rez-de-chaussée.

➡ **Train** (www.renfe.com). Des trains circulent régulièrement entre Gérone et Barcelone (7,50-10 €, environ 1 heure 30).

➡ Les **bus Sagalés** (☎902 130014 ; www.sagales.com) relient toutes les heures l'aéroport de Girona-Costa Brava à la gare principale, routière et ferroviaire, de Gérone (2,60 €, 30 min). Cette compagnie propose aussi des bus directs. **Barcelona Bus** (☎902 130014 ; www.barcelonabus.com) depuis/ vers la gare routière Estació del Nord (☎902 260606 ; www.barcelonanord.com ; Carrer d'Ali Bei 80 ; Ⓜ Arc de Triomf) à Barcelone (aller/aller-retour 15/25 €, 70 min).

➡ Pour ceux qui ont les moyens et qui souhaitent disposer

d'une plus grande flexibilité, le site www.resorthoppa.com (en français) propose des minibus desservant diverses destinations catalanes, parmi lesquelles Barcelone.

➡ **Taxi** Le trajet jusqu'à Gérone depuis l'aéroport coûte de 20 à 26 €, et environ 140 € jusqu'à Barcelone.

### Aéroport de Reus

L'**aéroport de Reus** (☎902 404704 ; www.aena.es) est situé à 13 km à l'ouest de Tarragone et à 108 km au sud-ouest de Barcelone. L'office du tourisme et le service bagages sont dans le terminal principal.

➡ Les **bus Hispano-Igualadina** (☎902 292900 ; www.igualadina.net ; Estació Sants et Plaça de la Reina Maria Cristina) circulent entre l'aéroport de Reus et l'**Estació d'Autobusos de Sants** (Carrer de Viriat ; Sants Estació) à l'heure des vols (14,50/25 € aller simple/ retour, 2 heures). Le bus local n°50 (www.reustransport. cat) dessert le centre de Reus (2,40 €, 20 minutes) et d'autres bus desservent des destinations côtières locales.

### Billets

DEPUIS LA FRANCE
Barcelone est très bien desservie depuis la France par la compagnie nationale espagnole, **Iberia** (☎0825 800 965 ; www.iberia.com),

et par **Air France** (☏ 36 54 ;
www.airfrance.fr) : tous les
jours, à n'importe quelle
période de l'année, des vols
réguliers directs partent
de Paris ou de province
(Bordeaux, Nice, Lyon,
Marseille, etc). Certains
Air France depuis Bordeaux,
Paris et Lyon sont effectués
en partenariat avec la
compagnie **Regional** ((☏ 36
54 ; www.regional.com),
appartenant au groupe Air
France. Comptez de 100 à
300 € l'aller simple.

Les compagnies à
bas prix desservent
régulièrement la capitale
catalane. La fréquence des
vols dépend cependant
beaucoup de la période
de l'année. **EasyJet** (www.
easyjet.com) assure des
liaisons directes entre
Barcelone et l'aéroport de
Bâle-Mulhouse et depuis
Paris (vols quotidiens).
**Vueling** (☏ 0899 232 400 ;
www.vueling.com) assure
également des vols directs
quotidiens depuis Paris.
Enfin, **Ryanair** (☏ 0892
562 150, www.ryanair.com)
dessert quotidiennement
l'aéroport de Gérone
– d'où l'on peut rejoindre
Barcelone en bus –, le
premier depuis Paris-
Beauvais (très bien relié en
bus au départ de la porte
Maillot à Paris) et le second
au départ de Paris-Orly.

Comptez entre 1 heure 30
et 2 heures de vol selon
votre ville de départ.
Pour les tarifs, Barcelone
étant une destination sur

laquelle la concurrence est
forte, tout dépend si vous
réservez vos billets très en
avance ou non. Les plus
prévoyants ou ceux qui ont
la possibilité de voyager
en milieu de semaine sur
une compagnie à bas prix
pourront ne dépenser
qu'une centaine d'euros.
Les autres compteront au
minimum 250 à 350 €.
Si vous voulez passer par
une agence de voyages,
voici une courte liste :

➡ **Les Connaisseurs du
voyage** (☏ 01 53 95 27 00 ;
www.connaisseursvoyage.fr ;
10 rue Beaugrenelle, 75015
Paris)

➡ **Nouvelles Frontières**
(☏ 0 825 000 747 ; www.
nouvelles-frontieres.fr)

➡ **Thomas Cook** (☏ 0 826
826 777 ; www.thomascook.fr)

➡ **Voyages SNCF** (☏ 36 35 ;
www.voyages-sncf.com)

➡ **Voyageurs du monde**
(☏ 01 42 86 16 00 ; www.vdm.
com ; 55 rue Sainte-Anne,
75002 Paris)

Les amateurs de voyages
culturels pourront aussi
passer par des agences
spécialisées qui proposent
des séjours avec guides
conférenciers :

➡ **Clio** (☏ 01 53 68 82 82 ;
www.clio.fr ; 27 rue du Hameau,
Paris 75015). Séjour de 4 jours
"Noël à Barcelone et abbaye
de Montserrat", "Nouvel An
musical à Barcelone".

➡ **Intermèdes** (☏ 01 45 61
90 90 ; www.intermedes.com ;
60 rue La Boétie, 75008 Paris).
Circuits de 4 jours (Barcelone-
Gérone-Figueras, Nouvel An à
Barcelone).

Il peut aussi être
intéressant de réserver
billet d'avion et
hébergement en même
temps.

La plupart des sites
Internet de réservation
en ligne proposent des
formules avion + hôtel.
Pour une petite sélection

d'adresses Internet, voir
l'encadré ci-contre.

DEPUIS LA BELGIQUE
**Iberia** (☏ 070 700 050 ; www.
iberia.com) et **Brussels
Airlines** (☏ 0902 51 600 ;
www.brusselsairlines.com)
assurent plusieurs fois
par jour et par vol régulier
la liaison de Bruxelles-
Charleroi à Barcelone.

La compagnie à bas prix
**Vueling** (☏ 082 123 15 50 ;
www.vueling.com) dessert
également quotidiennement
Barcelone par vol direct.
Comptez environ 2 heures
de vol et au moins 250 €,
moins si vous vous y
prenez vraiment en avance.
**Ryanair** (☏ 090 33 660 ;
www.ryanair.com) assure des
vols directs plusieurs fois
par semaine pour Gérone
– d'où l'on peut rejoindre
Barcelone en bus – depuis
Bruxelles. Le vol dure
1 heure 50.

Quelques agences
de voyages :
**Airstop** (☏ 070 233 188 ;
www.airstop.be)
**Connections** (☏ 070 233
313 ; www.connections.be)
**Gigatour Voyages Éole**
(www.voyageseole.be)

DEPUIS LA SUISSE
**Iberia** (☏ 0848 000 015 ;
www.iberia.com) assure
des vols directs réguliers
et quotidiens entre
Barcelone et l'aéroport de
Genève et celui de Zurich.
La compagnie nationale
**Swiss International Air
Lines** ((☏ 0848 700 700 ;
www.swiss.com) dessert la
capitale catalane par des
vols directs et quotidiens
depuis Genève et Zurich.
La compagnie à bas prix
**EasyJet** (www.easyjet.com)
propose aussi une liaison
directe Barcelone-Genève
et Barcelone-aéroport
de Bâle-Mulhouse. La
fréquence des vols dépend
de la saison : de plusieurs
par jour en été à environ
4 par semaine en hiver.

Comptez un peu moins
de 2 heures de vol depuis

## TRANSPORTS URBAINS : "BILLETS" OU "TARGETES" ?

Le métro, les FGC, les *rodalies/cercanías* (trains locaux gérés par la Renfe) et les bus sont soumis à un régime de zones tarifaires. Un trajet dans les limites de la zone 1 coûte 2 €.

Les *targetes* sont des forfaits valables pour plusieurs trajets. Ils sont en vente dans toutes les stations de métro du centre-ville. Les tarifs ci-dessous s'appliquent à la zone 1. Les enfants de moins de 4 ans voyagent gratuitement. Les différentes formules sont :

➡ Targeta T-10 (9,25 €) : 10 trajets (chacun d'une durée maximale de 1 heure 15) dans le métro, les bus, FGC et les *rodalies*, avec possibilité de passer de l'un à l'autre.

➡ Targeta T-DIA (6,95 €) : voyages illimités dans tous les transports publics pendant une journée.

➡ Tickets de 2/3/4/5 jours (12,80/18,50/23,50/28 €) : voyages illimités dans tous les transports, excepté l'Aerobús. En vente dans le métro et les offices du tourisme.

➡ T-Mes (50 €) : voyages illimités pendant 30 jours dans tous les transports.

➡ Targeta T-50/30 (37 €) : 50 voyages en 30 jours, valables dans tous les transports.

➡ T-Trimestre (135 €) : voyages illimités pendant 90 jours dans tous les transports.

Bâle ou Zurich, autour de 1 heure 30 depuis Genève. Les tarifs sont très variables. Tout dépend de la saison, des jours auxquels vous voyagerez et surtout si vous réservez tôt ou pas. Prévoyez entre 230 et 450 FS.

Vous pouvez aussi vous renseigner auprès de l'agence de voyages **STA Travel** (☎058 450 49 49 ; www.statravel.ch).

DEPUIS LE CANADA
Pour vous rendre à Barcelone, vous devrez passer d'abord par Madrid ou une autre grande ville européenne (Francfort par exemple) d'où vous prendrez une correspondance pour la capitale catalane. Vous pouvez aussi vous rendre en Espagne via les États-Unis. Renseignez-vous auprès des principales compagnies aériennes européennes et consultez les offres des compagnies à bas coûts depuis l'Europe.

➡ **Air Canada** (☎888 247 2262 ; www.aircanada.ca)

➡ **Air France** (☎800 667 2747 ; www.airfrance.com)

➡ **British Airways** (☎800 247 9297 ; www.ba.com)

Outre les sites de réservation en ligne

comme **Orbitz** (www.orbitz.com), **Travelocity** (www.travelocity.com), vous pouvez aussi vous renseigner auprès des agences de voyages suivantes :

➡ **Expedia** (www.expedia.ca)

➡ **Travel Cuts – Voyages Campus** (☎1-667 28 87 ; www.travelcuts.com). La meilleure agence de vente de billets à prix réduits, représentée dans les principales villes.

## Voie terrestre

### Train

La gare principale de Barcelone est l'**Estació Sants** (Plaça dels Països Catalans ; Ⓜ Sants Estació), située à 2,5 km à l'ouest de La Rambla. C'est ici qu'arrivent les trains de nuit en provenance de Paris, Genève, Milan et Zurich, ainsi que les autres services venant de diverses villes françaises ou espagnoles. De là, vous pouvez rejoindre facilement la vieille ville ou L'Eixample en métro.

L'Estació Sants dispose d'un office du tourisme, d'un bureau de téléphonie avec fax, de bureaux de change ouverts de 8h à 22h, de

distributeurs de billets et d'une consigne.

DEPUIS/VERS L'EUROPE
Barcelone est desservie par un train de nuit direct depuis la France et la Suisse, le Trainhôtel Ellipsos (www.elipsos.com). Le train Intercités de nuit (ex-Lunea) depuis Paris comporte un changement (à Perpignan ou Figueras) et n'est pas forcément meilleur marché. Depuis la Belgique, il faut effectuer un changement en France.

Le Trainhôtel Juan Miró effectue tous les jours le trajet de Paris à Barcelone, avec des arrêts à Orléans, Limoges, Figueras et Gérone. À l'aller, le départ a lieu à 20h33 de la gare d'Austerlitz à Paris, l'arrivée à 8h05 le lendemain matin à la gare Estació França de Barcelone. Au retour, le départ se fait à 20h43 à Barcelone, arrivée à 8h47 à Paris. Plusieurs tarifs existent, selon le confort que vous désirez bien sûr, mais aussi selon la période à laquelle se déroule le voyage. Plus vous réserverez tôt, plus vous aurez de chance d'obtenir un tarif avantageux.

Un aller simple couchette dans un compartiment de 4 lits (classe touriste) débute aux alentours de 74 €.

Le Trainhôtel Pau Casals relie Zurich à Barcelone toute l'année via Berne, Fribourg, Lausanne, Genève, Perpignan, Figueras et Gérone. Les départs se font le lundi, le mercredi et le vendredi, à 19h27 de Zurich (23h35 de Genève) pour une arrivée le lendemain matin à 10h30 à la gare Estació França de Barcelone. Dans l'autre sens, les départs ont lieu le mardi, le jeudi et le dimanche à 19h25 de Barcelone, arrivée à 7h52 à Genève, à 12h17 à Zurich.

Un train Corail dessert Barcelone depuis Montpellier, avec un changement à Figueras ou Port-Bou. Comptez environ 4 heures de voyage et 57 € pour un aller simple.

Pour plus de détails, contactez la compagnie ferroviaire de votre pays de départ :

➜ **SNCF** (☑36 35 ; www.sncf-voyages.com)

➜ **SNCB** (☑070 79 79 79 ; http://www.belgianrail.be)

➜ **CFF** (☑0900 300 300 ; www.sbb.ch/fr)

## Bus

Les bus longue distance partent de l'**Estació del Nord** (☑902 260606 ; www. barcelonanord.com ; Carrer d'Ali Bei 80 ; Arc de Triomf). La plupart sont regroupés sous l'enseigne commune **Alsa** (☑902 422242 ; www.alsa. es, en français). Vous pouvez obtenir des renseignements sur les autres compagnies à la gare routière. Les services pour Madrid, Valence et Saragosse sont fréquents (jusqu'à 20 ou plus/jour). Plusieurs bus partent aussi tous les jours pour des destinations plus éloignées telles que Burgos, Saint-Jacques-de-Compostelle et Séville.

DEPUIS/VERS L'EUROPE
La compagnie **Eurolines** (☑0892 89 90 91 ; www. eurolines.fr) possède le plus

important réseau européen de transport routier de passagers. Barcelone est reliée à toutes les régions de France par Eurolines et ce plusieurs fois par semaine. Depuis Paris, comptez environ 15 heures de trajet et 137/150 € pour un aller-retour.

La compagnie **Linebús** (www.linebus.es) assure également des liaisons entre la France et Barcelone depuis Avignon, Béziers, Clermont-Ferrand, Lyon, Montpellier, Narbonne, Nîmes, Rennes et Paris.

Depuis la Belgique, des bus **Eurolines** (☑02 274 13 50 ; www.eurolines.be) effectuent le trajet d'Anvers à Barcelone presque tous les jours, avec des arrêts à Bruxelles, Gand, Kortrijk (Courtrai), Leuven (Louvain) et Liège. Le voyage depuis Bruxelles dure un peu plus de 22 heures et l'aller-retour - de 26 ans/adulte coûte 144/163 €.

Des bus **Eurolines/ Alsa-Eggmann** (☑22 716 91 10 ; www.alsa-eggmann.ch) desservent aussi Barcelone depuis la Suisse où la ligne part de Bâle et passe par Zurich, Berne, Lausanne et Genève. Depuis cette dernière ville, comptez un peu plus de 13 heures pour le trajet et 270 CHF.

# COMMENT CIRCULER

Barcelone possède de nombreux moyens de transport. L'excellent métro vous amène presque partout, et les bus et tramways complètent le réseau. Le soir, il est préférable de circuler en taxi.

## Métro

Très facile d'utilisation, le **métro TMB** (plan p. 264 ; ☑010 ; www.tmb.net) compte 11 lignes, identifiables par un numéro et une couleur

spécifiques. Les rames circulent de 5h à minuit du dimanche au jeudi et les jours fériés, et de 5h à 2h le vendredi et les veilles de fêtes et 24h/24 le samedi.

Des travaux sont en cours pour étendre plusieurs lignes de métro. Lorsqu'elles seront achevées, les lignes 9 et 10 rejoindront l'aéroport (en 2014 au plus tôt).

Les trains de banlieue des **Ferrocarrils de la Generalitat de Catalunya** (FGC ; ☑93 205 15 15 ; www.fgc.net) comptent deux lignes fort utiles. La première dessert le nord au départ de la Plaça de Catalunya, puis se divise en deux branches, l'une allant à Tibidado (L7), l'autre à proximité du monastère de Pedralbes (L6). Certains de ces trains continuent au-delà de Barcelone jusqu'à Sant Cugat, Sabadell et Terrassa. La seconde ligne relie Manresa depuis la Plaça d'Espanya. Elle est pratique pour se rendre à Montserrat.

Selon les lignes, les trains FGC circulent du dimanche au jeudi de 5h environ (un ou deux trains seulement avant 6h) à 23h ou minuit (selon la ligne), et le vendredi et le samedi de 5h à 1h.

## Bus

Les bus qui desservent Barcelone sont gérés par les **Transports Metropolitans de Barcelona** (TMB ; ☑010 ; www.tmb.net). Ils circulent très fréquemment de 5h ou 6h30 à 22h ou 23h. De nombreuses lignes passent par la Plaça de Catalunya et/ou la Plaça de la Universitat. Après 23h, un service réduit de bus de nuit (*nitbusos*), reconnaissables à leur couleur jaune, prend le relais jusque vers 3h ou 5h. Ils passent tous par la Plaça de Catalunya, avec une fréquence oscillant généralement entre 30 et 45 minutes.

# Taxi

Les taxis affichent 2,05 €
au compteur plus 0,93 €
le kilomètre (1,18 € de
20h à 8h et le week-end).
Il vous sera demandé
3,10 € supplémentaires
pour les trajets depuis/
vers l'aéroport et 1 €
pour les bagages dont
les dimensions excèdent
55 cm/35 cm/35 cm. Le
trajet de la gare Estació
Sants à la Plaça de
Catalunya (environ 3 km)
coûte 11 € environ. Vous
pouvez appeler un taxi (☎93
225 00 00) ou le héler dans
la rue. La prise en charge
coûte 3,40 € (4,20 € de
nuit et le week-end). De
nombreux taxis acceptent le
paiement par carte de crédit
et, si vous avez un numéro
de téléphone local, vous
pouvez contacter le service
T033 Ràdio taxi pour
réserver un taxi en ligne
(www.radiotaxi033.com). Il
est également possible de
réserver un taxi en ligne sur
www.catalunyataxi.com.
Informations générales
disponibles au ☎010.

Taxi Amic (☎93 420 80
88 ; www.terra.es/personal/
taxiamic) est un service
de taxi spécial pour les
personnes handicapées
ou en situation difficile
(comme le transport de
gros objets). Réservation au
moins 24 heures à l'avance
si possible.

Les femmes qui
préfèrent des chauffeurs
de taxi féminins peuvent
en demander sur la **Línea
Rosa** (☎93 330 07 00).

# Tramway

Barcelone possède un
tramway, géré par les
**TMB** (☎902 193 275 ;
www.trambcn.com). Les
trois lignes (T1, T2, T3)
circulant vers la banlieue de
Barcelone depuis la Plaça
de Francesc Macià sont
d'un intérêt limité pour les
touristes. Une autre ligne

(T4) part derrière le zoo,
près de la station de métro
Ciutadella Vila Olímpica,
jusqu'à Sant Adrià via El
Fòrum. Enfin, la ligne T5
part de Glòries jusqu'à
Badalona (Arrêt Gorg).
La ligne T6 relie Badolona
(Gorg) à Sant Adrià. Tous
les forfaits valables dans
les bus et le métro le sont
également dans les trams.
Pour admirer le paysage,
optez pour le *tramvia blau*
(tram bleu), qui rallie le pied
du Tibidabo.

# Vélo

Quelque 156 km de
pistes cyclables (souvent
morcelées) ont été
aménagés en ville, ce qui
permet de découvrir la
ville de façon écologique.
Une piste cyclable longe
également une partie du
front de mer, entre le Port
Olímpic et le Riu Besòs. Il y a
des itinéraires pittoresques
pour cyclistes dans le parc
de Collserola.

Vous pouvez transporter
votre vélo dans le métro,
excepté en semaine
pendant les heures de
pointe (c'est-à-dire entre
7h et 9h30 et entre 17h et
20h30). Ces restrictions
ne s'appliquent ni les week-
ends, ni les jours fériés, ni
en juillet et en août. Vous
pouvez aussi transporter
votre vélo dans les trains
FGC, ainsi que dans les
trains locaux *rodalies* de
la Renfe, de 10h à 15h en
semaine, ainsi que toute la
journée le week-end et les
jours fériés.

## Location

De très nombreuses
compagnies barcelonaises
proposent des vélos à la
location.

➡ **BarcelonaBiking.com**
(plan p. 308 ; ☎656 356300 ;
www.barcelonabiking.com ;
Baixada de Sant Miquel 6 ;
5/15 € 1 heure/24 heures ;

☉10h-20h ; Ⓜ Jaume I ou
Liceu)

➡ **Barnabike** (plan p. 318 ;
☎93 269 02 04 ; www.
barnabike.com ; Carrer del Pas
de Sota la Muralla 3 ; 6/15 €
2 heures/24 heures ; ☉10h-
21h30 ; Ⓜ Barceloneta)

➡ **Biciclot** (plan p. 318 ;
☎93 221 97 78 ; www.biciclot.
net ; Passeig Marítim de la
Barceloneta 33 ; 5,50/18 €
1 heure/1 jour ; ☉10h-15h
lun-jeu mars-mai et sam-dim
et jours fériés déc-fév, fermé
lun-ven oct-fév, 10h-20h les
autres mois ; Ⓜ Ciutadella Vila
Olímpica)

➡ **Bike Rental Barcelona**
(plan p. 308 ; ☎666 057655 ;
www.bikerentalbarcelona.
com, en français ; Carrer d'en
Rauric 20 ; à partir de 9/16 €
3 heures/1 jour ; ☉10h-20h ;
Ⓜ Jaume I)

➡ **My Beautiful Parking**
(plan p. 308 ; ☎93 304 15 80 ;
http://mbpbcn.wordpress.
com/ ; Carrer de Cervantes 5 ;
6/15 € 2 heures/24 heures ;
☉10h-20h ; Ⓜ Jaume I ou
Liceu)

➡ **Un Cotxe Menys**
(☎93 268 21 05 ; www.
bicicletabarcelona.com,
en français ; Carrer de
l'Esparteria 3 ; 5/15/55 €
1 heure/1 jour/semaine ; ☉9h-
19h Pâques-nov, 11h-14h déc-
Pâques ; Ⓜ Jaume I)

# Voiture et moto

Les transports publics
sont si commodes et le
stationnement si prohibitif
en ville qu'il est préférable
de ne pas conduire dans
Barcelone. En revanche,
un véhicule de location
peut s'avérer utile pour une
échappée belle hors de
Barcelone.

## Location

Avis, Europcar, National/
Atesa et Hertz possèdent

des guichets à l'aéroport d'El Prat, à Estació Sants et à Estació del Nord. Parmi les enseignes de location à Barcelone, citons :

**Avis** (☑902 110 275 ; www.avis.com ; Carrer de Còrsega 293-295 ; Ⓜ Diagonal)

**Cooltra** (plan p. 318 ; ☑93 221 40 70 ; www.cooltra. com ; Passeig de Joan de Borbó 80-84 ; Ⓜ Barceloneta). Location de scooters pour environ 35 € (plus le prix de l'assurance). Organise aussi des circuits à scooter.

**Europcar** (☑93 302 05 43 ; www.europcar.com ; Gran Via de les Corts Catalanes 680 ; Ⓜ Girona)

**Hertz** (☑93 419 61 56 ; www.hertz.com ; Carrer del Viriat 45 ; Ⓜ Sants)

**MondoRent** (plan p. 318 ; ☑93 295 32 68 ; www.mondorent.com, en français ; Passeig de Joan de Borbó 80-84 ; Ⓜ Barceloneta). Propose le même genre d'offres que Cooltra pour les scooters.

**National/Atesa** (☑93 323 07 01 ; www.atesa.es ; Carrer de Muntaner 45 ; Ⓜ Universitat)

**Vanguard** (☑93 439 38 80 ; www.vanguardrent.com ; Carrer de Viladomat 297 ; Ⓜ Entença). Grand choix de voitures, de la Fiat Seicento à l'Alfa Romeo. Loue aussi des scooters.

# CIRCUITS ORGANISÉS

Diverses options de visites guidées, à pied, en bus, à vélo ou en scooter (p. 30) s'offrent à vous pour découvrir Barcelone. Des visites en bateau du port et des plages partent tous les jours du front de mer (p. 129).

# Circuits en hélicoptère

**BCN Skytour** (☑93 224 07 10 ; www.cathelicopters. com ; Heliport, Passeig de l'Escullera ; circuit de 5 min/35 min 50/300 €/ pers ; ◷10h-19h ; Ⓜ Drassanes ou Paral.lel) offre une vue vertigineuse sur la ville, à 800 m d'altitude. Le vol de 35 minutes (300 €/pers) vous mène à Montserrat. Le vol d'initiation de 5 minutes coûte 50 €/pers. Pour rejoindre l'héliport, mieux vaut prendre un taxi.

# Carnet pratique

## Ambassades et consulats

### Ambassades et consulats espagnols à l'étranger

➡ **France** Ambassade (☎01 44 43 18 00 ; www.maec.es ; 22 av. Marceau, 75008 Paris) ; consulat (☎01 44 29 40 00 ; 165 bd Malesherbes, 75017 Paris). Consulats généraux également dans plusieurs villes de province, consultez le site Internet de l'ambassade pour connaître les adresses et les coordonnées.

➡ **Belgique** Ambassade (☎02 230 03 40 ; emb.bruselas@maec.es ; 19 rue de la Science, 1040 Bruxelles) ; consulat (☎02 509 87 70 ; Bd du Régent 52, 1000 Bruxelles).

➡ **Suisse** Ambassade (☎031 350 52 52 ; emb.berna@mae.es ; Kalcheggweg 24, 3000 Berne) ; consulats (☎031 356 22 20 ; Marienstrasse 12, 3005 Berne ; %044 368 61 00 ; Riedtlistrasse 17, 8006 Zurich).

➡ **Canada** Ambassade (☎(613) 747 2252 ; emb.ottawa@mae.es ; 74 Stanley Avenue, Ottawa, Ontario, K1M 1P4) ; consulat (☎(514) 935 5235 ; 1 Westmount Square, Suite 1456, Montréal, Québec, H3Z 2P9).

## Ambassades étrangères en Espagne

La plupart des ambassades sont installées à Madrid. Pour trouver les coordonnées de l'ambassade de votre pays à Madrid, consultez la rubrique "Embajadas" des Paginas Amarillas (les Pages jaunes espagnoles, www.paginasamarillas.es) ou encore le site Internet du ministère espagnol des Affaires étrangères (www.maec.es), rubrique "Embajadas y consulados".

### Consulats étrangers à Barcelone

La France, la Belgique et la Suisse possèdent un consulat à Barcelone. Le consulat du Canada a fermé ses portes en 2012.

➡ **France** (☎93 270 30 00 ; www.consulfrance-barcelone.org ; Ronda de la Universitat 22B ; Ⓜ Universitat ou Passeig de Gràcia ; ☺9h-13h30)

➡ **Belgique** (☎93 467 70 80 ; barcelona@diplobel.fed.be ; Carrer de la Diputació 303 ; Ⓜ Girona ; ☺9h-13h)

➡ **Suisse** (☎93 409 06 50 ; Gran Via de Carlos III 94 ; Ⓜ Maria Cristina ; ☺9h-12h30)

## Argent

### Cartes de crédit

Les cartes de grands réseaux tels que Visa, MasterCard, Maestro et Cirrus sont largement acceptées dans toute l'Espagne, aussi bien pour payer dans les hôtels, les restaurants ou les magasins. Au cas où votre carte serait perdue, volée ou coincée dans une machine, signalez-le immédiatement à l'un des numéros suivants pour faire opposition :

**Amex** (☎902 375637)
**Diners Club** ☎900 801331)
**MasterCard** ☎900 971231)
**Visa** (☎900 991124)

### Change

Les voyageurs hors zone euro peuvent changer des espèces ou des chèques de voyage dans presque toutes les banques ou bureaux de change (généralement signalés par l'enseigne *canvi/cambio*).

Les bureaux de change installés le long de La Rambla et ailleurs pratiquent des heures d'ouverture plus étendues que les banques, mais leurs taux sont également plus élevés. Faites aussi attention aux commissions.

## Chèques de voyage et cartes de retrait

Les chèques de voyage sont beaucoup moins commodes que les retraits d'espèces aux DAB avec une carte bancaire. Si vous choisissez néanmoins cette solution, American Express et Visa sont largement acceptées. Si vous perdez vos chèques, appelez le **numéro gratuit disponible 24h/24** (pour American Express ☎900 810029, pour Visa ☎900 948978).

Le Travelex Cash Passport (www.travelex. com) et la Thomas Cook Travel Moneycard (www. thomascookmoney.com) sont des cartes prépayées que vous pouvez recharger avant de voyager et utiliser comme une carte dans les DAB, restaurants ou magasins du monde entier.

## DAB

Barcelone possède quantité de banques, généralement dotées de DAB. Ces derniers abondent aussi aux alentours de la Plaça de Catalunya, de la Plaça de Sant Jaume (dans le Barri Gòtic) et de La Rambla.

## Cartes de réduction

Les cartes **ISIC** (International Student Identity Card ; www. isic.tm.fr) pour les étudiants et la **European Youth**

**Card** (www.euro26.org) pour les moins de 26 ans, délivrées par la plupart des organisations estudiantines nationales, donnent droit à des réductions dans de nombreux sites.

Un billet de **Bus Turístic** (☎93 285 38 32 ; www. barcelonaturisme.com, en français ; à la journée adulte/ enfant 24/14 € ; ⊙9h-20h) donne droit à des réductions dans certains musées.

L'**Articket** (www. articketbcn.org) donne accès aux musées d'art suivants pour 30 €. Il reste valable six mois. Les billets peuvent être retirés aux offices du tourisme de la Plaça de Catalunya, de la Plaça de Sant Jaume et à la gare de Sants (p. 275).

➡ Musée Picasso

➡ Musée national d'Art de Catalogne (MNAC)

➡ Macba (musée d'Art contemporain de Barcelone)

➡ Fondation Antoni Tàpies

➡ Centre de culture contemporaine de Barcelone (CCCB)

➡ Fondation Joan Miró

➡ La Pedrera

L'Arqueo-Ticket (14 €) s'adresse à ceux qui sont plus intéressés par l'archéologie et l'histoire. Vous pouvez vous le procurer dans les offices de tourisme et dans les musées suivants auquel il donne accès :

➡ Musée maritime

➡ Musée d'Histoire de la ville

➡ Musée archéologique de Catalogne

➡ Musée égyptien

La **Barcelona Card** (www. barcelonacard.com, en français) est pratique si vous souhaitez visiter plusieurs musées en peu de temps. Elle coûte 29/35/40/47 € (un peu moins pour les enfants de 4 à 12 ans) pour 2/3/4/5 jours. Elle offre un accès gratuit aux transports (plus 20% de réduction sur l'Aerobús), ainsi que des réductions (jusqu'à 30%) ou la gratuité dans de nombreux musées et autres sites. Elle donne également droit à des réductions dans quelques magasins, restaurants et bars. La carte est vendue dans les offices du tourisme et en ligne (réduction de 10% sur l'achat en ligne).

Le pass **Ruta del Modernisme** (p. 33) est intéressant pour visiter les sites modernistes à tarifs réduits.

## Désagréments et dangers

On ne le répétera jamais assez : les nouveaux arrivants à Barcelone doivent rester sur leurs gardes. Les vols à la tire ou à l'arraché sont un vrai problème dans le centre-ville, dans les transports en commun et autour des principaux sites touristiques. En cas de vol, reportez-le à la police nationale, vous aurez besoin de cette *denuncia* officielle pour l'assurance. Pour éviter une attente trop longue au *comisaría*, vous pouvez effectuer ce rapport par téléphone

---

### CONSEILS AUX VOYAGEURS

La plupart des gouvernements possèdent des sites Internet qui recensent les dangers possibles et les régions à éviter. Consultez notamment les sites suivants :

➡ Ministère des Affaires étrangères de Belgique (http://diplomatie.belgium.be/)

➡ Ministère des Affaires étrangères du Canada (www.voyage.gc.ca)

➡ Ministère français des Affaires étrangères (www.diplomatie.gouv.fr/fr/)

➡ Département fédéral des affaires étrangères suisse (www.eda.admin.ch/eda/fr/ home.html)

(☎902 102112) en plusieurs langues. Le lendemain, vous n'aurez plus qu'à vous rendre au commissariat de votre choix pour prendre et signer votre rapport, sans faire la queue. Pour connaître la liste des *comisarías*, consultez le site www.policia. es, rubrique "Denuncias"). Un **commissariat** (☎088 ; Carrer Nou de la Rambla 80 ; MParal.lel) très pratique (et fréquenté) se trouve près de La Rambla. Il est aussi possible de signaler un larcin en ligne sur le site www.policia.es/denuncias. Vous pouvez aussi essayer la Guàrdia Urbana (police municipale ; ☎092 ; La Rambla 43 ; MLiceu).

## Électricité

En Espagne, le voltage est de 220 V/50 Hz, comme en France.

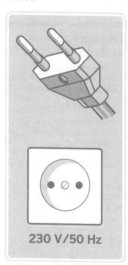

230 V/50 Hz

## Formalités et visas

Les citoyens des États membres de l'Union européenne n'ont pas besoin de visa pour entrer en Espagne. Ils doivent cependant être en possession d'une carte d'identité en cours de validité ou d'un passeport. Les Canadiens et les Suisses n'ont pas besoin de visa pour un séjour touristique n'excédant pas 90 jours. Ils devront en revanche présenter un passeport en cours de validité (une carte d'identité ne suffit pas).

Pour travailler ou étudier à l'université ou dans une école de langue espagnole, les ressortissants d'États non membres de l'UE doivent obtenir un visa étudiant dans leur pays d'origine. Il leur faut donc contacter leur consulat.

## Handicapés

Certains hôtels et institutions publiques sont accessibles aux personnes en fauteuil roulant. La plupart des bus barcelonais sont accessibles aux fauteuils roulants et un nombre croissant de stations de métro sont aussi censées l'être (généralement par un ascenseur, mais certains se plaignent qu'ils ne serviraient qu'aux parents avec des poussettes). Les lignes 2, 9, 10 et 11 sont entièrement adaptées, comme la majorité des arrêts de la ligne 1. En tout, 80% environ des arrêts ont été adaptés (pour savoir lesquels, allez sur www.tmb. cat/en/transport-accessible). Toutes les stations devraient l'être entièrement d'ici à la fin 2012. Les guichets automatiques sont adaptés aux handicapés et proposent des options en braille pour les non-voyants.

Plusieurs sociétés de taxis disposent de véhicules adaptés, notamment **Taxi Amic** (☎934 20 80 88 ; www.taxi-amic-adaptat.com), Gestverd (☎93 303 09 09) et T033 Ràdio Taxi (☎93 303 09 09).

La plupart des passages piétons du centre de Barcelone sont pensés pour les fauteuils roulants.

Pour plus d'informations sur ce que fait la ville pour améliorer l'accessibilité, consultez le site du conseil municipal (www.barcelona-access.com) disponible en plusieurs langues.

**ONCE** (☎93 325 92 00 ; Carrer de Sepúlveda 1 ; MPlaça d'Espanya). L'organisation nationale pour les déficients visuels peut fournir des renseignements, notamment donner des listes d'établissements, comme les restaurants proposant des cartes en braille.

L'**Association des paralysés de France** (APF ; ☎01 40 78 69 00 ; www.apf. asso.fr ; 17 bd Auguste-Blanqui, 75013 Paris) peut vous fournir des informations très utiles. Elle gère aussi une agence de voyages spécialisée : APF Evasion (☎01 40 78 27 27 ; www. apf.asso.fr, rubrique "L'APF en Action" puis "Partir en vacances avec APF Évasion" ; evasion. vacanciers@apf.asso.fr ; 17 bd Auguste-Blanqui, 75013 Paris).

L'agence **Access Tourisme Service** (☎02 38 74 28 40 ; www.access-tourisme.com ; access. tourisme.service@wanadoo.fr ; 24 rue du 11-Novembre, 45130 Charsonville) est spécialisée dans l'organisation de voyages en groupe ou en individuel pour personnes handicapées.

## Heure locale

L'Espagne vit à la même heure que la France et que la plupart des pays d'Europe occidentale, c'est-à-dire GMT+1 en hiver et GMT+2 en été (du dernier dimanche de mars au dernier dimanche d'octobre). Comme en France, le système de 24 heures est employé à l'écrit (dans les agendas, les programmes, etc.), mais, à l'oral, c'est le système de 12 heures qui domine.

# Horaires d'ouverture

Les horaires des lieux indiqués dans ce guide ne sont pas précisés, sauf s'ils diffèrent des horaires indiqués ci-dessous.

➡ **Restaurants** déjeuner 13h-16h, dîner 20h30-0h

➡ **Magasins** 10h-14h et 16h-20h lundi-samedi

➡ **Grands magasins** 10h-22h lundi-samedi

➡ **Bars** 18h-2h

➡ **Clubs** 0h-6h jeudi-samedi

➡ **Banques** 8h30-14h lundi-vendredi ; parfois aussi 16h-19h jeudi ou 9h-13h samedi

➡ **Musées et galeries d'art** Les horaires varient considérablement, mais, en règle générale, ils sont ouverts de 10h à 20h (avec pour certains une pause déjeuner de 14h à 16h). La plupart ferment le lundi toute la journée et le dimanche à 14h.

# Internet

Les centres Internet ne manquent pas à Barcelone. Certains pratiquent des tarifs intéressants pour les étudiants et vendent des cartes à bas prix valables plusieurs heures. Les *locutorios* (centres d'appels

## ACCÈS WI-FI

Nombre d'hôtels proposent un accès Wi-Fi à leurs clients, mais il n'est pas toujours gratuit. De plus en plus de bars et de restaurants, repérables au logo Wi-Fi noir et blanc, proposent ce service. Les établissements équipés du Wi-Fi sont indiqués dans ce guide par le symbole 🔊.

publics) font aussi souvent office de centres Internet.

**Bornet** (Carrer de Barra Ferro 3 ; 2,80/20 € 1 heure/10 heures ; ⊙10h-23h lun-ven, 14h-23h sam, dim et jours fériés ; Ⓜ Jaume I). Sympathique petit cybercafé et galerie d'art.

**Internet MSN** (Carrer del Penedès 1 ; 0,02 €/min ; ⊙10h-0h ; Ⓜ Fontana)

# Offices du tourisme

Deux numéros d'appel très utiles permettent de se renseigner sur Barcelone (☎010) ou la région (☎012). Les opérateurs sont généralement bilingues catalan/espagnol, certains parlent anglais. Outre les offices du tourisme cités ci-dessous, il existe des kiosques d'information à la gare routière Estació del Nord et à la Portal de la Pau, située au pied du monument à Colomb, tout au bout de La Rambla, près du port. L'été, des kiosques supplémentaires ouvrent dans le centre-ville.

**Plaça de Catalunya** (☎93 285 38 34 ; www.barcelonaturisme.com, en français ; sous-sol de la Plaça de Catalunya 17-S ; ⊙8h30-20h30 ; Ⓜ Catalunya)

**Plaça de Sant Jaume** (☎93 285 38 32 ; Carrer de la Ciutat 2 ; ⊙8h30-20h30 lun-ven, 9h-19h sam, 9h-14h dim et jours fériés ; Ⓜ Jaume I)

**Estació Sants** (Estació Sants ; ⊙8h-20h ; Ⓡ Estació Sants)

**Aéroport d'El Prat** (terminal 1, 2B et 2A du hall des arrivées ; ⊙9h-21h)

**Bureau d'information de La Rambla** (www.barcelonaturisme.com, en français ; La Rambla dels Estudis 115 ; ⊙8h30-20h30 ; Ⓜ Liceu)

**Office du tourisme régional du palais Robert** (☎depuis la Catalogne 93 238 80 91, ailleurs 902 400012 ; www.gencat.net/probert ; Passeig de Gràcia 107 ; ⊙10h-20h lun-sam, 10h-14h30 dim). Documents audiovisuels, librairie et annexe du Turisme Juvenil de Catalunya (pour les jeunes voyageurs).

## Offices du tourisme catalans et espagnols à l'étranger

Les bureaux des offices espagnols et catalans du tourisme ne sont plus ouverts au public. Pour des informations et recevoir des brochures, allez sur le site www.spain.info et choisissez votre pays.

# Poste

À Barcelone, les services postaux Correos ont leur **bureau de poste principal** (Plaça d'Antoni López ; ⊙8h30-21h30 lun-ven, 8h30-14h sam ; Ⓜ Jaume I) juste en face de l'extrémité nord-est de Port Vell. Un autre bureau de poste, aux horaires également très pratiques, est installé juste à côté du Passeig de Gràcia (Carrer d'Aragó 282 ; ⊙8h30-20h30 lun-ven, 9h30-13h sam ; Ⓜ Passeig de Gràcia). Les autres bureaux de poste ouvrent généralement de 8h30 à 14h30 du lundi au vendredi et de 9h30 à 13h le samedi.

Les timbres (*segells/sellos*) sont en vente dans la plupart des *estancos* (buralistes) et, bien entendu, dans les bureaux de poste.

# Services médicaux

En cas d'urgence, toute personne se trouvant sur le sol espagnol a droit à un traitement médical gratuit dans un hôpital public. Les citoyens des États membres de l'Union

## JOURS FÉRIÉS

→ **Nouvel An** (Any nou/Año nuevo) 1er janvier

→ **Épiphanie** (Epifanía ou El Dia dels Reis/Día de los Reyes Magos) 6 janvier

→ **Vendredi saint** (Divendres Sant/Viernes Santo) mars/avril

→ **Lundi de Pâques** (Dilluns de Pasqua Florida) mars/avril

→ **Fête du Travail** (Dia del Treball/Fiesta del Trabajo) 1er mai

→ **Lundi de Pentecôte** (Dilluns de Pasqua Granda) mai/juin

→ **Fête de la Saint-Jean-Baptiste** (Dia de Sant Joan/Día de San Juan Bautista) 24 juin

→ **Assomption** (L'Assumpció/La Asunción) 15 août

→ **Fête nationale catalane** (Diada nacional de Catalunya) 11 septembre

→ **Festes de la Mercè** 24 septembre

→ **Fête nationale espagnole** (Festa de la Hispanitat/Día de la Hispanidad) 12 octobre

→ **Toussaint** (Dia de Tots Sants/Día de Todos los Santos) 1er novembre

→ **Fête de la Constitution** (Día de la Constitución) 6 décembre

→ **Immaculée Conception** (La Immaculada Concepció/La Inmaculada Concepción) 8 décembre

→ **Noël** (Nadal/Navidad) 25 décembre

→ **Saint-Étienne** (El Dia de Sant Esteve) 26 décembre

européenne se procureront auprès de leur caisse d'assurance maladie la carte européenne d'assurance maladie, nominative et individuelle, qui remplace le formulaire E111. Elle assure l'aide médicale d'urgence (mais pas le rapatriement sanitaire). Comptez un délai de deux semaines pour l'obtenir. Cette carte ne dispense toutefois pas de la souscription à une police d'assurance. Toutes les informations sur www.ameli.fr.

Les ressortissants des autres pays doivent vérifier que leur assurance personnelle leur permet de bénéficier d'une couverture médicale internationale.

Pour les petits problèmes de santé, demandez tout simplement conseil dans les pharmacies (*farmàcias*), voir ci-dessous.

Les consulats des pays francophones devraient être en mesure de vous indiquer les médecins barcelonais parlant le français. En cas de problème médical particulier, n'oubliez pas de prendre avec vous toutes les informations utiles avant de partir.

Voici quelques coordonnées d'hôpitaux :

**Hospital Clínic i Provincial** (Carrer de Villarroel 170 ; M Hospital Clínic)

**Hospital Dos de Maig** (Carrer del Dos de Maig 301 ; M Sant Pau-Dos de Maig)

Quelques pharmacies ouvertes 24h/24 :

**Farmàcia Castells Soler** (Passeig de Gràcia 90 ; M Diagonal)

**Farmàcia Clapés** (La Rambla 98 ; M Liceu)

**Farmàcia Torres** (www.farmaciaabierta24h.com ; Carrer d'Aribau 62 ; R FGC Provença)

## Taxes et remboursements

La taxe sur la valeur ajoutée (TVA) porte en Espagne le nom d'IVA (*impuesto sobre el valor añadido*). Elle s'élève à 8% dans les hôtels et les restaurants et est en général – mais pas toujours – comprise dans le prix annoncé. Hormis ce cas particulier, l'IVA sur la plupart des produits est de 16%.

Les visiteurs résidant en dehors de l'Union européenne (UE) peuvent prétendre à un remboursement de l'IVA à 16% (qui devrait passer à 20% en 2013) sur des achats de plus de 90 € effectués dans n'importe quel magasin, s'ils emportent les articles hors de l'UE dans les 3 mois suivant l'achat. Demandez un formulaire de remboursement faisant apparaître le prix et l'IVA payés pour chaque article, de même que le nom du vendeur et celui de l'acheteur, puis présentez ce document (avec votre passeport et votre carte d'embarquement) au guichet des douanes pour le remboursement de l'IVA lorsque vous quitterez l'Espagne. L'officier y apposera un tampon et vous vous ferez rembourser dans une banque située dans le hall des départs.

## RENSEIGNEMENTS TÉLÉPHONIQUES

| | |
|---|---|
| Opérateur international pour les appels en PCV | ☎1408 |
| Renseignements internationaux | ☎11825 |
| Opérateur national pour un appel en PCV en Espagne (llamada por cobro revertido) | ☎1409 |
| Renseignements internationaux | ☎11818 |

# Téléphone

**Téléphones publics** On trouve partout en centre-ville des téléphones publics bleus. Ils sont parfaits pour passer des appels nationaux ou internationaux. Ils fonctionnent aussi bien à pièces qu'avec les cartes téléphoniques (*tarjetas telefónicas*) de la compagnie nationale Telefónica. Certaines cartes de crédit sont également acceptées. Les *tarjetas telefónicas* (6 ou 12 €) sont en vente chez les buralistes et dans les bureaux de poste.

**Centres d'appel** Plusieurs *locutorios*, qui font aussi office de centre Internet, sont installés dans El Raval et aux alentours (cherchez vers la Carrer de Sant Pau et la Carrer de l'Hospital). Renseignez-vous sur les tarifs avant d'appeler.

**Appels internationaux et nationaux** Pour appeler Barcelone depuis l'étranger, composez l'indicatif international de votre pays, suivi de l'indicatif de l'Espagne (☎34), de l'indicatif de Barcelone (☎93), puis du numéro de votre correspondant. Pour appeler l'international depuis Barcelone, composez le ☎00, puis le code du pays (☎33 pour la France, ☎32 pour la Belgique, ☎41 pour la Suisse et ☎1 pour le Canada) et le numéro désiré.

## Téléphones portables

Les numéros de téléphone portable commencent par un 6 ou un 7. Les numéros commençant par 900 sont gratuits, ceux commençant par 901 à 905 sont des numéraux spéciaux diversement facturés. Le 902 est le plus couramment utilisé. Il est facturé au prix d'un appel national. Les numéros commençant par 803, 806 et 807 coûtent aussi le même prix qu'un appel national.

L'Espagne utilise le système GSM 900/1800, compatible avec le réseau français. Si votre abonnement comprend l'international, vous pourrez recevoir et émettre des appels à Barcelone depuis votre téléphone. Toutefois, attention au prix exorbitant du reroutage des appels depuis l'étranger. Renseignez-vous d'abord auprès de votre opérateur sur les tarifs pratiqués. Si, vous envisagez un long séjour, vous pouvez acheter une carte SIM rechargeable et prépayée, ce qui sera probablement plus avantageux que d'avoir recours à votre réseau. Pour cela, vous devez posséder un téléphone GSM bibande ou tribande. Vous aurez besoin de votre passeport pour acheter un forfait prépayé (ou souscrire un abonnement).

# Urgences

**Ambulance** (☎061)

**Garde civile** (Guardia Civil ; ☎062)

**Police de Catalogne** (Mossos d'Esquadra ; ☎088)

**Police municipale** (Guàrdia Urbana ; ☎092 ; La Rambla 43 ; Ⓜ Liceu)

**Police nationale** (Policía Nacional ; ☎091)

**Pompiers** (Bombers ; ☎080, 085)

**Urgences** (☎112)

# Voyager en solo

## Femmes seules

Les femmes voyageant seules doivent s'attendre à quelques sifflements et propos déplacés, mais les "vrais" problèmes sont finalement rares. Évitez autant que possible de vous rendre sur des plages isolées, dans des coins de campagne reculés ou dans des rues désertes la nuit. Il est aussi extrêmement déconseillé de faire du stop, même à deux.

Les seins nus sont tolérés sur les plages et autour des piscines.

**Ca la Dona** (☎93 412 71 61 ; www.caladona.org ; Carrer de Casp 38 ; Ⓜ Catalunya). Le centre névralgique du féminisme catalan anime différents groupes de femmes.

**Centre Francesca Bonnemaison** (☎93 268 42 18 ; http://bonnemaison-ccd.org ; Carrer de Sant Pere més baix 7 ; Ⓜ Urquinaona). Ce centre culturel pour les femmes accueille des groupes de femmes qui y organisent des expositions, des pièces de théâtre et d'autres manifestations culturelles.

**Institut Català de les Dones** (☎93 465 16 00 ; www.gencat.net/icdona ; Plaça de Pere Coromines 1 ; Ⓜ Liceu). Informations sur le mariage, le divorce, le viol et le harcèlement, ainsi que sur les activités sociales. Hotline en cas d'agression : ☎900 900120.

# Langue

Le catalan (*català*) et l'espagnol (plus précisément le *castellano*, ou castillan) sont les langues officielles de la Catalogne. L'aranais (*aranés*), dialecte gascon, est aussi une langue officielle du Val d'Aran. À Barcelone, vous entendrez autant d'espagnol que de catalan, ce guide vous apporte donc quelques bases dans ces deux langues pour vous aider à démarrer.

Les sons espagnols ne sont pas très difficiles à prononcer. Si vous suivez nos conseils de prononciation en couleur, vous serez compris. Notez que kh est un son guttural (comme le "ch" dans *achtung* en allemand), th se prononce en glissant la pointe de la langue entre les dents (à la manière du "th" anglais), et r est un r fortement roulé. Les syllabes accentuées sont en italique.

Lorsque cela est nécessaire, le masculin (m) et le féminin (f) sont précisés, séparés par un slash, comme ici : *perdido/a* (m/f). Lorsque nous donnons les formules de vouvoiement et de tutoiement, elles sont indiquées respectivement par les abréviations "vouv" et "tut".

## CONVERSATION

| Bonjour. | Hola. | o·la |
| Au revoir. | Adiós. | a·dyos |
| Comment ça va ? | ¿Qué tal? | ké tal |
| Bien, merci. | Bien, gracias. | byèn *gra*·thyas |
| Excusez-moi. | Perdón. | pèr·*donn* |
| Désolé. | Lo siento. | lo si·*ènn*·to |
| Oui./Non. | Sí./No. | si/no |

### POUR ALLER PLUS LOIN

Pour une approche plus détaillée de la langue espagnole et des phrases clés, procurez-vous le *Guide de conversation espagnol* édité par Lonely Planet.

| S'il vous/te plaît. | Por favor. | por fa·*vor* |
| Merci. | Gracias. | *gra*·thyass |
| Je vous/ t'en prie. | De nada. | dé *na*·da |

| Je m'appelle... | | |
| Me llamo ... | mé *ya*·mo ... | |

**Quel est votre nom ?**
| ¿Cómo se llama Usted? | *ko*·mo sé *ya*·ma ou·*sté* (vouv) |
| ¿Cómo te llamas? | *ko*·mo té *ya*·mass (tut) |

**Parlez-vous (français) ?**
| ¿Habla (francés)? | *a*·bla (frann·*thés*) (vouv) |
| ¿Hablas (francés)? | *a*·blass (frann·*thés*) (tut) |

**Je (ne) comprend (pas).**
| Yo (no) entiendo. | yo (no) ènn·*tyènn*·do |

## HÉBERGEMENT

**Je voudrais réserver une chambre.**
| Quisiera reservar una habitación. | ki·*syé*·ra ré·sèr·*var* ou·na a·bi·ta·*thyonn* |

**Quel est le prix pour une nuit/par personne ?**
| ¿Cuánto cuesta por noche/persona? | kouann·to kouèss·ta por no·tché/pèr·so·na |

**Le petit-déjeuner est-il compris ?**
| ¿Incluye el desayuno? | in·klou·yé el dé·sa·you·no |

| hôtel | hotel | o·tèl |
| pension | pensión | pènn·*syonn* |
| auberge de jeunesse | albergue juvenil | al·*bèr*·gué khou·vé·*nil* |
| Je voudrais... une chambre. | Quisiera una habitación | ki·*syé*·ra ou·na a·bi·ta·*thyonn* ... |
| simple | individual | inn·di·vi·*doual* |
| double | doble | do·*blé* |
| climatisation | aire acondicionado | aï·ré a·konn·di·thyo·*na*·do |

## EXPRESSIONS UTILES

Pour vous débrouiller en espagnol, combinez ces formules simples avec les mots de votre choix :

**Quand part (le prochain vol) ?**
¿Cuándo sale (el próximo vuelo)? · kouann·do sa·lé (èl prok·si·mo voué·lo)

**Où se trouve (la gare) ?**
¿Dónde está (la estación)? · donn·dé èss·ta (la èss·ta·thyonn)

**Où puis-je (acheter un billet) ?**
¿Dónde puedo (comprar un billete)? · donn·dé poué·do (komm·prar oun bi·yé·té)

**Avez-vous (un plan) ?**
¿Tiene (un mapa)? · tyé·né (oun ma·pa)

**Y a-t-il (des toilettes) ?**
¿Hay (servicios)? · aï (sèr·vi·thyoss)

**Je voudrais (un café).**
Quisiera (un café). · ki·syé·ra (oun ka·fé)

**Je voudrais (louer une voiture).**
Quisiera (alquilar un coche). · ki·syé·ra (al·ki·lar oun ko·tché)

**Puis-je (entrer) ?**
¿Se puede (entrar)? · sé poué·dé (ènn·trar)

**Pourriez-vous (m'aider), s'il vous plaît ?**
¿Puede (ayudarme), por favor? · poué·dé (a·you·dar·mé) por fa·vor

**Dois-je (obtenir un visa) ?**
¿Necesito (obtener un visado)? · né·thé·si·to (ob·té·nèr oun vi·sa·do)

| | | |
|---|---|---|
| salle de bains | baño | ba·nyo |
| fenêtre | ventana | vènn·ta·na |

## ORIENTATION

**Où est ?**
¿Dónde está ? · donn·dé èss·ta ...

**Quelle est l'adresse ?**
¿Cuál es la dirección? · koual èss la di·rèk·thyonn

**Pourriez-vous me l'écrire, s'il vous plaît ?**
¿Puede escribirlo, por favor? · poué·dé èss·kri·bir·lo por fa·vor

**Pourriez-vous me montrer (sur la carte) ?**
¿Me lo puede indicar (en el mapa)? · mé lo poué·dé inn·di·kar (ènn èl ma·pa)

| | | |
|---|---|---|
| à côté de | al lado de | al la·do dé |
| à l'angle | en la esquina | ènn la èss·ki·na |
| au feu | en el semáforo | ènn èl sé·ma·fo·ro |
| derrière | detrás de | dé·trass dé |
| devant | enfrente de | ènn·frènn·té dé |
| droite | derecha | dé·ré·tcha |
| en face de | frente a | frènn·té a |
| gauche | izquierda | ith·kyèr·da |
| loin | lejos | lé·khoss |
| près | cerca | thèr·ka |
| tout droit | todo recto | to·do rèk·to |

## AU RESTAURANT

**Je voudrais réserver une table pour...**
Quisiera reservar una mesa para ... · ki·syé·ra ré·sèr·var ou·na mé·sa pa·ra ...

**(huit) heures**
las (ocho) · lass (o·tcho)

**(deux) personnes**
(dos) personas · (doss) pèr·so·nass

**Que conseillez-vous ?**
¿Qué recomienda? · ké ré·ko·myènn·da

**Qu'y a-t-il dans ce plat ?**
¿Que lleva ese plato? · ké yé·va é·sé pla·to

**Je ne mange pas de...**
No como ... · no ko·mo ...

**Santé !**
¡Salud! · sa·lou

**C'était délicieux !**
¡Estaba buenísimo! · èss·ta·ba boué·ni·si·mo

**L'addition, s'il vous plaît.**
Por favor nos trae la cuenta. · por fa·vor noss tra·é la kouènn·ta

### Mots utiles

| | | |
|---|---|---|
| amuse-gueules | aperitivos | a·pé·ri·ti·voss |
| assiette | plato | pla·to |
| avec/sans | con/sin | konn/sinn |
| bar | bar | bar |
| bol | bol | bol |
| bouteille | botella | bo·té·ya |
| café | café | ka·fé |
| chaise haute | trona | tro·na |
| chaud | caliente | ka·yènn·té |
| couteau | cuchillo | kou·tchi·yo |
| cuillère | cuchara | kou·tcha·ra |
| déjeuner | comida | ko·mi·da |
| dîner | cena | thé·na |
| fourchette | tenedor | té·né·dor |
| (très) froid | (muy) frío | (mouï) fri·o |

## LE CATALAN

La reconnaissance du catalan est le fruit d'une vigoureuse campagne régionale qui débuta lorsque la province obtint son autonomie à la fin des années 1970. Jusqu'à la bataille de Muret, en 1213, le territoire de la Catalogne englobait le Roussillon et mordait sur la Provence. Le catalan était parlé, ou du moins compris, dans toutes ces contrées, ainsi que dans la Catalogne et l'Andorre actuelles. Au cours des deux siècles qui suivirent, le catalan s'imposa au sud jusqu'à la province de Valence, à l'ouest jusqu'à l'Aragon et à l'est jusqu'aux Baléares. Il gagna aussi la Sicile et Naples, et, dans la ville sarde d'Alghero, certains habitants parlent encore catalan aujourd'hui. En Espagne, 10 millions de personnes le parlent toujours.

À Barcelone, vous entendrez autant d'espagnol que de catalan. Ailleurs dans la province, ne soyez pas surpris de recevoir des réponses en catalan à vos questions en espagnol. Cependant, la majorité des Catalans vous parleront volontiers en espagnol, surtout s'ils réalisent que vous êtes étranger.

| | | | |
|---|---|---|---|
| **Bonjour.** | Hola. | **lundi** | dilluns |
| **Au revoir.** | Adéu. | **mardi** | dimarts |
| **Oui.** | Sí. | **mercredi** | dimecres |
| **Non.** | No. | **jeudi** | dijous |
| **S'il vous plaît.** | Sisplau/Si us plau. | **vendredi** | divendres |
| **Merci (beaucoup).** | (Moltes) gràcies. | **samedi** | dissabte |
| **De rien.** | De res. | **dimanche** | diumenge |
| **Pardon.** | Perdoni. | **0** | zero |
| **Puis-je ?** | Puc?/Em permet? | **1** | un, una (m/f) |
| **Désolé.** | Ho sento/Perdoni. | **2** | dos, dues (m/f) |
| **Comment vous appelez-vous ?** | Com es diu? (poli) | **3** | tres |
| **Comment t'appelles-tu ?** | Com et dius? (fam.) | **4** | quatre |
| **Je m'appelle...** | Em dic... | **5** | cinc |
| **D'où viens-tu ?** | D'on ets? | **6** | sis |
| **Parlez-vous français/ anglais ?** | Parla francès/ anglès? | **7** | set |
| **Je comprends** | Ho entenc. | **8** | vuit |
| **Je ne comprends pas.** | No ho entenc. | **9** | nou |
| **Pouvez-vous parler en espagnol, s'il vous plaît ?** | Pot parlar castellà sisplau? | **10** | deu |
| | | **11** | onze |
| | | **12** | dotze |
| **Comment dit-on... en catalan ?** | Com es diu ... en català? | **13** | tretze |
| | | **14** | catorze |
| **Je cherche...** | Estic buscant... | **15** | quinze |
| **Comment puis-je aller à ?** | Com puc arribar a ? | **16** | setze |
| | | **17** | disset |
| **Tournez à gauche.** | Giri a mà esquerra. | **18** | divuit |
| **Tournez à droite.** | Giri a mà dreta. | **19** | dinou |
| **Près** | a prop de | **20** | vint |
| **Loin** | a lluny de | **100** | cent |

| | | | | | |
|---|---|---|---|---|---|
| **marché** | mercado | mèr·ka·do | **menu** | menú | mé·nou |
| **menu (en français)** | menú (en francés) | mé·nou (ènn frann·thèss) | **enfant** | infantil | inn·fann·til |
| | | | **nourriture** | comida | ko·mi·da |

| **Panneaux** | |
| --- | --- |
| **Abierto** | Ouvert |
| **Cerrado** | Fermé |
| **Entrada** | Entrée |
| **Hombres** | Hommes |
| **Mujeres** | Femmes |
| **Prohibido** | Interdit |
| **Salida** | Sortie |
| **Servicios/Aseos** | Toilettes |

| | | |
| --- | --- | --- |
| **nourriture végétarienne** | comida vegetariana | ko·*mi*·da vé·khé·ta·*rya*·na |
| **petit-déjeuner** | desayuno | dé·sa·*you*·no |
| **plat de résistance** | segundo plato | sé·*gounn*·do *pla*·to |
| **restaurant** | restaurante | rèss·taou·*rann*·té |
| **supermarché** | supermercado | sou·pèr·mèr·*ka*·do |
| **verre** | vaso | va·so |

## Viandes et poissons

| | | |
| --- | --- | --- |
| **agneau** | cordero | kor·*dé*·ro |
| **bœuf** | carne de vaca | *kar*·né dé *va*·ka |
| **canard** | pato | pa·to |
| **crevettes** | camarones | ka·ma·*ro*·nèss |
| **dinde** | pavo | pa·vo |
| **homard** | langosta | lann·*goss*·ta |
| **porc** | cerdo | *thèr*·do |
| **poulet** | pollo | po·yo |
| **thon** | atún | a·*tounn* |
| **veau** | ternera | tèr·*né*·ra |

## Fruits et légumes

| | | |
| --- | --- | --- |
| **abricot** | albaricoque | al·ba·ri·*ko*·ké |
| **ananas** | piña | *pi*·nya |
| **artichaut** | alcachofa | al·ka·*tcho*·fa |
| **asperges** | espárragos | èss·*pa*·ra·goss |
| **banane** | plátano | *pla*·ta·no |
| **betterave** | remolacha | ré·mo·*la*·tcha |
| **carotte** | zanahoria | tha·na·o·rya |
| **céleri** | apio | *a*·pyo |
| **cerise** | cereza | thé·*ré*·tha |
| **champignon** | champiñón | tcham·pi·*nyonn* |
| **chou** | col | kol |
| **citron** | limón | li·*monn* |
| **concombre** | pepino | pé·*pi*·no |

| | | |
| --- | --- | --- |
| **épinards** | espinacas | èss·pi·*na*·kass |
| **fraise** | fresa | *fré*·sa |
| **fruit** | fruta | frou·ta |
| **haricots** | judías | khou·*di*·ass |
| **laitue** | lechuga | lé·*tchou*·ga |
| **légume** | verdura | vèr·*dou*·ra |
| **lentilles** | lentejas | lènn·*té*·khass |
| **maïs** | maíz | ma·*ith* |
| **noix** | nueces | noué·*thèss* |
| **oignon** | cebolla | thé·*bo*·ya |
| **orange** | naranja | na·*rann*·kha |
| **pastèque** | sandía | sann·*di*·a |
| **pêche** | melocotón | mé·lo·ko·*tonn* |
| **petits pois** | guisantes | gui·*sann*·tèss |
| **poivron (rouge/vert)** | pimiento (rojo/verde) | pi·*myènn*·to (ro·kho/*vèr*·dé) |
| **pomme** | manzana | mann·*tha*·na |
| **pomme de terre** | patata | pa·*ta*·ta |
| **potiron** | calabaza | ka·la·*ba*·tha |
| **prune** | ciruela | thir·*oué*·la |
| **raisin** | uvas | *ou*·vass |
| **tomate** | tomate | to·*ma*·té |

## Autres aliments

| | | |
| --- | --- | --- |
| **beurre** | mantequilla | mann·té·*ki*·ya |
| **confiture** | mermelada | mèr·mé·*la*·da |
| **fromage** | queso | *ké*·so |
| **huile** | aceite | a·*théï*·té |
| **miel** | miel | myèl |
| **œuf** | huevo | *oué*·vo |
| **pain** | pan | pann |
| **pâtes** | pasta | *pass*·ta |
| **poivre** | pimienta | pi·*myènn*·ta |
| **riz** | arroz | a·*roth* |
| **sel** | sal | sal |
| **sucre** | azúcar | a·*thou*·kar |
| **vinaigre** | vinagre | vi·*na*·gré |

## Boissons

| | | |
| --- | --- | --- |
| **bière** | cerveza | thèr·*vé*·tha |
| **café** | café | ka·*fé* |
| **eau (minérale)** | agua (mineral) | *a*·goua (mi·né·*ral*) |
| **jus (d'orange)** | zumo (de naranja) | *thou*·mo (dé na·*rann*·kha) |
| **lait** | leche | *lé*·tché |
| **thé** | té | té |

| vin (rouge) | vino (tinto) | vi·no (tinn·to) |
| vin (blanc) | vino (blanco) | vi·no (blann·ko) |

## URGENCES

| **Au secours !** | *¡Socorro!* | so·**ko**·ro |
| **Va-t'en !** | *¡Vete!* | vé·té |

| **Appelez !** | *¡Llame a !* | ya·mé a ... |
| **un docteur** | *un médico* | oun **mé**·di·ko |
| **la police** | *la policía* | la po·li·**thi**·a |

**Je suis perdu(e).**
*Estoy perdido/a.*   èss·**toï** pèr·**di**·do/a (m/f)

**J'ai eu un accident.**
*He tenido un*   é té·**ni**·do oun
*accidente.*   ak·thi·**dènn**·té

**Je suis malade.**
*Estoy enfermo/a.*   èss·**toï** ènn·**fèr**·mo/a (m/f)

**J'ai mal ici.**
*Me duele aquí.*   mé doué·lé a·**ki**

**Je suis allergique (aux antibiotiques).**
*Soy alérgico/a a*   soï a·**lèr**·khi·ko/a a
*(los antibióticos).*   (loss ann·ti·**byo**·ti·koss) (m/f)

## ACHATS ET SERVICES

**Je voudrais acheter...**
*Quisiera comprar ...*   ki·**syé**·ra komm·prar ...

**Je veux juste regarder.**
*Sólo estoy mirando.*   so·lo èss·**toï** mi·**rann**·do

**Puis-je le voir ?**
*¿Puedo verlo?*   poué·do ver·lo

**Cela ne me plaît pas.**
*No me gusta.*   no mé **gouss**·ta

**Combien ça coûte ?**
*¿Cuánto cuesta?*   kouann·to **kouèss**·ta

**C'est trop cher.**
*Es muy caro.*   èss mouï **ka**·ro

**Pouvez-vous baisser le prix ?**
*¿Podría bajar un*   po·**dri**·a ba·**khar** oun
*poco el precio?*   po·ko èl **pré**·thyo

**Il y a une erreur sur le ticket.**
*Hay un error en*   aï oun é·**ror** ènn
*la cuenta.*   la **kouènn**·ta

| **DAB** | *cajero* | ka·**khé**·ro |
| | *automático* | aou·to·**ma**·ti·ko |
| **cybercafé** | *cibercafé* | thi·bèr·ka·**fé** |
| **poste** | *correos* | ko·**ré**·oss |
| **office** | *oficina* | o·fi·**thi**·na |
| **du tourisme** | *de turismo* | dé tou·**riss**·mo |

## HEURE ET DATE

**Quelle heure est-il ?**
*¿Qué hora es?*   ké **o**·ra èss

**Il est (10) heures.**
*Son (las diez).*   sonn (lass dyèth)

**(Une heure) et demie.**
*Es (la una)*   èss (la **ou**·na)
*y media.*   i **mé**·dya

| **matin** | *mañana* | ma·**nya**·na |
| **après-midi** | *tarde* | tar·dé |
| **soirée** | *noche* | **no**·tché |
| **hier** | *ayer* | a·**yèr** |
| **aujourd'hui** | *hoy* | oï |
| **demain** | *mañana* | ma·**nya**·na |

| **lundi** | *lunes* | lou·**nèss** |
| **mardi** | *martes* | mar·**tèss** |
| **mercredi** | *miércoles* | **myèr**·ko·lèss |
| **jeudi** | *jueves* | khoué·**bèss** |
| **vendredi** | *viernes* | **vyèr**·nèss |
| **samedi** | *sábado* | sa·ba·do |
| **dimanche** | *domingo* | do·**minn**·go |

| **janvier** | *enero* | é·**né**·ro |
| **février** | *febrero* | fé·**bré**·ro |
| **mars** | *marzo* | mar·tho |
| **avril** | *abril* | a·**bril** |
| **mai** | *mayo* | **ma**·yo |
| **juin** | *junio* | khou·nyo |
| **juillet** | *julio* | khou·lyo |
| **août** | *agosto* | a·**gos**·to |
| **septembre** | *septiembre* | sèp·**tyèmm**·bré |
| **octobre** | *octubre* | ok·**tou**·bré |
| **novembre** | *noviembre* | no·**vyèmm**·bré |
| **décembre** | *diciembre* | di·**thyèmm**·bré |

## TRANSPORTS

| **avion** | *avión* | a·**vyonn** |
| **bateau** | *barco* | **bar**·ko |
| **bus** | *autobús* | aou·to·**bouss** |
| **train** | *tren* | trènn |

### Questions

| **Quoi ?** | *¿Qué?* | ké |
| **Quand ?** | *¿Cuándo?* | kouann·do |
| **Où ?** | *¿Dónde?* | donn·dé |
| **Qui ?** | *¿Quién?* | kyènn |
| **Pourquoi ?** | *¿Por qué?* | por ké |

**premier** · *primer* · pri·**mèr**

**dernier** · *último* · oul·**ti**·mo

**prochain** · *próximo* · prok·**si**·mo

**Je voudrais aller à**
*Quisiera ir a ...* · ki·**syé**·ra ir a ...

**À quelle heure arrive-t-il/part-il ?**
*¿A qué hora llega/sale?* · a ké **o**·ra **yé**·ga/**sa**·lé

**S'arrête-t-il à ?**
*¿Para en ?* · **pa**·ra ènn ...

**Pourriez-vous me prévenir quand nous arrivons à ?**
*¿Puede avisarme* · poué·dé a·vi·**sar**·mé
*cuando lleguemos a ...?* · **kouann**·do yé·**gué**·moss a ...

**Comment s'appelle cet arrêt ?**
*¿Cuál es esta parada?* · koual èss **èss**·ta pa·**ra**·da

**Je veux descendre ici.**
*Quiero bajarme aquí.* · **kyé**·ro ba·**khar**·mé a·**ki**

**un... billet de** · *un billete de ...* · oun bi·**yé**·té dé ...

**première classe** · *primera clase* · pri·**mé**·ra **kla**·sé

**deuxième classe** · *segunda clase* · sé·**gounn**·da **kla**·sé

**aller simple** · *ida* · **i**·da

**aller-retour** · *ida y vuelta* · **i**·da i **vouèl**·ta

**annulé** · *cancelado* · kann·thé·**la**·do

**en retard** · *retrasado* · ré·tra·**sa**·do

**gare ferroviaire** · *estación de trenes* · èss·ta·**thyonn** dé **tré**·nèss

**guichet** · *taquilla* · ta·**ki**·ya

**horaire** · *horario* · o·**ra**·ryo

**quai** · *plataforma* · pla·ta·**for**·ma

**siège côté allée** · *asiento de pasillo* · a·**syènn**·to dé pa·**si**·yo

**siège côté fenêtre** · *asiento junto a la ventana* · a·**syènn**·to **khounn**·to a la **vènn**·ta·na

**Je voudrais louer...** · *Quisiera alquilar ...* · ki·**syé**·ra al·**ki**·lar ...

**un vélo** · *una bicicleta* · **ou**·na bi·thi·**klé**·ta

**Nombres**

| | | |
|---|---|---|
| 1 | uno | **ou**·no |
| 2 | dos | doss |
| 3 | tres | trèss |
| 4 | cuatro | **koua**·tro |
| 5 | cinco | **thinn**·ko |
| 6 | seis | seïss |
| 7 | siete | **syé**·té |
| 8 | ocho | o·tcho |
| 9 | nueve | **noué**·vé |
| 10 | diez | dyèth |
| 20 | veinte | **véïnn**·té |
| 30 | treinta | **tréïnn**·ta |
| 40 | cuarenta | koua·**rènn**·ta |
| 50 | cincuenta | thin·**kouènn**·ta |
| 60 | sesenta | sé·**sènn**·ta |
| 70 | setenta | sé·**tènn**·ta |
| 80 | ochenta | o·**tchènn**·ta |
| 90 | noventa | no·**vènn**·ta |
| 100 | cien | **thyènn** |
| 1 000 | mil | mil |

**une voiture** · *un coche* · oun **ko**·tché

**une moto** · *una moto* · ou·na **mo**·to

**casque** · *casco* · **kas**·ko

**diesel** · *gasóleo* · ga·so·**léo**

**essence/ carburant** · *gasolina* · ga·so·**li**·na

**mécanicien** · *mecánico* · mé·**ka**·ni·ko

**station-service** · *gasolinera* · ga·so·li·**né**·ra

**(Combien de temps) Puis-je stationner ici ?**
*¿(Por cuánto tiempo)* · (por **kouann**·to **tyèmm**·po)
*Puedo aparcar aquí?* · poué·do a·par·**kar** a·**ki**

**La voiture est tombée en panne.**
*El coche se ha averiado.* · èl **ko**·tché sé a a·vé·**rya**·do

**J'ai un pneu crevé.**
*Tengo un pinchazo.* · **tènn**·go oun pinn·**tcha**·tho

**Je suis en panne d'essence.**
*Me he quedado sin gasolina.* · mé é ké·**da**·do sinn ga·so·**li**·na

# GLOSSAIRE

Les termes qui suivent apparaissent pour la plupart en catalan et en espagnol. Dans certains cas, seuls les termes espagnols (E) ou catalans (C) sont mentionnés, soit parce que les deux langues utilisent le même mot (quelquefois avec une différence d'accentuation), soit parce que l'une des deux formes est plus courante.

**ajuntament/ayuntamiento** – hôtel de ville

**artesonado** (E) – terme d'architecture mudéjar : plafond à caissons (ou charpente en bois) décoré de lambris en bois tourné

**avinguda** (C) – avenue

**Barcelonin** (C) – habitant ou natif de Barcelone

**Barcino** – nom romain de Barcelone

**barri/barrio** – quartier

**capella/capilla** – chapelle

**carrer/calle** – rue

**casa** – maison

**castellers** (C) – équipiers des pyramides humaines

**cercanías** (E) – trains locaux qui desservent l'aéroport de Barcelone, la banlieue et certaines villes de la région, relativement proches

**comte/conde** – comte

**correfoc** (C) – diables faisant jaillir des feux d'artifice lors de fête ; signifie littéralement "course de feu"

**El Call** (C) – quartier juif dans la Barcelone médiévale

**església** (C) – église

**farmàcia/farmacia** – pharmacie

**festa/fiesta** – fête, jour férié ou soirée/réception

**FGC** (C) – **Ferrocarrils de la Generalitat de Catalunya**, trains de banlieue fonctionnant en liaison avec le métro de Barcelone

**garum** – sauce épicée à base de viscères de poissons saumurés ; son origine remonte aux Romains

**gegants** (C) – littéralement, "géants" que les Catalans font défiler lors des fêtes

**Generalitat** (C) – administration régionale

**guiri** – touriste (péjoratif)

**hostal** – établissement familial, sorte de pension

**iglesia** (E) – église

**IVA** – impost sobre el valor afegit/impuesto sobre el valor añadido, équivalent de la TVA

**masia** – corps de ferme catalan

**mercat/mercado** – marché

**modernisme** (C) – style artistique et architectural proche de l'Art nouveau, dont le principal représentant fut Antoni Gaudí

**moderniste** (C et E) – représentant du modernisme

**mudéjar** (E) – musulman qui vivait sous l'autorité chrétienne dans l'Espagne médiévale ; ce terme désigne un style d'architecture décoratif de l'époque chrétienne marqué par des apports islamiques

**palau** (C) – palais

**passatge** (C) – passage

**pensió/pensión** – hébergement de une à trois étoiles

**plaça/plaza** – place

**platja/playa** – plage

**Renaixença** (C) – mouvement culturel et social du milieu du XIXe siècle caractérisé par un regain d'intérêt pour l'identité culturelle catalane

**rodalies** (C) – voir *cercanías*

**saló** (C) – salon

**s/n** (E) – sin número, utilisé principalement dans les adresses quand ne figure pas de numéro de rue

**sardana** (C) – sardane, danse folklorique catalane traditionnelle

**tablao** – restaurant où l'on peut assister à du flamenco

**trencadís** – mosaïque moderniste, réalisée à l'aide de fragments de carreaux

**turista** – 2e classe, classe économique

# En coulisses

## VOS RÉACTIONS ?

Vos commentaires nous sont très précieux et nous permettent d'améliorer constamment nos guides. Notre équipe lit toutes vos lettres avec la plus grande attention. Nous ne pouvons pas répondre individuellement à tous ceux qui nous écrivent, mais vos commentaires sont transmis aux auteurs concernés. Tous les lecteurs qui prennent la peine de nous communiquer des informations sont remerciés dans l'édition suivante, et ceux qui nous fournissent les renseignements les plus utiles se voient offrir un guide.

Pour nous faire part de vos réactions, prendre connaissance de notre catalogue et vous abonner à notre newsletter, consultez notre site Internet : **www.lonelyplanet.fr**

Nous reprenons parfois des extraits de notre courrier pour les publier dans nos produits, guides ou sites web. Si vous ne souhaitez pas que vos commentaires soient repris ou que votre nom apparaisse, merci de nous le préciser. Notre politique en matière de confidentialité est disponible sur notre site Internet.

## À NOS LECTEURS

**Merci à tous les voyageurs qui ont utilisé la dernière édition de ce guide et qui nous ont écrit pour nous faire part de leurs conseils, de leurs suggestions et de leurs anecdotes :**

Arthur Anger, Alexandra Lafargue Tallet, Marika Lardé, Yolaine Riddell, Loïc Rolhion,

## UN MOT DES AUTEURS

### Regis St Louis

Ma reconnaissance va aux habitants, expatriés et personnels des offices de tourisme pour leurs excellents conseils. Je tiens à remercier tout particulièrement Eric Mills, Sol Polo, Maria Asuncion Guardia, Margherita Bergamo Meneghini, Meritxell Checa Esteban et sa bande, Carine Ferry et les siens, Laura chez Runner Bean, et Diego du Barri Gòtic. Merci également à mes éditeurs, Dora Whitaker et Angela Tinson, à Vesna, ma co-auteur, pour ses bons plans, et à Anna pour ses idées d'escapade. Enfin, j'embrasse tendrement ma famille pour son soutien sans faille.

### Anna Kaminski

Sur le terrain, merci à mes colocataires Pedrito et Andrea pour leur stoïcisme, à Dawn pour s'être patiemment pliée à mon implacable programme, à tous ceux qui ont cuisiné pour moi, à tous les personnels des offices du tourisme pour leur aide (surtout à Gérone), et à la dame de cette librairie de Tarragone qui m'a déniché, malgré son apparente rareté, une carte routière de Catalogne. Enfin, un immense merci à Dora pour m'avoir confié cette mission, et à Regis et Vesna pour leur travail.

### Vesna Maric

Mes remerciements à Rafael, comme toujours, pour son aide, son soutien et sa bonne humeur. *Hvala* à ma mère et ma sœur pour les heures de baby-sitting. Un grand merci à l'adorable Frida pour ses talents de voyageuse. Un immense remerciement à Dora Whitaker et Regis St Louis – cela a été un plaisir de travailler ensemble ! Merci du fond du cœur à David Carroll et à l'équipe dévouée de SPP à Melbourne pour leur inlassable soutien et les courriels en pleine nuit lorsque la technologie faisait des siennes.

## REMERCIEMENTS

Photo de couverture : Font Màgica de nuit, Palais national, Montjuïc, David Noton/Alamy. Barcelona Metro map © Ferrocarril Metropolita de Barcelona, S.A. Tots els drets reservats. Illustrations p. 136-137, p. 186-187 de Javier Zarracina.

EN COULISSES

## À PROPOS DE CET OUVRAGE

Cette 8e édition du guide *Barcelone* est la traduction-adaptation de la 8e édition du guide *Barcelona*, en anglais, rédigée par Regis St Louis, Anna Kaminski et Vesna Maric. Les sept éditions précédentes étaient l'œuvre de Damien Simonis. Ce guide est une commande du bureau londonien de Lonely Planet.

**Traduction**
Aurélie Belle, Mélanie Marx et Xavière Quillien

**Direction éditoriale**
Didier Férat

**Adaptation française**
Marie Barriet-Savev

**Responsable prépresse**
Jean-Noël Doan

**Maquette**
David Guittet

**Couverture**
Adaptée par Annabelle Henry pour la version française.

**Cartographie**
Cartes originales de Alex Leung, Shahara Ahmed et Adrian Persoglia, adaptées en français par Caroline Sahanouk

**Remerciements à** Laure Tattevin et Sylvie Rabuel pour leur travail sur le texte ; Émilie **Leibig** pour sa préparation du texte original et Julie-Pomme Séramour pour son travail de référencement. Merci à Dominique Spaety pour sa présence si appréciée. Et enfin, merci à Clare Mercer, Tracey Kislingbury et Mark Walsh du bureau de Londres, ainsi qu'à Darren O'Connell, Chris Love, Craig Kilburn et Carol Jackson du bureau australien.

1 800 224 7737

184 321 037 877 02

Barcelona Bus Turistic

Mies Van De Rohe
German Pavilion

NOTES

NOTES

# Index

Voir aussi les index :

🍴 **OÙ SE RESTAURER p. 300**

🍷 **OÙ PRENDRE UN VERRE ET FAIRE LA FÊTE p. 301**

⭐ **OÙ SORTIR p. 302**

🛍 **SHOPPING p. 303**

🤸 **SPORTS ET ACTIVITÉS p. 304**

🛏 **OÙ SE LOGER p. 304**

**⚇ OÙ PRENDRE UN VERRE ET FAIRE LA FÊTE**

# INDEX DES ENCADRÉS

# Plans

## Légende des cartes

### À voir
- Plage
- Temple bouddhiste
- Château
- Église/cathédrale
- Temple hindou
- Mosquée
- Synagogue
- Monument
- Musée/galerie
- Ruines
- Vignoble
- Zoo
- À voir

### Où se restaurer
- Restauration

### Où prendre un verre et faire la fête
- Bar
- Café

### Où sortir
- Spectacle

### Achats
- Magasin

### Où se loger
- Hébergement
- Camping

### Activités
- Plongée/snorkeling
- Canoë/kayak
- Ski
- Surf
- Piscine/baignade
- Randonnée
- Planche à voile
- Autres activités

### Renseignements
- Poste
- Point d'information

### Transports
- Aéroport/aérodrome
- Poste frontière
- Bus
- Téléphérique/funiculaire
- Piste cyclable
- Ferry
- Métro
- Monorail
- Parking
- S-Bahn
- Taxi
- Train/rail
- Tramway
- Tube
- U-Bahn
- Autre moyen de transport

### Routes
- Autoroute à péage
- Autoroute
- Nationale
- Départementale
- Cantonale
- Chemin
- Route non goudronnée
- Rue piétonne
- Escalier
- Tunnel
- Passerelle
- Promenade à pied
- Promenade à pied (variante)
- Sentier

### Limites et frontières
- Pays
- Province/État
- Contestée
- Région/banlieue
- Parc maritime
- Falaise/escarpement
- Rempart

### Géographie
- Refuge/gîte
- Phare
- Point de vue
- Montagne/volcan
- Oasis
- Parc
- Col
- Aire de pique-nique
- Cascade

### Hydrographie
- Rivière
- Rivière intermittente
- Marais/mangrove
- Récif
- Canal
- Eau
- Lac asséché/salé/intermittent
- Glacier

### Topographie
- Plage/désert
- Cimetière (chrétien)
- Cimetière (autre religion)
- Parc/forêt
- Terrain de sport
- Site (édifice)
- Site incontournable (édifice)

# INDEX DES PLANS

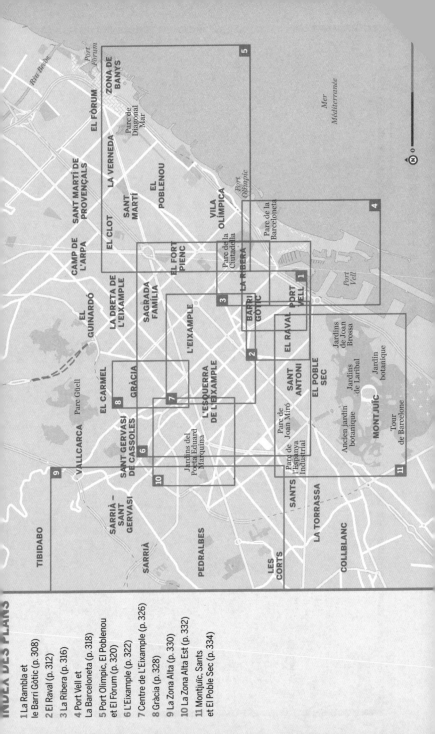

# LA RAMBLA ET LE BARRI GÒTIC

Légende p. 310

2 km

N

Voir plan p. 316

Voir plan p. 312

LA RIBERA

LA RIBERA

BARRI GÒTIC

CIUTAT VELLA

**Places / streets:**

Plaça de Catalunya
El Triangle
C de Pelai
M Catalunya
La Rambla de Canaletes
C dels Tallers
C del Bonsuccés
Plaça del Bonsuccés
C d'en Xuclà
C del Pintor Fortuny
La Rambla dels Estudis
Plaça del Pi
Església de Betlem
C del Carme
C de Jerusalem
Jardins del Doctor Fleming
Marché de la Boqueria
La Rambla de Sant Josep
C de Cardenal Casañas
La Rambla de Sant Josep

Plaça de Ramon Amadeu
Església Santa Anna
C de Rivadeneyra
Plaça de Ramon Amadeu
C de Santa Anna
Av del Portal de l'Àngel
C de Bertrellans
Plaça de la Vila de Madrid
C d'en Bot
C del Duc de la Victòria
C de la Portaferrissa
C d'en Roca
Plaça de la Portaferrissa
C del Pi
Baixada de Santa Eulàlia
C del Pi
Plaça de Sant Josep Oriol
C dels Banys Nous
C de la Boqueria
C Ferran

C de n'Amargós
C Comtal
C de Montsió
C de Duran i Bas
C dels Capellans
C de n'Amargós

C del Dr Joaquim Pou
C de Sagristans
C dels Sagristans
C dels Comtes
C de la Palla
Plaça Nova
Av de la Catedral
Plaça de la Seu
Cathédrale
Palais de la Generalitat
Plaça de Sant Jaume
Ajuntament
Plaça de Sant Miquel
C del Bisbe
C de Sant Honorat
C de Sant Sever
C de Sant Domènec del Call
Plaça de Sant Felip Neri
Placeta de Manuel Ribé
C de Sant Domènec
C de la Fruita
C dels Banys Nous

C del Porxo
C dels Corders
Marché de Santa Caterina
C de les Freixures
C dels Mercaders
Plaça de Ramon Berenguer el Gran
C de la Tapineria
Plaça d'Antoni Maura
Musée Frederic Marès
Musée d'Histoire de Barcelone
C del Veguer
Plaça del Rei
C de la Llibreteria
C Jaume I
M Jaume I
Via Laietana
C del Sotstinent Navarro
Plaça de Sant Just
C de Lledó
C de la Palma
Plaça dels Traginers
Baixada de Viladecols
C de la Bellafila
C de la Ciutat
Plaça de Sant Miquel
C del Pas de l'Ensenyança
C del Call

C de Sant Pere més Baix
C de Giralt el Pelisser
C dels Assaonadors
C dels Carders
C de la Princesa
Plaça d'Allada i Vermell
C dels Flassaders
C dels Mercaders
C de Montcada
C dels Banys Vells
Església de Santa Maria del Mar
C dels Agullers
Plaça d'Antonio López
C de la Nau
C d'en Vigatans
C de l'Argenteria
C de la Bòria
C d'A J Baixeras
Plaça de Sant Just

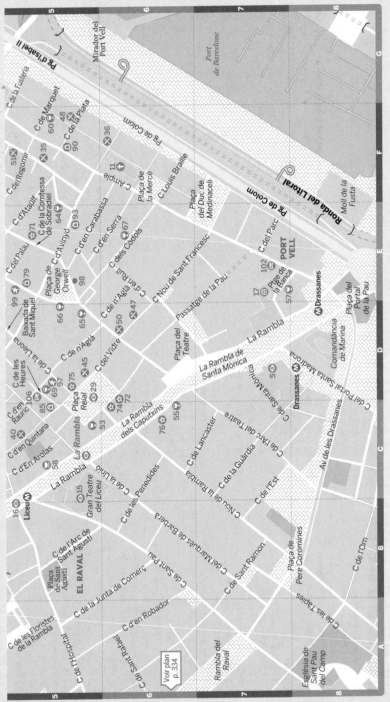

Voir plan p. 334

# EL RAVAL

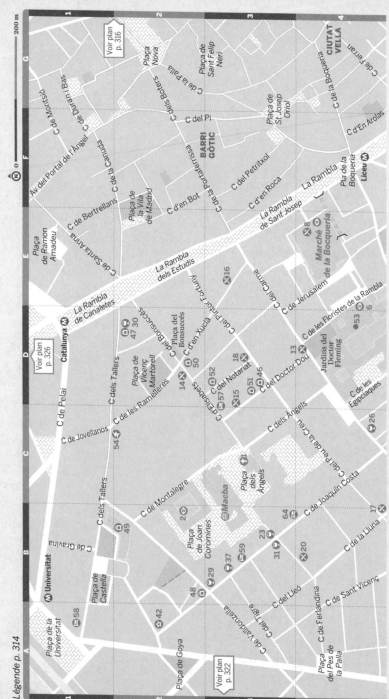

Voir plan p. 316

Voir plan p. 326

Voir plan p. 322

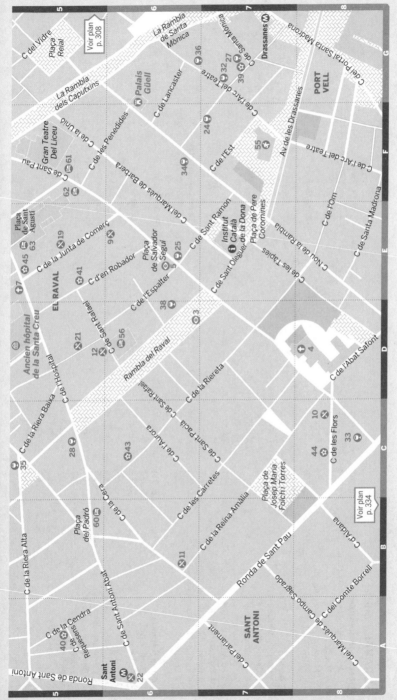

Voir plan p. 308

Voir plan p. 334

C del Vidre

Plaça Reial

La Rambla dels Caputxins

La Rambla de Santa Mònica

C de Lancaster

C de l'Arc del Teatre

C de Santa Mònica

Drassanes

C del Portal Santa Madrona

PORT VELL

Palais Güell

C de la Unió

Gran Teatre Del Liceu

C de Sant Pau

C de les Penedides

C del Marquès de Barberà

C de l'Est

Av de les Drassanes

C de l'Arc del Teatre

55

C de l'Om

C de Santa Madrona

Plaça de Sant Agustí

C de la Junta de Comerç

C de Sant Ramon

Institut Català

Plaça de Pere Coromines

C de Sant Oleguer

Plaça de la Dona

C Nou de la Rambla

C de les Tàpies

EL RAVAL

C d'en Robador

Plaça de Salvador Seguí

C de l'Espalter

Ancien hôpital de la Santa Creu

C de Sant Rafael

C de l'Hospital

Rambla del Raval

C de la Riereta

C de la Riera Baixa

C de Sant Rafael

C de la Riera Alta

C de l'Aurora

C de Sant Pacià

C de les Carretes

Plaça del Padró

C de la Cera

C d'En Grassot

C de la Reina Amàlia

Plaça de Josep Maria Folch i Torres

C de les Flors

C d'Aldana

C de la Cendra

C de Requesens

C de Sant Antoni Abat

C del Parlament

SANT ANTONI

Ronda de Sant Pau

C del Marquès de Campo Sagrado

C del Comte Borrell

Ronda de Sant Antoni

Sant Antoni

## LA RIBERA *Plan p. 316*

LA RIBERA

Légende p. 315

**A** **B** **C** **D**

**1**

C de Girona
C d'Ali Bei
Ronda de Sant Pere
Arc de Triomf Ⓜ
⊙1

Pg de Lluis Companys

C del Bruc
C de Méndez Núñez
C de Lluis el Pados
28
Plaça del Comerç

**2**

Voir plan p. 326

Ptge de Sert
C de Sant Pere més Alt
7
Plaça de Sant Pere
C Comtat
C d'en Cortines
C del Portal Nou

C d'Ortigosa
C d'en Monec
C d'en Llastics
Plaça de Sant Agustí Vell

**3**

C de Sant Pere Mitjà
C dels Metges
Plaça de Sant Agustí Vell
C del Comerç
35
9

Palais de la Musique catalane
45
Casal Lambda
C de Mare de Déu del Pilar
C de Sant Pere més Baix
C de Jaume Giralt
Ancien couvent de Sant Agustí
43
17

**4**

C de Verdaguer i Callis
64
30
C d'en Giralt i Pellisser
C del Fonollar
Plaça d'Allada i Vermell
34

Centre Francesca Bonnemaison
32
C General Alvarez de Castro
Marché de Santa Caterina
C dels Carders
60

**LA RIBERA**
13 23
8

**5**

Plaça d'Antoni Maura
Av de Francesc Cambo
C de les Frekures
C de Colomines
C dels Corders
2
33
C dels Assaonadors

C del Dr Joaquim Pou
C dels Mercaders
C de la Princesa
Musée Picasso

62
C de la Bòria
C de Montcada
Palau dels Cervelló
6
52
15

**6**

Av de la Catedral
C de la Tapineria
18
51
31
55
19
36

Plaça de la Seu
Plaça de Ramon Berenguer el Gran
Carrer dels Cotoners
C Vigatans
38
47

C de Santa Llúcia
C dels Comtes
Plaça de l'Àngel
46
C de l'Argenteria
63
C del Brosoli
C dels Mirallers
56

Voir plan p. 312
Via Laietana
Església de Santa Maria del Mar
50
39
24

**7**

C del Bisbe
C de la Llibreteria
C de Jaume I
C del Sotstinent Navarro
C de Manresa
C de Basea
Carrer de les Caputxes

**BARRI GÒTIC**
Plaça de Sant Jaume
Plaça de Sant Just
C de Lledó
C de la Nau
57

C del Call
Voir plan p. 308
**CIUTAT VELLA**

**A** **B** **C** **D**

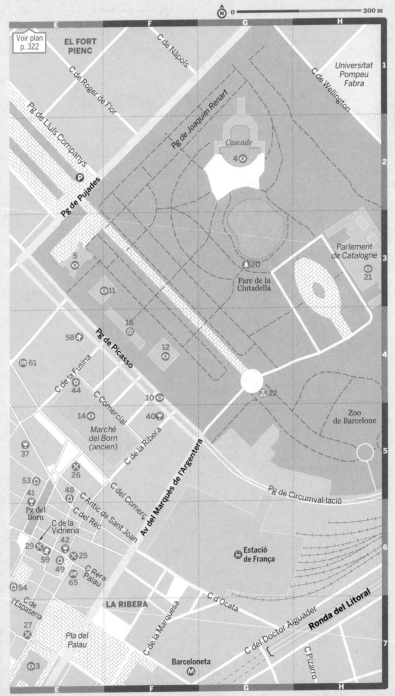

Voir plan
p. 322

EL FORT
PIENC

C de Nápols

Universitat
Pompeu
Fabra

C de Roger de Flor

C de Wellington

Pg de Lluís Companys

Pg de Joaquim Renart

Cascade

4

Pg de Pujades

5

Parlement
de Catalogne

21

11

20

Parc de la
Ciutadella

16

58

Pg de Picasso

12

61

C de la Fusina

44

C Comercial

10

40

14

Marché
del Born
(ancien)

C de la Ribera

22

Zoo
de Barcelone

37

26

53

41

C del Comerç

Av del Marquès de l'Argentera

Pg de Circumval·lació

48

C Antic de Sant Joan

Pg del Born

C del Rec

C de la
Vidrieria

29

42

59

25

49

C Rera
Palau

65

Estació
de França

54

C de
l'Espaseria

LA RIBERA

C de la Marquesa

C d'Ocata

Ronda del Litoral

27

Pla del
Palau

C del Doctor Aiguader

C Pizarro

3

Barceloneta

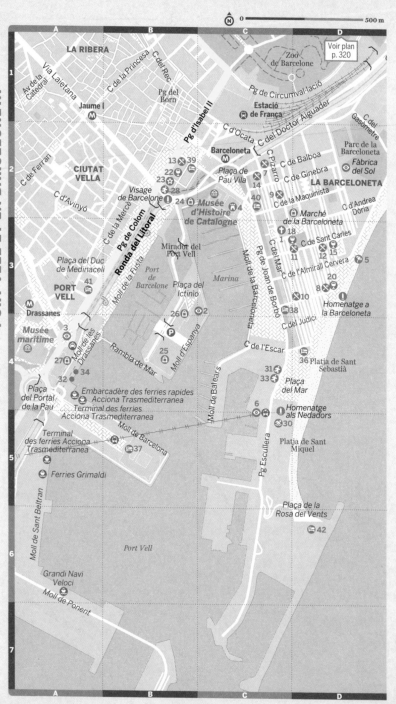

N 0 ────────────── 500 m

LA RIBERA

Via Laietana
Av de la Catedral
C de la Princesa
C del Rec
Pg del Born

Jaume I
M

CIUTAT VELLA

C de Ferran
C d'Avinyó

Pg d'Isabel II
C d'Ocata
C del Doctor Aiguader

Estació de França

Pg de Circumval·lació

Zoo de Barcelone

Voir plan p. 320

C del Gasòmetre

Barceloneta
M

13 39
22
23
28
24
Visage de Barcelone
Pg de Colom
Ronda del Litoral
C de la Mercè

Plaça de Pau Vila

Musée d'Histoire de Catalogne

14
40
9
4
C Pirarro
C de Balboa
C de Ginebra
C de la Maquinista

Parc de la Barceloneta
Fàbrica del Sol

LA BARCELONETA

C d'Andrea Dòria

Marché de la Barceloneta
18
1
11
12 15
C de Sant Carles
5
20
8
10
C de l'Almirall Cervera
Homenatge a la Barceloneta

Plaça del Duc de Medinaceli

PORT VELL
41

Drassanes
M

Musée maritime

3

Moll de la Fusta
Port de Barcelone

Mirador del Port Vell

Plaça del Ictinio

26
2
P
25

Rambla de Mar

Moll d'Espanya

Marina

Moll de la Barceloneta

Pg de Joan de Borbó

C del Mar
C del Judici
38

C de l'Escar

36 Platja de Sant Sebastià

27
32
34

Plaça del Portal de la Pau

Embarcadère des ferries rapides Acciona Trasmediterranea
Terminal des ferries Acciona Trasmediterranea

Moll de la Drassanes

Moll de Balears

31
33
6
30
Plaça del Mar

Homenatge als Nedadors

Platja de Sant Miquel

Terminal des ferries Acciona Trasmediterranea

37

Moll de Barcelona

Pg Escullera

Ferries Grimaldi

Moll de Sant Beltran

Port Vell

Plaça de la Rosa del Vents

42

Grandi Navi Veloci
Moll de Ponent

PORT VELL ET LA BARCELONETA

# PORT OLIMPIC, EL POBLENOU ET EL FÒRUM

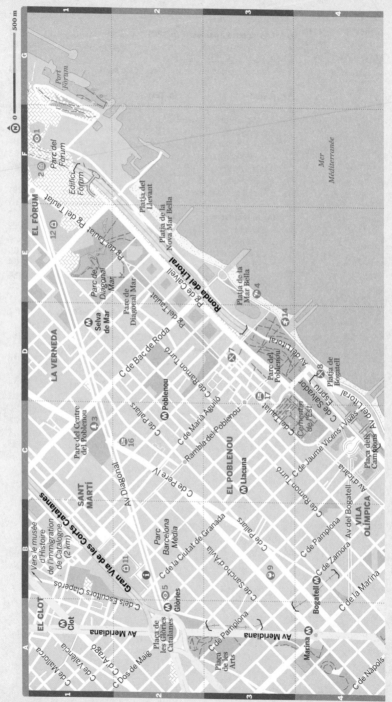

500 m

EL FÒRUM

Port Fòrum

Parc del Fòrum

Edifici Fòrum

Pg del Taulat

EL FÒRUM

Platja del Llevant

Platja de la Nova Mar Bella

Parc del Diagonal Mar

Pg de Calvell

Parc de Diagonal Mar

Ronda del Litoral

LA VERNEDA

Selva de Mar

Platja de la Mar Bella

Pg del Taulat

C de Bac de Roda

C de Ramon Turró

Parc del Poblenou

Av del Litoral

Platja de Bogatell

SANT MARTÍ

Parc del Centre del Poblenou

Poblenou

C de Palais

C de Marià Aguiló

Rambla del Poblenou

Cementiri de l'Est

C de Salvador Espriu

C del Taulat

Mer Méditerranée

Av Diagonal

C de Pere IV

EL POBLENOU

Llacuna

C de Ramon Turró

Plaça dels Campions

Parc Barcelona Mèdia

Vers le musée d'Histoire de l'Immigration de Catalogne (2 km)

Gran Via de les Corts Catalanes

C de la Ciutat de Granada

C de Palais

C de Jaume Vicéns i Vives

Av d'Icària

VILA OLÍMPICA

EL CLOT

Clot

Glòries

Plaça de les Glòries Catalanes

C dels Escultors Claperós

C de Sancho d'Àvila

C de Pamplona

C de Zamora

Bogatell

C de Pamplona

Av del Bogatell

Av Meridiana

C Dos de Maig

C d'Aragó

C de València

C de Mallorca

Plaça de les Arts

Av Meridiana

C de Pamplona

Marina

C de la Marina

C de Nàpols

# PORT OLIMPIC, EL POBLENOU ET EL FÒRUM

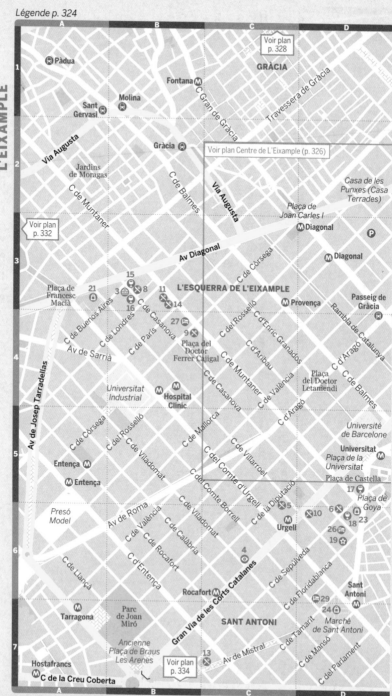

L'EIXAMPLE

Pàdua

Voir plan
p. 328

GRÀCIA

Fontana

Molina

Sant
Gervasi

Gràcia

Voir plan Centre de L'Eixample (p. 326)

Via Augusta

Jardins
de Moragas

C. de Balmes

Via Augusta

Casa de les
Punxes (Casa
Terrades)

Voir plan
p. 332

C. de Muntaner

Plaça de
Joan Carles I

Diagonal

Av Diagonal

Diagonal

C. de Còrsega

L'ESQUERRA DE L'EIXAMPLE

Plaça de
Francesc
Macià

21

15

3

8

11

16

14

Passeig de
Gràcia

Provença

Rambla de Catalunya

C. de Buenos Aires

C. de Londres

C. de Casanova

27

9

C. del Rosselló

C. d'Enric Granados

C. d'Aribau

C. de París

Plaça del
Doctor
Ferrer Cajigal

Plaça
del Doctor
Letamendi

C. d'Aragó

C. de Balmes

Av de Sarrià

Av de Josep Tarradellas

Universitat
Industrial

Hospital
Clínic

C. de Muntaner

C. de València

Universitat

Universidad
de Barcelone

C. de Còrsega

C. del Rosselló

C. de Viladomat

C. de Mallorca

C. de Casanova

C. de Villarroel

C. d'Aragó

Universitat
Plaça de la
Universitat

Plaça de Castella

Entença

Entença

C. del Comte d'Urgell

Plaça de
Goya

17

Presó
Model

Av de Roma

C. de València

C. de Calàbria

C. de Viladomat

C. del Comte Borrell

C. de la Diputació

5

10

6

18

23

26

19

Urgell

C. de Rocafort

C. d'Entença

4

C. de Llançà

Tarragona

Parc
de Joan
Miró

Rocafort

Gran Via de les Corts Catalanes

C. de Sepúlveda

C. de Floridablanca

29

24

Sant
Antoni

SANT ANTONI

Marché
de Sant Antoni

Ancienne
Plaça de Braus
Les Arenes

Voir plan
p. 334

13

Av de Mistral

C. de Tamarit

C. de Mansó

Hostafrancs

C. de la Creu Coberta

C. del Parlament

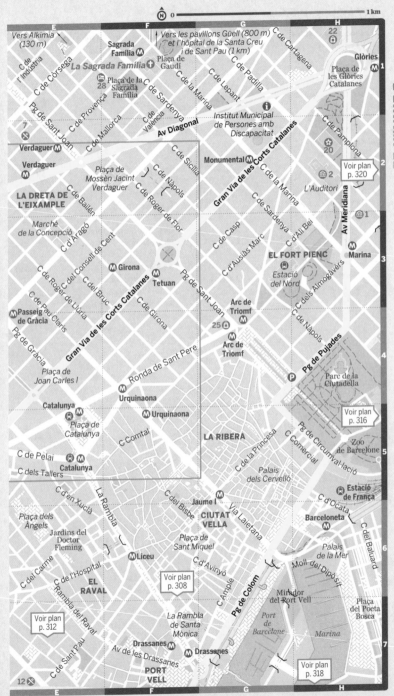

N 0 — 1 km

Vers Alkimia
(130 m)

C de l'Indústria

C de Còrsega

Sagrada
Família Ⓜ

Vers les pavillons Güell (800 m)
et l'hôpital de la Santa Creu
i de Sant Pau (1 km)

Plaça de
Gaudí

22

Glòries

Plaça de
les Glòries
Catalanes

Ⓜ 1

*La Sagrada Família* ✝

28

Plaça de la
Sagrada
Família

C de Sardenya

C de Padilla

C de Lepant

C de la Marina

Pg de Sant Joan

C de Provença

C de Mallorca

C de
València

Av Diagonal

ⓘ

Institut Municipal
de Persones amb
Discapacitat

C de Pamplona

Verdaguer Ⓜ

Verdaguer
Ⓜ

**LA DRETA DE
L'EIXAMPLE**

Plaça de
Mossèn Jacint
Verdaguer

C de Sicília

C de Nàpols

C de Bailèn

Monumental Ⓜ

**Gran Via de les Corts Catalanes**

20 ☆

Ⓜ 2

L'Auditori

Voir plan
p. 320

Ⓜ 2

C de la Marina

Av Meridiana

Marché
de la Concepció

C d'Aragó

C de Roger de Flor

C de Sardenya

C de Casp

C d'Ausiàs Marc

C d'Alí Bei

Ⓜ 1

Ⓜ Girona

C del Consell de Cent

C del Bruc

C de Roger de Llúria

Ⓜ Tetuan

C de Girona

Pg de Sant Joan

**EL FORT PIENC**

Estació
del Nord

C dels Almogàvers

Ⓜ Marina

Ⓜ 3

Ⓜ Passeig
de Gràcia

C de Pau Claris

Arc de
Triomf

C de Nàpols

Pg de Gràcia

25

Ⓜ
Arc de
Triomf

Pg de Pujades

Ⓜ 4

Plaça de
Joan Carles I

Ronda de Sant Pere

Ⓟ

Parc de la
Ciutadella

Catalunya
Ⓜ

Plaça de
Catalunya

Urquinaona

Ⓜ Urquinaona

**LA RIBERA**

Pg de Circumval·lació

Voir plan
p. 316

Zoo
de Barcelone

Ⓜ 5

C de Pelai

Ⓜ Ⓜ
Catalunya

C dels Tallers

C Comtal

C de la Princesa

C Comercial

Palais
dels Cervelló

Estació
de França

C d'Ocata

C d'en Xuclà

La Rambla

Jaume I Ⓜ

**CIUTAT
VELLA**

Via Laietana

Barceloneta
Ⓜ

C del Balaurd

Plaça dels
Àngels

Jardins del
Doctor
Fleming

C del Bisbe

Plaça de
Sant Miquel

Palais
de la Mer

Ⓜ 6

C del Carme

C de l'Hospital

Ⓜ Liceu

C d'Avinyó

Pg de Colom

Moll del Dipòsit

**EL
RAVAL**

Rambla del Raval

Voir plan
p. 308

C Ample

Mirador
del Port Vell

Plaça
del Poeta
Bosca

Voir plan
p. 312

La Rambla
de Santa
Mònica

Port
de
Barcelone

Marina

Drassanes
Ⓜ

Ⓜ Drassanes

Av de les Drassanes

Voir plan
p. 318

Ⓜ 7

12 ✕

C de Sant Pau

**PORT
VELL**

E        F        G        H

**L'EIXAMPLE** *Plan p. 322*

**L'EIXAMPLE**

# CENTRE DE L'EIXAMPLE  *Plan p. 326*

Légende p. 325

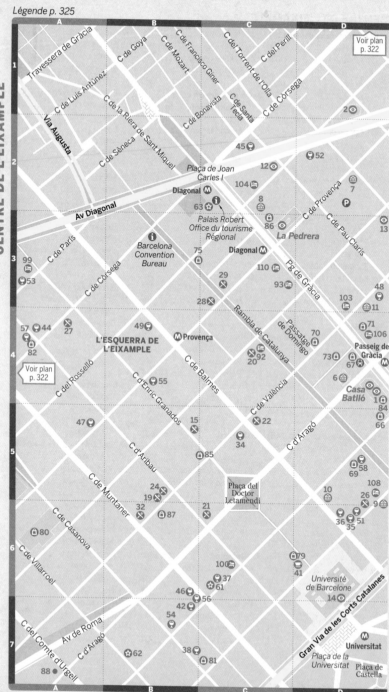

Voir plan
p. 322

Voir plan
p. 322

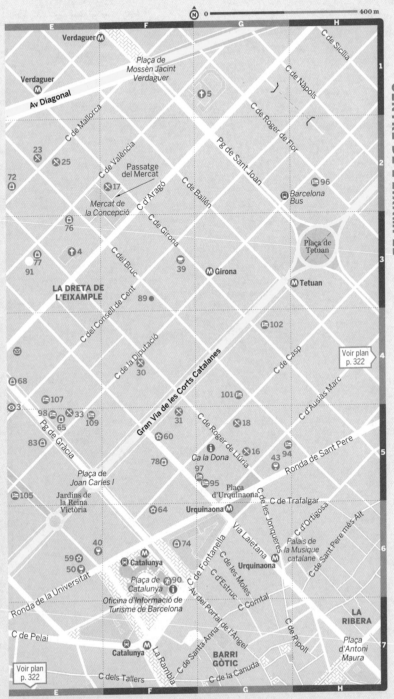

N 0 —————————————— 400 m

**E** **F** **G** **H**

Verdaguer Ⓜ

Plaça de
Mossèn Jacint
Verdaguer

C de Sicília

1

Verdaguer
Ⓜ

Av Diagonal

Ⓘ 5

C de Nàpols

C de Roger de Flor

23
Ⓧ 25

C de Mallorca

C de València

Passatge
del Mercat

72
🔒

Ⓧ 17

Mercat de
la Concepció

C d'Aragó

C de Bailén

Pg de Sant Joan

🖥 96

🚌 Barcelona
Bus

2

76
🔒

C de Girona

Ⓘ 4

C del Bruc

🔒
77
91

39 🖥

Ⓜ Girona

Plaça de
Tetuan

3

**LA DRETA DE
L'EIXAMPLE**

C del Consell de Cent

89 ●

Ⓜ Tetuan

✉

68
🔒

C de la Diputació

Ⓧ 30

🖥 102

C de Casp

Voir plan
p. 322

4

Ⓧ 3

107 🖥

98 Ⓧ 33 🖥
🔒 109
65

Pg de Gràcia

Gran Via de les Corts Catalanes

101 🖥

31 ✪

C de Roger de Llúria

Ⓧ 18

C d'Ausiàs Marc

5

83 🔒

✪ 60

78 🔒

Ca la Dona

16 Ⓧ

43 🖥 94

Ronda de Sant Pere

97 🖥
🖥 95

Plaça
d'Urquinaona

105 🖥

Plaça de
Joan Carles I

Jardins de
la Reina
Victòria

✪ 64

Urquinaona Ⓜ

C de Trafalgar

C de les Jonqueres

C d'Ortigosa

6

40
🖥

59 ✪
50 🖥

Ⓧ 74

Ronda de la Universitat

Ⓜ Catalunya

Plaça de
Catalunya

Urquinaona Ⓜ

Palais de
la Musique
catalane

C de Sant Pere més Alt

**LA
RIBERA**

Ⓜ 90
Ⓘ

Oficina d'Informació de
Turisme de Barcelona

C de Fontanella

C d'Estruc

Via Laietana

C de les Mòles

C Comtal

C de Ripoll

Plaça
d'Antoni
Maura

7

C de Pelai

Ⓜ Catalunya

La Rambla

C de Santa Anna

C de la Canuda

**BARRI
GÒTIC**

Av del Portal de l'Àngel

Voir plan
p. 322

C dels Tallers

GRÀCIA

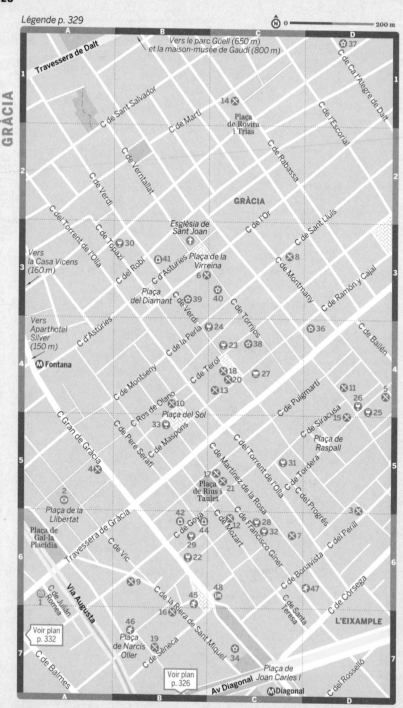

Légende p. 329

N  0 ──────── 200 m

Travessera de Dalt

Vers le parc Güell (650 m)
et la maison-musée de Gaudí (800 m)

⭐ 37

C de Ca l'Alegre de Dalt

C de Sant Salvador

C de Martí

14 ✕

Plaça
de Rovira
i Trias

C de l'Escorial

C de Rabassa

C de Verntallat

C de Verdi

GRÀCIA

C del Torrent de l'Olla

C de Topazi

30

Església de
Sant Joan

C de l'Or

C de Sant Lluís

Vers
la Casa Vicens
(160 m)

C del Robi

🔒 41

Plaça de la
Virreina

6 ✕

✕ 8

C de Montmany

C de Ramón y Cajal

Plaça
del Diamant

✕ 39

40

C de Verdi

C de Torrijos

✕ 36

C de Bailén

Vers
Aparthotel
Silver
(150 m)

C d'Astúries

C de la Perla

24

🚇 Fontana

23

38

C de Montseny

18
20

27

C de Terol

✕ 13

✕ 11

5

C de Ros de Olano

10

26

Plaça del Sol

33

✕ 15

25

C de Puigmartí

C de Gran de Gràcia

C de Pere Serafí

C de Maspons

C del Torrent de l'Olla

C de Siracusa

Plaça de
Raspall

✕ 31

C de Tordera

Plaça de la
Llibertat

2

4 ✕

17
21

Plaça
de Rius i
Taulet

C de Martínez de la Rosa

C del Progrés

3

C del Perill

Travessera de Gràcia

42

44

C de Goya

C de Mozart

12

28

32

✕ 7

C de Francisco Giner

C de Bonavista

C de Còrsega

Plaça de
Gal·la
Placídia

29

22

C de Vic

Via Augusta

C de Julián
Romea

1

✕ 9

C de la Riera de Sant Miquel

48

45

✕ 47

C de Santa
Teresa

L'EIXAMPLE

Voir plan
p. 332

16

46

19

Plaça
de Narcís
Oller

C de Sèneca

34

C de Balmes

Voir plan
p. 326

Plaça de
Joan Carles I

Av Diagonal  🚇 Diagonal

C del Rosselló

## GRÀCIA *Plan p. 328*

GRÀCIA

# LA ZONA ALTA

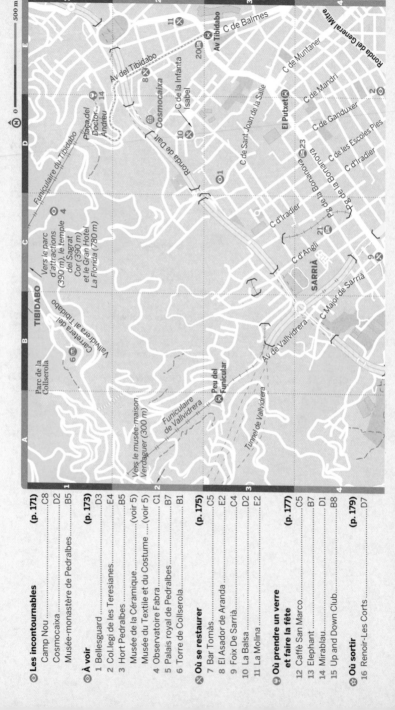

500 m

N 0

**LA ZONA ALTA**

Voir plan p. 332

LA ZONA ALTA EST

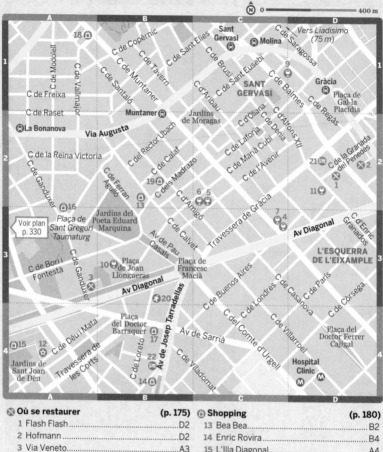

# MONTJUÏC, SANTS ET EL POBLE SEC  *Plan p. 334*

Légende p. 333

**A** **B** **C** **D**

C de Puiggarí
Hispano-Igualadina

**SANTS**

Estació
Sants

Plaça
de Joan
Peiró

18

C de Riego

Plaça
d'Osca

**C de Sants**

C de Mundadas

**M** Sants
Estació
Plaça dels
Països Catalans

**i** Oficina d'Informació de
Turisme de Barcelona

C de Llança
C de València
C d'Aragó

C del Consell de Cent

33

**Tarragona**

C de Tarragona

49

C del Rector Triadó
C de Béjar

C de la Diputació

**Rocafort**

C de Calàbria

17

4

**Gran Via de les Corts Catalanes**

C d'Entença

Ancienne
Plaça de Braus
Les Arenes

**Hostafrancs**
**M** **C de la Creu Coberta**

**P**

ONCE
**i**

Av de Mistral

Plaça
d'Espanya

**Av del Paral·lel**

A1 Aerobús **M**
**Espanya**

Fira de Barcelona

C de Lleida

C de la Bordeta

Av de la Reina Maria Cristina

C de Mèxic

Plaça de
l'Univers

Plaça de
l'Univers

Av de Rius i Taulet

Av de Rius i Taulet

C de Gavà

**Gran Via de les Corts Catalanes**

C de Sant Fructuós

C de la Dàlia

2

19

6

Plaça del Marquès
de Foronda

Pg de les Cascades

C de la Dàlia

Av del Marquès de Comillas

Mirador del
Palau Nacional

**Magòria La
Campana**

Av de Francesc Ferrer i Guàrdia

21

38

37

7

Av dels Montanyans

Mirador del
Palau Nacional

12

**Musée national
d'Art de Catalogne
(MNAC)**

Plaça de
Sant Jordi

Av de l'Estadi

Ancien jardin
botanique

Ancien jardin
d'acclimatation

45

Pg de Minici Natal

Plaça
d'Europa

Plaça de
Nemesí Ponsati

Pg Olímpic

C de Pierre de Coubertin

16

41

C dels Jocs de 92

Tour
de Barcelone

**Pg de la Zona Franca**

Parc del
Migdia

**A** **B** **C** **D**

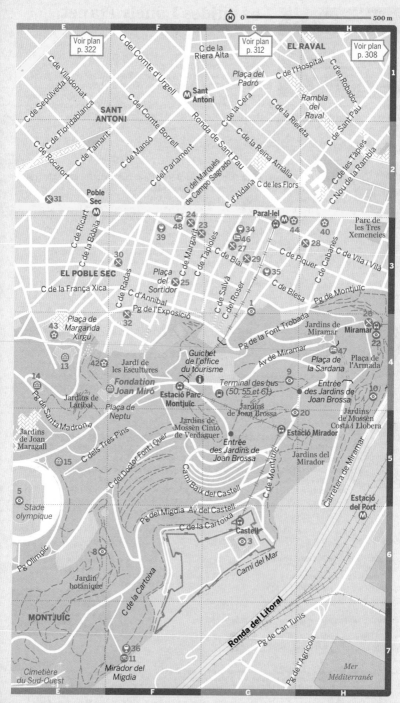

# Les guides Lonely Planet

Une vieille voiture déglinguée, quelques dollars en poche et le goût de l'aventure, c'est tout ce dont Tony et Maureen Wheeler eurent besoin pour réaliser, en 1972, le voyage d'une vie : rallier l'Australie par voie terrestre via l'Europe et l'Asie. De retour après un périple harassant de plusieurs mois, et forts de cette expérience formatrice, ils rédigent sur un coin de table leur premier guide, *Across Asia on the Cheap*, qui se vend à 1 500 exemplaires en l'espace d'une semaine. Ainsi naquit Lonely Planet, qui possède aujourd'hui des bureaux à Melbourne, Londres et Oakland, et emploie plus de 600 personnes. Nous partageons l'opinion de Tony, pour qui un bon guide doit à la fois informer, éduquer et distraire.

# Nos auteurs

## Regis St Louis

**Auteur-coordinateur ; La Rambla et le Barri Gòtic ; La Barceloneta et le front de mer ; Camp Nou, Pedralbes et La Zona Alta** Regis est tombé amoureux de Barcelone et de la Catalogne à l'occasion d'un long périple ibérique à la fin des années 1990. Depuis, il y est souvent retourné, a appris l'espagnol et quelques mots de catalan, découvrant la riche histoire culturelle de cette ville qui ne cesse de le fasciner. Il conserve d'excellents souvenirs de son dernier voyage : d'interminables déjeuners de fruits de mer à Barceloneta, la découverte de lieux secrets de La Zona Alta, les concerts nocturnes de la Ciutat Vella, la dégustation des derniers *calçots* de la saison... Regis est également l'auteur de *L'Essentiel de Barcelone*, et a contribué aux guides *Espagne, Portugal*, ainsi qu'à des dizaines d'autres titres de Lonely Planet. Il vit à Brooklyn, à New York. Regis a également rédigé une grande partie des chapitres *Préparer son séjour, Comprendre Barcelone et Barcelone pratique*, et co-écrit le chapitre *Où se loger*.

Retrouvez-le sur :
lonelyplanet.com/members/regisstlouis

## Anna Kaminski

**Excursions** La passion d'Anna pour l'Espagne est née au détour d'une leçon d'espagnol à Santander en 2001 et s'est poursuivie en dépit d'une grave intoxication à la salmonelle. Depuis, Anna ne cesse de revenir dans le pays. Actuellement installée à Barcelone, elle a été ravie d'explorer la région dans toute sa diversité, retrouvant les paysages de Salvador Dalí, son artiste préféré, et élargissant son horizon gourmand (sans parler de son tour de taille) en savourant la meilleure cuisine du pays.

## Vesna Maric

**El Raval, La Ribera, La Sagrada Família et L'Eixample, Gràcia et le parc Güell, Montjuïc** Originaire de Bosnie-Herzégovine, Vesna adore l'Espagne depuis sa rencontre avec Rafael, son partenaire depuis 10 ans. Elle a depuis appris la langue et arpenté le pays, et est tombée sous le charme de Barcelone, où elle retourne dès qu'elle le peut. Elle adore les plages de la ville, ses incroyables marchés alimentaires, son architecture, sa vie nocturne et son excellente cuisine catalane. Vesna a également écrit les chapitres *Quoi de neuf ?, Avec des enfants, Où sortir et Shopping*, et co-écrit le chapitre *Où se loger*.

**Barcelone**
8e édition
Traduit et adapté de l'ouvrage *Barcelona, 8th edition, November 2012*
© Lonely Planet Publications Pty Ltd 2012
© Lonely Planet et Place des éditeurs 2013

Photographes © comme indiqué 2012

Dépôt légal Février 2013
ISBN 978-2-81613-188-8
Imprimé par IME (Imprimerie Moderne de l'Est), Baume-les-Dames, France

Bien que les auteurs et Lonely Planet aient préparé ce guide avec tout le soin nécessaire, nous ne pouvons garantir l'exhaustivité ni l'exactitude du contenu. Lonely Planet ne pourra être tenu responsable des dommages que pourraient subir les personnes utilisant cet ouvrage.

MIXTE
Issu de sources responsables
FSC® C003309

En Voyage Éditions    un département    place des éditeurs